21世纪经济管理类精品教材

预测方法与技术

苗敬毅　董媛香　张　玲　徐　燕／编著

Forecasting Methods and Techniques

清华大学出版社
北　京

内容简介

本书坚持在理论阐述的基础上突出应用技能的原则，在厘清预测技术理论的基础上，还介绍了众多技术和方法，并在讲解上做到清晰、详尽而不累赘。本书的内容包括预测概述、专家判断预测法、回归预测基础、时间序列平滑模型、趋势外推预测、马尔可夫预测法、灰色系统预测、非参数预测方法、神经网络预测方法、组合预测和统计软件应用基础。阅读本书仅需具备高等数学、线性代数与概率统计等基础知识即可。

本书可作为普通高等院校管理科学与工程专业和其他经济管理类相关专业的教材使用，也可供具有大学数学基础、从事管理工作的相关人员参考。

本书封面贴有清华大学出版社防伪标签，无标签者不得销售。
版权所有，侵权必究。举报：010-62782989，beiqinquan@tup.tsinghua.edu.cn。

图书在版编目（CIP）数据

预测方法与技术 / 苗敬毅等编著. —北京：清华大学出版社，2019.10（2025.1重印）
21世纪经济管理类精品教材
ISBN 978-7-302-53992-6

Ⅰ.①预… Ⅱ.①苗… Ⅲ.①预测科学-高等学校-教材 Ⅳ.①G303

中国版本图书馆CIP数据核字（2019）第230688号

责任编辑：杜春杰
封面设计：康飞龙
版式设计：文森时代
责任校对：马军令
责任印制：刘海龙

出版发行：清华大学出版社
网　　址：https://www.tup.com.cn，https://www.wqxuetang.com
地　　址：北京清华大学学研大厦A座　　邮编：100084
社 总 机：010-83470000　　邮购：010-62786544
投稿与读者服务：010-62776969，c-service@tup.tsinghua.edu.cn
质量反馈：010-62772015，zhiliang@tup.tsinghua.edu.cn

印 装 者：三河市龙大印装有限公司
经　　销：全国新华书店
开　　本：185mm×260mm　　印　张：20.75　　字　数：478千字
版　　次：2019年12月第1版　　印　次：2025年1月第5次印刷
定　　价：69.80元

产品编号：082346-01

前　言

在当今科学、技术和经济迅猛发展的时代，人类社会正朝着更为错综复杂的方向不断演进发展，用于探讨事物未来发展状况的预测工作越来越引起人们的重视。预测就是根据历史推测未来。明确地说，预测是在对历史资料进行整理和分析的情况下，采用一定的手段对不确定事件或未知事件进行估计或描述，属于探索未来的活动。随着科学技术的发展，预测研究的领域在不断扩大，研究方法也在逐渐完善。

在研究方法上，当代的预测技术一方面继续重视定性预测，另一方面则非常重视定量的预测技术。定量预测技术是运用科学的、数学的判断方法，对事物未来可能演变的情况做出数量上的推断的一种技术。在研究领域上，预测决策理论和方法渐渐地被引入管理领域和工业安全领域，用以科学地制定发展战略和安全生产，并取得了一定的实效。战略预测是科学决策的基础，是企业管理的手段，是政府宏观调控的基础，也是政府编制计划和出台政策的依据。科学的战略制定需要用定量的模型对战略进行战略预测与决策，即对战略现象未来发展前景进行测定。

本书根据国家教育部"管理科学与工程"学科教学指导委员会发布的"预测方法与技术"课程教学基本要求，在作者多年讲授"管理预测技术"课程和从事相关课题研究的基础上凝练而成，目的在于为"管理科学与工程"类本科专业"预测方法与技术"课程提供教材，也为高等院校管理、经济类相关专业本科学生提供一部适宜的教学或参考用书。从 2003 年起，作者就在山西财经大学管理科学与工程学院为本科生开设"管理预测技术"课程，经过多年的教学实践，形成了比较完整的课程内容体系。"管理预测技术"课程 2011 年被列入山西财经大学精品课程建设项目，结合精品课程的项目建设和预测理论的发展，又进一步完善了课程体系。本书对相关关系数据和时间序列数据、确定型时间序列和随机型时间序列数据、信息完备情况和信息不完备情况预测、定性预测技术和定量预测技术、单项模型预测和组合模型预测、一般经济趋势预测等方面的预测技术和方法，进行阐述分析。

本书共分 10 章，第 1 章论述预测的基本原理和理论框架；第 2 章论述管理实践中所常用的头脑风暴法和德尔菲法这两种专家判断方法的实施步骤；第 3 章论述了回归分析理论的基本框架；第 4 章论述确定型时间序列数据预测中的一些基本模型，如指数平滑法等；第 5 章论述指数曲线法等预测实践中常用的趋势外推模型；第 6 章论述随机型时间序列预测方法的特例马尔可夫预测；第 7 章论述灰色系统预测的基本理论和方法；第 8 章论述了非参数预测的基本理论和方法；第 9 章论述了神经网络预测的基本理论和方法；第 10 章论述了组合预测的基本理论框架；第 11 章介绍了预测模型计算时常用的统计软件的简要操作。

其中第 1~4 章内容由苗敬毅教授完成，第 5 章和第 6 章内容由闫绪娴教授完成，第 7~11 章内容由董媛香副教授完成。张玲博士撰写了本书各章节的学习目标、案例引例、本章小结、学习思考题、"推荐阅读资料"和"网上资源"等扩展阅读材料，徐燕副教授编写了部分案例程序。

本书在编写过程中参考了大量的国内外文献，学术思想均来自这些文献的智慧结晶，本书作者的工作仅限于对这些成果的整理和应用，在此对参考和引用的文献的作者、一些无法在文献中列出的作者以及所有的读者表示衷心的感谢。

本书可作为高等学校管理科学与工程类各本科专业及管理、经济类相关专业本科生教材，也可用于研究生教学。同时，还可作为其他相关专业本科生、研究生的教材和教学参考书，也可供具有大学数学基础、从事管理工作的相关人员参考。

本书在出版过程中，得到了山西财经大学强校工程教学质量项目的资助，许多同行专家、同事和领导、在学习中不断反馈所思所得的同学们，都对本书给予了帮助，在这里一并表示感谢。我们把这本书奉献给所有给予我们支持和帮助的人。

由于作者的学识水平有限，书中难免有缺漏，欢迎读者不吝赐教。

编著者
2019 年 6 月

目 录

第1章 预测概述 ·· 1
本章学习目标 ·· 1
引例 汶川地震之灾能够避免吗? ·· 1
1.1 预测的基本概念 ·· 2
1.1.1 预测科学的产生 ·· 2
1.1.2 预测的定义 ·· 3
1.1.3 预测的可能性 ·· 4
1.1.4 预测的不准确性 ·· 5
1.1.5 预测的基本功能和途径 ·· 6
1.2 预测的基本原理 ·· 6
1.3 预测的分类 ·· 8
1.3.1 按预测的范围或层次分类 ·· 8
1.3.2 按预测的时间长短分类 ·· 9
1.3.3 按预测方法的性质分类 ·· 9
1.3.4 预测的其他分类方法 ·· 11
1.4 预测的程序 ·· 11
1.5 预测方法选择的影响因素 ·· 13
1.6 预测的精度 ·· 14
1.7 预测结果的分析与反思 ·· 18
本章小结 ·· 18
综合练习 ·· 19

第2章 专家判断预测法 ·· 21
本章学习目标 ·· 21
引例 金融危机,谁预测到了? ·· 21
2.1 引言 ·· 22
2.2 头脑风暴法 ·· 24
2.2.1 头脑风暴法的基本原理 ·· 24
2.2.2 头脑风暴法的实施步骤 ·· 26

    2.2.3 质疑头脑风暴法 ··· 27
  2.3 德尔菲法 ··· 28
    2.3.1 德尔菲法概述 ··· 28
    2.3.2 德尔菲法的分类 ··· 31
    2.3.3 应用德尔菲法组织预测过程中应遵守的原则 ··················· 32
    2.3.4 专家的选择 ··· 33
    2.3.5 专家应答问题调查表的编制 ································· 34
    2.3.6 对单一事件结果数量评价的专家应答汇总统计 ················· 37
    2.3.7 对方案序列中各方案重要性评价的专家应答汇总统计 ··········· 38
    2.3.8 对目标和方案相对重要性评价的专家应答汇总统计 ············· 39
    2.3.9 德尔菲法预测结果的精度分析 ······························· 45
  2.4 概率预测法 ··· 46
    2.4.1 主观概率法 ··· 46
    2.4.2 交互影响分析法 ··· 48
    2.4.3 交互影响分析法计算程序 ··································· 51
  本章小结 ··· 53
  综合练习 ··· 54

第 3 章 回归预测基础 ··· 56
  本章学习目标 ··· 56
  引例 饮料销量的回归预测 ··· 56
  3.1 回归分析与回归函数 ··· 57
    3.1.1 相关分析与回归分析 ······································· 57
    3.1.2 回归函数 ··· 61
  3.2 多元线性回归模型 ··· 62
    3.2.1 线性回归模型的基本形式 ··································· 62
    3.2.2 经典线性回归模型及其假设条件 ····························· 63
    3.2.3 线性回归模型参数的估计 ··································· 64
    3.2.4 线性回归模型的检验 ······································· 67
    3.2.5 多元线性回归模型计算实例 ································· 71
  3.3 违背经典假设的回归模型 ··· 72
    3.3.1 方差非齐性 ··· 72
    3.3.2 多重共线性 ··· 78
    3.3.3 序列相关 ··· 81

3.4 含虚拟变量的回归模型 ·· 85
　　3.4.1 虚拟变量回归的基本理论 ·· 85
　　3.4.2 虚拟变量的作用及虚拟变量模型的类型 ·· 87
　　3.4.3 虚拟变量回归模型的求解及算例 ··· 88
3.5 非线性回归预测 ··· 89
本章小结 ·· 91
综合练习 ·· 92

第4章 时间序列平滑模型 96

本章学习目标 ·· 96
引例 国民经济的产业结构分析 ··· 96
4.1 时间序列概述 ·· 97
　　4.1.1 时间序列的因素分析 ··· 98
　　4.1.2 时间序列的组合形式 ··· 99
4.2 移动平均法 ·· 100
　　4.2.1 简单移动平均法 ·· 100
　　4.2.2 加权移动平均法 ·· 102
　　4.2.3 趋势移动平均法 ·· 104
4.3 指数平滑法 ·· 107
　　4.3.1 一次指数平滑法 ·· 108
　　4.3.2 二次指数平滑法 ·· 111
　　4.3.3 三次指数平滑法 ·· 114
4.4 差分—指数平滑法 ··· 117
　　4.4.1 一阶差分—指数平滑模型 ·· 117
　　4.4.2 二阶差分—指数平滑模型 ·· 118
4.5 自适应过滤法 ··· 118
　　4.5.1 自适应过滤法的基本原理 ·· 119
　　4.5.2 自适应过滤法的计算步骤 ·· 119
　　4.5.3 自适应过滤法的应用 ·· 121
本章小结 ·· 122
综合练习 ·· 123

第5章 趋势外推预测 125

本章学习目标 ·· 125
引例 预测失败的惨痛教训 ·· 125

5.1 指数曲线法 126
5.1.1 预测模型及其特征 126
5.1.2 模型参数估计方法 127
5.1.3 模型的运用 127
5.2 修正指数曲线法 128
5.2.1 预测模型及其特征 129
5.2.2 模型参数估计方法 130
5.2.3 模型的运用 131
5.3 生长曲线法 132
5.3.1 龚伯兹曲线模型及其应用 133
5.3.2 罗吉斯蒂曲线 136
5.4 包络曲线法 139
5.4.1 包络曲线 139
5.4.2 包络曲线的数学原理 140
5.4.3 应用范围 142
本章小结 142
综合练习 143

第6章 马尔可夫预测法 145
本章学习目标 145
引例 天气变化的概率 145
6.1 随机过程的基本概念与基本类型 146
6.1.1 基本概念 146
6.1.2 基本类型 146
6.2 马尔可夫链 148
6.2.1 马尔可夫链基本概念 148
6.2.2 n步转移概率与C-K方程 151
6.2.3 状态的分类及性质 152
6.3 马尔可夫预测方法应用示例 158
6.4 马尔可夫决策方法 164
本章小结 169
综合练习 170

第7章 灰色系统预测 173
本章学习目标 173

引例　干热风灾害的防御 …… 173
7.1　灰色系统基本理论 …… 174
　　7.1.1　五步建模思想 …… 174
　　7.1.2　灰色系统与灰色预测 …… 175
　　7.1.3　灰色生成算子 …… 177
7.2　灰色关联分析 …… 178
　　7.2.1　关联度的计算 …… 179
　　7.2.2　原始数据转变 …… 180
　　7.2.3　关联度的性质 …… 180
　　7.2.4　灰色关联分析应用实例 …… 180
7.3　GM(1,1)模型 …… 182
　　7.3.1　GM(1,1)模型介绍 …… 182
　　7.3.2　GM(1,1)模型检验 …… 183
　　7.3.3　GM(1,1)模型建模机理 …… 184
　　7.3.4　GM(1,1)模型应用实例 …… 187
　　7.3.5　GM(1,N)模型参数估计的 MATLAB 程序 …… 189
7.4　GM(1,N)模型 …… 190
　　7.4.1　GM(1,N)模型介绍 …… 190
　　7.4.2　GM(1,N)模型应用实例 …… 191
7.5　GM(2,1)模型 …… 193
　　7.5.1　GM(2,1)模型介绍 …… 193
　　7.5.2　GM(2,1)模型应用实例 …… 194
7.6　灾变预测 …… 196
　　7.6.1　灾变预测模型介绍 …… 196
　　7.6.2　灾变预测应用实例 …… 197
本章小结 …… 198
综合练习 …… 199

第 8 章　非参数预测方法 …… 202

本章学习目标 …… 202
引例　产品质量的检验 …… 202
8.1　非参数预测的概念 …… 203
8.2　数据服从特定分布检验 …… 204
　　8.2.1　Kolmogorov-Smirnov 检验 …… 204

    8.2.2 Lliefors 正态性检验 ································ 207
    8.2.3 χ^2 拟合优度检验 ································ 207
  8.3 污染数据诊断 ·· 209
    8.3.1 统计预测的稳健性分析 ···························· 209
    8.3.2 离群点的判断方法 ································ 210
    8.3.3 M-估计量 ··· 211
  8.4 Theil 回归模型 ·· 213
    8.4.1 Theil 回归模型基本原理 ·························· 213
    8.4.2 最小中位数二乘回归 ······························ 214
    8.4.3 Theil 回归和最小中位数二乘回归范例 ············· 214
    8.4.4 最小二乘回归、Theil 回归和最小中位数二乘回归的 MATLAB
          程序代码 ·· 215
  8.5 Cox-Stuart 趋势分析 ································· 216
  本章小结 ·· 219
  综合练习 ·· 220

第 9 章 神经网络预测方法 ····································· 223
  本章学习目标 ·· 223
  引例 预测财务失败的神经网络方法 ························ 223
  9.1 神经网络原理概述 ···································· 224
  9.2 基于神经网络的预测概述 ····························· 228
  9.3 交通运输能力预测的 MATLAB 实现 ················· 229
    9.3.1 背景概述 ··· 230
    9.3.2 网络创建与训练 ·································· 230
    9.3.3 基于 GRNN 网络原理的实证案例 ················ 233
    9.3.4 实证案例的 MATLAB 代码 ······················ 235
  9.4 股市预测的 MATLAB 实现 ···························· 237
    9.4.1 背景概述 ··· 238
    9.4.2 网络创建与训练 ·································· 238
    9.4.3 基于 RBF 网络原理的实证案例 ·················· 240
    9.4.4 实证案例的 MATLAB 代码 ······················ 243
  本章小结 ·· 245
  综合练习 ·· 246

第 10 章 组合预测 · 250

本章学习目标 · 250

引例 中国宏观经济预测 · 250

10.1 组合预测的基本概念 · 251
10.1.1 预测的不确定性与基本原则 · 251
10.1.2 组合预测的概念与任务 · 252
10.1.3 组合预测精确度的度量 · 253

10.2 组合预测分类和预测有效度 · 255
10.2.1 组合预测分类 · 255
10.2.2 预测有效度基本概念 · 257

10.3 非最优正权组合预测模型权系数的确定方法 · 259
10.3.1 几种常规的非最优正权组合预测模型权系数的确定方法 · 259
10.3.2 非最优组合预测系数确定方法的应用举例 · 261
10.3.3 正权综合方法的改进 · 264

10.4 组合预测权系数确定的一种合作对策方法 · 265
10.4.1 组合预测方法的合作对策描述 · 265
10.4.2 组合预测方法的合作对策实例分析 · 267

10.5 熵值法及其在确定组合预测权系数中的应用 · 268
10.5.1 确定组合预测加权系数的熵值法的基本原理 · 268
10.5.2 熵值法确定组合预测加权系数的实例分析 · 270

10.6 B-G 模型 · 271

10.7 组合预测的线性模型 · 273
10.7.1 组合预测的线性模型 · 273
10.7.2 组合预测的广义线性模型 · 274
10.7.3 基于相对误差极小化的组合预测模型 · 275

本章小结 · 277

综合练习 · 278

第 11 章 统计软件应用基础 · 280

本章学习目标 · 280

11.1 SPSS 软件基础与应用实例 · 280
11.1.1 软件的安装与运行模式 · 280
11.1.2 软件的启动与退出 · 282
11.1.3 软件的主要窗口介绍 · 282

	11.1.4 数据文件的建立、编辑与读取	285
	11.1.5 SPSS 预测实例	287
11.2	Eviews 软件的认识与应用实例	291
	11.2.1 软件的开启、关闭与工作模式	292
	11.2.2 软件的窗口介绍	292
	11.2.3 数据文件的创立	293
	11.2.4 Eviews 运用实例	295
11.3	MATLAB 软件基础与应用实例	301
	11.3.1 MATLAB 软件特点	302
	11.3.2 MATLAB 软件功能	302
	11.3.3 MATLAB 软件桌面系统	304
	11.3.4 MATLAB 程序设计基础	306
	11.3.5 MATLAB 软件运用实例	307

参考文献 ··· 310

附表 A 标准正态分布函数值表 ··· 312

附表 B t 分布表 ·· 313

附表 C F 分布表 ·· 315

附表 D DW 检验临界值表 ·· 319

第1章 预 测 概 述

本章学习目标

- 掌握预测的定义、特点及其所包含的基本含义
- 掌握预测的基本原理及程序
- 掌握预测的不同分类及选择预测方法的影响因素
- 掌握预测精度的计算方法
- 了解预测的其他基本方法

汶川地震之灾能够避免吗?

在汶川大地震发生后,能否准确预测地震的发生,成为许多人关注的话题。而在大洋彼岸,美国地质调查局网站在其刊发的一篇《人类能够预报地震吗?》的文章中,对这一问题做出了明确的回答:"不能!"文章说,"无论是美国地质调查局还是加州理工学院或者任何其他科学家都没有预报过一次大地震。在可预见的未来他们不知道如何预报,并且也不打算知道。不过,借助科学数据,科学家可以计算出未来将发生地震的可能性。例如,科学家预测在未来 30 年内,旧金山湾区发生一次重大地震的概率为 67%,而南加利福尼亚的概率是 60%。美国地质调查局致力于通过提高基础设施的安全等级来长期减弱地震的危害性,而不是把精力放在研究短期预报上。"

那么,对于地震预报科学,我们究竟该持怎样的一种态度呢?中国地震局地震台网中心任鲁川研究员在科学报道沙龙上指出:"现在最难的是短临预报,短临预报就是几天、几个小时的预报,这是世界上没有解决的问题。"尽管事后来看,汶川也像有发生地震的蛛丝马迹或异常现象,但是如果回到震前复杂的实地判断中,很难根据那些现象和信息得出汶川一带会有大地震的结论。这是为什么呢?任鲁川说:"关键的问题是,那些事后看有些异常的迹象,在没有发生任何地震的很多情况中同样也经常会出现。"任鲁川还指出:因为大量不确定性因素的存在,地震预报是一种具有风险的决策。与地震类似,气象也有同样的问题,中国科学院大气物理研究所博士生导师王东海教授指出,目前科学监测仍面临许多不确定性因素,导致天气预报或灾难报道在理论和实践上也有许多目前尚不可逾越的障碍,所以关键是让公众接受不确定性的存在,这一点非常重要。

(资料来源:李华,胡奇英. 预测与决策教程[M]. 北京:机械工业出版社,2012:5.)

在当今科学、技术和经济迅猛发展的时代，人类社会正朝着更为错综复杂的方向不断演进发展，用于探讨事物未来发展状况的预测工作也越来越引起人们的重视。随着社会运转速度的不断加快和信息量的不断膨胀，管理中需要决策的事项不但在数量上越来越多，而且事项之间的相互联系也愈加复杂，人们对决策在时间和质量方面也提出了更高的要求。决策是人们站在当前，对未来行动所进行的设计。因此，如果能对事物的未来发展情况做出有效的预测，无疑就能为人们做出合理的决策提供依据，从而使人们不犯错误或少犯错误，使决策取得更好的效果。

1.1 预测的基本概念

1.1.1 预测科学的产生

预测就是根据历史推测未来。明确地说，预测是在对历史资料进行整理和分析，采用一定的手段对不确定事件或未知事件进行估计或描述，属于探索未来的活动。从这个意义上来讲，预测是人类自古就有的活动。据《史记·货殖列传》记载，我国春秋战国时期就有根据市场上商品供求情况的变化来预测商品价格变化的思想（"贵上极则反贱，贱下极则反贵"）。著名的《孙子兵法》里大部分内容谈的都是预测问题。西方的情况也类似。例如，西方的星象术也是占卜者根据所拥有的材料对未来进行估计或描述。古代人们的这些预测，通常利用的都是经验，用现在的术语来讲，属于定性预测的范畴。这还不能说已成为一门科学，只能说具有了预测的思想。

瑞士科学家雅各布·伯努利（Jakob Bernoulli，1654—1705）在其所著的《猜度术》（*Ars Conjectandi*）中最早创立了预测学，其目的在于减少人类生活各个方面由于不确定性导致决策错误而产生的风险。但对于当代预测技术，一般认为起源于 20 世纪初。当时，随着资本主义经济危机的日益加剧，垄断资本家迫切需要了解有关方面前景，以便进行垄断经营活动。到 20 世纪 20 年代，随着综合指数法、趋势外推法等方法的纷纷出现并应用于经济活动中，经济预测开始受到重视。20 世纪 40 年代以后，预测技术在欧美得到了广泛传播。至 20 世纪 60 年代，预测研究开始从初期的纯理论研究发展到应用研究。在我国，20 世纪 50 年代就已经开展了预测的研究与运用。但出于历史的原因，直到 1978 年改革开放以后，预测的研究和运用才真正得到重视。

随着科学技术的发展，预测研究的领域在不断扩大，研究方法也在逐渐完善。在研究方法上，当代的预测技术一方面继续重视定性预测，另一方面则非常重视定量的预测技术。定量预测技术是运用科学的、数学的判断方法，对事物未来可能演变的情况做出数量上的推断的一种技术。在研究领域上，预测决策理论和方法渐渐地被引入管理领域和工业安全领域，用以科学地制订发展战略和安全生产计划，并取得了一定的实效。战略预测是科学决策的基础，是企业管理的手段，是政府宏观调控的基础，也是政府编制计划和出台政策的依据。科学的战略制订需要用定量的模型对战略进行预测与决策，即对战略现象的发展前景进行测定。目前，随着现代数学方法和计算机技术的发展,国际上安全评价分析和预测决策实施得到了广泛应用,如模糊故障树分析预测、模糊概率分析、模糊灰色预测决策等。计算机专家系统、决策支持系统、人工神经网络等技术方法在英国、美国、德国、意大利等国的核工业、化工、环境等领域得到了广泛应用。以安全分析、隐患分析、事故预测决策为主体的安全评价工作作为一种产业在国际上已经出现。预测科学已经成为一门发展迅速、应用广泛的新学科。预测学突破了自然科学和社会科学的界限,已经发展成为一门综合性的学科。预测方法与各个学科、各个部门均有密切联系。同时,预测学理论研究有了新的进展,但是我们还不能说预测学已经发展得很成熟,它只是在以较快的速度继续向前发展,同时在发展过程中不断地吸收其他学科的营养,进一步丰富和完善自己。

做出一个好的(或准确的)预测需要两方面的知识:一是预测对象本身所处学科领域的知识;二是预测方法本身的理论(特别是运用各种数学方法和工具的预测技术)。管理领域中,预测的目的和意义在现代市场经济环境下至少可以归结为以下几点。

(1)在现代市场经济环境下,一个企业或组织的生产运行各环节都具有一定的不确定性,科学的预测可以降低这种不确定性所带来的风险。

(2)由于信息的不完全性和不对称性,对某项经济管理活动的历史数据进行整理和加工并做出科学的预测,可以为企业或组织制订战略发展目标提供依据,避免片面性和局限性。

(3)科学的预测可以为企业或组织找到新的利润增长点。

(4)预测是经济管理的重要环节。管理的关键在于经营,经营的关键在于决策,决策的关键在于预测。

1.1.2 预测的定义

预测是指根据客观事物的发展趋势和变化规律,对特定对象未来的发展趋势或状态做出科学的推测与判断。换言之,预测是根据对事物的已有认识,做出对未知事物的预估。预测是一种行为,表现为一个过程;同时,它也表现为行为的某种结果。

预测有广义和狭义之分。广义的预测既包括在同一时期根据已知事物推测未知事物的静态预测,又包括根据某一事物的历史和现状推测其未来发展的动态预测。狭义的预测,仅指动态预测,也就是指对事物的未来演化做出的科学预测。

对于"预测"一词,可以从不同的角度来理解。它有三个含义,即预测工作、预测结果、预测学。

(1)从预测工作来看,它是指一种实践活动。预测是根据不确定事件或未知事件的过去和现状的信息来推断、估计未来,探索事件发展变化的规律,即根据已知推断未知的过程。

(2)从预测结果来看,它是预测工作的成果和"产品"。具体表现为预测工作过程所获得的预测值。这些预测值反映社会经济现象的数量特征及其规律性。

(3)从预测学来看,它是阐述预测方法的一门学科和理论。科学预测方法是采用科学的判断和计量方法，对未来事件的可能变化情况做出事先推测的一种技术。预测学是一门应用方法论的学科。科学预测方法要求根据社会经济现象的历史和现实，综合多方面的信息，运用定性和定量相结合的分析方法，揭示客观事物的发展变化规律，并指出事物之间的联系、未来发展的途径和结果等。

上述三个含义既有区别又有联系。预测结果是预测工作的成果，预测学是预测工作的理论概括和总结。预测学阐述的预测方法对预测工作起着指导作用；预测工作一方面接受预测方法对它的指导作用，另一方面可以用来检验预测理论和方法的正确性，从而促进预测理论方法的发展。预测学与预测工作、预测结果之间的关系表明：理论来源于实践，又反过来服务于实践，体现了理论与实践的辩证关系。

预测之所以是一种科学活动，是由预测前提的科学性、预测方法的科学性和预测结果的科学性决定的。

（1）预测前提的科学性包括三层含义：一是预测必须以客观事实为依据，即以反映这些事实的历史与现实的资料和数据为依据进行判断；二是作为预测依据的事实资料与数据，必须通过抽象上升到规律性的认识，并以这种规律性的认识作为预测的指导依据；三是预测必须以正确反映客观规律的某些成熟的科学理论做指导。

（2）预测方法的科学性包含两层含义：一是各种预测方法是在预测实践经验基础上总结出来，并获得理论证明与实践检验的科学方法，包括预测对象所处学科领域的方法以及数学的、统计学的方法；二是预测方法的应用不是随意的，它必须依据预测对象的特点来合理选择和正确运用。

（3）预测结果的科学性包含两层含义：一是预测结果是以已经认知的客观对象发展的规律性和事实资料为依据，采用定性与定量相结合的科学方法做出的科学推断，并用科学的方式加以表述；二是预测结果在允许的误差范围内可以验证预测对象已经发生的事实，同时在条件不变的情况下，预测结果能够经受实践的检验。

1.1.3 预测的可能性

未来能否预测？对这个问题的回答取决于回答者的未来观。辩证唯物主义者认为未来是可以预测的。尽管未来不是一种客观存在，无法直接应用调查、考证等研究历史与现实的手段，但未来也不是凭空而生的。未来变为现实的过程是必然性和偶然性的统一。我们可以通过对必然性的认识来把握未来的变化规律，预测未来。这种必然性和偶然性的统一表现为：未来与现实及历史之间存在连续性；事物彼此之间相互关联，互相影响，具有相关性；不同事物的发展过程具有相似性。我们可以从事物运动的连续性、相关性及相似性来把握其未来状态是否合乎理性。

未来与现实及历史之间存在连续性。对一个具有稳定性的系统来说，系统运行的轨迹必然具有连续性，系统过去和现在的行为必然影响到未来。例如，一个长期以农业产业为主的地区，不可能在一两年内迅速转变为以高科技产业为主的地区。系统结构越稳定，规模越大，历史越悠久，这种连续性表现得越明显。

事物彼此之间相互关联，相互影响，具有相关性。对事物间相互影响、相互关联程度的分析，通常称为相关分析。例如，供电量与工业总产值之间，投资规模与经济增长率、物价增长率之间便存在这种相关关系。分析相关事物的依存关系和相互影响程度，可揭示相关事物变化的规律。利用相关事物一方的变化趋势预测另一方的未来状态，或者搞清楚相关事物之间的相互影响程度，可以预测它们未来变化的趋势。这些都是预测常用的基本原理。

不同事物的发展过程具有相似性。我们可以利用这种相似性对事物进行类推预测。类推预测借助某一类事物属性及相关知识，通过比较与分析，找出它与另一类事物的某种相似性，从而预测后者的发展趋势。例如，通过观察生物生长过程，我们可以得到生长量与时间的关系曲线。又如，通过比较，我们发现大型建设项目的资金投入量与时间的关系曲线和生物生长量与时间的关系曲线相似。于是，我们便可以按照生长曲线所反映的规律来预测不同时间的资金投入量。类比方法实际上是从已知领域过渡到未知领域的探索，是一种重要的创造性方法。类比物之间的相似性特征越多，类比结果就越可靠。

1.1.4 预测的不准确性

预测未来是可能的，但没有一种方法可以保证你能够获得绝对准确的预测结果。造成预测不准确的原因有以下几个方面。

（1）预测的准确性与预测对象变化的速度及其复杂性成反向变化。只有在一个静止的系统中，一个规则不变的状态下，才能准确地预测未来。随着科学技术的发展，各种因素、现象之间的联系越来越复杂，变化的速度越来越快，准确地预测未来的难度也越来越大。

（2）人的认识能力是有限的。人的理性还不能看清楚其行为的所有结果，对很多事物还不能既知其然，又知其所以然。在这种情况下，人们想要把握事物的变化规律几乎是不可能的。预测要求人们能够超越现实，理解未来，然而人们的理解力又受限于他们的经历，这是一个难以解决的矛盾。因此，人们很难得出准确的预测结论。

（3）虽然可以采用概率统计的方法来研究偶然事件，但是人们并不能消除这些事件的偶然性。预测不准确缘于未来所具有的偶然性。

（4）预测活动本身也在"干扰"未来，即"非事实性预测"使预测结果发生变异。"非事实性预测"是指预测具有引导人们去"执行"预测结果的功能，人们行动的"合力"反过来影响预测结果是否成为现实。非事实性预测可以分为自实现预测（Self-fulfilling Forecast）和自拆台预测（Self-defeating Forecast）。例如，当"明年会出现经济萧条"的预测广泛流传和被公众接收到时，公众的合理反应是偿清一切债务、出售一切存货等，这种行为无疑会加速经济萧条的到来。这就是自实现预测的效应。再如，某预测咨询机构预测未来 3 年内某产品因"供需缺口"市场价格将上涨 15%～20%。此预测引起生产厂家的注意，促使生产厂家想方设法挖掘生产潜力，甚至增加投资，扩大生产，有效地增加了该产品的生产供给，因此价格不仅没有上涨，反而略有下跌，这就是自拆台预测的效应。

1.1.5 预测的基本功能和途径

预测的基本功能就是为决策系统提供制定决策所必需的未来信息。预测、决策与计划都与未来有关，三者之间既有联系，又有区别。预测在决策之前，计划在决策之后。预测为决策提供依据，是决策科学化的前提，而决策是预测的服务对象并为预测提供了实现机会。计划是预测与决策之后的产物，是决策在时间上的安排（何时干）、空间上的部署（在哪里干）、行动上的调度（怎样干）。因此，计划是预测与决策得以实现的桥梁，而正确的预测与决策是科学计划的前提。

科学的预测一般有以下几种途径：一是因果分析，通过研究事物的形成原因来预测事物未来发展变化的必然结果；二是类比分析，如把单项技术的发展同生物的增长相类比，把发展中的事物同历史上的"先导事件"相类比等，通过这种类比分析来预测事物的未来发展；三是统计分析，运用一系列数学方法，通过对事物过去和现在的数据资料进行分析，去伪存真，由表及里，揭示历史数据背后的必然规律性，明确事物的未来发展趋势。

本书重点介绍定量化的预测分析方法和定性分析的规范预测程序，通常是在对所研究系统进行深入分析的基础上，建立数学模型，运用数学模型获得所需要的预测结论。

1.2 预测的基本原理

现实世界是复杂的，然而事物变化发展的规律是客观存在的，是不以人的主观意志为转移的，人们能够通过实践来认识它、利用它。利用事物发展的规律对事物的发展前景进行预测是可行的。认识事物的发展变化规律，利用规律的必然性，是进行科学预测所应遵循的总原则。在寻求研究对象发展变化所隐含规律的过程中，科学预测所基于的原理是：系统性原理、连贯性原理、类推原理、相关性原理和概率推断原理。

1. 预测的系统性原理

预测的系统性原理，是指预测必须坚持以系统的观点为指导，采用系统分析方法，实现预测的系统目标。系统是相互联系、相互依存、相互制约、相互作用的诸事物及其发展过程所形成的统一体。预测工作中体现系统本质特性的观点应包括三个方面：一是全面地、整体地认识问题，而不是片面地、局部地认识问题。二是联系地、连贯地认识问题，而不是孤立地、分割地认识问题。在预测中，必须注意预测对象各层次之间的联系，预测对象与环境之间的联系，预测对象内部与外部各要素之间的彼此联系，预测对象各发展阶段之间的联系，等等。三是发展地、动态地认识问题，而不是静止地、凝固地认识问题。预测是对预测对象未来发展趋势的判断，没有发展变化，就不需要预测。预测必须根据预测对象系统的过去、现在推断未来，从而正确地反映发展观与动态观。

在预测工作中采用系统分析方法要求做到：一是通过对预测对象的系统分析，确定影响其变化的变量及其关系，建立符合实际的逻辑模型与数学模型；二是通过对预测对象的系统分析，系统地提出预测问题，确定预测的目标体系；三是通过对预测对象的系统分析，正确地选择预测方法，并通过各种预测方法的综合运用，使预测尽可能地符合实际；四是通过对预测对象的系统分析，按照预测对象的特点组织预测工作，并对预测方案进行验证和跟踪研究，为经营决策的实施提供及时的反馈。

2. 预测的连贯性原理

预测的连贯性原理，是指预测要研究预测对象的过去和现在，依据其惯性，预测其未来状态。惯性是指事物的发展变化与其过去的行为总有或大或小的联系，过去的行为影响现在，也影响未来。我们把这种现象称为"连贯现象"。连贯性也称为连续性或惯性等。连贯性的强弱取决于事物本身的动力和外界因素的强度。连贯性越强，越不易受外界因素的干扰，其延续性就越强。在实际的运用过程中，应注意以下两方面的问题：一是连贯性的形成需要有足够长的历史，且历史发展数据所显示的变动趋势具有规律性；二是对预测对象演变规律起作用的客观条件必须保持在适度的变动范围之内，否则该规律的作用将随条件变化而中断，连贯性失效。

3. 预测的类推原理

预测的类推原理，是指通过寻找并分析类似事物相似的规律，根据已知的某事物的发展变化特征，推断具有近似特性的预测对象的未来状态。

许多特性相近的客观事物，它们的变化亦有相似之处。利用类推原则进行预测，首要的条件是两事物之间的发展变化具有类似性，否则，就不能进行类推。类似并不等于相同，再加上时间、地点、范围以及其他许多条件的不同，常常会使两事物的发展变化产生较大的差距。因此，在预测时，必须判断在诸多因素的影响下，类推原则是否依然适用。如果适用的话，则应当注意如何估计并修正由于因素不同所带来的偏差，这样才能使预测的误差尽量减小。

在有可能利用事物之间的相似性进行类推预测时，两事物的发展过程之间必定有一个时间差距。时间会使许多条件发生变化，也给了人们总结经验和教训的机会，使人们有可能根据变化了的条件去探索后发展事物在哪些方面还保持着与先发生事物相似的特征，在哪些方面已经不再相似，等等。基于这些认识去做出较为准确的预测。当由局部类推整体时，应注意局部的特征能否反映整体的特征，是否具有代表性。因为在任何整体中，都可能存在与整体发展相异的局部，或某些特征与整体特征差别较大的局部。用这些不具有代表性的局部去类推整体，就会出现大的错误。类推是从已知领域过渡到未知领域的探索，是一种重要的创造性方法。类推原理不仅适用于预测，同样也适用于决策。

4. 预测的相关性原理

预测的相关性原理，是指研究预测对象与其相关事物间的相关性，利用相关事物的特性来推断预测对象的未来状况。任何事物的发展变化都不是孤立的，都是在与其他事物的发展变化相互联系、相互影响的过程中确定其轨迹的，这种事物发展变化过程中的相互联系就是相关性。深入分析研究对象和相关事物的依存关系和影响程度

（即它们之间的相关性），是揭示其变化特征和规律的有效途径。

从时间关系来看，相关事物的联系分同步相关和异步相关两类。先导事件与预测事件的关系表现为异步相关。例如，基本建设投资额与经济发展速度有关。又如，利息率的提高将会明显地导致房地产业的衰落。因而，根据先导事件的信息，可以有效地估计异步相关的预测事件的发展状态。同步相关的典型事例是，冷饮食品的销售量与气候变化有关；服装的销售与季节的变化有关。它们之间的相互影响即时可见。

5. 预测的概率推断原理

预测的概率推断原理，是指当被推断的预测结果能以较大概率出现时则认为该结果成立。由于受到社会、经济、科技等因素的影响，预测对象的未来状态带有随机性。预测对象的未来状态实际上是一个随机事件，这一随机事件的变化与发展既受偶然因素的影响，又受必然因素的约束，我们可以用概率来表示这一事件发生可能性的大小。在预测中，我们采用概率统计方法求出随机事件出现各种状态的概率，然后根据概率推断原理去推测预测对象的未来状态，获得预测对象发展的必然规律。

掌握预测的基本原理，可以建立正确的思维程序。这对于预测人员开拓思路，合理选择和灵活运用预测方法都是十分必要的。然而，世界上没有一成不变的事物。预测对象的发展不可能是过去状态的简单延续，预测事件也不可能是已知的类似事件的机械再现，相似不等同于相同。因此，在预测过程中，还应对客观情况进行具体细致的分析，以提高预测结果的准确程度。

1.3 预测的分类

由于预测的对象、目标、内容和期限不同，形成了多种多样的预测方法。根据研究任务的不同，按照不同标准，预测可以有不同的分类。

1.3.1 按预测的范围或层次分类

按预测的范围或层次不同，预测可分为宏观预测和微观预测。

1. 宏观预测

宏观预测，是指针对国家或部门、地区的活动进行的各种预测。它以整个社会经济发展的总图景作为考察对象，研究经济发展中各项指标之间的联系和发展变化。例如，对全国和地区社会再生产各环节的发展速度、规模和结构的预测，对社会商品总供给和总需求的规模、结构、发展速度及平衡关系的预测。

2. 微观预测

微观预测，是指针对基层单位的各项活动进行的各种预测。它以企业或农户生产经营发展的前景作为考察对象，研究微观经济中各项指标间的联系和发展变化。例如，对商业企业的商品购、销、调、存的规模和构成变动的预测，对工业企业所生产的具体商品的生产量、需求量和市场占有率的预测等。微观经济预测，是企业制订生产经营决策、编制和检查计划的依据。

宏观预测与微观预测之间有着密切的关系：宏观预测应以微观预测为参考，微观预测应以宏观预测为指导，二者相辅相成。

1.3.2 按预测的时间长短分类

按预测的时间长短，预测可分为长期预测、中期预测、短期预测和近期预测。

1. 长期预测

长期预测，是指对 5 年以上发展前景的预测。对于制订国民经济和企业生产经营发展的十年规划、愿景展望，提出经济长期发展目标和任务时，长期经济预测是进行决策的基本依据。

2. 中期预测

中期预测，是指对 1 年以上 5 年以下发展前景的预测。中期经济预测是制订国民经济和企业生产经营发展的五年计划，提出经济 5 年发展目标和任务的依据。

3. 短期预测

短期预测，是指对 3 个月以上 1 年以下发展前景的预测。它是制订企业生产经营发展年度计划、季度计划，明确规定经济短期发展具体任务的依据。

4. 近期预测

近期预测，是指对 3 个月以下企业生产经营状况的预测，它是制订企业生产发展月、旬计划，明确规定近期经济活动具体任务的依据。

也有人将短期预测和近期预测合并，凡是 1 年以下的预测，统称为短期预测。事实上，不同的领域，划分的标准也不一样。例如，气象预测规定不超过 3 天的为近期预测，一周以上的为中期预测，超过一个月的就是长期预测。

1.3.3 按预测方法的性质分类

按预测方法的性质，预测可分为定性预测和定量预测。

1. 定性预测

定性预测，是指预测者通过调查研究，了解实际情况，凭自己的实践经验和理论与业务水平，对事物发展前景的性质、方向和程度做出判断并进行预测的方法，也称为判断预测或调研预测。预测目的主要在于判断事物未来发展的性质和方向，也可以在对具体情况进行分析的基础上提出粗略的数量估计。

一般来说，定性预测方法适用于缺少历史统计资料，而更多地需要依赖专家的经验的情况。定性预测方法通常有德尔菲法、主观概率法、市场调查法、领先指标法、模拟推理法和相关因素分析法等。定性预测法的特点可归纳为以下几点。

（1）强调对事物发展的性质进行描述性的预测。这一点主要依赖专家的经验以及分析判断能力，在对预测对象所掌握的历史数据不多或影响预测对象因素众多、复杂，难以做出定量分析的情况下，定性预测方法是较可行的方法。

（2）强调对事物发展的趋势、方向和重大转折点进行预测。例如，某商品在市场上所处的阶段、市场总体形势的变化、国家产业政策的变化、新产品的开发、企业经营环境分析等。

定性预测法的优点在于预测事物未来发展性质方面，且定性预测法的灵活性较强，能够充分发挥人们的主观能动性；同时，定性预测法预测简单迅速，可节省一定的人力、物力和财力。当然，定性预测方法也存在缺点，表现为它受人们的主观因素的影响较大，这是因为定性预测方法主要依赖于人们的知识、经验和能力的大小等，因此缺乏成套的数学模型，难以对事物发展做出数量上的精确度量。

2. 定量预测

定量预测，是指根据准确、及时、系统、全面的调查统计资料和信息，运用统计方法和数学模型，对事物未来发展的规模、水平、速度和比例关系的测定。定量预测与统计资料、统计方法有密切关系。

显然，定量预测方法适用于历史统计资料较为丰富的情况。定量预测方法通常有时间序列分析预测和因果分析预测两大类。时间序列分析预测是指，以连续性预测原理做指导，利用历史观察值形成的时间序列，对预测目标未来状态和发展趋势做出定量判断的预测方法，主要有移动平均法、指数平滑法、趋势外推法、季节指数预测法、马尔可夫预测法、ARMA 模型、Box-Jenkins 模型法等。因果分析预测是指，以因果性预测原理做指导，分析预测目标同其他相关事件及现象之间的因果联系，对事物未来状态和发展趋势做出预测的定量分析方法，主要有线性回归法、非线性回归法、投入产出预测法、灰色预测法、经济计量模型法、干预分析模型法等。

定量预测方法的特点归纳如下。

（1）强调对事物发展的数量方面进行较为准确的预测，这主要是通过历史统计数据建立相应的数学模型，对事物发展做出数量上的预测。

（2）强调对事物发展的历史统计资料利用的重要性。目前，国民经济核算体系及其他统计数据正好为定量预测法提供了信息来源。

（3）强调建立数学模型的重要性，并且要应用计算机技术来解决定量预测法中复杂的数学模型的参数计算问题。目前，计算机技术的迅速发展和普及，为定量预测法提供了良好的技术条件。

定量预测法的优点是，它偏重于预测事物未来发展数量方面的准确描述，它较少依赖人的知识、经验等主观因素，更多依赖预测对象客观的历史统计资料，利用计算机技术对数学模型进行大量的计算而获得预测结果。定量预测法的缺点是：对预测者的素质要求较高，预测者必须掌握数学方法、计算机技术及相应的专门理论；另外，定量预测法的精确度较多地依赖于统计资料的质量和数量；同时，若预测对象的系统结构发生质的变化，相应的统计数据发生较大的波动，此时定量预测法就难以获得满意的预测结果。

对于在预测工作中是选择定量预测方法还是定性预测方法，我们应该根据预测问题的要求和预测方法的特点，选择合适的预测方法，二者不存在孰轻孰重的问题。一般情况下，定性分析与定量分析要结合使用，因为二者是相互联系、相辅相成的。定量预测要以定性预测为基础，定性预测要通过定量预测来刻画；定量预测的结果要经得起定性预测的验证，定性预测的结论是对定量预测的升华。

1.3.4 预测的其他分类方法

1. 按预测时是否考虑时间因素区分

按预测时是否考虑时间因素，预测可分为静态预测和动态预测。静态预测是指不包含时间变动因素，对事物在同一时期的因果关系进行预测。动态预测是指包含时间变动因素，根据事物发展的历史和现状，对其未来发展前景做出预测。建立动态预测模型需要较深厚的数学知识和较多的历史数据，方法复杂，计算量大。但它在短期预测方面精度高，因此得到了越来越广泛的应用。

2. 按预测时采用的预测方法数目区分

按预测时采用的预测方法数目区分，预测可分为单项预测和组合预测。单项预测是指在预测时，只采用一种预测方法进行预测，得到预测结果。组合预测就是设法把不同的预测模型组合起来，综合利用各种预测方法所提供的信息，以适当的加权平均形式得出组合预测模型。组合预测最关心的问题就是如何求出加权平均系数，提高预测精度。

3. 按采用模型的特点区分

按采用模型的特点，预测可分为经验预测模型和规范预测模型。后者包括时间关系模型、因果关系模型和结构关系模型等。

1.4 预测的程序

为保证预测工作顺利进行，必须有组织、有计划地安排工作进程，以期取得应有的成效。预测的程序或步骤如下所述。

1. 确定预测目标，制订预测计划

预测是为决策服务的，所以要根据决策的需要来确定预测对象、预测结果达到的精确度，确定是定性预测还是定量预测以及完成预测的期限等。预测计划是根据预测任务制订的预测方案，包括预测的内容、项目，预测所需要的资料，准备选用的预测方法，预测的进程和完成时间，编制预测的预算，调配力量，组织实施，等等。

2. 搜集、整理有关资料

预测是根据有关历史资料去推断未来，资料是预测的依据。应根据预测目标的具体要求去搜集资料。预测中所需的资料通常包括三项：一是预测对象本身发展的历史资料；二是对预测对象发展变化有影响作用的各相关因素的历史资料；三是形成上述资料的历史背景、影响因素在预测期内可能表现的状况。筛选资料的标准有三个：一是直接相关性；二是可靠性；三是最新性。

准确无误的资料，是确保预测准确性的前提之一。为了保证资料的准确性，要对资料进行必要的审核和整理。资料的审核，主要是审核来源是否可靠、准确和齐备，资料是否可比。资料的可比性包括：资料在时间间隔、内容范围、计算方法、计量单位和计算价格上是否保持前后一致。如有不同，应进行调整。资料的整理包括：对不准确的资料进行查证核实或删除；把不可比的资料调整为可比；对短缺的资料进行估计核算；对总体的资料进行必要的分类组合。

3. 选择预测方法

在占有资料的基础上，进一步选择适当的预测方法和建立数学模型，这是预测准确与否的关键。预测方法种类很多，不同的方法有着不同的适用范围、不同的前提条件和不同的要求。对于特定的预测对象很可能有多种方法可用，而有的预测对象因为受到人、财、物、时间等因素的限制则只能用一种或少数几种方法。

4. 建立预测模型

预测模型是对预测对象发展变化的客观规律的近似模型，预测结果是否有效取决于模型对预测对象未来发展规律近似的真实程度。对数学模型，要求出其模型形式和参数值；如用趋势外推法，则要求出反映发展趋势的公式；如用类推法，则要寻求与预测对象发展类似的事物在历史上所呈现的发展规律；等等。

5. 评价预测模型

评价预测模型就是评价模型能否真实地反映预测对象的未来发展规律。由于预测模型是用历史资料建立的，它们能否比较真实地反映预测对象未来发展的规律是需要讨论的，也就是说模型建立之后必须经过检验才能用于预测。模型检验主要包括考察参数估计值在理论上是否有意义，统计显著性如何，模型是否具有良好的超样本特性。一般地，评价模型优劣的基本原则有以下几条。

（1）要求理论上合理。参数估计值的符号、大小应和有关的经济理论相一致，所建立的模型应该能够恰当地描述预测对象。

（2）统计可靠性高。模型及其参数估计值应当通过必要的统计检验，以确定其有效性和可靠性。其实际意义一是看模型能否说明所要预测期间事物的发展情况；二是看预测模型的误差范围，利用模型进行预测一般要确定预测结果的置信区间。

（3）预测能力强。预测效果好坏是鉴别模型优劣的根本标准。为保证模型的预测能力，一般要求参数估计值有较高的稳定性，模型外推检验精度较高。稳定性是指：一是预测模型能够在较长的时期内准确地反映预测对象的发展变化情况；二是当建模数据发生变动或模型外部条件发生变化时，模型仍具有较强的预测能力，其参数和预测能力都不会受到较大的影响。

（4）简单适用。一个模型只要能够正确地描述系统的变化规律，其数学形式越简单，计算过程越简便，模型就越好。

（5）模型自身适应能力强。模型应该能在预测要求和条件变化的情况下做调整和修改，并能在不同情况下进行连续预测。

6. 利用模型进行预测和评价预测结果

利用模型进行预测，就是根据搜集到的有关资料，利用经过评价的模型，计算或推测出预测对象的未来结果。

利用模型得到的预测结果一般不会与事物发展的实际结果完全相符,大多会产生偏差,这是因为我们所建立的模型是对实际情况的近似模拟。因此,我们必须分析预测值偏离实际值的程度及其产生的原因。如果预测误差未超出允许的范围,即认为模型的预测功效合乎要求;否则,就需要查找原因,对模型进行修正和调整。由于在预测当时,预测对象的未来实际数值还不知道,此时的预测误差分析只能是样板数据的历史模拟误差分析或已知数据的事后预测误差分析。

7. 向决策者提交预测报告

最后,以预测报告的形式将确认可以采纳的预测结果提交给决策者,其中应当说明假设前提、所用方法和预测结果合理性判断的依据等。

总之,预测过程是一个资料、技术和分析的结合过程。资料是预测的基础和出发点,预测技术的应用是核心,分析则贯穿了预测的全过程。可以说,没有分析,就不能称其为预测。在整个预测过程中,对预测成败影响最大的是两个"分析和处理"。一个是对搜集到的资料进行分析和处理,资料是基础,如果基础质量不好,建立在这个基础之上的大厦(预测模型)质量也差,那么预测结果的质量也必定差;另一个是对预测结果的分析和处理,这是对预测效果的最后一次检查,它直接决定预测的质量。这两个分析和处理最能体现预测者的水平,预测的质量完全取决于预测者对预测对象及客观条件的熟悉程度、知识面的广度、对事物的观察能力以及逻辑推理与分析判断的能力等。

1.5 预测方法选择的影响因素

选择合适的预测方法,对于提高预测精度、保证预测质量有着十分重要的意义。影响预测方法选择的因素有很多,在选择预测方法时应该综合考虑。下面给出 6 种主要影响因素。

1. 预测的目标特性

预测目标用于战略决策,要求采用适于中长期预测的方法,但对其精度要求较低;用于战术性决策,要求采用适于中期和近期预测的方法,对其精度要求较高;用于业务性决策,要求采用适于近期和短期预测的方法,且要求预测精度高。

2. 预测的时间期限

适用于近期与短期的预测方法有移动平均法、指数平滑法、季节指数预测法、直观判断法等。适用于 1 年以上的短期与中期的预测方法有趋势外推法、回归分析法、经济计量模型预测法。适用于 5 年以上长期预测的方法有经验判断预测法、趋势分析预测法。

3. 预测的精度要求

满足较高精度要求的预测方法有回归分析预测法、经济计量模型预测法等。精度要求较低的预测方法有经验判断预测法、移动平均预测法、趋势外推预测法等。

4. 预测的费用预算

预测方法的选择，既要达到精度的要求，满足预测的目标需要，还要尽可能节省费用，即既要有高的效率，也要实现高的经济效益。用于预测的费用包括调研费用、数据处理费用、程序编制费用、专家咨询费用等。

费用预算较低的方法有经验判断预测法、时间序列分析预测法以及其他较简单的预测模型法。费用预算较高的方法有经济计量模型预测法和大型的复杂的预测模型方法。

5. 资料的完备程度与模型的难易程度

（1）资料的完备程度。在诸多预测方法中，凡是需要建立数学模型的方法，对资料的完备程度要求较高；当资料不够完备时，可以采用专家调查法等经验判断类预测方法。

（2）模型的难易程度。在预测方法中，因果分析方法都需要建立模型，其中有些方法的建模要求预测者有较坚实的预测基础理论和娴熟的数学应用技巧。因此，预测人员的水平难以胜任复杂模型的预测方法时，应选择较为简易的方法。

6. 历史数据的变动趋势

在定量预测方法的选择中，必须以历史数据的变动趋势为依据。在实际应用中，通常使用的曲线预测模型有指数曲线（修正指数曲线）、线性模型、抛物线曲线、龚珀兹曲线等。

1.6 预测的精度

预测误差就是预测结果与实际结果的偏差，决定了预测的精确性。误差越大，精度就越低，因而通常由误差指标来反映预测精度。定量预测方法的精确性有很多衡量的指标，主要有以下几种。

1. 预测误差（Error）

设某一项预测指标的实际值为 X，预测值为 $\hat{X}$，令

$$e = X - \hat{X} \tag{1-1}$$

式中，e 就是预测值 $\hat{X}$ 的误差，又称为偏差。$e>0$ 表示 $\hat{X}$ 为低估预测值；$e<0$ 表示 $\hat{X}$ 为高估预测值。

预测误差 e 是预测结果误差的最直接的衡量，但其大小受到预测对象计量单位的影响，不适于作为预测精确性的最终衡量指标。因此，我们引入相对误差的概念。

2. 相对误差（Percentage Error，PE）

预测误差在实际值中所占比例的百分数称为相对误差，记为 ε，即

$$\varepsilon = \frac{e}{X} = \frac{X - \hat{X}}{X} \times 100\% \tag{1-2}$$

该指标克服了预测指标本身量纲的影响，通常把 $1-\varepsilon$ 称为预测精度。

预测误差和相对误差这两个指标只表示了预测点上预测的误差，而要衡量模型整体预测的精确性，必须要考虑所有预测点上总的误差量。因此，我们引入下述概念。

3. 平均误差（Mean Error，ME）

n 个预测误差的平均值称为平均误差，记为 $\bar{e}$。计算公式为

$$\bar{e} = \frac{1}{n}\sum_{i=1}^{n} e_i = \frac{1}{n}\sum_{i=1}^{n}(X_i - \hat{X}_i) \tag{1-3}$$

由于每个 e_i 可为正值，也可为负值，求代数和时这些分别取正负值的 e_i 将有一部分互相抵消，故 $\bar{e}$ 值无法真正反映预测误差的大小，但它反映了预测值的偏差状况，可作为修正预测值的依据。$\bar{e}$ 为正，说明预测值总体平均比实际值低；反之，说明预测值总体平均比实际值高。因此，如果用某一种方法求得的预测值为 $\hat{X}_{n+1}$，运用该方法时预测值的平均误差为 $\bar{e}$，则修正的预测值为 $\hat{X}'_{n+1} = \hat{X}_{n+1} + \bar{e}$。

4. 平均绝对误差（Mean Absolute Error，MAE）

预测误差的累积值会因正负误差相互抵消而减弱总的误差量，但预测误差的绝对值的累积则能避免正负误差的相互抵消。其计算公式为

$$\text{MAE} = |\bar{e}| = \frac{1}{n}\sum_{i=1}^{n}|e_i| = \frac{1}{n}\sum_{i=1}^{n}|X_i - \hat{X}_i| \tag{1-4}$$

由于每个 $|e_i|$ 皆为正值，故 $|\bar{e}|$ 可用于表示预测误差的大小。

平均绝对误差依然会受预测对象计量单位大小的影响，所以我们引入相对平均绝对误差的概念。

5. 相对平均绝对误差（Mean Absolute Percentage Error，MAPE）

n 个预测相对误差绝对值的平均数被称为相对平均绝对误差，以 $|\bar{\varepsilon}|$ 表示为

$$|\bar{\varepsilon}| = \frac{1}{n}\sum_{i=1}^{n}\left|\frac{e_i}{X_i}\right| \times 100\% = \frac{1}{n}\sum_{i=1}^{n}\left|\frac{X_i - \hat{X}_i}{X_i}\right| \times 100\% \tag{1-5}$$

在评价模型的预测精度时，经常使用的评价指标是 MAPE，一般认为，若 MAPE 小于 10，则模型预测精度较高。

相对平均绝对误差比较好地衡量了预测模型的精确性，但是计算该指标涉及绝对值运算，在数学上的处理不是非常方便。因此，我们又引入以下衡量指标。

6. 预测误差的误差平方和、均方误差和标准差

误差平方和（Sum of Squared Error，SSE）的计算公式为

$$\text{SSE} = \sum_{i=1}^{n} e_i^2 \tag{1-6}$$

均方误差（Mean Squared Error，MSE），又称为方差（记为 S^2），其计算公式为

$$\text{MSE} = \frac{1}{n}\sum_{i=1}^{n}(X_i - \hat{X}_i)^2 = \frac{1}{n}\sum_{i=1}^{n} e_i^2 \tag{1-7}$$

标准差（Standard Deviation of Error，简记为 S），有时被称为均方根误差，其计算公式为

$$S = \sqrt{\frac{1}{n}\sum_{i=1}^{n} e_i^2} = \sqrt{\frac{1}{n}\sum_{i=1}^{n}(X_i - \hat{X}_i)^2} \tag{1-8}$$

方差 S^2 和标准差 S 在数学上易于处理，也比较好地反映了预测结果的精确性。它们的值介于 0 和 $+\infty$ 之间，其值越大，预测准确度越低。它们和平均绝对误差的区别在

于，方差和标准差对较大的预测点的误差更为敏感，采用它们做精确性的衡量标准时，宁可有多个较小的点误差，而不愿有少量的较大的点误差。

当预测误差服从正态分布时，平均绝对误差与标准差 S 之间有如下关系：

$$S = \sqrt{\frac{\pi}{2}} \times \text{MAE} \approx 1.25\,\text{MAE} \tag{1-9}$$

上述所列各项误差指标功能相近，但有各自不同的特点：$|\bar{\varepsilon}|$ 计算方便；$|\bar{\varepsilon}|$ 不受量纲的影响；S^2 和 S 对预测误差的反应较为灵敏。其中，S 不仅保留了 S^2 灵敏度高的优点，还克服了 S^2 数值大的不足，它和 $|\bar{\varepsilon}|$ 是最常用的衡量预测准确度的两个指标。

7. 泰尔（THEIL）不等系数

泰尔不等系数的计算公式为

$$\mu = \frac{\sqrt{\dfrac{1}{n}\sum_{i=1}^{n}(X_i - \hat{X}_i)^2}}{\sqrt{\dfrac{1}{n}\sum_{i=1}^{n}\hat{X}_i^2} + \sqrt{\dfrac{1}{n}\sum_{i=1}^{n}X_i^2}} \tag{1-10}$$

式中，μ 介于 0~1，其值越小说明预测的精确度越高。当预测值序列完全等于实际值序列时，$\mu=0$。这是一种理想状况，或称之为完美的预测。与此相反，当 $\mu=1$ 时，有 $\hat{X}_i = -X_i$，$\forall i=1,2,\cdots,n$，此时说明预测值与实际值的变化趋势完全相反，预测模型显然有不合理之处。当 μ 趋近于 1 时，表示 $\hat{X}_i$ 与 X_i 偏差较大。但值得注意的是，对于序列 X_i 和 $\hat{X}_i$，若有一个序列对所有 i 均恒等于 0 时，也有 $\mu=1$，此时泰尔不等系数失效。但是很显然，对于这种极端情况，我们是容易识别的。

8. 两面商

测定预测准确度的另一个指标是两面商（Janus 商），其计算公式为

$$J = \sqrt{\frac{\dfrac{1}{m}\sum_{i=n+1}^{n+m}e_i^2}{\dfrac{1}{n}\sum_{i=1}^{n}e_i^2}} = \sqrt{\frac{\dfrac{1}{m}\sum_{i=n+1}^{n+m}(X_i - \hat{X}_i)^2}{\dfrac{1}{n}\sum_{i=1}^{n}(X_i - \hat{X}_i)^2}} \tag{1-11}$$

该指标涉及的时期，可以用图 1-1 表示。

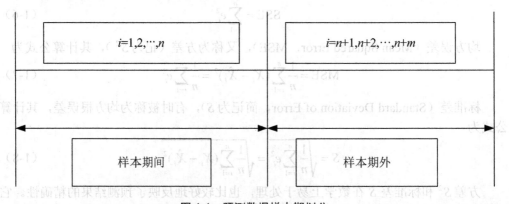

图 1-1　预测数据样本期划分

在预测过程中，样本期的实际值 $X_1, X_2, \cdots, X_n$ 用于建立预测模型，由此模型估计的数值再现了样本期的状况，称为历史模拟。利用预测模型对样本期外的数据进行预测，有事后预测与事前预测两种情形。对样本期外实际情况已经发生的若干时期所进行的预测叫事后预测；对实际情况尚未发生的未来时期所进行的预测叫事前预测。后者是预测的最终目的。

从理论上讲，评价预测准确度应当使用事前预测误差指标。但是在预测时，未来事件尚未成为现实，事前预测误差指标无法计算。在实际预测工作中，用两种方法来解决这一问题，即内插检验和外推检验。

内插检验，是利用模拟误差来估计事前预测误差。内插检验主要反映预测模型再现实际情况的能力。

外推检验，是利用事后预测误差来估计事前预测误差，也称为事后检验。外推检验能够比较有效地反映模型的预测能力。因此，评价预测准确度应尽可能地进行外推检验。

为了进行这一检验，往往把已经掌握的历史数据分成两部分，大部分数据作为样本用来建立预测模型，小部分数据用来做外推检验。上述检验的图示如图 1-2 所示。

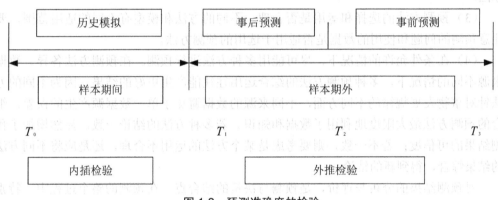

图 1-2　预测准确度的检验

9. 预测监控

预测误差可以用于对预测进行监控，即不断地检验预测结果，根据预测误差的变化来判断所用的预测方法是否过时，是否需要重新选择预测方法，以及如何来选择新的预测方法。监控预测效果的指标称为追踪信号，其定义为

$$\text{追踪信号} = \frac{\sum_{i=1}^{n}(X_i - \hat{X}_i)}{\text{MAE}} \quad (1\text{-}12)$$

式（1-12）中的预测误差和 MAE 都要使用相同的周期资料进行计算。

追踪信号可接受的控制范围一般在下限-3 到上限+3 之间。在这个范围内，可以认为预测结果比较可靠；如果结果超出这个范围，就需要检查所用的预测方法是否适用。

1.7 预测结果的分析与反思

1.6节讨论了对预测结果精确性的衡量,但是预测结果精确性的最终衡量标准应该是看它能否为决策者提供可靠的未来信息,有助于决策者做出科学的、正确的决策。所以,除了设置一些精确性的衡量指标外,还需要对预测结果进行分析与反思。

对预测结果的分析与反思,需要着重考虑以下几个方面的问题。

(1)在对预测问题的分析判断中,包括:思维过程中是否有逻辑上的不合理之处,做出的结论是否与经验和常识相符,若答案是否定的,则要仔细分析是我们的预测结果有误,还是对事物发展的突变因素认识不足。此外,也要认真反思在预测中我们对问题所做的假设与简化是否合理,是否仍然能够反映问题的本质。

(2)数据与信息是预测工作的基础,选取的数据是否有效、质量是否可靠,也是反思的重点。若有新得到的数据、信息,则要根据新的信息补充原有信息,若新的信息仍然支持原有结论,那么原有的结论当然更加可信;反之,则需要进一步分析分歧产生的原因。

(3)预测方法的选择和运用是否合理。不同的方法和模型有不同的适用范围,要注意预测的问题和使用的数据是否适用于选用的预测方法。

(4)在条件允许的情况下,尽可能用多种方法进行预测。在预测方法各异、数据来源不同的情况下,多种预测方法的综合运用往往能产生更好的结果。因为不同的方法针对事物发展规律的不同方面,不同来源的数据避免了单一数据源产生的误差,组合的预测方法最大限度地利用了数据和知识。若多种方法的结论一致,显然增加了预测结果的可信度;若不一致,则要考虑是某个方法的运用不合理,还是应将不同方法的结果综合,得到新的结论。

对预测结果的分析与评价,是预测与决策的结合点。在预测的整个过程中,特别是在对预测模型的分析、对结果的反思方面,要时刻把握预测的目的是什么,预测在将要进行的决策中的价值是什么,做到目的明确,思路清晰。

 本章小结

1. 预测。预测是指根据客观事物的发展趋势和变化规律,对特定对象的未来发展趋势或状态做出科学的推测与判断,其基本功能就是为决策系统提供制定决策所必需的未来信息。从广义上讲预测包括两部分内容。

(1)在同一时期根据已知事物推测未知事物的静态预测。

(2)根据某一事物的历史和现状推测其未来的动态预测。狭义方面的预测仅指动态预测。

2. 预测的基本原理。进行科学预测所遵循的基本原理是系统性原理、连贯性原

理、类推原理、相关性原理以及概率推断原理。预测工作者只有掌握了基本原理，才可以建立正确的思维程序，在此基础上进行具体细致的分析方能提高预测结果的准确程度。

3．预测的分类。预测按照范围或层次分为宏观预测和微观预测；按照时间长短不同分为长期、中期、短期和近期预测；按照预测方法性质分为定性预测和定量预测。

在缺乏历史数据的情况下，须组织专家进行定性预测，定性预测的主要方法有德尔菲法、主观概率法、市场调查法、领先指标法、模拟推理法和相关因素分析法等。

定量预测适用于历史数据丰富的情况，主要包括时间序列分析和因果分析预测两大类。时间序列分析主要包括移动平均法、指数平滑法、趋势外推法、季节指数预测法、马尔可夫预测法、ARMA 模型、Box-Jenkins 模型法等。因果分析方法主要包括线性回归法、非线性回归法、投入产出预测法、灰色预测法、经济计量模型法和干预分析法等。

4．预测的程序。预测过程是一个资料、技术和分析的结合过程，其一般程序包括：

（1）确定预测目标，制订预测计划。

（2）搜集、整理有关资料。

（3）选择预测方法。

（4）建立预测模型。

（5）评价预测模型。

（6）利用模型进行预测和评价预测结果。

（7）向决策者提交预测报告。

5．预测的精度。定量预测方法的精确性衡量指标有预测误差、相对误差、平均误差、平均绝对误差、相对平均绝对误差、预测误差的误差平方和、均方误差和标准差、泰尔不等系数、两面商和预测监控。预测误差越大精度就越低，但是预测结果精确性的最终衡量标准应该是看它能否为决策者提供可靠的未来信息，是否能为决策者做出科学、正确的决策提供较大帮助。

综合练习

一、练习题

1．什么是预测？为什么要进行经济预测？

2．何谓定性预测？在哪种情况下会使用定性预测？

3．我们何时会用到定量预测？试对定量预测进行分类。

4．经济预测一般应遵循哪些原则？

5．预测方法的全过程要经过哪些程序？

6．度量预测精度的常用指标有哪些？

7．将 A 和 B 两种不同的预测方法用于同一预测对象，进行了 10 次预测，每种方法的历次预测误差 e_i^A 和 e_i^B（$i=1,2,\cdots,10$）如表 1-1 所示，试分别运用 MSE 误差法与

MAE 误差法来判断哪种预测方法较优。

表 1-1　A、B 两种预测方法的预测情况

i	1	2	3	4	5	6	7	8	9	10
e_i^A	0.1	0.1	−0.1	−0.1	2	−0.1	−0.7	0.1	0.1	−0.1
e_i^B	0.5	0.5	−0.5	−0.5	0.5	−0.5	0.5	0.5	−0.5	−0.5

二、思考题

经济预测与统计预测是一回事吗？请思考二者的区别与联系。

三、案例题

思创家私在 2011 年研究一种新型电脑桌时，需要对这种新产品未来投放市场能否获得成功进行预测。该企业聘请了 20 名专家进行调查预测，在综合分析的基础上，每一位专家都对该产品提出了可能实现的主观估计值，即主观概率。其中有 6 名专家认为目前此类产品在市场上竞争非常激烈，而该新产品成本高，售价也高，近几年内在市场中难有竞争优势；有 12 名专家认为虽然此类产品目前国内市场竞争激烈，但该新产品款式新颖、功能齐全，价位也能为大部分消费者所接受，所以，有一定的市场潜力，投放市场成功的可能性很大；还有两名专家没有明确表明自己的意见。

案例思考：

对 20 名专家的预测意见以及预测该新产品投放市场成功的可能性的大小，利用主观概率对他们的预测意见进行量化，量化结果如表 1-2 所示。

表 1-2　量化结果

成功的可能性	0.1	0.2	0.3	0.4	0.5	0.6	0.7	0.8	0.9	1.0
预测人数	0	2	1	3	2	4	4	1	2	1

请回答下面问题：

1．试着计算出该产品未来投入市场成功的可能性。
2．根据此定性分析方法的结果，你建议该公司生产新产品吗？

第 2 章 专家判断预测法

本章学习目标

- 掌握定性预测方法的主要类型及应用的注意事项
- 掌握头脑风暴法及质疑头脑风暴法的基本原理及步骤
- 掌握德尔菲法的分类、组织原则及基本步骤
- 掌握专家应答调查表的编制格式及各种汇总统计方法
- 掌握德尔菲法预测结果的精度分析方法
- 掌握主观概率法与交互分析法的特点及应用方法

引例

金融危机，谁预测到了？

2007 年 4 月，美国第二大次级房贷公司新世纪金融公司的破产引发了 2000 年以来最大的一次金融危机。此后，金融危机逐渐蔓延，引起了诸多机构和研究学者的广泛关注，并提出了不同论断。经济顾问公司 Trend Macrolytics 的首席投资人唐纳德·卢斯基（Donald Luskin）在 2008 年 9 月 14 日的《华盛顿邮报》上发表观点："如果有任何人说我们处于衰退，或将陷入衰退，特别是自 1929 年大萧条以来最严重的衰退，都是自己在给衰退下定义。"石油分析师阿尔琼·穆提（Arun N.Murti）于 2008 年 5 月 5 日在《纽约时报》声称，"未来两年内，国际石油价格将达到每桶 150～200 美元的概率不断增加。"而后，随着美国金融危机的影响越演越烈，事实无情地击破了这些专家的预测，并被美国著名《外交事务》杂志评为在 2008 年度破灭的十大离谱预言。专家的错误预测，误导了诸多企业，使它们未能足够重视本次金融危机的影响，未能及时对生产计划进行调整，致使部分企业受到了致命打击。

然而部分学者和实业界管理者却成功地预测了危机，他们审时度势，正确决策，并取得了骄人的业绩。2007 年，阿里巴巴集团主席和首席执行官马云根据对公司数据的分析，认为经济形势相当严峻，便给内部员工写信，提醒大家准备过冬，并强调这个冬天会比大家想象得寒冷。2008 年年初，马云将公司年度策略定位为"深挖洞，广积粮，不称霸"，做强、做深、不做大，砍掉所有新投资项目，积极储备资金，准备"过冬"。同时，秘密启动"援冬行动"，年初重组了销售团队，改善服务质量和效率，下半年又及时启动 3 000 万美元海外推广计划，推出"暖冬"实质性产品"出口道"。同时，收缩战线，将中国雅虎和口碑网合并、阿里妈妈并入淘宝网。在金融危机泛滥的

2008年，阿里巴巴付费会员数目增长了41%，营业收入增长了39%，每股基本盈利增加了31%，净利润达到人民币12.05亿元。

（资料来源：李华，胡奇英．预测与决策教程[M]．北京：机械工业出版社，2012：28．）

  对于类似于美国金融危机这样一些缺乏历史数据、信息量难以量化、难以用数学模型进行预测的事件，往往只能采用非模型预测法来辅助决策。因此，有效组织非模型预测进行科学、合理的预测具有重要的现实意义。本章主要介绍的是在预测中常用的非模型预测方法——专家判断预测法。

  组织专家预测属于直观预测范畴。直观预测法以专家为索取信息的对象，组织各领域专家运用专业方面的经验和知识，通过对过去和现在发生的问题进行直观综合分析，从中找出规律，对发展远景做出判断。直观预测法的最大优点是：在缺乏足够统计数据和原始资料的情况下，可以做出定量估计，得到文献上还未反映的信息。特别是对技术发展的预测，在很大程度上取决于政策和专家的努力，而不完全取决于现实技术基础。

2.1 引　　言

  专家判断预测是定性预测方法的核心，围绕专家预测法这一主干，衍生出了多种多样的定性预测方法。

  定性预测，是指预测者通过调查研究，了解实际情况，凭自己的实践经验和理论与业务水平，对事物发展前景的性质、方向和程度做出判断、进行预测的方法，也称为判断预测或调研预测。有时在定性分析的基础上也可以提出数量估计，其特点是：需要的数据量少，能考虑无法定量的因素，比较简单可行。定性预测是预测工作中的一种不可或缺的灵活的预测方法。

  当我们掌握的数据信息不够丰富、不够准确或主要影响因素难以用数字描述，难以进行定量分析时，定性预测就是一种行之有效的预测方法。例如，新建企业生产经营的发展前景、新产品销售的市场前景、消费者心理的变化对市场商品供需变化的影响等问题的预测，由于缺少历史资料，就宜采用定性预测方法进行预测。

  此外，为了提高预测质量，在进行定量预测时，也要进行定性预测。由于在事物的发展变化过程中，质制约着量，一定的质决定一定的量，因此，在预测中应该将定性分析作为出发点，定量预测应以定性分析为基础。任何质量都表现为一定的数量，都有决定质量的数量界限。定量预测虽然可以使定性分析深入和具体化，起到胸中有"数"的作用，但是，定量预测只能测定主要因素的影响，其余因素的影响，特别是无法定量预测的因素的影响，则难以包含。因此，在定量预测之后，也要进行定性分析，对其结果进行必要的调整，才能使预测接近实际。

  定性预测主要靠预测者的经验和判断能力，易受主观因素的影响，并且主要目的不在于数量估计，为了提高定性预测的准确程度，应该注意以下问题。

（1）要加强调查研究，努力掌握影响事物发展的有利条件、不利因素和各种变动情况，从而使预测者对事物发展前景的分析判断更加接近实际。

（2）在进行调查研究、搜集资料时，应做到数据和情况并重，使定性分析定量化。也就是通过质的分析进行量的估计，进行有数据有情况的分析判断，提高定性预测的说服力。

（3）应将定性预测和定量预测相结合，提高预测质量。在预测过程中，应先进行定性分析，然后进行定量预测，最后再进行定性分析，对预测结果进行调整定案。

专家判断预测法是以专家为索取信息的对象，依靠专家的经验、智慧来进行评估预测的一种方法。专家判断预测法属于直观预测范畴，其核心就是专家。这里所谓的"专家"，不仅在预测对象方面，而且在相关学科方面都应具备相当的学术水平，并应具备一种在大量感性的经验资料中看到事物"本质"的能力，亦能从大量随机现象中抓住不变的规律，对未来做出判断。衡量专家的标准有形式标准和实质标准两种。

（1）从形式上说，在某一专门领域有10年以上专业工作经历，有较高学历、学位或专业职称的人可称为专家。

（2）从实质上说，在学术上有建树、有独到见解、有真才实学的人可称为专家。

专家判断预测法的基础方法有个人判断法、专家会议法和专家意见汇总预测法，在此基础上，发展了头脑风暴法、德尔菲预测法等常用的专家预测方法。

个人判断法，又被称为专家个人判断法，是以专家个人知识和经验为基础，对预测对象未来的发展趋势及状态做出个人判断。这种方法一般先征求专家个人的意见、看法和建议，然后对这些意见、看法和建议加以归纳和整理而得出一般结论。个人判断法的最大优点是：能够最大限度地发挥出专家微观智能结构效应，能够保证专家在不受外界影响、没有心理压力的条件下，充分发挥个人的判断力和创造力。这种方法的缺点是：在进行评估判断时，容易被专家本人的知识面、研究领域、知识深度、资料占有量以及对预测问题是否有兴趣等因素所左右，并且缺乏讨论交流的氛围，难免带有片面性和主观性，容易导致预测结果偏离客观实际，造成决策失误。

专家会议法是指根据规定的原则选定一定数量的专家，按照一定的方式组织专家会议，发挥专家集体的智慧结构效应，对预测对象未来的发展趋势及状况做出判断的方法。用专家会议法进行预测要特别注意两方面的问题。

一方面是选择的专家要合适，具体讲就是：

（1）专家要具有代表性，尽可能保证代表选取的结构合理。

（2）专家要具有丰富的理论知识和实战经验。

（3）专家的人数要适当，小组规模一般以10～15人为宜。

另一方面是预测的组织工作要合理，具体讲就是：

（1）专家会议组织者最好是预测方面的专家，有较丰富的组织会议的能力。

（2）会议组织者要提前向与会专家提供有关的背景资料和提纲，讲清楚所要研究的问题和具体要求，以便使与会者有备而来。

（3）精心选择会议主持人，使与会专家能够充分发表意见。

（4）要有专人对各位专家的意见进行记录和整理，要注意对专家的意见进行科学的归纳和总结，以便得出科学的结论。

专家会议法的主要优点是：能够发挥专家集体的智慧结构效应。专家会议法的主要缺点是：参加会议的专家代表性有限；专家在会议上易受心理因素影响；会议时间有限，专家考虑问题不一定全面。

专家意见汇总预测法是指依靠专家群体经验、智慧，通过思考分析、综合判断，把各位专家对预测对象的未来发展变化趋势的意见进行汇总，然后进行数学平均处理并根据实际工作情况进行修正，最终取得预测结果的方法。基本步骤是：首先，组成专家预测小组对预测对象进行定性分析；然后，定性分析定量化，形成预测结果。这种方法的基本原理，就是求出各级各类人员对各种可能情况预测的总的期望值。

本章主要阐述的定性预测方法有头脑风暴法、德尔菲法、主观概率法、交互影响分析法。

2.2 头脑风暴法

2.2.1 头脑风暴法的基本原理

头脑风暴法是与现代创造性思维及活动相适应的一种成效显著的综合创造方法。这种方法可以最大限度地调动专家的积极性，即在不受外界任何影响，也不产生任何心理压力的情况下，以强烈的责任感和荣誉感，充分发挥专家个人的聪明才智和创造性思维能力。

1. 头脑风暴法的背景及要义

头脑风暴法（Brainstorming）也称为智力激励法，是针对某一问题，召集由有关人员参加的小型会议，在融洽轻松的会议气氛中，与会者敞开心扉、各抒己见、自由联想、畅所欲言、互相启发、互相激励，使创造性设想起连锁反应，从而获得众多解决问题的方法。

头脑风暴法是美国 BBDO 广告公司的 A.F.奥斯本于 1938 年首创的一种创造性技术。头脑风暴原是精神病理学上的术语，是指精神病患者精神错乱时的胡思乱想。奥斯本借用此词转其意为思维无拘无束，打破常规、自由奔放地联想，创造性地思考问题。此法最初被奥斯本用在广告的创造性设计活动中，取得了显著的成效，被称为创造力开发史上的重大里程碑。此后，他致力于这方面的研究，在 20 世纪 50 年代，他总结了多年的研究成果和实践经验，著书公布了"头脑风暴法"这一创意，引起了全世界范围内有关学者的兴趣，并激起了开发创造力的热潮。

2. 头脑风暴法的分类

头脑风暴法的基本方法是通过组织专家会议，激励全体与会专家参加积极的创造性思维。在此基础上，头脑风暴法还可以细分成如下几种方法：

（1）直接头脑风暴法。直接头脑风暴法是根据一定的规则，通过共同讨论某一具体问题，鼓励创造性活动的一种专家集体预测方法。这些规则包括：禁止评估已提出的设想；限制每一个人的发言时间，允许一个人多次发言；将所有设想集中起来；在后续阶段对提出的所有设想进行评价。

（2）质疑头脑风暴法。质疑头脑风暴法是一种同时召开两个会议的集体产生设想的方法。第一个会议完全遵从直接头脑风暴法原则，第二个会议对第一个会议提出的设想进行质疑。

（3）有控制地产生设想的方法。有控制地产生设想的方法也是集体产生设想的一种方法。运用这种方法，主要是通过定向智力活动激发产生新的设想，通常用于开拓远景设想和独到的设想。

（4）鼓励观察独到方法。鼓励观察独到方法的目的是在一定限制条件下，就所讨论的问题寻求合理方案。

（5）对策观察法。对策观察法即就所讨论的问题寻找一个统一的答案。

3. 组织头脑风暴法应遵循的原则

（1）就所讨论问题提出一些具体要求，并严格规定提出设想时所用术语，以便限制所讨论问题的范围，使参加者把注意力集中于所讨论的问题上。

（2）不能对别人的意见提出怀疑，不能放弃和终止讨论任何一个设想，无论这种设想是否适当和可行。

（3）鼓励参加者对已经提出的设想进行改进和综合，为准备修改自己设想的人提供优先发言权。

（4）支持和鼓励参加者解除思想顾虑，创造一种自由的气氛，激发参加者的积极性。

（5）发言要精练，不需要详细论述。展开发言将拉长时间，并有碍于一种富有成效的创造性气氛的产生。

（6）不允许参加者宣读事先准备的建议一览表。

（7）坚持推迟判断原则，即不要过早下断言、做结论，避免束缚他人的想象力，熄灭创造性思想的火花。

（8）坚持数量保证质量的原则，即在有限的时间里所提出的设想的数量越多越好，鼓励与会者要抓紧时间提出尽可能多的设想，以数量保证质量。

4. 头脑风暴法实施时的注意事项

为了提供一个创造性思维环境，必须决定小组的最佳人数和会议进行的时间。小组规模以 10~15 人为宜，会议时间一般为 20~60 分钟。

理想的专家预测小组应由如下人员组成：方法论学者——预测学家；设想产生者——专业领域专家；分析者——专业领域的高级专家，他们应该追溯过去，并及时评价预测对象的现状和发展趋势；演绎者——对所讨论问题具有充分的推断能力的专家。

要按以下要求选择专家：

（1）如果参加者相互熟悉，要从同一职位级别的人员中选取，领导人员不应参加，否则对下属人员将产生一定压力。

（2）如果参加者互不相识，可从不同职位级别的人员中选取，并注意在会前和会议进行过程中不介绍参会人员的职业、职位背景或头衔等。

(3) 选择专家不仅看他的经验和知识能力，还要看他是否善于表达自己的意见。知识面广、思想活跃的专家，可以防止会议气氛沉闷，同时也可以作为易激发的元素因子，使整个创造设想起强烈的连锁反应。

预测的组织者要对预测的问题做出如下说明：问题产生的原因，原因的分析和可能的结果；分析解决这类问题的成功经验；也可以指出解决这一问题的若干种可能途径；以中心问题及其子问题，形成需要解决的问题。

有时参加者希望以书信方式事先被告知所讨论的问题。这时，信函中要做如下具体说明：头脑风暴的目标；解决问题的有益设想；解决所讨论问题的可能途径一览表；应答问题一览表；解决所讨论问题的计划。

头脑风暴法的领导和主持工作最好能委托给预测学家或者对头脑风暴法比较熟悉的专家担任。如果所论及的问题专业面很窄，则应邀请论及问题的专家和熟悉头脑风暴法的专家共同担任领导工作。因为该问题领域的专家对要解决的问题十分了解，知道如何提出问题，而熟悉头脑风暴法的专家对引导科学辩论有足够的经验，也熟悉头脑风暴法的处理程序和方法，有利于过程的组织。同时，主持人在主持会议时，应头脑清晰、思路敏捷、作风民主，既善于营造活跃的气氛，又善于启发诱导。

通常在头脑风暴会议开始时，主持人必须采取强制询问的方法，因为主持人能够在 5～10 分钟创造一种自由交换意见的气氛并激发参加者发言的可能性很小。同时，头脑风暴会议会场布置要考虑到光线、噪声、室温等因素，做到环境宜人，给人以轻松舒适的感觉。

会议提出的设想应录音留存或由记录员记录，不放过任何一个设想。会议结束后，由分析组对会议产生的设想按如下程序整理、汇总：

（1）就提出的所有设想编制名称一览表。
（2）用专业术语说明每一设想。
（3）找出重复和互为补充的设想，并在此基础上形成综合设想。
（4）分组编制设想一览表。将提出的设想分析整理，并进行严格的审查和评议，从中筛选出有价值的提案。

2.2.2 头脑风暴法的实施步骤

头脑风暴法的实施步骤如下。

1. 准备工作

会前的准备工作大体包括如下几点：

（1）确定要解决的问题。若要解决的问题涉及的面很广或包含的因素太多，就应该把问题分解为若干单一明确的问题，一次会议最好解决一个问题。
（2）根据要解决的问题的性质挑选参加会议的人选。
（3）拟订开会的邀请通知，并附上一张备忘录。备忘录上应注明会议的主题及涉及的具体内容。

2. 讨论预热

此步骤的目的是促使与会者尽快进入会议角色并处于"激发"状态，从而形成一种热烈、欢愉和宽松的气氛。该过程一般需要几分钟，通常是通过讲幽默故事或者提出一两个与会议主题关系不大的小问题的形式，促使与会者积极思考并畅所欲言，说出自己的意见。

3. 介绍问题

主持人首先向大家介绍所要解决的问题。介绍问题时，只能向与会者提出有关问题的最低数量的信息，切忌全面介绍自己的初步设想。同时，主持人要注意表达问题的技巧，使发言尽量富有启发性。

4. 重新叙述问题

这里是指改变问题的表达方式。此步骤要在仔细地分析所要解决问题的基础上，尽量找出它的不同方面，然后在每一方面都用"怎样……"的句型来表达。

5. 畅谈讨论

按会议所规定的原则，针对上面重新叙述的问题进行畅谈讨论。这一阶段是与会者充分发挥自己的创造能力，让思维自由驰骋，并借助与会者之间的智力碰撞、思维共振、信息激发提出大量创造性设想的阶段。这是头脑风暴法的关键阶段。

6. 对有价值的设想进行加工整理

会议主持者汇集有关人员，对会议上提出的所有设想要认真筛选，特别是对那些有一定价值的设想要进行仔细研究和正确评价，并进行加工整理，去掉不合理、不科学或不切实际的部分，补充、增加一些内容，使某些新颖、有价值的设想更完善。

2.2.3 质疑头脑风暴法

质疑头脑风暴法，是对直接头脑风暴法提出的已经系统化的设想进行质疑。对设想质疑，是头脑风暴法中对设想的现实可行性进行评价的一个专门程序。质疑头脑风暴法分五个阶段实施。

第一阶段，组织者应首先阐明所讨论问题的内容，扼要地介绍各组系统化的设想和第一组的共同设想，以吸引参加者把注意力集中于对所讨论问题，并对其进行全面评价。

第二阶段，是参加者要质疑每一个设想，并对其进行全面评论，质疑过程要一直进行到没有问题可以质疑为止。评论的重点，是研究有碍设想实现的问题。在质疑过程中，可能产生一些可行的设想，这些可行的设想包括：对已经提出的设想无法实现所进行的论证；存在的限制因素分析，以及排除限制因素的建议；可行设想的结构通常是："这样是不可能的，因为……如果使其可行，必须利用……"

第三阶段，是将质疑中的所有评论意见和可行设想记录下来，就每一组或其中每一个设想，编制一个评论意见一览表，以及可行设想一览表。

第四阶段，是对质疑过程中提出的评价意见进行估价，以便形成一个对解决所讨论问题实际可行的最终设想一览表。对于评价意见的估价，与对所提设想的质疑一样重要。因为在质疑阶段，重点是研究有碍设想实际实施的所有限制因素，而这些限制因素即使在设想阶段，也是放在重要地位予以考虑的。

第五阶段，由分析小组负责处理和分析质疑结果。分析小组要吸收一些有权对设想实施做出决策的专家，如果要在短时间内就重大问题做出决策，吸收这些专家尤为重要。

质疑头脑风暴法应遵守的原则与直接头脑风暴法一样，禁止对已经提出的设想进行确认论证，而鼓励提出可行设想。

实践经验表明，头脑风暴法可以排除折中方案，对所讨论的问题通过公正的连续的分析，可以找到一组切实可行的方案。因而近年来，头脑风暴法在军事和民用预测中得到广泛应用。

头脑风暴法对其提出的一组可行方案，还不能按重要性进行排序和寻找达到目标的最佳途径，所以还应辅以专家集体评价，并对评价结果进行统计处理，获得专家组的综合协调意见，并将其作为评价结果。一般运用德尔菲（Delphi）法来实现这一目标。

2.3 德尔菲法

德尔菲（Delphi）是一处古希腊遗址，是传说中神谕灵验、可预卜未来的阿波罗神殿的所在地。美国兰德公司在 20 世纪 50 年代与道格拉斯公司合作，研究如何通过有控制的反馈更好地搜集和改进专家意见的方法时，以 Delphi 作为代号。

德尔菲法目前已经成为一种适用性很广的预测方法。许多决策咨询专家和决策者常常把德尔菲法作为一种重要的规划决策工具。在工业科技发展、市场需求预测、军事战略研判等领域，德尔菲法的应用非常普遍。在其他领域，如人口预测、医疗和卫生保健预测、经营预测、教育预测、研究方案预测、信息处理以及各级各类社会、经济、科技发展规划等领域，德尔菲法也有广泛的应用。

2.3.1 德尔菲法概述

德尔菲法是"系统分析"方法在意见和价值判断领域内的一种有益的延伸。它突破了传统的数量分析限制，为更合理、更有效地进行决策提供了支撑和依据。基于对未来发展中的各种可能出现和期待出现的前景的概率评价，德尔菲法能够为决策提供可供选择的多种方案。其他方法则很难获得像这样以概率表示的明确答案。

为清晰地展示德尔菲法的整体轮廓和处理过程，本节分别讨论德尔菲法的定义、特点、预测过程及基本步骤、优缺点以及专家预测结果的类型。

1. 德尔菲法的定义

德尔菲法是专家会议预测法的一种发展。它以匿名方式通过几轮函询，征求专家的意见。预测领导小组对每一轮的意见都进行汇总整理，再作为参考资料发给每个专家，供他们分析判断，提出新的论证。如此反复，统一专家的意见，最终形成可靠的结论。概括地说，德尔菲法就是采用函询调查，向与所预测问题有关领域的专家分别提出问题，而后将他们回答的意见予以综合、整理、反馈，这样多次反复循环，最终得到大致相同且可靠性也较高的意见。

2. 德尔菲法的特点

德尔菲法的操作程序可以有效地克服个人判断法和专家会议法的局限性，消除判断结论形成过程中的人的主观因素影响。这种方法具有如下三个特点：

（1）匿名性。德尔菲法采用匿名函询的方式征求意见，即每位专家的分析判断是在背靠背的情况下进行的。在实施德尔菲法的过程中，应邀参加预测的专家互不相见，只与预测小组成员单线联系，消除了心理因素对专家判断客观性的影响。由于德尔菲法的匿名性，使得专家无须担心充分地表达自己的想法是否会有损于自己的威望，而且也使得专家的想法不会受到口头表达能力的影响和时间的限制。因此，德尔菲法的匿名性有利于各种不同的观点得到充分的发表。

（2）反馈性。德尔菲法在预测过程中征询专家意见要进行几轮（三至五轮）。预测机构对每一轮的预测结果做出统计、汇总，并提供有关专家的论证依据和资料，作为反馈材料发给每一位专家，供下一轮预测时参考。专家们从多次的反馈资料中进行分析选择，参考有价值的意见，深入思考，反复比较，以更好地提出预测意见。

（3）预测结果的统计特性，也称收敛性。为了科学地综合专家们的预测意见和定量表示预测的结果，德尔菲法采用统计方法对专家意见进行处理，专家意见逐渐趋于一致，预测值趋于收敛。

3. 预测过程的基本步骤

（1）确定预测主题，归纳预测事件。预测主题就是所要研究和解决的问题，是对研究对象今后的发展有重要影响而又有意见分歧的问题。一个主题可以包括若干个事件，事件是用来说明主题的重要指标。

（2）选择专家。德尔菲法所要求的专家，应当是对预测主题和预测问题有比较深入的研究、知识渊博、经验丰富、思路开阔、富于创造性和判断力的人。因此专家的选择事关预测的成败。

（3）预测过程。当针对某一项预测的专家小组成立之后，在预测领导小组的组织领导下，即可开始预测工作。经典德尔菲法的预测过程一般分为四轮，各轮内容大致如下：

① 第一轮，确定预测事件。询问调查表要求各成员根据所要预测的主题以各种形式提出有关的预测事件。也可由领导小组先征求少数专家意见，集中后产生预测事件以做草案供进一步讨论，完毕后寄给预测领导小组，由领导小组将所提出的事件进行综合整理，统一相同事件，排除次要事件，用准确术语提出"预测事件一览表"。

② 第二轮，初次预测。将"预测事件一览表"发给专家小组各成员，要求他们对表中各事件做出评价，并相应地提出其评价及预测的理由、为改进预测而再次征询时还需补充哪些资料。调查表收回后，领导小组要对专家意见进行统计处理。

③ 第三轮，修改预测。预测领导小组将第二轮预测的统计资料寄给每位专家，请专家据此补充资料，再一次进行预测并且充分陈述理由。特别注意让持极端意见的专家充分陈述理由。这是因为他们的依据可能是其他专家忽略的外部因素或未曾研究过的问题。这些依据往往会对其他专家的重新判断产生影响。

④ 第四轮，最后预测。专家小组各成员再次进行预测，并根据领导小组的要求，做出或不做出新的论证。领导小组根据回答，再次计算出每一事件的平均值、加权平均，或者中位数、四分位点，得出最终带有相应平均值、加权平均，或者中位数和四分位点，日期、数字或等级等结果的事件一览表。需要注意的是，最后一轮专家们的意见必须趋于一致或基本稳定，即大多数专家不再修改自己的意见。因此，征询次数应根据专家意见的收敛性而灵活掌握。

(4) 确定预测值，做出预测结论。对专家应答结果进行量化分析和处理，是德尔菲法预测的最后阶段，也是最重要的阶段，处理方法和表达方式取决于预测问题的类型和对预测的要求。

4. 德尔菲法的优缺点

使用德尔菲法进行预测具有如下几方面的优势：

(1) 由于采用通信调查的方式，因此参加预测的专家数量可以多一些，这样可以提高预测结果的准确性。

(2) 由于预测过程要经历多次反复，并且从第二轮预测开始，每次预测时专家们都从背景资料上了解到别人的观点，所以专家们在决定坚持自己的观点，还是修正自己的预测意见时，需要经过周密的思考。在多次的思考过程后，专家们已经不断地提高了自己观点的科学性，在此基础上得出的预测结果，其科学、正确程度必然较高。

(3) 由于这种方法具有匿名性，参加预测的专家完全可以根据自己的知识或经验提出意见，预测结果受权威的影响较小。

(4) 由于最终的预测结果综合了全体专家的意见，集中了全体预测者的智慧，因此具有较高的可靠性和权威性。

在使用德尔菲法进行预测时，也应该考虑到此法在下列方面的不足。

(1) 预测结论受主观因素制约。预测结论取决于已经形成的观点和观点所包含的问题、专家的学识和权威、使用的评价尺度、专家的生理状态以及专家对预测对象的兴趣程度。

(2) 专家在了解未来所必需的思想方法学方面涉猎不足。专家的精力主要用来考虑所研究领域研究问题的变化动向及其相互联系，专家知识通常属于某个较窄的知识领域。因此，专家思维难免会带有某种局限性。

(3) 专家评价通常建立在直观基础上，缺乏严格的考证。因而专家预测的方案结论经常不太稳定。组织者需要将比较接近的评价意见协调、集中，并排除极端意见，才能得到大体一致的意见。

(4) 专家的评价意见经常受到传统观点的束缚。对发展趋势的预测是通过直观外推得到的，因而难以估计到那些大大超前于现实的新思想。

5. 专家预测结果的类型

应用德尔菲法进行预测，专家的应答结果一般是如下四种类型：

(1) 专家对某事件发生的时间或者某事件产生的数量结果做出评价。

(2) 专家对一个方案序列中各方案的重要性进行评价。

(3) 专家在多目标和多方案情况下，对各目标和各方案的相对重要性进行评价。

(4) 德尔菲法预测结果的精度评价及"反馈信息"的计算。

如何对这四种类型的专家应答结果进行汇总处理,我们将在本章的后续小节中进行详细阐述。

2.3.2 德尔菲法的分类

本章中的"德尔菲法"定义,准确地刻画了经典德尔菲法的本质。但随着德尔菲法的广泛应用,许多预测学家对经典德尔菲法进行了某些修正,并开发了一些派生方法。派生方法分为两大类:一类是保持经典德尔菲法基本特点;另一类是改变其中一个或几个特点。具体方法介绍如下:

1. 保持经典德尔菲法基本特点的派生方法

这类方法主要是对经典方法中的某些部分进行修正,如提供事件一览表、向专家提供背景资料、减少应答轮数、对预测事件给出多重数据、进行自我评价和建立置信概率指标,克服了德尔菲法的某些不足之处。

(1) 提供事件一览表。经典的德尔菲法第一轮只提供给专家一张预测主题表,由专家填写预测事件。这种方法的缺点在于专家提供的预测事件有可能杂乱无章,难以保证预测事件符合领导小组的要求。因此,领导小组可以根据已经掌握的资料或征求有关专家的意见,预先拟好一个预测事件一览表,在进行第一轮函询时提供给专家,使他们从对事件一览表做出评价开始工作。当然,在这一过程中,专家们也可以对事件一览表进行补充和提出修改意见。

(2) 向专家提供背景资料。在很多情况下,科学和技术发展的方向在很大程度上取决于技术政策和经济条件,而参加预测的专家一般是某一科技领域的专家,不可能期望他们非常了解研究问题的政治经济情况背景。因而有必要把政治和经济的发展趋势预测,作为第一轮的信息提供给专家,使专家们有一个共同的起点。

(3) 减少应答轮数。经典德尔菲法一般经过四轮,有时甚至五轮。但是一系列短期实验表明,通过两轮的意见已经相当协调。因而根据经验,在实际操作中,一般采用三轮较为适宜。如果要在短期内做出预测,或者第一轮提出预测事件一览表,采用两轮也可得到正确的预测结果。

(4) 对预测事件给出多重数据。经典德尔菲法经常要求专家对每个事件实现的日期做出评价,这一评价日期一般是实现与否可能性相当的日期,即事件在这个日期之前或之后实现的可能性相等。在某些情况下,对这一约定进行修正,要求专家提供三个发生概率不同的日期:未必有可能实现,成功概率相当于10%的日期;实现与否可能性相当,成功概率为50%的日期;基本上可以实现,成功概率为90%的日期。当然,也可以选择其他的类似概率。

(5) 进行自我评价。德尔菲法通常不考虑专家对预测事件的熟悉程度,但有时也要求考虑专家在相关领域中的权威性。当要求考虑专家权威性时,就要求对专家的权威程度取权数,对加权结果进行加权平均计算。这有利于提高德尔菲法的预测精度。

(6) 建立置信概率指标。在某些德尔菲法中对每个预测事件引入了"置信因数"。

"置信因数"是针对小组应答的一种统计指标,置信因数=100%-"提出'从不'(从来不会发生)应答的比重"。置信因数表达了预测结论的置信概率。

2. 改变德尔菲法基本特点的派生方法

这类方法主要是通过改变匿名性和反馈特性,衍生出德尔菲法的新类别。具体修改之处有部分取消匿名性以及部分取消反馈。

(1)部分取消匿名性。匿名性有助于发挥个人长处,不受外界意见的影响。但是在某些情况下,全部或部分取消匿名性也能保持德尔菲法的优点,而且有助于加快预测过程。这种方法的具体做法是:有的先采取匿名询问;有的是专家们各自阐明自己的论据,然后通过投影设备匿名表达各自的意见;最后再进行口头辩论,亦可伴随询问,由此得出的结论作为最后评价。

(2)部分取消反馈。如果完全取消反馈,则第二轮以后专家将仅限于对自己提出的评价进行重新认识。研究结果表明,对自己的判断简单地重新认识只能使回答结果变坏,而不会改善。因此,全部取消反馈将丧失德尔菲法的特点。部分取消反馈,一种是只向专家反馈四分位点和十分位点,而不提供中位数,这样有助于避免某些专家只是简单地向中位数靠拢,借以回避提出新的评价和论据的倾向。另一种是要求专家对事件给出三个概率日期,并分别计算这三个概率日期的中位数。如果某一专家的评价日期(50%)处在小组的10%和90%概率日期的中位数之间,则第三轮不再对其进行反馈。第三轮仅向两种人提出反馈:一是其评价在小组的10%和90%概率日期的中位数区间之外的;二是该领域的权威专家。如果领导小组认为权威专家的意见得到证实,则可用权威专家的评价作为预测结果。否则以小组应答结果的中位数作为预测结果。

2.3.3 应用德尔菲法组织预测过程中应遵守的原则

采用德尔菲法预测时,没有适用于所有情况的准则,但如下原则需要共同遵守:

(1)对德尔菲法做出充分说明。为了使专家全面了解情况,一般调查表都要有前言,用以说明预测的目的和任务,以及专家的回答在预测中的作用。同时,还要对德尔菲法做出充分说明,阐明德尔菲法的实质、特点,以及轮间反馈对评价的作用。

(2)问题要集中。问题要集中,并有针对性。不要过于分散,以便使各个事件构成一个有机整体。问题要按等级排队,先综合,后局部。同类问题中,先简单,后复杂。这样由浅入深的排列,易于引起专家回答问题的兴趣。

(3)避免组合事件。如果一个事件包括两个方面,一方面是专家同意的,而另一方面是其不同意的,这时专家对此问题将难以做出回答。所以,要避免提出"一种技术的实现是建立在某种方法的基础上"这类组合问题。在这一例子中,技术的实现、技术建立在某种方法上,是两个单独的问题。

(4)语义要清晰、明确。在制定预测问题时,要使用规范准确、语义边界清晰的技术术语或行业规范,不能使用含糊不清的定性量词。例如,类似"普遍""广泛""正常"等缺乏定量概念的词语应尽量避免使用。

(5)领导小组的意见不应强加于调查表中。在对某事件进行预测的过程中,当意见对立的双方对对方的意见都没有给予足够考虑，或者领导小组认为已经存在明显的判断和事实，而双方都没有注意时，领导小组就试图把自己的观点加在调查表中，作为反馈材料提供给下一轮预测做参考。这样的处理方式将导致诱导现象的出现，使专家的评价向领导小组意图靠拢。

（6）调查表要尽可能简化。调查表应有助于而不是妨碍专家做出评价，应该使专家把主要精力用于思考问题，而不是理解复杂的和混乱的调查表。调查表的应答要求，最好是选择一个日期或填空。调查表还应留有足够的空间，以便专家阐明意见。

（7）问题数量的限制。问题的数量不仅取决于应答要求的类型，同时还取决于专家可能做出应答的上限。问题简单，则问题数量可多些；否则，就应该少些。一般可以认为问题数量的上限以 25 个为宜。如果问题过多，则领导小组就要认真研究。

（8）支付适当报酬。在组织德尔菲法进行预测时，可以考虑酌情支付适当报酬，以鼓励专家积极参与。

（9）考虑对结果处理的工作量。如果专家组成员比较少，那么对结果处理的工作量不大；反之，如果专家组成员比较多，则对结果处理的工作量很大。例如，组织一个由 10 名专家组成的专家组，进行五轮预测，每轮预测结果的处理时间如表 2-1 所示。经验表明，对每一位专家每轮结果的处理平均耗时约 2 小时。如果参加预测的专家人数超过 100 人，则必须使用计算机进行处理。

表 2-1　每轮循环工作负荷表

轮　　次	数量/（人·小时）
1	22
2	20
3	20
4	10.5
5	3.5

（10）轮间时间间隔。从经验来看，不同的预测轮间时间间隔差别较大。多数预测完成一轮需要 4 周或 6 周。然而有的预测两轮一共只需 26 天。这种差别产生的原因除了与问题的繁简、难易程度有关外，还与专家对预测问题的兴趣有关。

2.3.4　专家的选择

德尔菲法预测，是基于专家对事件或方案的判断所做出的预测。如果应邀专家对预测主题没有深刻的研究或认识，就很难提出正确的意见和有价值的判断。因此，物色专家是德尔菲法成败的关键，是预测领导小组的一项主要工作。

选择专家参加预测必须事先征得专家本人的同意。因为事先不征得专家的同意，盲目发放调查表，将会难以征得足够数量的专家参加预测。

选择专家必须明确三个问题：谁是专家？如何选择专家？选择什么样的专家？

1. 谁是专家

在组织某一项预测时，一般可以认为在该领域从事 10 年以上专业技术工作的专业人员就是专家。

2. 如何选择专家

我们应该根据预测任务的性质来确定是选择内部专家，还是选择外部专家。如果预测任务涉及本部门的内部机密，或者要求预测专家要比较深入地了解本部门的历史情况和技术政策，则最好从本部门中选择专家。如果预测任务仅仅关系到具体的技术发展，则最好同时从部门内外选择专家。从外部选择专家的基本程序是：首先搜集本部门职工比较熟悉的专家名单，然后再根据外部资料物色若干知名专家；以这两部分专家为基础，将调查表发给他们，征求意见，同时要求他们再推荐1~2名有关专家；预测领导小组从推荐名单中选择一批由两人以上同时推荐的专家。在确定专家时，需要给专家提供如下信息，供其思考确认能否参加预测：一是提供征求专家应答问题一览表；二是根据预测问题，提供所需专家类型一览表；三是将问题一览表发给每个专家，询问专家能否坚持参加规定问题的预测；四是确定每个专家从事预测所消耗的时间和经费。

3. 选择什么样的专家

选择专家不仅要选择精通技术、有学术声望、有学派代表性的专家，同时还需要选择边缘学科、社会学和经济学等方面的专家。无论什么样的专家，都必须保证能够有足够的时间愿意并认真填写调查表。预测小组人数视预测问题规模而定，一般以10~15人为宜。对于一些重大问题，专家人数可以扩大到100人以上。在确定专家人数时，为避免因种种不可避免原因导致的专家缺席，预选专家人数要多于规定专家人数。

2.3.5 专家应答问题调查表的编制

在开展预测前，要根据预测任务编制相应的调查表格。主要表格有目标—手段调查表和专家应答问题调查表。

1. 制定目标—手段调查表

目标—手段调查表如表2-2所示。

表2-2 目标—手段调查表

		目 标 分 解					
		子目标A	子目标B	子目标C	子目标D	子目标E	子目标F
达到目标的手段	手段a						
	手段b						
	手段c						
	手段d						
	手段e						
	手段f						
	手段g						
	手段h						

预测领导小组对已经掌握的数据进行分析，确定出预测对象的总目标和子目标，以及达到目标的手段。对总目标、子目标和实现目标手段的分析与确定，也可以邀请专家参加。

手段是指达到目标的各种方案和实施办法。方案和办法可能有很多种，预测时应从中选择主要的，并且要注意这些方案和办法的独立性，不要互相干扰。

2. 制定专家应答问题调查表

专家应答问题调查表是使用德尔菲法进行预测时的重要工具，预测专家根据该表填写的信息是预测信息的主要来源。该表的编制质量对预测结果的准确程度影响很大。制表时要对问题进行分类，根据不同类型的问题编制不同的表格。应答问题调查表一般可以分为三类：第一类是对被调查问题给出确切的数值结果；第二类是对给定的被调查问题做出说明；第三类是对预测对象做出详尽的阐述和说明。

表格类型一，对被调查问题给出确切的数值结果。

这种类型的表格要求对被调查问题做出定量估计。例如，事件完成的时间、技术参数值、事件的概率、各因素的互相影响（用比分表示）等。事件完成时间调查表的一般形式如表 2-3 所示。

表 2-3　事件完成时间调查表

	事件完成时间		
	10%概率	50%概率	90%概率
解决某一科学技术问题 设计一种机器 开发一种具有一定技术功能的装置			

表格类型二，对给定的被调查问题做出说明。

该类型的表格要求对被调查问题或者预测领导小组的意见给出一定的判断性说明。这种类型的问题又可以细分为三种：第一种是没有附带条件的肯定回答；第二种是一种推断式回答；第三种是附加条件的回答。对应这三种问题的调查表格一般形式如表 2-4～表 2-6 所示。

例如，预测目标是"2014—2018 年如何改善产品质量和增加产品品种"，可以设计如表 2-4 所示的调查表格。

表 2-4　不附带条件的肯定式回答调查表

措　施　名　称	为了改善产品质量和增加产品品种，您认为下述各种措施哪种肯定最有效	
	预测领导小组意见	您的意见
改进产品结构 改进制造工艺 建设新的生产能力		

例如，预测目标是"2014—2018 年为加速固定资产周转和提高盈利水平所应采取的措施"可以设计如表 2-5 所示的调查表格。

表 2-5 推断式回答调查表

	为加速固定资产周转和提高工业盈利水平，您认为如下措施哪一种可能最有效
按设计的定额周期完成基建	
加速设计方案的审查	
购买外国设备	
增加国产设备比重和加快设备制造速度	

例如，预测目标是"若未来开拓一些新原理，您认为通信终端产品会发生什么变化？"此时可以设计如表 2-6 所示的调查表格。

表 2-6 附加条件的回答调查表

若未来开拓一些新原理，您认为通信终端产品会发生什么变化	
原理描述	变化特征
原理 1	变化特征描述
原理 2	变化特征描述
⋮	
原理 N	变化特征描述

表 2-6 是一种开放式回答的表格，回答可以根据预测者的认知，来提出相应的实施路径。

表格类型三，对预测对象做出详尽的阐述和说明。

这种类型的表格也是一种开放式回答的表格，回答不受表格空间的限制，可以对预测对象做出详尽的阐述和说明。为了显示回答内容的核心和对回答内容进行概括，也可以填写预测对象回答一览表。一般分为两类：一是"说明一览表"，这种表格只说明预测者得出的预测结论，如表 2-7 所示；二是"论证一览表"，这种表格除说明预测者得出的结论外，还简要说明得到结论的理由，如表 2-8 所示。

表 2-7 预测主题说明一览表

第五代计算机的特点
特点 1
特点 2
⋮
特点 N

表 2-8 预测主题论证一览表

建立全国物联网络应如何发展通信、计算机、产品制造技术？请提出您的论证	
技术	论证
技术 1	论证 1
技术 2	论证 2
⋮	
技术 N	论证 N

2.3.6 对单一事件结果数量评价的专家应答汇总统计

这一类问题的特征是多个专家对同一单项事件进行预测，一般要求回答事件的完成时间或者给出事件结果的数量结论。多个专家的回答形成一数据序列，将对该数据序列进行统计处理后的综合结论作为事件的预测结果。处理这类问题的统计方法一般是中位数法。

中位数是将总体中各单位按某一变量标志值的大小顺序排列后，处于数列中间位置的变量值。在社会经济统计中，有时需要用中位数来反映现象的一般水平。确定未分组数据的中位数应首先按标志值大小对数据进行排序，然后根据公式确定中位数的位置，进而根据中位数的位置确定中位数的值。如果数列的数据数目为奇数时，则处于排序后数列中间位置的标志值为中位数。如果数列的数据数目为偶数，则处于排序后数列中间位置的两个标志值的算术平均数为中位数。

中位数代表专家预测意见的平均值，一般以它作为预测结果。如果预测不仅要求得到预测结果，还需要考虑预测结果的置信区间，就需要采用中位数和上下四分位点相结合的方法。

四分位数是能够将全部总体单位按标志值大小等分为四部分的三个数值，分别记为 Q_1、Q_2 和 Q_3。第一个四分位数 Q_1，也叫作"1/4 分位数"或"下四分位数"；第二个四分位数 Q_2 就是中位数；第三个四分位数 Q_3 也叫作"3/4 分位数"或"上四分位数"。

在总体所有 n 个单位的标志值都已经按大小顺序排列的情况下，三个四分位数的位次分别为

$$Q_1 \text{的位次} = \frac{n+1}{4}$$
$$Q_2 \text{的位次} = \frac{2(n+1)}{4} = \frac{n+1}{2} \qquad (2\text{-}1)$$
$$Q_3 \text{的位次} = \frac{3(n+1)}{4}$$

如果(n+1)恰好是 4 的倍数，则按式（2-1）计算出来的位次都是整数，这时，各个位次上的标志值就是相应的四分位数，即有

$$Q_1 = x_{\frac{n+1}{4}}, \quad Q_2 = x_{\frac{n+1}{2}} = Me, \quad Q_3 = x_{\frac{3(n+1)}{4}} \qquad (2\text{-}2)$$

如果(n+1)不是 4 的倍数，按式（2-1）计算出来的四分位数位次就可能带有小数（也即一个带分数），这时，有关的四分位数就应该是与该带分数相邻的两个整数位次上的标志值的某种加权算术平均数，权数的大小则取决于两个整数位次与四分位数位次（带分数）距离的远近，距离越近权数越大，距离越远权数越小。

数列上下四分位的数值，表明了预测值的置信区间。置信区间越窄，即上下四分位点间距越小，说明专家们的意见越集中，用中位数代表预测结果的可信程度就越高。

例 2-1 某部门采用专家预测法预测中国 2013 年的石油产量。

16 位专家在最后一轮的预测值分别是（按从小到大的顺序排列）（单位：亿吨）

2.04，2.05，2.06，2.08，2.08，2.09，2.10，2.11，2.13，2.14，2.14，2.16，2.16，2.18，2.19，2.23

解 这里，$n=16$ 是偶数，则 $k=n/2=8$，中位数 $x_\text{中}$ 是第 8 个数与第 9 个数的平均值，而第 8 个数和第 9 个数分别是 2.11 亿吨和 2.13 亿吨，则预测期望值是

$$x_\text{中} = (x_8 + x_9)/2 = 2.12 \text{ 亿吨}$$

由于 Q_1 的位次是 4.25，更靠近位次 4，所以下四分位点值应为

$$x_\text{下} = 0.75 \times x_4 + 0.25 \times x_5 = 2.08 \text{ 亿吨}$$

由于 Q_3 的位次是 12.75，更靠近位次 13，所以上四分位点值应为

$$x_\text{上} = 0.25 \times x_{12} + 0.75 \times x_{13} = 2.16 \text{ 亿吨}$$

预测值的最大值与最小值之差称为全距，或极差。全距 $R = x_\text{max} - x_\text{min}$，式中，$x_\text{max}$ 是最大值，x_min 是最小值。

运用四分位点法描述专家们的预测结果，则中位数表示专家们预测的协调结果（期望值），一般用上、下四分位点作为预测区间的上限和下限，反映专家们意见的分散程度。或者也可以用 x_max 作为预测区间的上限，用 x_min 作为预测区间的下限。

但是，这种方法的预测结果是以中位数为标志的，完全不考虑偏离中位数较远（上、下四分位点以外）预测的预测意见，有时可能漏掉了具有独特见解的有价值的预见。

当数据序列较长时，我们借助 SPSS（Statistical Product and Service Solutions）统计软件，使用其中描述性统计分析（Descriptive Statistics）模块的百分位数指标（Percentile）功能，可以方便地计算出序列的四分位数和中位数。

2.3.7 对方案序列中各方案重要性评价的专家应答汇总统计

这一类问题的特征是在只有一个总体目标前提下，一个专家对众多方案进行评价，给出各方案的重要性；或者是多个专家对一个方案进行评价，分别给出该方案的重要性。专家的最终回答形成一数据序列。对该数据序列进行统计处理后的综合结论按 0%～100%的比例排列。这类排列一般以直方图表示。

假定是多个专家对某方案影响总体目标的重要性进行评价，评价结果形成一数据序列。对该序列构造直方图。直方图的横坐标按 20%的间距分成 5 个相等的区间，每一区间的纵坐标是对方案评价值属于该区间的专家人数和与专家总人数的比值。

当计算某一区间中的评价数量时，如果不考虑专家权威程度，则一个专家的评价数量就等于一个专家数，如果考虑专家的权威程度，则

一个专家的评价数量=权威系数×一个专家数

我们可以借助 SPSS 统计软件，使用其中绘图（Graph）模块的直方图（Histogram）功能，方便地描绘出数据序列的直方图，如图 2-1 所示。

这类问题的另一形式是，对多个方案中的最优方案选择进行评价。该问题的特征是多个专家，面对由多个方案组成的一个方案序列，每个专家从中挑选出一个自己认可的最优方案。专家最终的回答形成一数据序列。对每个方案成为最优方案的可能性

可以按照上述绘制直方图的方法进行。然后，把被选比重最高的方案作为备选的最优方案。

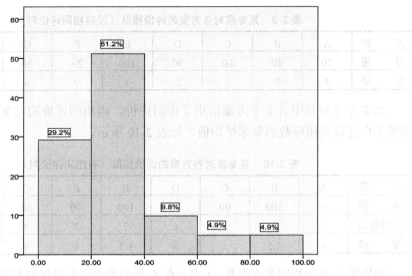

图 2-1 某方案影响总体目标重要性评价示意图

2.3.8 对目标和方案相对重要性评价的专家应答汇总统计

这一问题的特征是在多目标、多方案和多专家情况下，对各目标和各方案的相对重要性进行评价。专家的最终回答不再是一个数据序列，而是一个面板或立体数据。方案的相对重要性是指在综合考虑各专家对各方案的重要性评价后，形成的对各方案重要性的总体评价。本节相对重要性概念与上节重要性概念的区别在于：相对重要性既要考虑方案自身的重要程度，也要考虑该方案同备选方案中其他方案重要程度的比较关系。而重要性概念则只考虑方案自身的重要程度，而不考虑同其他方案的关联关系。

评价目标或方案的相对重要性，应当考虑专家意见的集中程度、专家意见的协调程度、专家积极性系数以及专家的权威程度这四项指标。对于专家意见的协调程度这一指标，除需要计算专家意见的协调程度外，还需要通过另外两项指标来进一步辅助说明。这两项指标是：意见协调程度比较高的专家组（简称高度协调专家组）；自始至终持异议意见的专家。

计算评价各方案相对重要性的各项指标时，要以专家对方案序列的排队等级作为基础。

1. 专家对方案序列的排队等级计算方法

计算相对重要性一般采用等级相关法，即专家对某一方案定量打分（0~100分）；或按等级排队，排队等级用自然数 $1 \sim N$ 表示，1 代表最高等级，N 代表最低等级。等级排队有两种情形：一是某专家对各个方案没有给出相同评价；另一种是某专家对其中若干方案给出了相同的评价。

专家对各个方案没有给出相同评价时,方案等级则依据专家对方案的评分值顺序排列,如表2-9所示。

表2-9 某专家对各方案的评价排队(没有相同评价时)

方案	A	B	C	D	E	F	G	H	I
分值	70	40	60	90	100	20	50	30	80
等级	4	7	5	2	1	9	6	8	3

如果专家对其中若干个方案给出了相同评价,则相同评价的方案等级应当相等,即等于自然数列相应数的算术平均值,如表2-10所示。

表2-10 某专家对各方案的评价排队(有相同评价时)

方案	A	B	C	D	E	F	G	H	I
分值	70	100	90	70	100	70	80	50	40
自然数列	5	1	3	6	2	7	4	8	9
等级	6	1.5	3	6	1.5	6	4	8	9

如果用 L 表示相同等级组数,t 表示在 L 相同等级组中包括的方案数,则从表2-10中可以看到,有两个相同等级组(分值分别为100和70),即 $L=2$;在分值为100的相同等级组中包括两个方案,即 $L_{100}=2$;而在分值为70的相同等级组中包括3个方案,即 $L_{70}=3$。分值100组的等级为$(1+2)\div2=1.5$;分值70组的等级为$(5+6+7)\div3=6$。

2. 计算专家意见集中程度的指标

集中程度指标本质上是对方案重要性的度量。衡量专家意见集中程度的指标有三种指标可选,即算术平均值、满分频率、方案的等级总和。

1) 各方案的算术平均值

计算各方案的算术平均值,首先需要将全部专家对所有方案的评分值 C_{ij} 列表说明,如表2-11所示。然后,以表2-11为基础,求各方案的算术平均值。

表2-11 各专家对各方案重要性评价分值表

专家	方案					
	1	2	⋯	j	⋯	n
1	C_{11}	C_{12}	⋯	C_{1j}	⋯	C_{1n}
2	C_{21}	C_{22}	⋯	C_{2j}	⋯	C_{2n}
⋮	⋮	⋮	⋯	⋮	⋯	⋮
i	C_{i1}	C_{i2}	⋯	C_{ij}	⋯	C_{in}
⋮	⋮	⋮	⋯	⋮	⋯	⋮
m	C_{m1}	C_{m2}	⋯	C_{mj}	⋯	C_{mn}

$$M_j = \frac{1}{m_j}\sum_{i=1}^{m_j} C_{ij}, \quad j=1,2,\cdots,n \tag{2-3}$$

式中,M_j 表示第 j 方案的算术平均值;m_j 表示参加第 j 方案评价的专家人数;C_{ij} 表

示第 i 专家对第 j 方案的评价分值。

算术平均值取值在区间[0,100]内，M_j 越大，则方案 j 就越重要。

2）各方案的满分（100 分）频率

所谓满分频率，就是对第 j 方案给出满分的专家人数与对第 j 方案做出评价的专家总人数的比值。计算公式为

$$K_j = \frac{\tilde{m}_j}{m_j}, \quad j=1,2,\cdots,n \tag{2-4}$$

式中，K_j 表示第 j 方案的满分频率；$\tilde{m}_j$ 表示对第 j 方案给出满分评价的专家人数。

第 j 方案的满分频率为 0～1。K_j 可以作为 M_j 的补充指标，K_j 越大，说明对该方案给出满分的专家人数越多，因而方案的重要性就越大。

3）各方案的等级总和

等级总和就是参与对第 j 方案评价的专家分别给予第 j 方案等级的算术和。我们通过一个简单算例说明该指标的计算过程。

首先，列出所有专家对每个方案的评价等级，如表 2-12 所示。

表 2-12 专家评价等级表

方案		专家						等级总和
		1	2	3	4	5	6	
1	分值	100	20	70	30	30	80	
	等级	1	3	2.5	4	4	2	16.5
2	分值	50	50	50	50	100	90	
	等级	2	2	4	3	1.5	1	13.5
3	分值	20	100	70	70	100	60	
	等级	3	1	2.5	2	1.5	3	13
4	分值	10	10	100	100	80	50	
	等级	4	4	1	1	3	4	17

然后，计算所有专家对第 j 方案的评价等级和，具体公式为

$$S_j = \sum_{i=1}^{m_j} R_{ij}, \quad j=1,2,\cdots,n \tag{2-5}$$

式中，S_j 表示第 j 方案的等级总和；R_{ij} 表示第 i 专家对第 j 方案的评价等级。S_j 越小，表示第 j 方案越重要。

3. 计算专家意见协调程度的指标

专家意见协调程度表示专家们对某方案评价认识的统一程度。要在全体专家中寻找出高度协调专家组和持有不同意见专家组，也需要以专家意见协调程度的计算为基础。

衡量专家意见协调程度的指标有两种可选，即变异系数和专家意见协调系数。

1）变异系数

变异系数用来测度专家们对单一方案评价认识的统一程度，计算公式就是统计学原理中的变异系数计算公式：

$$V_j = \frac{\sigma_j}{M_j}, \ j=1,2,\cdots,n \qquad (2\text{-}6)$$

式中，V_j 表示第 j 方案的变异系数；σ_j 表示专家对第 j 方案评价分值的标准差；M_j 表示专家对第 j 方案评价分值的算术平均值。V_j 越小，说明专家对第 j 方案的评价认识越统一。

以表 2-12 中方案 2 和方案 4 的数据为例，分别计算方案 2 和方案 4 的变异系数。

$$V_2 = \frac{\sigma_2}{M_2} = \frac{23.45}{65} = 0.36, \quad V_4 = \frac{\sigma_4}{M_4} = \frac{41.67}{58.33} = 0.71$$

计算结果表明专家对方案 2 的评价认识统一度要高于对方案 4 的评价认识统一度。

2）专家意见协调系数

专家意见协调系数用来测度专家们对所有方案评价认识的统一程度。专家协调系数用 W 表示。W 的计算过程是：首先将专家对各方案的评价分值转化为等级表示，然后依据非参数统计学中多元变量的 Kendall 协同系数检验方法求出 W 值。

多元变量的 Kendall 协同系数检验方法研究的基本问题是：有 m 个评价者对 n 种方案进行排序评判，我们想知道，这 m 个排序结果是否具有统一性，这个统一性是否具有统计显著性。用数理统计语言表述就是，令零假设为 H_0："这些评估（对于不同方案）是不相关的或者是随机的"，而备择假设为 H_1："这些评估（对各个方案）是正相关的或者是具有一定程度的一致性的"。

Kendall 协同系数定义为

$$W = \frac{12S}{m^2(n^3-n)} \qquad (2\text{-}7)$$

这里 S 是方案的总秩与平均秩的偏差的平方和。每个评估者（共 m 个）对于所有参加排序的方案有一个从 1 到 n 的排列（秩）；而每个方案有 m 个打分（秩序）。记 R_i 为第 i 个方案的秩的和（$i=1,2,\cdots,n$），则

$$S = \sum_{i=1}^{n}\left[R_i - \frac{m(n+1)}{2}\right]^2$$

这是因为总的秩为 $m(1+2+\cdots+n)=mn(n+1)/2$，平均秩为 $m(n+1)/2$。

式（2-7）表示的是专家对各方案没有给出相同评价时的 Kendall 协同系数，当专家对各方案给出了相同评价时，需要对式（2-7）进行调整。

经过同分校正后的 Kendall 协同系数定义为

$$W = \frac{12S}{m^2(n^3-n) - m\sum_{i=1}^{m}T_i} \qquad (2\text{-}8)$$

式（2-7）和式（2-8）中，n 表示方案总数；m 表示专家总数；T_i 表示相同等级指标，可按如下公式计算：

$$T = \sum_{l=0}^{L}(t_l^3 - t_l) \qquad (2\text{-}9)$$

式中，L 表示第 i 专家评价中的相同评价组数；$l=0,1,2,\cdots,L$；t_l 表示 l 组中的相同等级数，其中 $t_0 = 0$。

我们以表 2-10 中的数据为例，说明式（2-9）的计算。专家评价数据显示，专家给出了分值分别为 100 和 70 的两组相同评价，并且分值 100 的组的等级为 1.5，分值 70 的组的等级为 6，我们假定分值 100 的组为第一组，分值 70 的组为第二组。所以，对于该组数据，$L=2$，$t_1 = 1.5$，$t_2 = 6$。因此，$T = \sum_{l=0}^{2}(t_l^3 - t_l) = (1.5^3 - 1.5) + (6^3 - 6) = 211.875$。

W 的取值范围为 0~1（$0 \leq W \leq 1$）。W 的值大，意味着各个方案在评估中有明显不同，可以认为这样所产生的评估结果是有道理的。如果 W 较小，意味着评估者对于诸个方案的意见不一致，则没有理由认为能够产生一个共同的评估结果。

Kendall 协同系数检验方法是一种统计学检验方法，其结论只有通过统计显著性检验后，才能有效地应用于实际问题。在进行统计显著性检验时，Kendall 协同系数的检验统计量记为 T。

$$T = m(n-1)W = \frac{12S}{mn(n+1)}，T 服从 \chi^2_{(n-1)} 分布。$$

按照假设检验的基本原理，对指定显著水平 α（一般取 $\alpha = 0.05$），查数学用表可得 $\chi^2_{(n-1)}$ 分布的临界值，如果 T 大于对应分布的临界值，我们可以认为这个评估是有道理的，能够运用于实际评价问题。

例 2-2 表 2-13 中的数据是 4 个独立的环境研究单位对 10 个城市空气等级排序的结果。试计算这 4 个评价单位的评价意见协调系数，并验证其统计显著性。

表 2-13 城市空气等级评价表

评估机构	被评估的 10 个城市（A~J）的排名									
	A	B	C	D	E	F	G	H	I	J
A	9	2	4	10	7	6	8	5	3	1
B	10	1	3	8	7	5	9	6	4	2
C	8	4	2	10	9	7	5	6	3	1
D	9	1	2	10	6	7	4	8	5	3
R_j	36	8	11	38	29	25	26	25	15	7

解 计算结果为 $W = 0.8530$，因为 $m=4$，$n=10$，对于显著性水平 $\alpha = 0.05$，$\chi^2_{(n-1)} = \chi^2_{(9)}$ 的临界值是 16.919，$T = 4 \times 9 \times W = 30.708 >$ 临界值 $= 16.919$。所以，要拒绝原假设，可以认为这些评价意见是一致的。

根据协调系数的大小可以对专家意见的协调程度进行评价。有两条原因可以导致产生小的协调系数：一是参加同一方案预测的专家之间缺乏交流；二是在对同一方案预测的专家组中存在着一些高度协调组，但各高度协调组之间意见相互对立。极端情况下 W 可能会接近于零。在 W 很小的情况下，应注意找出高度协调组，并通过对高度协调组专家意见的分析进行方案选择。

3）寻找高度协调专家组

寻找高度协调专家组的一个简单办法就是先删去一个专家的评价意见，计算其余专家意见的协调系数 W_1，如果 $W_1 < W$，则该专家继续留在专家组中。如果 W_1 大于原来的协调系数 W，则将该专家从专家组中去掉。如此对每一位专家逐个进行甄别，最后可以得到一个高度协调的专家组。

4）寻找持异议意见的专家

在计算协调系数时，除了要寻找高度协调组外，寻找自始至终持异议意见的专家也是一项十分重要的工作。寻找持异议意见的专家一般通过计算成对等级相关系数的方法来进行，即计算

$$\rho_{\alpha\beta} = 1 - \frac{\sum_{j=1}^{n}\psi_{\alpha\beta}^2}{\frac{1}{6}(n^2-n)-\frac{1}{12}(T_\alpha+T_\beta)} \tag{2-10}$$

式中，$\rho_{\alpha\beta}$ 表示专家 α 和专家 β 的成对等级相关系数；$\psi_{\alpha\beta}$ 表示专家 α 和专家 β 对 j 方案的评价等级之差，其计算公式为

$$\psi_{\alpha\beta} = |R_{\alpha j} - R_{\beta j}| \tag{2-11}$$

T_α 是专家 α 对 n 个方案评级出现同分情况时，按式（2-9）计算的 T 值。T_β 同理。

成对等级相关系数为 $-1 \leq \rho \leq 1$，$\rho = 1$，代表两个专家对某方案意见完全一致，$\rho = -1$ 代表两个专家对某方案意见完全相反。

在计算所有专家两两之间的成对等级相关系数后，如果某一专家与其他所有专家成对等级系数都比较低，则可以认为该专家是持异议意见专家。

这种方法就是非参数统计学中的 Spearman 秩相关检验，我们借助 SPSS 统计软件，使用其中相关分析（Correlate）模块的双变量（Bivariate）相关分析过程中的 Spearman 选项，可以方便地计算出所有专家两两相互间的 Spearman 等级相关系数（即成对等级系数）。

4. 计算专家积极性系数

所谓专家积极性系数就是指某方案被专家关心的程度。其计算方法为参与对 j 方案预测的专家与全部专家数之比，即

$$C_{aj} = \frac{m_j}{m} \tag{2-12}$$

式中，C_{aj} 表示专家积极性系数；m_j 是参与 j 方案预测的专家数；m 是参与评价的全部专家数。

5. 计算专家权威程度

专家的权威程度一般由两个因素决定：一个是专家对方案做出判断的依据，用 C_a 表示；另一个是专家对问题的熟悉程度，用 C_s 表示。专家的权威程度以自我评价为主，有时也可以相互评价。当要求进行自我评价时，专家除填报应答表外，还应填写判断依据及其影响程度，如表 2-14 所示。

表 2-14 判断依据及其影响程度

判 断 依 据	对专家判断的影响程度		
	大	中	小
理论分析			
生产经验			
参考国内学者的著作			
参考国外学者的著作			
对国外同类活动的了解			
直观			

其中，判断系数 C_a 一般不大于 1。$C_a=1$ 意味着判断依据对专家意见影响程度最大；$C_a=0.5$ 意味着影响居中；$C_a=0$ 意味着完全没有影响。

问题的熟悉程度取 0.1～1.0 分，如果认为对这个问题最权威，记分为 1.0 分，相当权威为 0.8 分，可以满足要求为 0.5 分，不太熟悉为 0.2 分。

权威程度为判断系数和熟悉程度系数的算术平均值，即

$$C_R = \frac{C_a + C_s}{2} \tag{2-13}$$

为了便于专家们相互了解各自对某方案的权威程度，预测领导小组需要列表说明。权威程度求出以后，可以用它作为权数，对专家评价值进行加权平均计算。

2.3.9 德尔菲法预测结果的精度分析

我们需要引进一些统计量来表征德尔菲法预测的精度与计算"反馈信息"，以便协助专家有目标地修改预测，并在规定精度内尽可能减少反馈次数。

1. 预测精度指标

1）相对偏差

相对偏差 b_{ij}，$i=1,2,\cdots$；$j=1,2,\cdots,J$。

设专家人数为 J，在第 i 次预测中第 j 位专家的预测值为 m_{ij}（$i=1,2,\cdots$；$j=1,2,\cdots,J$），则第 i 次预测中全体专家预测结果为 $m_{i1}, m_{i2}, \cdots, m_{iJ}$，用这些结果的平均值表示第 i 次的预测值

$$\overline{m}_i = \frac{1}{J} \sum_{j=1}^{J} m_{ij} \tag{2-14}$$

相应的均方差值称为第 i 次预测的精度

$$S_i = \left(\frac{1}{J} \sum_{j=1}^{J} (m_{ij} - \overline{m}_i)^2 \right)^{1/2} \tag{2-15}$$

专家 j 在第 i 次预测中的相对偏差 b_{ij} 定义为

$$b_{ij} = (m_{ij} - \overline{m}_i)/M_i, \quad M_i = \max_{1 \leq j \leq J} |m_{ij} - \overline{m}_i| \tag{2-16}$$

当 $m_{ij} > \overline{m}_i$ 时，$b_{ij} > 0$，称为正值（或超越）相对偏差；当 $m_{ij} < \overline{m}_i$ 时，$b_{ij} < 0$，称为负值（或不足）相对偏差；当 $m_{ij} = \overline{m}_i$ 时，若 $M_i \neq 0$，则 $b_{ij} = 0$ 为中性相对偏差，

若 $M_i = 0$ 时，式（2-16）无意义，但仍定义 $b_{ij} = 0$。

计算统计量 b_{ij}，可使专家通过对自己各次预测偏差的比较来有效地修正倾向。

2）修正预测度

修正预测度 C_{ij}，$i = 2, 3, \cdots$；$j = 1, 2, \cdots, J$。

$$C_{ij} = \left| \frac{m_{ij} - \overline{m}_{i-1}}{m_{i-1,j} - \overline{m}_{i-1}} \right| \tag{2-17}$$

C_{ij} 表征第 j 位专家第 i 次预测对前次的修正程度，当 $m_{i-1,j} > \overline{m}_{i-1}$ 时，一般修正倾向是使 $m_{ij} < m_{i-1,j}$；而当 $m_{i-1,j} < \overline{m}_{i-1}$ 时，则使 $m_{ij} > m_{i-1,j}$。通常有 $0 < C_{ij} < 1$。$C_{ij} = 1$，即专家 j 在第 i 次预测中坚持上次预测值不变；$C_{ij} = 0$，则专家 j 在第 i 次预测中取前次的组合预测为修正预测值；C_{ij} 也可用于同一次预测中各专家修正程度的比较。

如果第 i 次预测中至少存在一个 j 使 C_{ij} 的值满足 $0 < C_{ij} < 1$，那么不等式 $S_i < S_{i-1}$ 必成立。这一结论表明，只要有一个专家在某次预测中修正了预测值（$C_{ij} \neq 0, 1$），则可降低该次预测的均方误差。

3）中心方差

中心方差 L_i，$i = 2, 3, \cdots$。

$$L_i = (\overline{m}_i - \overline{m}_{i-1})^2 \tag{2-18}$$

L_i 是 J 个专家第 i 次与前次预测平均值之差的平方，该统计量表征了预测值的改变。

2. 提高预测精度的途径

一些研究成果已经证明了下式成立：

$$S_i^2 < S_{i-1}^2 - L_i < \cdots < S_1^2 - \sum_{l=2}^{i} L_l \tag{2-19}$$

为使第 I 次预测的精度达到预先给定的 ε，则只需 $S_I < S_1^2 - \sum_{l=2}^{I} L_l \leqslant \varepsilon^2$。此不等式表明，如果各次预测的中心方差累计值 $\sum_{l=2}^{I} L_l$ 达到或超过了 $S_1^2 - \varepsilon^2$，则第 I 次的预测精度即满足预先给定的标准。由此可见，在德尔菲法的统计量中，中心方差 L_i（$i = 2, 3, \cdots$）是一个较为本质的统计量，它的变化直接影响预测精度，由式（2-19）可见，提高德尔菲法预测精度的途径主要有两个：一是增加预测次数；二是设法增大各次预测的中心方差。

2.4 概率预测法

2.4.1 主观概率法

1. 主观概率与客观概率

主观概率是相对于客观概率而言的，通常我们把基于柯尔莫哥洛夫公理系统上的概率称为客观概率。它是随机事件的一种客观属性,同人们在现实世界里能观察到的客观现象相符合。但是,现实中存在许多唯一的、一次性,而结果又不确定的事件。为了也能够考虑这种事件出现的可能性,以便能进行某种决策,应扩大概率的解释,使得对这种不确定性也能够给出数值度量。从这种意义上讲,把这种数值度量称为主观概率。

主观概率,是指预测者对某一事件在未来发生或不发生可能性的估计,反映个人对未来事件的主观判断和信任程度。

客观概率,是指某一随机事件经过反复试验后出现的频率,也就是对某一随机事件发生的可能性大小的客观估量。

客观概率与主观概率的根本区别在于,客观概率具有可检验性,主观概率则不具有可检验性。客观概率的计算理论上是直接的,只要测算出有关事件发生的概率即可;而主观概率的计算,仅能通过个人"内省"的办法来决定,即一个事件的主观概率是人们对这种事件出现可能性的一种信任程度,但绝不是主观臆断,是基于对事件已有信息的一种理智上的判断。

主观概率也必须符合概率论的基本公理,即每一事件发生的概率大于等于零,小于等于1;必然事件发生的概率等于1;不可能事件发生的概率等于零;两个互斥事件之和的概率等于它们的概率之和。

管理和经济预测中的主观概率法,是指利用主观概率对各种预测意见进行集中整理,得出综合性预测结果的方法。估计主观概率本质上隶属于德尔菲法,但现行大多数教材把它作为一种单独的预测方法使用。在估计主观概率时,各专家的估计值往往不同,一般采用主观概率加权平均法和累计概率中位数进行计算处理。主观概率加权平均法简单易学,本书不再赘述,只介绍累计概率中位数法。

2. 累计概率中位数法

累计概率中位数法是根据累计概率,确定不同意见的预测中位数,对预测值进行点估计和区间估计的方法。

累计概率中位数法的基本过程如下。

(1) 对未来各种结果的概率与累计概率进行主观估计,建立概率分布函数。

(2) 根据概率分布函数进行预测。通常将累计概率分布的中位数确定为预测值的点估计值。

我们通过一个计算题说明这种方法。

例 2-3 某企业过去 12 个月的产品销售量如表 2-15 所示,现在采用累计概率中位数法对下月产品销售量进行预测。

表 2-15 某企业过去 12 个月的产品销售量统计表

单位:万件

月　　份	1	2	3	4	5	6	7	8	9	10	11	12
销　售　量	50	52	55	58	57	61	63	66	70	75	78	80

解 (1) 提供背景资料给相关专家。

（2）编制主观概率调查表。调查表中列出不同状态（销售额）可能实现的多个层次的概率，如 0.010，0.125，…，0.990 等，由调查人员填写各种状态下的预测值，如表 2-16 所示。

表 2-16　主观概率调查表

被调查人姓名：			编号：					
累 计 概 率	0.010	0.125	0.250	0.375	0.500	0.625	0.750	0.875	0.990
销 售 量									

其中第一列累计概率为 0.010 的商品销售量是可能的最小值，表示商品销售量小于该数量的可能性仅为 1%；而最后一列累计概率为 0.990 的商品销售量是可能的最大值，表示商品销售量小于该数量的可能性为 99%；0.500 对应的商品销售量表示实际销售大于和小于该数量的可能性各是 50%；其余各列含义依此类推。

（3）汇总整理。本例共调查了 6 个人，对其填写的调查表进行汇总整理，并计算各列的算术平均数，主观概率预测汇总表如表 2-17 所示。

表 2-17　销售量主观概率预测汇总表

被调查人员编号	累 计 概 率								
	0.010	0.125	0.250	0.375	0.500	0.625	0.750	0.875	0.990
1	83	85	86	88	90	93	95	96	97
2	81	84	86	89	91	93	95	97	99
3	80	81	83	85	87	90	91	94	96
4	82	85	87	90	92	94	95	97	98
5	85	88	91	95	97	98	100	102	104
6	80	84	88	91	93	95	96	98	99
平均值	81.83	84.50	86.83	89.67	91.67	93.83	95.33	97.33	98.83

（4）做出预测。从表 2-17 中可见，该公司下个月销售量小于 81.83 万件的可能性只有 1%，大于 98.83 万件的可能性也只有 1%，而大于和小于 91.67 万件的可能性各为 50%，可作为下个月销售量期望值的点估计值。

2.4.2　交互影响分析法

交互影响分析法又称交互概率法，是美国学者戈登（Gordon）和海沃德（Hayward）于 1968 年在专家评分法和主观概率法基础上创立的一种定性预测方法。这种方法通过主观估计每个事件在未来发生的概率，以及事件之间相互影响的概率，利用交互影响矩阵考察预测事件之间的相互作用，进而预测目标事件未来发生的可能性。它的价值在于把大量可能结果进行系统的整理，以此提高决策者对复杂现象的认识程度，从而提升有效制订计划和政策的能力。

1. 交互影响分析法的步骤

（1）主观判断估计各种有关事件发生的概率，即初始概率。
（2）构造交互影响矩阵，反映事件相互影响的程度。

设有一组预测事件 $D_1, D_2, D_3, \cdots, D_n$，估计各自发生的初始概率分别为 $P_1, P_2, P_3, \cdots, P_n$，事件 D_i 的发生对事件 D_j 的影响程度为 a_{ij}（$i, j = 1, 2, \cdots, n$），称为交互影响系数，其中 $a_{ii} = 0$，$|a_{ij}| \leq 1$。若 $a_{ij} > 0$，则表示有正影响；若 $a_{ij} < 0$，则表示有负影响；若 $a_{ij} = 0$，则表示没有影响。$|a_{ij}|$ 越接近于 1，表示影响程度越大，影响程度的度量刻画如表 2-18 所示。

表 2-18 交互影响系数表

交互影响分类	无影响	弱负影响	弱正影响	强负影响	强正影响	很强负影响	很强正影响
a_{ij}	0	−0.5	+0.5	−0.8	+0.8	−1.0	+1.0

量化影响程度后，采用专家调查法或主观概率估计法定性估计由此构造的交互影响矩阵如表 2-19 所示。如果采用专家估计 a_{ij} 时，可用专家估计序列值的众数、平均数或中位数作为判断依据。

表 2-19 交互影响矩阵表

如果该事件发生	发生的概率	事件受影响程度			
		D_1	D_2	$\cdots$	D_n
D_1	P_1	a_{11}	a_{12}	$\cdots$	a_{1n}
D_2	P_2	a_{21}	a_{22}	$\cdots$	a_{2n}
$\vdots$	$\vdots$	$\vdots$	$\vdots$		$\vdots$
D_n	P_n	a_{n1}	a_{n2}	$\cdots$	a_{nn}

（3）根据事件间的相互影响，修正各事件发生的概率，根据修正后的结果做出预测。

通常利用随机数字表考察各事件是否发生。若发生，就根据戈登提出的经验公式计算已经发生事件对其他诸事件的交互影响而产生的过程概率 P_j'，全部事件均考察到时，则完成一次试验；通过多次试验，最后由试验中各事件发生的次数与试验总次数对比求得各事件在未来最终发生的概率 P^*，称为校正概率。试验次数越多，校正概率越稳定，预测效果就越理想。

2. 交互影响分析法的应用过程

（1）计算修正概率。计算修正概率采用经验公式：

$$P_j' = P_j + a_{ij}P_j(1 - P_j), \quad j \neq i; \ i, j = 1, 2, \cdots, n \tag{2-20}$$

式中，P_j' 为事件 D_i 发生后，事件 D_j 将要发生的概率；P_j 为本次修正前 D_j 将要发生的概率；a_{ij} 为交互影响系数。

当事件 D_i 发生对事件 D_j 发生所产生的影响为：正影响时，即 $P_j' > P_j$，D_i 发生推进 D_j 的发生；负影响时，即 $P_j' < P_j$，D_i 发生抑制 D_j 的发生；无影响时，即 $P_j' = P_j$，D_i 发生不影响 D_j 的发生。

（2）事件发生的概率的模拟估计。

第一步，在 $D_1, D_2, \cdots, D_n$ 中，随机选取一个事件，设为 D_m，其发生的概率为 P_m；

从随机数字中取出一个随机数字 $k \in (0 \sim 99)$，比较 P_m 与 k。如果 $k > 100 \times P_i$，则事件 D_m 不发生；如果 $k < 100 \times P_i$，则事件 D_m 将发生。

第二步，如果随机抽取的事件 D_m 不发生，将不影响其他事件，其他事件的初始概率均不改变。如果随机抽取的事件 D_m 发生，将影响其他事件，受其影响的各事件的概率将按照交互影响矩阵，利用式（2-20）计算过程概率 P'_j。此时，过程概率 P'_j 将在该次试验中取代交互影响矩阵中的初始概率。

第三步，再从剩下的未被抽取的诸事件中随机选择一个事件，重复上述三个步骤，若该事件发生了，则对其他事件的概率进行调整计算。其中，在用随机数法确定选取事件是否发生时，如果该事件的初始概率已经被调整，则将新获取的随机数与该事件调整后的概率来进行比较以判断其是否发生。继续进行上述模拟过程，直至 n 个事件都被随机抽取一次为止，方完成一次试验，称为第一轮模拟。

第四步，将过程概率 P'_j 视为初始概率，再进行下一轮模拟。通过多轮模拟，如 1 000 轮或更多次的模拟后，由各事件发生的次数与试验总次数相比得到该事件发生的概率值，称为在交互影响作用下各事件的最终发生概率估计值，即事件的校正概率 P^*。

（3）交互影响预测法应注意的问题。交互影响矩阵分析法能考虑每种新事物在某种特定时期内将要出现的概率、某一事物的出现对其他事件的影响程度以及将要发生的概率。另外，该方法能系统地整理相关数据，便于分析和应用。在具体预测时，应大量地搜集资料，广泛地征求专家意见，深入地分析事件的内在关系。

3. 交互影响分析法应用案例

例 2-4 某企业在某工程项目建设过程中，通过调查分析，该项目存在的三大主要风险为工期延误、成本超支、质量缺陷。通过专家估计，上述三种事件发生的概率分别为 0.2、0.3、0.1。若不考虑它们之间的交互影响，可能会因为认为该项目没有特别严重的风险而忽视风险防范和风险控制。如果考虑它们之间的交互影响，设交互影响矩阵如表 2-20 所示，则可以利用交互影响分析法，对该项目的风险水平做出新的估算。

表 2-20 某虚拟算例交互影响矩阵表

如果该事件发生	发生的概率	事件受影响程度		
		D_1	D_2	D_3
D_1	0.2	0	0.8	0.3
D_2	0.3	−0.5	0	−0.4
D_3	0.1	0.7	0.6	0

（1）选取一个事件 D_i，由 P_i 模拟事件 D_i 是否发生。

例如，先选取 D_2，从 0~99 中随机抽取一个数字为 21，21<30，故事件 D_2 发生，计算过程概率为

$$P'_2 = 0.3$$
$$P'_1 = P_1 + a_{21}P_1(1-P_1) = 0.2 + (-0.5) \times 0.2 \times (1-0.2) = 0.12$$
$$P'_3 = P_3 + a_{23}P_3(1-P_3) = 0.1 + (-0.4) \times 0.1 \times (1-0.1) = 0.064$$

（2）在剩下的事件中，再随机选取一个事件，考虑其是否发生。

假定该事件为 D_1，抽取随机数为 11，11<12，故事件 D_1 发生，同理可得各事件的过程概率为

$P_1' = 0.12$

$P_2' = P_2 + a_{12}P_2(1-P_2) = 0.3 + 0.8 \times 0.3 \times (1-0.3) = 0.468$

$P_3' = P_3 + a_{13}P_3(1-P_3) = 0.064 + 0.3 \times 0.064 \times (1-0.064) = 0.082$

（3）最后选取事件 D_3，考虑其是否发生。

假定抽取随机数为 56，56>8，故事件 D_3 不发生，其他事件的概率不发生改变。此时，第一轮模拟完成，这三次的修正概率列表如表 2-21 所示。

表 2-21 修正概率表

	D_2	D_1	D_3
P	1	1	0
P_1'	0.12	0.12	0.12
P_2'	0.3	0.468	0.468
P_3'	0.064	0.082	0.082

（4）重复上述步骤。假设重复上述步骤 10 轮，合计各种事件发生的次数，事件 D_1 发生了 3 次，事件 D_2 发生了 5 次，事件 D_3 发生了 1 次，于是事件 D_1、D_2、D_3 发生的模拟估计概率分别为

$P_1^* = \dfrac{3}{10} = 0.3$

$P_2^* = \dfrac{5}{10} = 0.5$

$P_3^* = \dfrac{1}{10} = 0.1$

与初始概率相比，事件 D_1 和 D_2 的概率分别提高了 10%和 20%，D_2 的概率高达 0.5，应该引起足够的重视，而事件 D_3 的概率未发生变化。上述过程基本能够说明该方法的使用，但在实际工作中，为了确保预测结果的准确性，理论上模拟应该在千次以上，目前一般运用计算机进行模拟运算。

2.4.3 交互影响分析法计算程序

对例 2-4，我们采用 C 语言编写了实现模型计算过程的算法程序。

```
#include <stdio.h>
#include <stdlib.h>
#include<time.h>
constint n=1000; //运行次数
constint m=3; //事件个数

void print(double event[],int m){
inti;
```

```c
for (i=0;i<m;i++){
printf("%6.4f ",event[i]);
        }
printf("\n");
     }
void print2(double pro[m][m],int m){
int i;
int j;
for (i=0;i<m;i++){
for(j=0;j<m;j++)
printf("%6.4f ",pro[i][j]);
if(j==m) printf("\n");
        }
     }
int main(void){
int i;
int j;
int p; //记录轮次
int temp;//记录随机事件
int k; //记录0~99随机数
int select[n]; //记录已选事件编号，由1开始编号
int seed;//产生随机种子
int s;//存储已选事件数组下标
int happen[m];
double event[m]={0.2,0.3,0.1};
        double pro[m][m]={{0,0.8,0.3},{-0.5,0,-0.4},{0.7,0.6,0}};
printf("原始概率：\n");
print(event,m);
printf("原始影响系数：\n");
print2(pro,m);
for(i=0;i<m;i++) happen[i]=0;
for(p=0,s=0;p<n;p++){
printf("第%d 轮次:\n",p+1);
seed=p;
srand(seed);
temp=(int)(rand()%m);
printf("所选事件：D%d\n",temp+1);
printf("所选事件概率：%5.2f\n",event[temp]);
        k=(int)(rand()%100);
printf("产生随机数：%d\n",k);
if(k>100*event[temp]){
continue;
            }
else{
select[s]=temp+1;
happen[temp]++;
```

```
s++;
for(i=0;i<m;i++){
if(i!=temp){
printf("i=%d,event:%6.4f+pro:%6.4f\n",i+1,event[i],pro[temp][i]);
event[i]=event[i]+pro[temp][i]*event[i]*(1-event[i]);    }
            }
                }
printf("第%d 轮次修正后概率\n",p+1);
print(event,m);
        }
printf("已选事件清单：\n");
for(i=0;i<s;i++){
printf("D%d ",select[i]);
if(i!=0&&i%10==0) printf("\n");
                }
printf("\n 已选事件次数：\n");
for(i=0;i<m;i++)
printf("D%d:   %d    ",i+1,happen[i]);
printf("\n");
for(i=0;i<m;i++)
printf("D%d:已选次数=%d,试验总数=%d,估算概率=%.2f\n",i+1,happen[i],n,(float)happen[i]/n);
getchar();
return 0;
      }
```

本章小结

1．专家预测法。专家预测法是以专家为信息索取的对象，依靠专家的经验、智慧来进行评估预测的一种方法。专家预测法由于操作简单，不需要建立复杂的数学模型，在各个领域得到广泛应用，包括主观概率法、交互影响分析法、头脑风暴法、德尔菲预测法等。

2．头脑风暴法。头脑风暴法可细分为直接头脑风暴法、质疑头脑风暴法、有控制地产生设想的方法、鼓励观察独到的方法以及对策观察的方法。头脑风暴法在军事决策和民用决策中得到了较广泛的应用，但是，头脑风暴法实施的成本（时间、费用等）是很高的，且其要求参与者有较好的素质。这些因素是否满足会影响头脑风暴法实施的效果。

3．德尔菲法。德尔菲法以匿名方式通过几轮函询，征求专家的意见，其特点为匿名性、反馈性和预测结果的收敛性。德尔菲法有两类派生方法：一类保持了经典德尔菲法的基本特点；另一类改变了其中一个或几个特点。

4．概率预测法。概率预测法主要包括主观概率法和交互影响分析法。相对于客观概率，主观概率是预测者根据自己的实践经验和判断分析能力，对某种事件未来发生的可能性进行评估。通常采用主观概率加权平均法和累计概率中位数法进行计算处理。

交互影响分析法是在专家评分法和主观概率法基础上创立的一种定性预测方法，其立足事件的初始概率和交互影响矩阵，对事件发生的概率进行修正，得出新的预测结果。

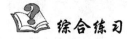

综合练习

一、练习题

1. 名词解释

   头脑风暴法　　德尔菲法　　交互概率法

2. 什么是主观概率？如何利用主观概率加权平均数法和累计概率中位数法进行预测？

3. 定性预测应注意什么问题？

4. 付先生在银行有一笔存款，他想利用此款购买债券或股票。在今后 5 年内，债券的价值将提高 25%，而股票价值的提高与股息依赖于这 5 年的经济状况：若通货膨胀，它将增长 100%；若通货紧缩，它将下降 10%；在一般情况下，它将提高 15%。为预测今后 5 年的经济状况，他请到 5 位专家，用德尔菲法征询意见，最后一轮的意见已接近一致，如表 2-22 所示。

表 2-22　德尔菲征询意见结果

专家编号	各种情况发生的可能性		
	通货膨胀	一般情况	通货紧缩
1	0.15	0.75	0.1
2	0.2	0.7	0.1
3	0.2	0.65	0.15
4	0.3	0.65	0.05
5	0.15	0.75	0.1

如按这些专家的意见（假定平等对待各位专家的意见），为使付先生在 5 年后取得最大的经济收益，他应该用该存款购买债券还是购买股票？

5. 已知某公司选定 10 位专家用德尔菲法进行预测，最后一轮征询意见，对 2019 年利润率的估计的累计概率分布如表 2-23 所示。

表 2-23　某公司 2019 年利润率估计的累计概率分布

专家编号	1.00%	12.50%	25.00%	37.50%	50.00%	62.50%	75.00%	87.50%	99.00%
1	8.0	8.1	8.2	8.3	8.4	8.5	8.6	8.7	8.8
2	7.8	8.0	8.2	8.4	8.6	8.8	8.9	9.0	9.1
3	6.0	6.2	6.5	6.7	7.0	7.2	7.5	7.7	8.0
4	6.0	6.5	7.0	7.5	8.0	8.5	8.6	8.7	9.0
5	5.0	5.5	6.0	6.5	7.0	7.5	8.0	8.5	8.9
6	8.0	8.2	8.3	8.4	8.5	8.6	8.8	9.0	9.2
7	6.5	6.7	7.0	7.7	8.0	8.2	8.4	8.6	8.8
8	7.2	7.6	8.0	8.2	8.4	8.6	8.8	9.0	9.3
9	9.0	9.2	9.3	9.4	9.5	9.6	9.7	9.8	20.0
10	7.5	8.0	8.2	8.4	8.8	8.8	9.0	9.1	9.5

试用累计概率中位数法：
（1）计算每种概率的不同意见的平均数，用累计概率确定中位数，作为点估计值。
（2）当要求预测误差不超过1%时，区间估计值及其区间概率是多少？

二、思考题

定性预测和定量预测并不是相互排斥的，而是可以相互补充的，在实际预测过程中应该怎样将两者正确结合起来使用？

三、案例题

有一年，美国北方格外严寒，大雪纷飞，电线上积满冰雪，大跨度的电线常被积雪压断，严重影响通信。过去，许多人试图解决这一问题，但都未能如愿。后来，电信公司经理应用奥斯本发明的头脑风暴法，尝试解决这一难题。他召开了一种能让头脑卷起风暴的座谈会，参加会议的是不同专业的技术人员。

大家七嘴八舌地议论开来。有人提出设计一种专用的电线清雪机；有人想到用电热来化解冰雪；也有人建议用振荡技术来清除积雪；还有人提出能否带上几把大扫帚，乘坐直升机去扫电线上的积雪。对于这种"坐飞机扫雪"的设想，大家心里尽管觉得滑稽可笑，但在会上也无人提出批评。相反，有一工程师在百思不得其解时，听到用飞机扫雪的想法后，大脑突然受到冲击，一种简单可行且高效率的清雪方法冒了出来。他想，每当大雪过后，出动直升机沿积雪严重的电线飞行，依靠高速旋转的螺旋桨即可将电线上的积雪迅速扇落。他马上提出"用直升机扇雪"的新设想，顿时又引起其他与会者的联想，有关用飞机除雪的主意一下子又多了七八条。不到一小时，与会的10名技术人员共提出90多条新设想。

会后，公司组织专家对设想进行分类论证。专家们认为设计专用清雪机，采用电热或电磁振荡等方法清除电线上的积雪，在技术上虽然可行，但研制费用大、周期长，一时难以见效。那种因"坐飞机扫雪"激发出来的几种设想，倒是一种大胆的新方案，如果可行，将是一种既简单又高效的好办法。经过现场试验，发现用直升机扇雪果真能奏效，一个久悬未决的难题，终于在头脑风暴会中巧妙地得到解决。

案例思考

1. 该公司组织的头脑风暴法应该制定怎样的规则才能保证与会者畅所欲言？
2. 头脑风暴法的会议主持者应该做怎样的引导？

第3章 回归预测基础

本章学习目标

- 掌握统计关系与函数关系、相关分析与回归分析的区别与联系
- 掌握回归函数的定义、样本回归函数与总体回归函数的区别
- 掌握多元线性回归模型的基本形式、方程组形式及矩阵形式
- 掌握经典线性回归模型的假设条件
- 掌握线性回归模型参数的估计方法及模型的检验方法
- 掌握违背经典假设的回归模型
- 掌握含虚拟变量的回归模型的基本概念和回归模型法
- 了解非线性回归模型的常见类型

饮料销量的回归预测

某饮料公司经过长期的观察发现:饮料的销售量与气温之间存在着一定的关系,即气温越高,人们对饮料的需求量越大,从而使得饮料的销售量越大。为此,该饮料公司记录了10次不同温度下的饮料销售量,如表3-1所示。

表3-1 某饮料公司饮料销售量记录表

序 号	1	2	3	4	5	6	7	8	9	10
气温/℃	30	21	35	42	37	20	8	17	35	25
销售量/箱	430	335	520	490	470	210	195	195	400	480

根据这些数据能否得到结论:饮料的销售量与气温之间是否存在着某种关系?进一步,这种关系可否通过数学模型来描述?我们可否根据建立的数据模型来预测不同气温下的饮料销售量?

对经济变量相互关系的计量,最基本的方法是回归分析。回归分析是管理学和经济学分析中的主要工具,也是计量经济学理论和方法的主要内容。回归分析是寻求隐藏在随机现象中的统计规律的计算方法和理论。通常,在所谓经典假设条件下讨论线性回归模型的参数估计、假设检验和估计量的统计性质等问题。

回归分析起源于生物学研究，是由英国生物学家和统计学家高尔顿（Francis Galton，1822—1911）在 19 世纪末叶研究遗传学特性时首先提出来的。他在研究人类的身高时，发现父母身高与子女身高之间有密切的关系。一般来说，高个子父母的子女有低于其父母身高的趋势；而矮个子父母的子女身高往往有高于其父母身高的趋势。从整个发展趋势看，高个子父母的子女身高回归于其种族的平均身高，而矮个子父母的子女身高则从另一个方向回归于种族的平均身高。高尔顿在 1889 年出版的著作《自然遗传》中提出了回归分析方法，之后这一方法很快就被学者们应用到经济领域中来，而且这一名词也一直为生物学家和统计学家所沿用。

3.1 回归分析与回归函数

3.1.1 相关分析与回归分析

1. 函数关系和统计关系

客观事物相互依存，且具有存在和发展的内在规律性。对于具有数量性质的事物，其规律性可以用数学公式或数学模型来描述。事物规律性不是直观的，而是会通过一定的现象来表现。因此，人们需要有认识事物规律的各种科学方法。

事物规律性的表象可以分为两类：一类是随机现象；一类是非随机现象。在相同条件下，对随机现象进行重复观测（或重复试验），每次结果未必相同；对非随机现象进行重复观测（或重复试验），其结果总是确定的。

对于具有数量性质的事物，表达随机现象的数量称之为随机变量，表达非随机现象的数量称之为确定性变量或非随机变量。由于有随机变量和非随机变量之分，从而描述事物规律性的数学模型也有函数关系和统计关系之分。

（1）函数关系。函数关系是一一对应的确定性关系。重复观测时，观测点(X_i, Y_i)都落在对应函数关系的曲线上。记

$$Y = f(X) \tag{3-1}$$

式中，Y 为因变量；X 为自变量；f 表示 X 和 Y 对应的函数关系。

例如，以固定价格销售的某种商品，其销售额（Y）与销售量（X）之间为函数关系。当单位商品价格为 2 元时，表 3-2 中数据间的函数关系式为

$$Y = 2X \tag{3-2}$$

表 3-2　某商品销售量与销售额

时期	销售量（X）	销售额（Y）
1	75	150
2	25	50
3	130	260
4	50	100
5	150	300

显然，所有观测点(X_i, Y_i)都落在函数关系曲线上，如图 3-1 所示。

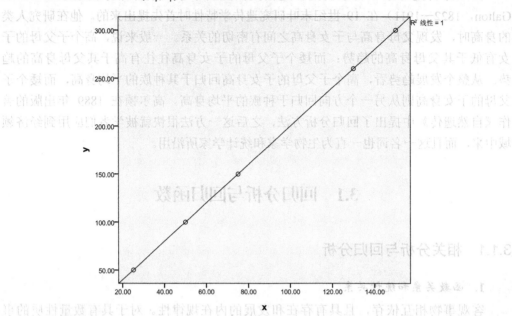

图 3-1 函数关系

（2）统计关系。统计关系不同于函数关系，当重复观测时，观测点(X_i, Y_i)不是完全落在统计关系曲线上，而是围绕统计关系曲线散布。因此，统计关系是不完全一致的对应关系。

例如，商品的市场供给量（Y）与其价格水平（X）之间的关系为统计关系。商品的价格水平高，该种商品生产者提供给市场的供给量就大；反之，商品的价格水平低，该种商品生产者提供给市场的供给量就少。图 3-2 是根据表 3-3 数据绘制的统计关系曲线图。由图 3-2 可见，观测点(X_i, Y_i)多数没有落在统计关系曲线上，而是围绕统计关系曲线散布。

表 3-3 某商品的价格与供给量

观 测 顺 序	价格水平（X）	供给量（Y）
1	30	73
2	20	50
3	60	128
4	80	170
5	40	87
6	50	108
7	60	135
8	30	69
9	70	148
10	60	132

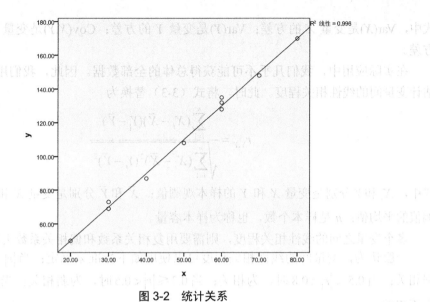

图 3-2 统计关系

统计关系可以表示为确定性部分和随机性部分二者之和,这是回归分析的基础。

2. 相关分析

我们把研究相关关系的方法称为相关分析。相关分析主要用一个指标(相关系数)去表明变量间相互依存关系的性质和密切程度。

(1) 相关关系。相关关系是一种特殊的统计关系。相关关系是指事物之间的一种相互联系,表现为变量之间存在着一定的依存关系,当某一变量变动时,另一变量将遵循一定的规律而变动,但又不是完全严格的数学函数关系。

变量之间的相关关系可以分为若干类型。

从相关关系涉及的变量数量看,只有两个变量的相关关系,称为简单相关关系;有三个或三个以上变量的相关关系,称为多重相关或复相关。

从变量相关关系的表现形式看,当变量之间相关关系的散点图中的点接近一条直线时,称为线性相关;当变量之间相关关系散点图中的点接近于一条曲线时,称为非线性相关。

从变量相关关系变化的方向看,当相关变量趋于向同一个方向变化时,称为变量之间正相关;当相关变量变化方向趋于向相反方向变化时,称为变量之间负相关。

从变量相关的程度看,当一个(或一组)变量的变化完全由另一个(或一组)变量的变化所确定时,称为变量之间完全相关。此时,相关关系实际上变成了函数关系,所以可以把函数关系视为相关关系的特例。当变量的变化相互之间完全没有关系时,称为变量完全不相关。当变量间变化的关系介于完全相关和不相关之间时,称为不完全相关。我们研究的相关关系通常都是指不完全相关的相关关系。

(2) 简单线性相关关系的度量。简单线性相关关系用来说明两个变量间的线性相关程度,使用简单线性相关系数来度量。简单线性相关系数的计算公式为

$$\rho = \frac{\text{Cov}(X,Y)}{\sqrt{\text{Var}(X)\text{Var}(Y)}} \tag{3-3}$$

式中，Var(X)是变量 X 的方差；Var(Y)是变量 Y 的方差；Cov(X,Y)是变量 X 和 Y 的协方差。

在实际应用中，我们几乎不可能获得总体的全部数据。因此，我们用样本数据来估计变量间的线性相关程度。此时，将式（3-3）替换为

$$r_{X,Y} = \frac{\sum_{i=1}^{n}(X_i - \bar{X})(Y_i - \bar{Y})}{\sqrt{\sum_{i=1}^{n}(X_i - \bar{X})^2 (Y_i - \bar{Y})^2}} \quad (3\text{-}4)$$

式中，X_i 和 Y_i 分别是变量 X 和 Y 的样本观测值；$\bar{X}$ 和 $\bar{Y}$ 分别是变量 X 和 Y 的样本观测值的平均值；n 是样本个数，也称为样本容量。

多个变量之间的线性相关程度，则需要用复相关系数和偏相关系数去度量。

一般认为，变量间的线性相关程度可以使用如下标准来确定：当 $|r| \geq 0.8$ 时，为强相关；当 $0.5 \leq |r| < 0.8$ 时，为相关；当 $0.3 \leq |r| < 0.5$ 时，为弱相关；当 $|r| < 0.3$ 时，为不相关。

使用相关系数分析相关关系时需要注意的问题有如下几点。

（1）X 和 Y 都是相互对称的随机变量，所以有 $r_{X,Y} = r_{Y,X}$。

（2）相关系数 ρ 只能反映变量间的线性相关程度，不能说明变量间的非线性相关关系。

（3）相关系数 ρ 只能反映变量间线性相关的程度，并不能确定变量间的因果关系，也不能说明相关关系具体接近于哪条直线。

（4）样本相关系数不是一个确定数值，而是随抽样而变动的随机变量，相关系数的统计显著性还需进一步检验。

3. 回归分析

（1）回归分析的内涵。回归分析是关于一个或一组变量（被解释变量）对另一个或一组变量（解释变量）依存关系的研究。回归分析用适当的数学模型去近似地表达或估计变量之间的平均变化关系，其目的在于根据已知解释变量变化来估计和预测被解释变量条件期望值的变化。

回归分析所要揭示的是被解释变量与解释变量之间的平均关系。在回归分析中，被解释变量是随机变量，解释变量是非随机变量。这是因为，虽然解释变量在本质上可以是随机变量，但在回归分析中，解释变量作为被解释变量变动的原因，我们总是假定在重复抽样中取某些固定的值，所以在一般情况下解释变量总是作为非随机变量来处理的。

（2）回归分析与相关分析的关系。回归分析与相关分析的联系表现为：回归分析和相关分析二者都是对变量间相关关系的研究，二者可以相互补充。相关分析可以表明变量间相关关系的性质和程度，只有当变量间存在一定程度的相关关系时，进行回归分析去寻求相关的具体数学形式才有实际意义。同时，在进行相关分析时，如果要确定变量间相关的具体数学形式，又要依赖于回归分析，而且相关分析中相关系数的

确定也是建立在回归分析基础上的。

回归分析与相关分析的区别表现为：在研究目的上，相关分析是用一个数量指标（相关系数）来度量变量之间相互联系的方向和程度；回归分析却是要寻求变量间联系的具体数学形式，是要根据解释变量的固定值去估计和预测被解释变量的平均值。在对变量的处理上，相关分析对称地对待相互联系的变量，不考虑二者的因果关系，相关的变量不一定具有因果关系，均视为随机变量；回归分析是建立在变量因果关系分析的基础上的，必须明确划分被解释变量和解释变量，对变量的处理是不对称的。

相关分析和回归分析只是从数据出发定量地分析经济变量间相互联系的一种手段，并不能决定经济现象相互之间的本质联系。如果对本来没有内在联系的经济现象，仅凭数据进行相关或回归分析，有可能会是一种"伪相关"或"伪回归"。所以，在对经济问题开展相关和回归分析时，要注意与定性的经济分析相结合，只有这样才能得到有实际意义的结果。

3.1.2 回归函数

1. 回归函数

计量经济学理论定义回归函数为：如果将被解释变量 Y 的条件均值表现为解释变量 X 的函数，即

$$E(Y|X_i) = f(X_i) \tag{3-5}$$

以条件均值表现的回归函数 $E(Y|X_i)$ 描述的是随着解释变量的变化，被解释变量的平均变动。但是相对于具体的 X_i，Y 的个别值 Y_i 并不全在代表平均值轨迹的回归线上，而是围绕回归线上下波动。若令各个 Y_i 值与条件均值 $E(Y|X_i)$ 的偏差为 u_i，我们把 u_i 称为随机扰动项或随机误差项。则有

$$Y_i = E(Y|X_i) + u_i \tag{3-6}$$

我们也把式（3-6）称为回归函数的个别值表示形式，或称随机设定形式。

当假定 f 是线性函数形式时，式（3-6）就可以写成

$$Y_i = \beta_0 + \beta_1 X_{1i} + \beta_2 X_{2i} + \cdots + \beta_m X_{mi} + u_i \tag{3-7}$$

我们把 β_0 称为截距系数，$\beta_i (i=1,\cdots,m)$ 称为斜率系数。

式（3-6）把回归函数同可观测的被解释变量 Y 和解释变量 X 联系到一起，当我们对被解释变量 Y 和解释变量 X 重复观测并进行试验时，如果随机干扰项 u 中不包含系统误差，则回归模型的平均趋势就会稳定在式（3-5）的数学期望关系式上。

回归函数有总体回归函数和样本回归函数的区分。我们使用总体中全部被解释变量 Y 和解释变量 X 的数据得到回归函数，这个回归函数称为总体回归函数。但现实中，一般我们不能够得到总体被解释变量 Y 和解释变量 X 的全部数据，我们使用样本中全部被解释变量 Y 和解释变量 X 的数据得到回归函数，这个回归函数称为样本回归函数。在实际应用中，我们总是以样本回归函数来作为总体回归函数的近似反映。回归分析的目的就是要用样本回归函数去尽可能准确地估计总体回归函数。

样本回归函数与总体回归函数是有区别的。一是总体回归函数虽然未知，但它是确定的；而样本回归函数随着样本的变化而变化，所以可以有许多个样本回归函数。二是总体回归函数中的参数 β_i 是确定的常数；而样本回归函数中的参数 $\hat{\beta}_i$ 是随着样本的变化而变化的随机变量。三是总体回归函数中的 u_i 是不可直接观测的；而样本回归函数中的误差项 e_i 是只要估计出样本回归函数的参数就可以计算的数值。

2. 线性回归模型和非线性回归模型

描述统计关系的回归模型在数学形式上有线性模型和非线性模型之分。在计量经济学中线性模型的"线性"有两种解释：一种是模型就变量而言是线性的，即 Y 的条件均值 $E(Y|X_i)$ 是解释变量 X 的线性函数，按照这一原则，$E(Y|X_i) = \beta_0 + \beta_1 X_1^2$ 和 $E(Y|X_i) = \beta_0 + \beta_1(1/X_i)$ 就不是线性回归模型。另一种是模型就参数而言是线性的，即 Y 的条件均值 $E(Y|X_i)$ 是参数 β 的线性函数，而不考虑解释变量 X 是否是线性函数，按照这一原则，前述两个模型均为线性回归模型，而 $E(Y|X_i) = \beta_0 + \sqrt{\beta_1} X_1$ 和 $E(Y|X_i) = \beta_0 + (1/\beta_1) X_1$ 就不是线性回归模型。在计量经济学理论中，一般都是就参数而言判断模型是否是线性回归模型。

3.2 多元线性回归模型

3.2.1 线性回归模型的基本形式

如果回归函数描述了一个被解释变量与多个解释变量之间的线性关系，那么由此而设定的回归函数就是多元线性回归模型。

1. 线性回归模型的函数形式

在回归函数中，各个回归系数是未知的，只能利用样本观测值对其进行估计。所以，回归模型采用回归函数的随机设定形式表示。这样，线性回归模型的线性形式为

$$Y_i = \beta_0 + \beta_1 X_{1i} + \beta_2 X_{2i} + \cdots + \beta_m X_{mi} + u_i, \quad i = 1, 2, \cdots, n \tag{3-8}$$

式中，Y_i 和 X_i 是可观测的样本数据，是已知量；β_i 是待估计的未知参数，是未知量；$\beta_0 + \beta_1 X_{1i} + \cdots + \beta_m X_{mi}$ 是代表总体回归函数的确定性部分；u_i 是具体样本点中被解释变量值同总体回归函数代表值的差异，是一随机变量。

这一形式的特点是便于书写和节省篇幅，如果要更深入地了解线性回归模型的本质，得到模型参数的求解公式，我们必须进一步分析线性回归模型的线性方程组形式和矩阵形式。

2. 线性回归模型的线性方程组形式

我们将被解释变量 Y 和解释变量 X 的 n 次观测值代入式（3-8），所得的 n 组观测值 $(Y_i, X_{1i}, X_{2i}, \cdots, X_{mi})$ $(i=1,2,\cdots,n)$ 的线性关系，实际上可写成线性方程组的形式：

$$\begin{cases} Y_1 = \beta_0 + \beta_1 X_{11} + \beta_2 X_{21} + \cdots + \beta_m X_{m1} + u_1 \\ Y_2 = \beta_0 + \beta_1 X_{12} + \beta_2 X_{22} + \cdots + \beta_m X_{m2} + u_2 \\ \vdots \\ Y_n = \beta_0 + \beta_1 X_{1n} + \beta_2 X_{2n} + \cdots + \beta_m X_{mn} + u_n \end{cases} \quad (3\text{-}9)$$

3. 线性回归模型的矩阵形式

运用矩阵方法我们又可以把式（3-9）中庞大的方程体系和数据组简洁地表示，并能有效地进行各种运算。

我们把解释变量矩阵 X、被解释向量 Y、参数向量 $\boldsymbol{\beta}$ 和随机干扰向量 u 定义如下：

$$X = \begin{bmatrix} 1 & X_{11} & \cdots & X_{m1} \\ 1 & X_{12} & \cdots & X_{m2} \\ \vdots & \vdots & & \vdots \\ 1 & X_{1n} & \cdots & X_{mn} \end{bmatrix} \quad Y = \begin{bmatrix} Y_1 \\ Y_2 \\ \vdots \\ Y_n \end{bmatrix} \quad \boldsymbol{\beta} = \begin{bmatrix} \beta_1 \\ \beta_2 \\ \vdots \\ \beta_m \end{bmatrix} \quad u = \begin{bmatrix} u_1 \\ u_2 \\ \vdots \\ u_n \end{bmatrix}$$

依照矩阵运算法则，式（3-9）可以表示为

$$Y = X\boldsymbol{\beta} + u \quad (3\text{-}10)$$

式中，X 一般是非随机矩阵，通常称为设计矩阵；Y、u 都是随机向量；而 $\boldsymbol{\beta}$ 则是常数向量。

3.2.2 经典线性回归模型及其假设条件

对于式（3-10）所表示的一般线性回归模型：$Y = X\boldsymbol{\beta} + u$，如果被称为经典线性回归模型，则必须满足如下假设条件。这些假设条件，通常称为经典假设条件。

（1）有正确的期望函数。这是一个很强的假设，因为它要求在线性回归模型中没有遗漏任何重要的解释变量，也没有包含任何多余的解释变量，无论将回归模型应用于任何目的，都要求所构建的回归模型能代表被研究总体的"真实"关系。只有当回归模型有正确的期望函数时，才有可能保证代表总体中存在的"真实"关系。

（2）被解释变量等于期望函数与随机干扰项之和。这一假设在理论上很重要。因为这一假设成立可使得被解释变量 Y 的概率密度函数通过随机干扰项 u 的概率密度函数来计算，有利于统计推断分析。

（3）随机干扰项独立于期望函数。这一假设意味着回归模型中的所有解释变量 X_j 与随机干扰项 u 不相关。

（4）解释变量矩阵 X 是非随机矩阵，且其秩为列满秩的，即

$$\text{rank}(X) = k, \quad k < n \quad (3\text{-}11)$$

式中，k 是解释变量的个数；n 为观测次数。该假设表示回归模型的 k 个解释变量无线性相关，从而 $(X'X)^{-1}$ 值存在，参数向量 $\boldsymbol{\beta}$ 的估计量可求得。因此，这是求估计量的必要条件。

（5）随机干扰项服从正态分布。该假设的重要性在于它与第二条假设相配合，给出了被解释变量的概率分布。并且由此可得到参数的似然函数，从而导出最小二乘准则。

（6）随机干扰项的期望值为零。即

$$E(u) = 0 \tag{3-12}$$

（7）随机干扰项具有方差齐性。即

$$\sigma^2(u_i) = \sigma^2 \,(\text{常数}) \tag{3-13}$$

（8）随机干扰项相互独立。即

$$\sigma(u_i, u_j) = \text{Cov}(u_i, u_j) = 0 \tag{3-14}$$

由假设条件（7）和（8），有

$$\text{Var}(u) = \sigma^2 \mathbf{I} \tag{3-15}$$

因为正确的线性回归模型可以分为确定部分和随机部分两部分。显然，上述 8 个假设条件中，前 4 条是关于模型确定部分的假设，后 4 条是关于模型随机部分的假设。所有假设都要求我们在实际应用工作中正确构建模型、选择解释变量和注意数据收集方法。如果有关模型和数据的假设不成立，由此得出的分析或推断结果就会不正确。

3.2.3　线性回归模型参数的估计

对于式（3-10）所设定的一般线性回归模型，其参数向量 $\boldsymbol{\beta}$ 通常都是未知的，需要我们根据样本数据来估计。估计模型参数的方法，通常有普通最小二乘法（OLS 估计）、极大似然法、广义矩估计方法等几种。在本课程中只介绍最常用的普通最小二乘法。

1. 向量和矩阵的微分

设 y 对一组变量 $x_1, x_2, \cdots, x_n$ 的函数为

$$y = f(x_1, x_2, \cdots, x_n) \tag{3-16}$$

或用简化的矩阵记号表示为

$$y = f(\boldsymbol{X}) \tag{3-17}$$

式中，$\boldsymbol{X}$ 是一个 $(n \times 1)$ 列矩阵。需要求 y 对 $\boldsymbol{X}$ 的每个元素的导数并用向量形式写出结果。因此，定义下列导数的列向量：

$$\partial y / \partial \boldsymbol{X} = \begin{bmatrix} \partial y / \partial x_1 \\ \partial y / \partial x_2 \\ \vdots \\ \partial y / \partial x_n \end{bmatrix} \tag{3-18}$$

式（3-18）称为 y 的梯度。式（3-18）的运算可以推广到 y 对一个 $(m \times n)$ 矩阵 $\boldsymbol{X}$ 的元素的导数。

$$\partial y / \partial \boldsymbol{X} = [\partial y / \partial \boldsymbol{X}_1 \quad \partial y / \partial \boldsymbol{X}_2 \quad \cdots \quad \partial y / \partial \boldsymbol{X}_n] = \begin{bmatrix} \partial y / \partial x_{11} & \partial y / \partial x_{12} & \cdots & \partial y / \partial x_{1n} \\ \partial y / \partial x_{21} & \partial y / \partial x_{22} & \cdots & \partial y / \partial x_{2n} \\ \vdots & \vdots & & \vdots \\ \partial y / \partial x_{m1} & \partial y / \partial x_{m2} & \cdots & \partial y / \partial x_{mn} \end{bmatrix} \tag{3-19}$$

式中，$\boldsymbol{X}_1, \boldsymbol{X}_2, \cdots, \boldsymbol{X}_n$ 是 $\boldsymbol{X}$ 的列向量。

设 $\boldsymbol{Y}$ 是一个 $(m \times 1)$ 列向量，$y_i (i = 1, 2, \cdots, m)$ 是 $\boldsymbol{Y}$ 的分量，$\boldsymbol{X}$ 是一个 $(n \times 1)$ 列向

量，$x_j(j=1,2,\cdots,n)$ 是 X 的分量。定义 Y 对 X' 导数为一个 $(m \times n)$ 矩阵：

$$\partial Y/\partial X' = [\partial y_i/\partial x_j] = \begin{bmatrix} \partial y_1/\partial x_1 & \cdots & \partial y_1/\partial x_n \\ \vdots & \vdots & \vdots \\ \partial y_m/\partial x_1 & \cdots & \partial y_m/\partial x_n \end{bmatrix} \quad (3-20)$$

这个矩阵也被称为 Y 对 X' 的雅可比矩阵（Jacobian matrix）。

Y 对列向量 X 的二阶导数定义为下列矩阵：

$$\partial^2 Y/\partial X \partial X' = \partial(\partial Y/\partial X)/\partial X' = [\partial^2 Y/\partial x_i \partial x_j] = \begin{bmatrix} \partial^2 Y/\partial x_1 \partial x_1 & \cdots & \partial^2 Y/\partial x_1 \partial x_n \\ \vdots & \vdots & \vdots \\ \partial^2 Y/\partial x_n \partial x_1 & \cdots & \partial^2 Y/\partial x_n \partial x_n \end{bmatrix} \quad (3-21)$$

这是一个对称矩阵，称为 Y 的海赛矩阵（Hessian matrix）。

根据上述基本定义，可以确立用矩阵记号求导数的规则。考虑下列函数：$z = C'X$，式中 C 是一个 $(n \times 1)$ 向量且不依赖于 X，X 是一个 $(n \times 1)$ 向量，z 是一个纯量，则

$$\partial z/\partial X = \partial C'X/\partial X = \partial X'C/\partial X = \begin{bmatrix} \partial z/\partial x_1 \\ \vdots \\ \partial z/\partial x_n \end{bmatrix} = \begin{bmatrix} c_1 \\ \vdots \\ c_n \end{bmatrix} = C \quad (3-22)$$

若 $z = C'X$，式中 C 是一个 $(n \times n)$ 矩阵，X 是一个 $(n \times 1)$ 向量，则

$$\partial z'/\partial X = \partial X'C/\partial X = (C_1, C_2, \cdots, C_n) = C \quad (3-23)$$

式中，C_i 是 C 的第 i 列。

对于二次型 $z = X'AX$ 的求导公式为

$$\partial z/\partial X = \partial X'AX/\partial X = A'X + AX = (A' + A)X \quad (3-24)$$

这是因为 $z = \sum_{j=1}^{n}\sum_{i=1}^{n} a_{ij} x_i x_j$，且对 X 的第 k 个元素的微分为

$$\partial z/\partial x_k = \sum_{j=1}^{n} a_{kj} x_j + \sum_{i=1}^{n} a_{ik} x_i \quad k = 1, 2, \cdots, n \quad (3-25)$$

若 A 是一个 $(n \times n)$ 矩阵，即 $A = A'$，则

$$\partial X'AX/\partial X = 2AX \quad (3-26)$$

根据线性形式和二次型的导数，二阶导数为

$$\partial^2(X'AX)/\partial X \partial X' = A + A' \quad (3-27)$$

且若 $A = A'$，则

$$\partial^2(X'AX)/\partial X \partial X' = 2A \quad (3-28)$$

对于表达式 $X'BY$，其中 X 和 Y 均为 $(n \times 1)$ 向量且 B 是一个 $(n \times n)$ 矩阵，这一形式对 B 的元素的导数为

$$\partial X'BY/\partial b_{ij} = x_i y_j \quad (3-29)$$

因为 $X'BY = \sum_{i=1}^{n}\sum_{j=1}^{n} x_i b_{ij} y_j$，汇集 B 的全部元素，得到

$$\partial X'BY/\partial B = [x_i y_j] = XY' \quad (3-30)$$

2. 普通最小二乘法估计（OLS 估计）

普通最小二乘法（Ordinary Least Squares）是实践中最常用的估计回归模型参数的方法，它是根据普通最小二乘原理导出的，通常简称为 OLS 估计方法。

式（3-10）表示的回归模型，可以分为确定部分 $X\beta$ 和随机部分 u 两部分，如果随机部分 u 不包含系统误差，则重复观测时，回归模型的平均趋势会稳定在它的期望函数上。此期望函数即为回归模型中的确定部分，它是被解释变量 Y 在 X 给定的条件下的均值 $E(Y)$，而随机干扰向量 u 也就是被解释变量的实际值 Y 对其条件均值 $E(Y)$ 的离差向量，即有 $u = Y - X\beta$。在重复观测中，对于每个样本观测点来说，此离差有正有负，或大或小，若要综合考虑全部离差的大小，则可计算全部样本观察点上所有离差的平方和，此平方和为

$$Q = u'u = (Y - X\beta)'(Y - X\beta) = Y'Y - 2\beta'X'Y + \beta'X'X\beta \qquad (3\text{-}31)$$

要估计模型 $Y = X\beta + u$ 中的参数向量 β，实际上也就是要估计被解释变量 Y 的均值 $E(Y)$。考虑到均值的性质，我们所要估计得到的向量 β 的值，应使得离差平方和 Q 的值达到最小。普通最小二乘法就是以此为准则来寻找模型参数的估计量。

在离差平方和 Q 的表达式（3-31）中，被解释变量的观测值向量 Y 和设计矩阵 X 都是已知的，故可将 Q 看作是未知向量 β 的函数。

由多元函数微分学中的极值理论可知，使得函数 Q 取最小值的 β 值就是使得 Q 对 β 的一阶偏导数等于 0 的 β 值。但现在 Q 是以矩阵为元素的函数，这类函数的求导法则不同于微分学中的求导规则，我们根据向量微分法则，得到离差平方和 Q 对向量 β 的一阶偏导数：

$$\frac{\partial Q}{\partial \beta} = -2X'Y + 2X'X\beta \qquad (3\text{-}32)$$

若令 $\partial Q / \partial \beta = 0$，则有 $-2X'Y + 2X'X\hat{\beta} = 0$，整理得到正规方程组：

$$X'X\hat{\beta} = X'Y \qquad (3\text{-}33)$$

在设计矩阵 X 列满秩的假定下，方阵 $X'X$ 即上述正规方程组的系数矩阵是非奇异的，其逆矩阵 $(X'X)^{-1}$ 存在，故由正规方程组（3-33）可得一般线性回归模型 $Y = X\beta + u$ 的回归系数向量 β 的普通最小二乘估计量为

$$\hat{\beta} = (X'X)^{-1}X'Y \qquad (3\text{-}34)$$

3. 回归系数估计量 $\hat{\beta}$ 的性质

回归系数估计量 $\hat{\beta}$ 是依据样本数据计算的，对总体回归函数参数向量 β 的一个估计，其本质上还是一个统计量。$\hat{\beta}$ 是否能够作为 β 的一个好的代表，还需要考虑其统计特性。数理统计理论中提出了一个好的统计量应该具有无偏性、有效性和一致性的性质。计量经济学理论证明了回归系数估计量 $\hat{\beta}$ 具有线性无偏性、有效性和一致性的良好性质。关于这些性质的证明比较烦琐，在此，我们仅给出 $\hat{\beta}$ 具有线性无偏性性质的证明。

在估计量 $\hat{\beta} = (X'X)^{-1}X'Y$ 中，由于 $\hat{\beta}_i$ 是可观测随机向量 $Y = (y_1, y_2, \cdots, y_n)'$ 的线性

函数，所以 $\hat{\boldsymbol{\beta}}$ 是 $\boldsymbol{\beta}$ 的线性估计量。将 $Y = X\boldsymbol{\beta} + u$ 代入该估计量，有

$$\hat{\boldsymbol{\beta}} = \boldsymbol{\beta} + (X'X)^{-1}X'u \tag{3-35}$$

因为设计矩阵 X 是事先给定的非随机常数矩阵，有 $E(X'u) = 0$，所以估计量 $\hat{\boldsymbol{\beta}}$ 的期望为

$$E(\hat{\boldsymbol{\beta}}) = E\left[\boldsymbol{\beta} + (X'X)^{-1}X'u\right] = \boldsymbol{\beta} \tag{3-36}$$

所以，普通最小二乘估计量 $\hat{\boldsymbol{\beta}}$ 是 $\boldsymbol{\beta}$ 的无偏估计量。

我们也可证明 $\hat{\boldsymbol{\beta}}$ 的协方差矩阵估计值为

$$\mathrm{Var}(\hat{\boldsymbol{\beta}}) = \hat{\sigma}^2 (X'X)^{-1} \tag{3-37}$$

式中，$\hat{\sigma}^2 = \dfrac{Y'Y - \hat{\boldsymbol{\beta}}'X'Y}{n-k}$，$n$ 是样本数个数，k 是模型中待估参数个数。

4. 多元线性回归预测

利用多元线性回归模型，根据给定的解释变量的值可以对被解释变量的值进行预测。被解释变量的点预测值和预测区间的计算步骤如下。

(1) 计算估计标准误差。

$$S_Y = \sqrt{\dfrac{\sum_{i=1}^{n}(Y_i - \hat{Y}_i)^2}{n - (m+1)}} \tag{3-38}$$

(2) 对任意给定的 $X_0 = (x_{01}, x_{02}, \cdots, x_{0m})$，被解释变量 Y_0 的点预测值为

$$\hat{Y}_0 = X_0 \hat{\boldsymbol{\beta}} \tag{3-39}$$

预测误差 $e_0 = Y_0 - \hat{Y}_0$ 的样本方差为

$$S_0^2 = S_Y^2 \left[1 + X_0 (X'X)^{-1} X_0^T\right] \tag{3-40}$$

(3) 给定显著水平为 α，则当预测值为 $\hat{Y}_0$ 时，其预测区间为

$$\left[\hat{Y}_0 \pm t_{\alpha/2}(n-(m+1))S_0\right], \quad n<30 \tag{3-41}$$

或

$$\left[\hat{Y}_0 \pm z_{\alpha/2} S_Y\right], \quad n \geq 30 \tag{3-42}$$

由于 X_0 是影响因素数据向量，计算 S_0 比较复杂，故在实际预测中，一般可用 S_Y 代替 S_0 近似地估计预测区间。式（3-42）中 z 表示服从标准正态分布。

3.2.4 线性回归模型的检验

对于一个已设定的线性回归模型，在 3.2.3 节中我们已解决了如何利用普通最小二乘法对其进行估计的问题。然而，还有一个必须认真考虑的重要问题就是我们所设定的模型是否适当。要回答这一问题，就必须对已设定出的模型加以检验。这些检验包括模型拟合优度的检验、回归方程的显著性检验、回归系数的显著性检验等。

1. 总变差的分解

由于总体是未知的，而样本是总体的一个代表，所以我们的考察须从样本着手，对于我们所设定的线性回归模型 $Y = X\boldsymbol{\beta} + u$，根据样本资料，我们可得到样本回归模

型为

$$Y = X\hat{\beta} + e \tag{3-43}$$

式中，$\hat{Y} = X\hat{\beta}$ 是被解释变量中用解释变量 X 所解释的部分；$e = Y - \hat{Y}$ 是不能用解释变量 X 解释的随机干扰项的估计值。若记 $\overline{Y} = \dfrac{1}{n}\sum_{i=1}^{n} Y_i$ 为被解释变量的样本均值，则由式（3-43）可写出

$$(Y_i - \overline{Y}) = (\hat{Y}_i - \overline{Y}) + e_i, \quad i = 1, 2, \cdots, n \tag{3-44}$$

为了克服各离差值直接求和会产生正负值相互抵消的影响，将式（3-44）两边平方，然后再对所有样本观测点求和，则有

$$\sum_{i=1}^{n}(Y_i - \overline{Y})^2 = \sum_{i=1}^{n}(\hat{Y}_i - \overline{Y})^2 + \sum_{i=1}^{n} e_i^2 \tag{3-45}$$

在此，我们给出式（3-45）的证明。

由一个样本估计的回归模型是：$Y = X\hat{\beta} + \hat{e}$，转置得到：$Y' = \hat{\beta}'X' + \hat{e}'$，则 $Y'Y$ 为

$$Y'Y = (\hat{\beta}'X' + \hat{e}')(X\hat{\beta} + \hat{e}) = \hat{\beta}'X'X\hat{\beta} + \hat{\beta}'X'\hat{e} + \hat{e}'X\hat{\beta} + \hat{e}'\hat{e}$$

$\hat{\beta}'X'\hat{e}$ 是一纯量，所以有 $(\hat{\beta}'X'\hat{e}) = (\hat{\beta}'X'\hat{e})' = \hat{e}'X\hat{\beta}$。因此，$\hat{\beta}'X'\hat{e} + \hat{e}'X\hat{\beta} = 2\hat{\beta}'X'\hat{e}$。

整理可得：$Y'Y = \hat{\beta}'X'X\hat{\beta} + \hat{e}'\hat{e} + 2\hat{\beta}'X'\hat{e}$。我们知道，$\hat{e}'\hat{e} = \sum_{i=1}^{n} e_i^2$，而且还有

$$\hat{e} = Y - X\hat{\beta} = Y - X(X'X)^{-1}X'Y = \left[I - X(X'X)^{-1}X'\right]Y$$

$$X'\hat{e} = X'\left[I - X(X'X)^{-1}X'\right]Y = \left[X' - (X'X)(X'X)^{-1}X'\right]Y = [X' - X']Y = 0$$

所以有

$$Y'Y = \hat{\beta}'X'X\hat{\beta} + \hat{e}'\hat{e} = \hat{Y}'\hat{Y} + \sum_{i=1}^{n} e_i^2 \tag{3-46}$$

$$\begin{aligned}
\sum_{i=1}^{n}(Y_i - \overline{Y})^2 &= \sum_{i=1}^{n}(Y_i^2 - 2Y_i\overline{Y} + \overline{Y}^2) \\
&= \sum_{i=1}^{n} Y_i^2 - 2\overline{Y}\sum_{i=1}^{n} Y_i + N\overline{Y}^2 \\
&= \sum_{i=1}^{n} Y_i^2 - 2N\overline{Y}^2 + N\overline{Y}^2 \\
&= \sum_{i=1}^{n} Y_i^2 - N\overline{Y}^2 \\
&= Y'Y - N\overline{Y}^2
\end{aligned} \tag{3-47}$$

由式（3-34），得到 $X'X\hat{\beta} = X'Y$；而 $\hat{Y} = X\hat{\beta}$，而且 X 矩阵的第一列元素全为 1，即 $X_1' = (1,1,\cdots,1)$，这样得到 $X_1'\hat{Y} = X_1'Y$，即 $\sum_{i=1}^{n} \hat{Y}_i = \sum_{i=1}^{n} Y_i$。因此，我们证明了：

$$\overline{\hat{Y}} = \frac{1}{N}\sum_{i=1}^{n} \hat{Y}_i = \frac{1}{N}\sum_{i=1}^{n} Y_i = \overline{Y} \tag{3-48}$$

$$\hat{Y}'\hat{Y} - N\overline{Y}^2 = \hat{Y}'\hat{Y} - N\overline{\hat{Y}}^2 = \sum_{i=1}^{n}(\hat{Y}_i - \overline{\hat{Y}})^2 = \sum_{i=1}^{n}(\hat{Y}_i - \overline{Y})^2 \qquad (3\text{-}49)$$

结合式（3-47）和式（3-49），我们在式（3-46）两边同减去 $N\overline{Y}^2$，有

$$\sum_{i=1}^{n}(Y_i - \overline{Y})^2 = Y'Y - N\overline{Y}^2 = \hat{Y}'\hat{Y} - N\overline{Y}^2 + \sum_{i=1}^{n}e_i^2 = \sum_{i=1}^{n}(\hat{Y}_i - \overline{Y})^2 + \sum_{i=1}^{n}e_i^2$$

$\sum_{i=1}^{n}(Y_i - \overline{Y})^2$ 是被解释变量的实际观测值与其样本均值的离差平方和，通常称为总变差（TSS），它反映了被解释变量的总变动程度；$\sum_{i=1}^{n}(\hat{Y}_i - \overline{Y})^2$ 是被解释变量的样本回归值与其样本均值的离差平方和（ESS），通常称为回归变差，它是被解释变量的总变动中被样本回归方程 $\hat{Y} = X\hat{\beta}$ 所解释的部分；$\sum_{i=1}^{n}e_i^2 = \sum_{i=1}^{n}(Y_i - \hat{Y}_i)^2$ 是被解释变量的回归残差的平方和（RSS），通常称为剩余变差，它是被解释变量的总变动中不能用样本回归方程 $\hat{Y} = X\hat{\beta}$ 解释的部分。由此，可以得到三者之间的关系为 $TSS = ESS + RSS$。

2. 模型拟合优度的检验

显然，在被解释变量的总变动中，被样本回归方程所解释的部分越多，我们引入模型的解释变量对被解释变量的解释能力就越强。因此，可用回归变差占总变差的比重作为衡量模型解释变量对被解释变量的解释能力大小的指标，该指标通常称为判定系数，记作 R^2，即

$$R^2 = \frac{ESS}{TSS} = 1 - \frac{RSS}{TSS} \qquad (3\text{-}50)$$

显然，判定系数 R^2 的取值在 0 和 1 之间，即 $0 \leqslant R^2 \leqslant 1$。判定系数 R^2 的值越接近于 1，样本回归方程 $\hat{Y} = X\hat{\beta}$ 对被解释变量的解释能力就越强；反之，判定系数 R^2 的值越接近于 0，样本回归方程 $\hat{Y} = X\hat{\beta}$ 对被解释变量的解释能力就越弱，模型解释变量以外的随机干扰因素对被解释变量的影响就越大。

R^2 的平方根 R 也被称为复相关系数。

由于 R^2 的大小会受到回归方程中自变量数目多少的影响，它是一个关于自变量个数的增函数，即自变量数目越多，R^2 就会越接近于 1。为了在利用 R^2 分析比较不同模型的拟合优度时不受模型中解释变量个数多少的影响，需要计算用自由度调整的判定系数 $\overline{R}^2$，并将之称为修正的判定系数，修正的判定系数 $\overline{R}^2$ 定义为

$$\overline{R}^2 = 1 - \frac{RSS/(n-(m+1))}{TSS/(n-1)} = 1 - \left(\frac{n-1}{n-(m+1)}\right)(1 - R^2) \qquad (3\text{-}51)$$

由式（3-51）可以看出，如果增加一个新的解释变量进入模型，那么由于 R^2 的增加，$(1-R^2)$ 将会减小，但倘若 $(1-R^2)$ 的减小太少，不足以补偿 $(n-1)/(n-(m+1))$ 的增加，那么调整的判定系数 $\overline{R}^2$ 将会下降。

在统计学中，自由度指的是计算某一统计量时，取值不受限制的变量个数。通常 $df = n - k$。其中，n 为样本含量，k 为被限制的条件数或变量个数，或计算某一统计量时用到其他独立统计量的个数。自由度通常用于抽样分布中。

3. 回归方程的显著性检验

多元线性回归方程的显著性检验通过 F 统计量来完成,也称为 F 检验法。具体步骤如下。

(1) 提出原假设和备择假设,分别为

$$H_0: \beta_1 = \beta_2 = \cdots = \beta_m = 0$$

$$H_1: \beta_j (j=1,2,\cdots,m) \text{ 不同时为 } 0$$

(2) 构造 F 统计量

$$F = \frac{\sum_{i=1}^{n}(\hat{Y}_i - \overline{Y})^2 / m}{\sum_{i=1}^{n}(Y_i - \hat{Y}_i)^2 / (n-(m+1))} \qquad (3-52)$$

式中,m 是回归离差平方和 $\sum_{i=1}^{n}(\hat{Y}_i - \overline{Y})^2$ 的自由度;$n-m-1$ 是剩余离差平方和 $\sum_{i=1}^{n}(Y_i - \hat{Y}_i)^2$ 的自由度。可以证明,F 服从 $F(m, n-(m+1))$ 分布。对给定的显著性水平 α,查 F 分布表可得临界值 $F_\alpha(n, n-(m+1))$。

(3) 根据观测值 $(x_i, y_i)(i=1,2,\cdots,n)$ 计算统计量 F 的估计值 $\hat{F}$,若 $\hat{F} \geq F_\alpha(n, n-(m+1))$,则拒绝原假设,即认为一组解释变量 $X_1, X_2, \cdots, X_m$ 与被解释变量 Y 之间的回归效果显著;否则,若 $\hat{F} < F_\alpha(n, n-(m+1))$,则认为回归方程无显著意义。

一般来讲,多元线性回归方程效果不显著的原因有以下几种。

① 影响 Y 的因素除了一组解释变量 $X_1, X_2, \cdots, X_m$ 之外,还有其他不可忽视的因素。

② Y 与一组解释变量 $X_1, X_2, \cdots, X_m$ 之间的关系不是线性的。

③ Y 与一组解释变量 $X_1, X_2, \cdots, X_m$ 之间无关。这时回归模型就不能用来预测,应分析其原因,另选自变量或改变预测模型的形式。

4. 回归系数的显著性检验

R^2 检验和 F 检验都是将所有的解释变量作为一个整体来检验它们与被解释变量 Y 的相关程度以及回归效果。但是通过了回归方程的显著性检验,并不意味着每一个解释变量对被解释变量的影响都显著,这时还需要对回归模型的每一个系数逐一进行检验。以任一变量 $X_j(j=1,2,\cdots,m)$ 的检验为例,具体步骤如下。

(1) 我们提出原假设和备择假设分别为

$$H_0: \beta_j = 0; \quad H_1: \beta_j \neq 0$$

(2) 构造 t 统计量

$$t_j = \frac{\hat{\beta}_j}{S_{\beta_j}}, \quad j=1,2,\cdots,m \qquad (3-53)$$

式中,$\hat{\beta}_j$ 是第 j 个解释变量 X_j 回归系数的估计值;S_{β_j} 是 $\hat{\beta}_j$ 的样本标准差,且

$$S_{\beta_j} = \sqrt{C_{jj}\frac{\sum_{i=1}^{n}(Y_i-\hat{Y}_i)^2}{n-(m+1)}}$$，其中，C_{jj} 为矩阵 $(X'X)^{-1}$ 主对角线上的第 j 个元素。

可以证明，$t_j \sim t(n-(m+1))$，对给定的显著性水平 α，查 t 分布表可得临界值 $t_{\alpha/2}(n-(m+1))$。

（3）根据观测值 (x_i, y_i)（$i=1,2,\cdots,n$）计算统计量 t_j 的估计值 $\hat{t}_j$。若 $|\hat{t}_j| \geq t_{\alpha/2}(n-(m+1))$，则拒绝原假设，说明解释变量 X_j 对被解释变量 Y 有显著影响；反之，接受原假设，说明解释变量 X_j 对被解释变量 Y 没有显著影响，这时应该从回归模型中删除该变量。

3.2.5 多元线性回归模型计算实例

表 3-4 所示的数据是某企业 12 个月销售的产品数量、产品价格和广告支出费用资料。我们用普通最小二乘法估计该产品销售量 Q 对价格 P 和广告支出额 A 的线性回归方程：

$$Q = \beta_0 + \beta_1 P + \beta_2 A + u$$

表 3-4 某企业 12 个月各时期的销售量、价格和广告支出额资料

时 期	销售量 Q/万件	价格 P/（元/件）	广告支出额 A/万元
1	55	100	5.50
2	70	90	6.30
3	90	80	7.20
4	100	70	7.00
5	90	70	6.30
6	105	70	7.35
7	80	70	5.60
8	110	65	7.15
9	125	60	7.50
10	115	60	6.90
11	130	55	7.15
12	130	50	6.50

我们利用 Eviews 软件可以方便地得到计算结果，如图 3-3 所示。

回归模型估计结果显示，该模型判定系数 R^2 为 0.96，调整判定系数 $\bar{R}^2$ 为 0.95；F 检验的 p-值为 0.0000；回归系数检验的 p-值均小于 0.05，通过了回归系数的显著性检验。所以，我们得到回归模型为

$$Q = 116.1568 - 1.3079P + 11.2459A \tag{3-54}$$

回归模型（3-54）表示商品价格 P 和广告支出费用 A 对商品销售量 Q 有显著影响。商品价格上涨 1%，则商品销售量要下降 1.3%；广告费用支出增加 1%，则商品销售量要增加 11.25%。

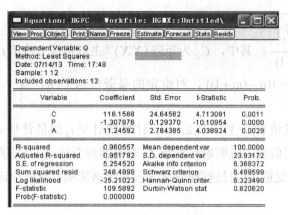

图 3-3 回归模型估计结果

3.3 违背经典假设的回归模型

3.3.1 方差非齐性

1. 异方差性的概念

经典线性回归分析的一个基本假定就是回归模型中随机误差项的方差为常数,即 $\mathrm{Var}(u_i)=\sigma^2$($i=1,2,\cdots,n$)称为方差齐性假定或同方差性假定。如果回归模型中的随机误差项的方差不是常数,则称随机误差项的方差非齐性或为异方差。

异方差现象在现实经济问题中是十分常见的。例如,在研究居民家庭收入与消费支出的关系时,若用家庭人均收入作为解释变量,用家庭人均消费支出作为被解释变量,则也可以建立起一个人均消费支出对人均收入的线性回归模型。但是,对于低收入家庭来说,购买生活必需品后的余钱不多,其消费支出的方差不会太大;而对于高收入家庭来说,购买生活必需品以后的余钱还很多,这些余钱可用于购买奢侈消费品,也可用于储蓄或投资,其消费支出的方差会很大。显然,这里存在着异方差性。

2. 异方差性产生的原因

通常产生异方差的原因主要有以下几个。

(1) 模型中省略了某些重要的解释变量。异方差性表现在随机误差上,但是它的产生却与解释变量的变化有密切关系。如果将某些未在模型中出现的重要影响因素归入随机误差项,而且这些影响因素的变化具有差异性,则会对被解释变量产生不同的影响,从而导致误差项的方差随之变化,即产生异方差性。

(2) 模型设定误差。模型的设定主要包括变量的选择和模型数学形式的确定。模型中略去了重要解释变量常常导致异方差,实际上就是模型设定问题。除此之外,模型的函数形式不正确,如变量间本来为非线性关系,却设定为线性关系,也可能导致异方差。

(3) 测量误差的变化。样本数据的观测误差有可能随着研究范围的扩大而增大,或随着时间的推移逐步积累，也可能随着观测技术的提高而逐步减小。

（4）截面数据中总体各单位的差异。一般认为，截面数据较时间序列数据更容易产生异方差。异方差性在截面数据中比在时间序列数据中更可能出现，是因为同一时点不同对象的差异，一般是大于同一对象不同时间的差异。但是，在时间序列数据发生较大变化的情况下，也可能出现比截面数据更严重的异方差。

3. 回归模型具有异方差性的后果

如果回归模型中存在异方差性，则会对模型产生以下影响。

（1）对参数估计式统计特性的影响。一是参数的 OLS 估计仍然具有无偏性；二是参数 OLS 估计的方差不再是最小的。

（2）对参数显著性检验的影响。在 u_i 存在异方差时，OLS 估计不再具有最小方差，如果仍然采用不存在异方差性的 OLS 方式去估计残差序列的方差，将会导致夸大用于参数显著性检验的 t 统计量。如果仍然用夸大的 t 统计量进行参数的显著性检验，可能造成本应该接受的原假设被错误地拒绝，从而夸大所估计参数的统计显著性。

（3）对预测值的影响。尽管参数的 OLS 估计仍然是无偏的，并且基于这一结果的预测也是无偏的，但由于参数估计量不是有效的，从而对于 Y 的预测也将不是有效的。

4. 方差非齐性的检验

对于方差非齐性的检验，计量经济学理论中给出了多种方法，我们在此介绍常用的样本分段比较法和残差回归检验法。

1) 样本分段比较法（戈德菲尔德—匡特检验，Goldfeld-Quandt Test）

这种检验是首先将样本按某个解释变量的大小顺序排列，并将样本中间的部分数据删掉，删掉的数据不应多于样本观测数据的 1/3，使得样本从中间部分分成两段；然后各段分别用普通最小二乘法拟合回归模型，并分别计算各段的残差平方和，令一段为高方差段，另一段为低方差段，并记两段的样本容量分别为 n_1 和 n_2，模型参数个数为 k，两段样本回归残差向量分别为 e_1 和 e_2，则两段的残差平方和分别为 $RSS_1 = e_1'e_1$ 和 $RSS_2 = e_2'e_2$，从而可计算出各段模型的随机误差的方差估计量分别为 $\hat{\sigma}_1^2 = \dfrac{RSS_1}{(n_1-k)}$ 和 $\hat{\sigma}_2^2 = \dfrac{RSS_2}{(n_2-k)}$，由此可构造出检验统计量为

$$F = \frac{\hat{\sigma}_1^2}{\hat{\sigma}_2^2} = \frac{e_1'e_1/(n_1-k)}{e_2'e_2/(n_2-k)}$$

该统计量服从 $F_\alpha(n_1-k, n_2-k)$ 的 F 分布。在给定的显著性水平 α 之下，如果此统计量 F 的值大于临界值 F_α，则可以认为有异方差的存在。

2) 残差回归检验法

残差回归检验法是用模型普通最小二乘法估计的残差或其绝对值或其平方作为被解释变量，建立各种回归方程，然后通过检验回归系数是否为 0，来判断模型的随机误差项是否有某种变动规律，以确定异方差是否存在。该方法是多种类似方法的一个总称，常用的有以下几种。

（1）用残差 e_i 对 $\hat{Y}_i^2, \hat{Y}_i^3, \cdots$ 进行线性回归，然后检验各回归系数是否显著不为 0。

（2）用残差平方 e_i^2 对所有解释变量及其平方项和交叉乘积 $X_1, X_2, \cdots, X_1^2,$ $X_2^2, \cdots, X_1 X_2, \cdots$ 进行线性回归，并检验各回归系数是否为 0。在各种文献中，这种方法被称为 White 检验。

（3）用残差绝对值 $|e_i|$ 对每个解释变量建立各种回归模型，如 $|e_i| = a_1 + a_2 X_{ji} + v_i$，$|e_i| = a_1 + \dfrac{a_2}{X_{ji}} + v_i$，$|e_i| = a_1 + a_2 \sqrt{X_{ji}} + v_i$ 等，并检验回归系数 a_2 是否为 0。在各种文献中，这种方法被称为 Glejser 检验。

5. 方差非齐性情形下模型参数的估计

在异方差的情形下，回归模型随机误差项的协方差矩阵为 $\mathrm{Var}(u) = \sigma^2 \boldsymbol{\Omega}$。$\boldsymbol{\Omega}$ 是一对角矩阵，$\boldsymbol{\Omega} = \mathrm{diag}(\omega_1, \omega_2, \cdots, \omega_n)$，其逆矩阵也是对角矩阵，$\boldsymbol{\Omega}^{-1} = \mathrm{diag}(\omega_1^{-1}, \cdots, \omega_n^{-1})$。若各对角元素均已知，则可以得到对角矩阵 $\boldsymbol{P}$，$\boldsymbol{P} = \mathrm{diag}\left(\omega_1^{-\frac{1}{2}}, \omega_2^{-\frac{1}{2}}, \cdots, \omega_n^{-\frac{1}{2}}\right)$，我们可以将 $\boldsymbol{\Omega}^{-1}$ 表示为 $\boldsymbol{\Omega}^{-1} = \boldsymbol{P}'\boldsymbol{P}$。用对角矩阵 $\boldsymbol{P}$ 左乘一般线性回归模型 $Y = X\beta + u$ 的两边，将该模型变换为

$$PY = PX\beta + Pu \tag{3-55}$$

将式（3-55）简记为

$$Y^* = X^*\beta + u^*$$

对式（3-55）使用普通最小二乘法进行估计，得到一般线性回归模型 $Y = X\beta + u$，回归系数向量 β 的估计量为

$$\hat{\beta} = (X'\boldsymbol{\Omega}^{-1}X)^{-1}X'\boldsymbol{\Omega}^{-1}Y \tag{3-56}$$

该估计量就称为回归系数向量 β 的广义最小二乘估计量。

现在我们给出一种确定 ω_i 的一般方法。首先，定义 $(n \times (m+1))$ 阶矩阵 $\boldsymbol{Z}$：

$$\boldsymbol{Z} = \begin{bmatrix} 1 & Z_{11} & Z_{12} & \cdots & Z_{1m} \\ 1 & Z_{21} & Z_{22} & \cdots & Z_{2m} \\ \vdots & \vdots & \vdots & & \vdots \\ 1 & Z_{n1} & Z_{n2} & \cdots & Z_{nm} \end{bmatrix} \tag{3-57}$$

式中，$Z_{ij} = f_j(X_{1i}, X_{2i}, \cdots, X_{ni})$，$j = 1, 2, \cdots, m$。变量 X_{ki} 是能够引起模型异方差产生的变量。例如，可以令 $z_{ij} = X_{ji}$。

我们定义：

$$\omega_i = \exp(\alpha_1 z_{i1} + \alpha_2 z_{i2} + \cdots + \alpha_m z_{im}) \tag{3-58}$$

其中，$\alpha_1, \alpha_2, \cdots, \alpha_m$ 是待估参数。

首先，我们运用普通最小二乘法对一般线性回归模型 $Y = X\beta + u$ 进行估计，得到估计的残差序列 $\{\hat{e}_t\}$；然后，令 $q_t = \ln(\hat{e}_t^2)$；最后，运用普通最小二乘法求解回归模型：

$$q = Z\alpha + v \tag{3-59}$$

式中，$q = (\ln \hat{e}_1^2, \ln \hat{e}_2^2, \cdots, \ln \hat{e}_n^2)'$，$\alpha = (\alpha_0, \alpha_1, \cdots, \alpha_m)'$。

这样得到 α 的估计量：$\hat{\alpha} = (Z'Z)^{-1}Z'q$。将 $\hat{\alpha}$ 估计值代入式（3-58），可以得到 ω_i 的估计值。

6. 方差非齐性情形下回归模型计算实例

例 3-1 表 3-5 所示的数据为某年中国北方地区农业总产值、农用化肥量、农田水利、农业劳动力、户均固定资产以及农机动力数据。要求：

（1）试建立中国北方地区农业产出线性模型。

（2）选用适当的方法检验模型中是否存在异方差。

（3）如果存在异方差，采用广义最小二乘法进行估计修正。

表 3-5 某年中国北方地区农业数据

地 区	农业总产值/亿元	农业劳动力/万人	灌溉面积/万公顷	化肥用量/万吨	户均固定资产/元	农机动力/万马力
北京	19.64	90.10	33.84	7.50	394.30	435.30
天津	14.40	95.20	34.95	3.90	567.50	450.70
河北	149.90	1 639.00	357.26	92.40	706.89	2 712.60
山西	55.07	562.60	107.90	31.40	856.37	1 118.50
内蒙古	60.85	462.90	96.49	15.40	1 282.81	641.70
辽宁	87.48	588.90	72.40	61.60	844.74	1 129.60
吉林	73.81	399.70	69.63	36.90	2 576.81	647.60
黑龙江	104.51	425.30	67.95	25.80	1 237.16	1 305.80
山东	276.55	2 365.60	456.55	152.30	5 812.02	3 127.90
河南	200.02	2 557.50	318.99	127.90	754.78	2 134.50
陕西	68.18	884.20	117.90	36.10	607.41	764.00
新疆	49.12	256.10	260.46	15.10	1 143.67	523.30

解 （1）建立中国北方地区农业产出线性模型。我们利用 Eviews 软件得到计算结果，如图 3-4 所示。

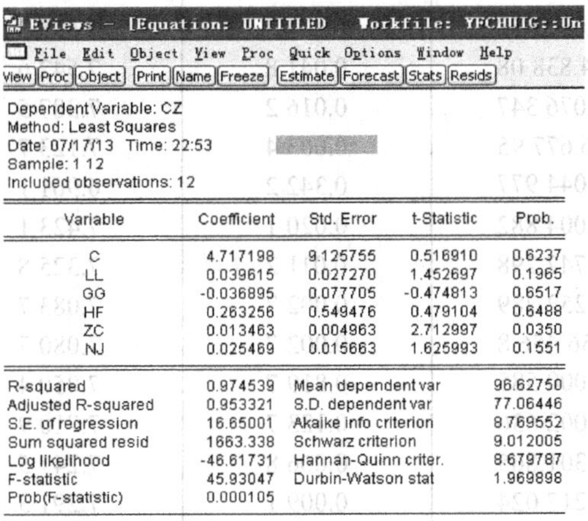

```
EViews - [Equation: UNTITLED   Workfile: YFCHUIG::Un
File  Edit  Object  View  Proc  Quick  Options  Window  Help
View Proc Object  Print Name Freeze  Estimate Forecast Stats Resids

Dependent Variable: CZ
Method: Least Squares
Date: 07/17/13   Time: 22:53
Sample: 1 12
Included observations: 12

Variable        Coefficient   Std. Error    t-Statistic   Prob.
C                4.711798     9.125755      0.516910     0.6237
LL               0.039615     0.027270      1.452697     0.1965
GG              -0.036895     0.077705     -0.474813     0.6517
HF               0.263256     0.549476      0.479104     0.6488
ZC               0.013463     0.004963      2.712997     0.0350
NJ               0.025469     0.015663      1.625993     0.1551

R-squared            0.974539     Mean dependent var        96.62750
Adjusted R-squared   0.953321     S.D. dependent var        77.06446
S.E. of regression  16.65001     Akaike info criterion      8.769552
Sum squared resid  1663.338     Schwarz criterion          9.012005
Log likelihood     -46.61731     Hannan-Quinn criter.       8.679787
F-statistic         45.93047     Durbin-Watson stat         1.969898
Prob(F-statistic)   0.000105
```

图 3-4 农业产出回归模型估计结果

回归模型估计结果显示，该模型判定系数 R^2 为 0.97，调整判定系数 $\bar{R}^2$ 为 0.95；F

检验的 p-值为 0.000 1；回归系数检验的 p-值除户均固定资产 p 值小于 0.05，通过了显著性检验外，其余均大于 0.05，没有通过回归系数的显著性检验。计算得到的回归模型为

$$CZ = 4.717\ 2 + 0.039\ 6LL - 0.036\ 9GG + 0.263\ 3HF + 0.013\ 5ZC + 0.025\ 5NJ$$

图 3-4 中，CZ 代表农业总产值，LL 代表农业劳动力，GG 代表灌溉面积，HF 代表化肥使用量，ZC 代表户均固定资产，NJ 代表农机动力。

（2）检验模型中是否存在异方差。因为本例中样本数据较少，不适合使用戈德菲尔德—匡特检验和怀特检验（White 检验）进行异方差检验。所以，我们采用 Glejser 检验进行模型的异方差性检验。Glejser 检验的几种参考函数形式如表 3-6 所示。

表 3-6 Glejser 检验的几种参考函数形式

形 式	1	2	3	4	5
$|e| =$	$\alpha_1 x$	α_1/x	$\alpha_1 \sqrt{x}$	$\alpha_1/\sqrt{x}$	$\alpha_0 + \alpha_1 x$

对所有变量按照上述函数形式进行异方差性诊断。诊断结果如表 3-7 所示。

表 3-7 变量异方差性诊断结果

变量及函数形式	参 数 系 数	T 检验 p-值	AIC 值	Schwarz Criterion
LL(1)	0.004 675	0.104 0	7.685 0	7.725 4
LL(2)	1 410.476	0.041 2	7.540 5	7.580 9
LL(3)	0.261 642	0.015 8	7.382 8	7.423 1
LL(4)	154.737 1	0.003 5	7.126 7	7.162 1
LL(5)	-0.002 359	0.384 4	6.976 4	7.057 2
GG(1)	0.028 859	0.063 4	7.608 8	7.649 2
GG(2)	552.729 6	0.008 8	7.284 2	7.324 6
GG(3)	0.626 827	0.009 6	7.299 3	7.339 7
GG(4)	85.387 49	0.001 4	6.972 2	7.012 6
GG(5)	-0.012 487	0.441 3	6.993 6	7.074 4
HF(1)	0.080 658	0.104 2	7.685 3	7.725 7
HF(2)	74.838 08	0.041 8	7.542 6	7.583 0
HF(3)	1.076 347	0.016 2	7.387 5	7.427 9
HF(4)	36.677 95	0.003 4	7.123 7	7.164 2
HF(5)	-0.044 977	0.342 2	6.961 1	7.041 9
NJ(1)	0.004 882	0.020 1	7.423 1	7.463 4
NJ(2)	5 747.298	0.011 2	7.325 8	7.366 3
NJ(3)	0.252 289	0.002 7	7.083 7	7.124 1
NJ(4)	256.456 8	0.002 7	7.080 7	7.121 1
NJ(5)	-0.000 585	0.819 7	7.050 4	7.131 2
ZC(1)	0.002 636	0.123 7	7.710 9	7.751 4
ZC(2)	6 301.865	0.006 8	7.241 5	7.281 9
ZC(3)	0.217 024	0.009 1	7.291 3	7.331 8
ZC(4)	269.280 7	0.001 6	6.987 3	7.027 7
ZC(5)	-0.001 289	0.404 2	6.982 8	7.063 6

诊断结果显示，模型存在异方差。如果要判断异方差随解释变量变化的函数形式，

则需要根据模型的拟合优度去识别。因为模型中不含有常数项，所以 R^2 检验不再适用，我们要在回归系数通过显著性检验前提下，按照模型的 AIC 值和 Schwarz Criterion 值最小的标准去判别。通过诊断结果，得到异方差随 LL 变化的函数形式是 $\alpha_1/\sqrt{x}$；异方差随 GG 变化的函数形式是 $\alpha_1/\sqrt{x}$；异方差随 HF 变化的函数形式是 $\alpha_1/\sqrt{x}$；异方差随 NJ 变化的函数形式是 $\alpha_1/\sqrt{x}$，异方差随 ZC 变化的函数形式是 $\alpha_1/\sqrt{x}$。

总之，异方差随解释变量变化的形式是：$f(X) = 1/\sqrt{X}$。

（3）对模型估计修正。首先采用广义二乘估计进行模型修正。

令 $Z_{ij} = 1/\sqrt{X_{ij}}$，得到式（3-57）规定的 Z 矩阵。由式（3-59）求得 α 向量。计算结果如图 3-5 所示。

再由式（3-58）可得 ω 向量。进而得到矩阵 P，运用 OLS 方法对式（3-55）表示模型进行估计，得到结果如图 3-6 所示。

图 3-5　α 向量计算结果　　　　图 3-6　广义最小二乘法估计结果

模型估计结果并未得到改善。异方差产生的重要原因之一是模型的设定误差。所以，我们要考虑模型中的变量选择问题。经过模型中变量的重新选择，得到回归模型的一个较好结果，所得结果如图 3-7 所示。

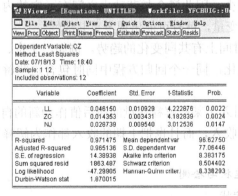

图 3-7　中国北方地区农业产出线性模型

中国北方地区农业产出回归模型为
$$CZ = 0.046\,2LL + 0.014\,4ZC + 0.028\,7NJ$$

模型说明，中国北方地区农业总产值的主要决定因素是农业劳动力、户均固定资产、农机动力。

3.3.2 多重共线性

1. 多重共线性的概念与产生原因

（1）多重共线性的概念。经典线性回归模型的假设之一就是模型中的各个解释变量之间不存在线性关系且与随机误差也不相关。但是在实际预测时，经常会遇到解释变量之间存在多重共线性的情况。所谓多重共线性，是指解释变量之间存在着线性关系或者接近线性关系。多重共线性分为完全多重共线性和近似多重共线性两种情况。

完全多重共线性，是指线性回归模型中的若干解释变量或全部解释变量的样本观测值之间具有某种严格的线性关系，也就是说，对于一般线性回归模型：
$$Y_i = \beta_0 + \beta_1 X_{i1} + \beta_2 X_{i2} + \cdots + \beta_m X_{im} + u_i, \quad i = 1,2,\cdots,n$$
若各解释变量的样本观测值之间存在一个或多个如下的关系式：
$$\omega_1 X_{i1} + \omega_2 X_{i2} + \cdots + \omega_m X_{im} = 0, \quad i = 1,2,\cdots,n$$
式中，$\omega_1, \omega_2, \cdots, \omega_m$ 是不全为 0 的常数，则称这些解释变量的样本观测值之间存在着完全多重共线性。

除非模型的设定存在失误，解释变量之间的完全共线性一般是非常少见的。在经济计量分析实践中，常见的情形是解释变量之间存在着近似的多重共线性，即存在着近似线性关系：
$$\omega_1 X_{i1} + \omega_2 X_{i2} + \cdots + \omega_m X_{im} \approx 0, \quad i = 1,2,\cdots,n$$

（2）多重共线性产生的原因。实际预测中解释变量间多重共线性的出现，通常有以下几方面的原因。

① 经济变量之间存在内在联系。例如，生产函数 $Q = AK^\alpha L^\beta$，Q 表示产值，K 表示资金，L 表示劳动力。一般来说，大企业有雄厚的资金和充足的劳动力，而小企业的资金和劳动力都比较少，因此资金与劳动力之间有一定的内在联系。如果在建立线性方程时包含了这两个变量，就有可能出现多重共线性。

② 各经济变量在时间上有共同变化的趋势。例如，工资、消费额、储蓄额随着经济景气的变化同方向变化，同一个回归方程中同时包含这些解释变量，有可能出现多重共线性。

③ 在建立模型时引入了某些解释变量的滞后值作为新的自变量。例如，在研究消费函数时，不仅把现期收入，而且也把上期的收入都作为解释变量，这就会明显地出现多重共线性。

2. 多重共线性的症状与检测

1）多重共线性的症状

（1）尽管对模型的整体性检验值如 F 检验和判定系数 R^2 很高，但是由于各回归系数估计量的方差很大,导致对各回归系数的显著性检验值如 t 检验值均很低,从而使得对模型的取舍矛盾,难以得出结论。

(2)各个回归系数的值很难精确估计,甚至可能出现估计出的回归系数值令人难以置信或符号错误的现象,这也导致我们难于精确鉴别各个解释变量对被解释变量的不同影响。

(3)模型参数的估计量对删除或增添少量的观测值以及删除一个不显著的解释变量都可能非常敏感,换句话说,就是样本数据的很小变化都会导致模型参数估计值的很大变化。

(4)有可能会使预测人员错误地剔除对被解释变量影响很大的解释变量或错误地引入对被解释变量没有显著影响的解释变量。

2)多重共线性的检测

显然,在进行回归模型的估计时,观察有无上述症状的出现,将有助于我们判断样本数据中解释变量之间是否存在较严重的多重共线性。然而,若要准确地测度解释变量之间多重共线性的严重程度,还必须有一些专门的测度指标和测度方法。对解释变量间多重共线性严重程度的主要测度指标和测度方法有简单相关系数测度法、辅助回归判定系数测度法、正规方程组系数矩阵条件数测定法。

简单相关系数法,是使用两变量间的简单相关系数 r 来测度回归模型的解释变量之间的共线性程度。如果两个解释变量的相关系数的平方 r^2 比较高,如在 0.9 以上,那么解释变量之间的共线性将是严重的;如果两解释变量的相关系数的平方 r^2 大于被解释变量对全部解释变量的判定系数 R^2,那么解释变量间的共线性将是很有害的。用简单相关系数测度多重共线性的局限性主要在于相关系数只能测度两个解释变量之间线性相关的程度,而不能测度三个或更多解释变量之间的线性相关关系。

辅助回归判定系数测度法,是通过衡量辅助回归方程拟合优度的判定系数来测度模型解释变量之间的多重共线性程度。具体做法是计算模型中每个解释变量 X_j 对模型中其余解释变量 $X_1, \cdots, X_{j-1}, X_{j+1}, \cdots, X_m$ 的辅助回归方程,并由此计算出其判定系数 R_j^2。如果判定系数 R_j^2 的值很高,则表明模型解释变量之间存在严重的多重共线性;如果 R_j^2 的值超过了被解释变量对全部解释变量的回归方程的判定系数 R^2 的值,则模型解释变量之间的多重共线性将是有害的。实际上,利用辅助回归方程的判定系数,我们还可以构造一个测度多重共线性的指标,其为

$$\text{VIF}(\hat{\beta}_j) = \frac{1}{1 - R_j^2} \tag{3-60}$$

该指标称为方差膨胀因子,是解释变量 X_j 与其余解释变量之间存在多重共线性时 $\hat{\beta}_j$ 的方差与无多重共线性时 $\hat{\beta}_j$ 的方差之比。如果解释变量 X_j 与其余解释变量都不相关,则辅助回归方程的判定系数 R_j^2 等于 0,其方差膨胀因子为 1;如果其方差膨胀因子大于 1,则意味着该解释变量与其他解释变量有一定程度的相关,即存在一定程度的多重共线性。根据经验,一般认为,方差膨胀因子大于 5,解释变量间的多重共线性就很严重。

正规方程组系数矩阵条件数测定法是计算正规方程组系数矩阵的条件数，由条件数的大小来判定解释变量间的多重共线性严重程度。回归模型的系数矩阵为 X，则其对应的正规方程组的系数矩阵为 $X'X$。一个矩阵的条件数就是矩阵的最大特征根与最小特征根之比值的平方根。该方法的具体做法是：首先为了消除各个解释变量的不同计量尺度的影响，计算中须先对每个解释变量进行单位化处理，即需将系数矩阵 X 中的各列分别除以 $\sqrt{X'_j X_j}$（即 $\sqrt{\sum_{i=1}^{n} X_{ij}^2}$）。然后记单位化处理后的矩阵 $X'X$ 的最大和最小特征根分别为 $\lambda_{\max}$ 和 $\lambda_{\min}$，则其条件数为

$$\gamma = \left(\frac{\lambda_{\max}}{\lambda_{\min}} \right)^2 \tag{3-61}$$

如果解释变量之间互不相关，则此条件数 $\gamma = 1$。解释变量之间的共线性越强，此条件数就越大。经验表明，若此条件数大于 30，则解释变量间的多重共线性就是很严重和有害的。

3. 多重共线性问题的处理

对于已设定的线性回归模型，如果其解释变量的样本数据存在多重共线性，并且还很严重，那么就需要采用某种方法对此多重共线性问题加以处理，以保证估计的有效性。处理多重共线性最简单的方法就是从模型中将被怀疑会引起多重共线性问题的解释变量舍去，但是这一方法却可能会引起其他方面的问题。因此，还要考虑其他可供选择的方法，这些方法主要有追加样本信息、使用非样本先验信息、使用有偏估计量等。

多重共线性问题的实质是因样本信息不充分而导致模型参数不能精确估计，因此追加样本信息就是解决多重共线性问题的一条有效途径。特别是对于时间序列数据样本，如果我们还可以取得此期间某些截面的数据样本，那么我们就应当设法将这两类样本数据结合起来进行模型的估计，以避免时间序列资料中的多重共线性的影响，提高估计的精度。

非样本先验信息主要来自经济理论分析，如果通过经济理论分析，可知回归模型中某些参数间具有某种线性关系，则可将这种线性关系作为约束条件，将此约束条件和样本信息结合起来进行约束最小二乘估计。

追加样本信息和非样本信息并不是一种精确的有可靠理论根据的估计方法。使用有偏估计量则是一种能够在模型存在严重多重共线性情形下，给出模型参数较精确估计的方法。当解释变量之间存在严重共线性时，模型回归系数向量的普通最小二乘估计量 $\hat{\beta} = (X'X)^{-1} X'Y$ 的准确性差的原因是矩阵 $X'Y$ 接近于奇异，对此矩阵加以改进，可以达到对普通最小二乘估计量 $\hat{\beta}$ 的改进。岭回归估计量就是这样一种改进的估计量。它们是在矩阵 $X'Y$ 中加入一个对角矩阵 λI，使其远离奇异，得出改进的估计量为

$$\tilde{\beta} = (X'X + \lambda I)^{-1} X'Y \tag{3-62}$$

此估计量就称为岭回归估计量，式中 $\lambda > 0$，为常数，称为偏倚常数。显然，如果偏倚常数 $\lambda = 0$，则岭回归估计量 $\tilde{\beta}$ 就退化为普通最小二乘估计量 $\hat{\beta}$，可以证明岭回归估

计量 $\tilde{\beta}$ 是有偏的,但是该估计量的方差却比普通最小二乘估计量的方差要小。

3.3.3 序列相关

1. 序列相关的概念与性质

经典线性回归分析的另一个基本假定是模型的随机误差项之间互不相关,即假定当 $i \neq j$ 时,有 $\text{Cov}(u_i, u_j) = 0$。然而,这一假定在实践中也常常不能满足。例如,对于时间序列资料,由于经济发展的惯性等原因,经济变量的前期水平往往会影响其后期水平,从而造成模型前后期随机误差项的互相关,即有 $\text{Cov}(u_i, u_j) \neq 0$。这种同一随机序列各项之间的相关,就称为序列相关,又称为互相关。

对于时间序列资料,其一般线性回归模型可以表示为

$$Y_t = \beta_0 + \beta_1 X_{1t} + \cdots + \beta_m X_{mt} + u_t, \quad t = 1, 2, \cdots, T \tag{3-63}$$

式中,随机误差项 u_t 往往前后期相关,即存在序列相关。序列相关的表现形式有许多种,然而对于大多数经济变量来说,其现期的数值都是受过去近期的数值影响较大,而受过去远期的数值影响较小,并且时间的间隔越远,其影响就越小。这种形式的序列相关可用一阶自回归形式来描述,其形式为

$$u_t = \rho u_{t-1} + v_t \tag{3-64}$$

式中,u_t 为现期随机误差,u_{t-1} 为前期随机误差,而 v_t 是具有零均值 $E(v_t) = 0$ 和常数方差 $\text{Var}(v_t) = \sigma_v^2$,且前后期之间不相关,即 $\text{Cov}(v_t, v_s) = 0, (t \neq s)$ 的正态随机误差。

当线性回归模型中的随机误差项存在序列相关时,若仍然使用普通最小二乘法估计模型的参数,普通最小二乘估计量将具有以下性质。

(1)虽然随机误差项的协方差矩阵的主对角线元素相同,满足同方差的要求,但是其非主对角线的元素却非零,不能满足 $\text{Var}(u) = \sigma^2 I$ 的经典假设。

(2)一般线性回归模型(3-63)的系数向量 β 的普通最小二乘估计量 $\hat{\beta} = (X'X)^{-1}X'Y$ 仍然是无偏的,但却非有效,不再是 β 的最佳估计量。

2. 一阶序列自相关的检验——DW 检验

对于一般线性回归模型(3-63),其随机误差项 u_t 是否具有一阶自回归形式(3-64),可以通过对下面的假设进行检验而做出判断,此假设为

$$H_0: \rho = 0, \quad H_1: \rho \neq 0$$

德宾(J.Durbin)和瓦森(G.S.Watson)构造了检验该假设的统计量,即德宾—瓦森统计量或 DW 统计量。具体形式为

$$d = \frac{\sum_{i=1}^{m}(e_t - e_{t-1})^2}{\sum_{i=1}^{m} e_t^2}$$

若用普通最小二乘残差的一阶自相关系数作为随机误差项 u_t 的一阶自相关系数 ρ 的估计量,即令

$$\hat{\rho} = \frac{\sum_{i=1}^{m} e_t e_{t-1}}{\sum_{i=1}^{m} e_{t-1}^2} \tag{3-65}$$

对于较大的样本，德宾—瓦森统计量可近似地表示为

$$d = 2(1-\hat{\rho})$$

为了利用 DW 统计量检验回归模型的随机误差项 u_t 是否存在一阶序列相关，即检验原假设 $H_0: \rho = 0$，德宾和瓦森在模型中没有滞后因变量为解释变量的假设条件下编制出了 DW 统计量的显著性检验临界值表。在给定的显著性水平之下，德宾—瓦森的 DW 统计量临界值表中给出下、上两个临界值 d_l 和 d_u。检验时可遵照如下规则进行。

若 $d < d_l$，则认为随机误差项 u_t 存在一阶正自相关。

若 $d > 4 - d_l$，则认为随机误差项 u_t 存在一阶负自相关。

若 $d_u < d < 4 - d_u$，则认为随机误差项 u_t 不存在一阶序列相关。

若 $d_l < d < d_u$ 或 $4 - d_u < d < 4 - d_l$，则不能判断随机误差项 u_t 是否存在一阶序列相关。

在实践中，DW 检验是检验线性回归模型的随机误差项是否存在序列相关的常用方法。但是在应用 DW 检验时应该注意以下几点。

（1）DW 检验只适用于检验一阶自回归形式的序列相关，而并不适用于检验高阶自回归形式或其他形式的序列相关。

（2）DW 检验要求模型中包含常数项目且解释变量中不含有滞后因变量。若模型中不含常数项或解释变量中有滞后因变量，则 DW 检验将会失效。

（3）DW 检验中存在不能判定的区域。倘若 DW 统计量的值落入不能判定区域，则可通过增加样本容量以缩小此区域，从而达到能够做出接受或拒绝原假设 $H_0: \rho = 0$ 的目的。但是即便如此，有时仍然不能得出结论。

3. 序列相关情形下模型参数的估计

类似于异方差情形，普通最小二乘估计的协方差矩阵可以表示为

$$\text{Var}(\hat{\beta}) = \sigma_v^2 (X'X)^{-1}(X'\Omega X)(X'X)^{-1}$$

当然，这里的矩阵 Ω 已经不同于异方差情形下的矩阵 Ω。此处矩阵 Ω 的逆矩阵 Ω^{-1} 为

$$\Omega^{-1} = \begin{bmatrix} 1 & -\rho & 0 & \cdots & 0 & 0 \\ -\rho & 1+\rho^2 & -\rho & \cdots & 0 & 0 \\ 0 & -\rho & 1+\rho^2 & \cdots & 0 & 0 \\ \vdots & \vdots & \vdots & & \vdots & \vdots \\ 0 & 0 & 0 & \cdots & 1+\rho^2 & -\rho \\ 0 & 0 & 0 & \cdots & -\rho & 1 \end{bmatrix}$$

矩阵 Ω^{-1} 也是一个对称正定矩阵，若 ρ 已知，则也可以将该矩阵分解为一个矩阵与其转置矩阵之积。即若记

$$P = \begin{bmatrix} \sqrt{1-\rho^2} & 0 & 0 & \cdots & 0 & 0 \\ -\rho & 1 & 0 & \cdots & 0 & 0 \\ 0 & -\rho & 1 & \cdots & 0 & 0 \\ \vdots & \vdots & \vdots & & \vdots & \vdots \\ 0 & 0 & 0 & \cdots & 1 & 0 \\ 0 & 0 & 0 & \cdots & -\rho & 1 \end{bmatrix} \quad (3\text{-}66)$$

则也有 $\Omega^{-1} = P'P$。我们用此矩阵 P 对一般线性回归模型（3-63）进行变换，即将样本观测数据和随机误差向量分别变换为：$X^* = PX$，$Y^* = PY$，$u^* = Pu$。这一变换称为广义差分变换。利用此变换，可以将模型（3-63）变换为广义差分模型：

$$Y^* = X^*\beta + u^* \quad (3\text{-}67)$$

在实践中，常用来估计 ρ 的公式是式（3-65），即用样本普通最小二乘残差的一阶自相关系数 $\hat{\rho}$ 作为 ρ 的估计。一旦有了 ρ 的估计值 $\hat{\rho}$，就可得到 $\hat{P}$，从而可以得到式（3-67）表示的广义差分模型。对广义差分模型进行普通最小二乘估计，从而得到式（3-63）表示的一般线性回归模型系数向量 β 的广义最小二乘估计量，其为

$$\tilde{\beta} = (X'P'PX)^{-1}X'P'P'Y \quad (3\text{-}68)$$

4. 序列相关情形下回归模型计算实例

表 3-8 所示是某地区各时期总产出、劳动和资本投入的对数数据资料，要求用这些数据建立该地区的柯布—道格拉斯生产函数。

表3-8 某地区总产出、劳动和资本投入的对数数据

单位：亿元

总产出 Y	劳动 L	资本 K	总产出 Y*	截距 β_0^*	劳动 L*	资本 K*
42.083 76	14.53	16.74	35.369 30	0.840 59	12.211 74	14.069 13
41.485 72	15.30	16.81	18.681 01	0.458 11	7.426 36	7.738 78
39.055 69	15.92	19.50	16.575 04	0.458 11	7.529 10	10.390 85
45.089 22	17.41	22.12	23.925 38	0.458 11	8.783 13	11.553 17
51.669 82	18.37	22.34	27.236 48	0.458 11	8.935 72	10.353 42
51.183 88	18.83	17.47	23.184 58	0.458 11	8.875 50	5.364 20
54.777 71	18.84	20.24	27.041 74	0.458 11	8.636 23	10.773 20
60.334 32	19.71	20.37	30.650 89	0.458 11	9.500 82	9.402 17
49.755 18	20.01	12.71	17.060 69	0.458 11	9.329 37	1.671 73
55.459 21	20.26	22.98	28.497 43	0.458 11	9.416 81	16.092 59
52.466 84	20.77	19.33	22.414 12	0.458 11	9.791 33	6.877 40
50.675 72	21.17	17.04	22.244 52	0.458 11	9.914 97	6.565 29
51.642 82	21.34	16.74	24.182 22	0.458 11	9.868 21	7.506 21
56.188 29	22.91	19.81	28.203 63	0.458 11	11.346 09	10.738 78
66.216 43	22.96	31.92	35.768 62	0.458 11	10.545 33	21.185 18
63.227 33	23.69	26.31	27.345 39	0.458 11	11.248 23	9.012 91
68.964 77	24.82	25.93	34.702 59	0.458 11	11.982 65	11.672 91
64.259 55	25.54	21.96	26.888 29	0.458 11	12.090 32	7.908 82
63.754 15	25.63	24.05	28.932 63	0.458 11	11.790 16	12.150 12
69.683 55	28.73	25.66	35.135 89	0.458 11	14.841 39	12.627 57

柯布—道格拉斯生产函数形式为 $Y=AL^\alpha K^\beta e^u$，式中，α 和 β 分别表示产出对劳动投入和资本投入的弹性系数。将此生产函数的两边取对数，可将其化为线性模型：

$$\ln Y = \ln A + \alpha \ln L + \beta \ln K + u$$

OLS 估计结果如图 3-8 所示。在 $\alpha=0.05$ 显著水平下，查 DW 统计量的显著性检验临界值表。当 $n=20$，$m=2$ 时，$d_l=1.100$，$d_u=1.537$，现在，DW 统计量值为 0.909 419，属于 $d<d_l$ 范围，可以认为随机误差项 u_t 存在一阶序列相关。因此，我们考虑利用广义差分模型估计生产函数系数。

残差序列 e_t 的一阶自相关系数为 $\hat{\rho}=0.536\,75$。利用式（3-66）对原始数据进行广义差分变换，得到广义差分模型（3-67）中的各项数据，数据变换结果见表 3-8 的后四列。由式（3-68）得到生产函数回归模型系数向量 $\boldsymbol{\beta}$ 的广义最小二乘估计量。计算结果如图 3-9 所示。

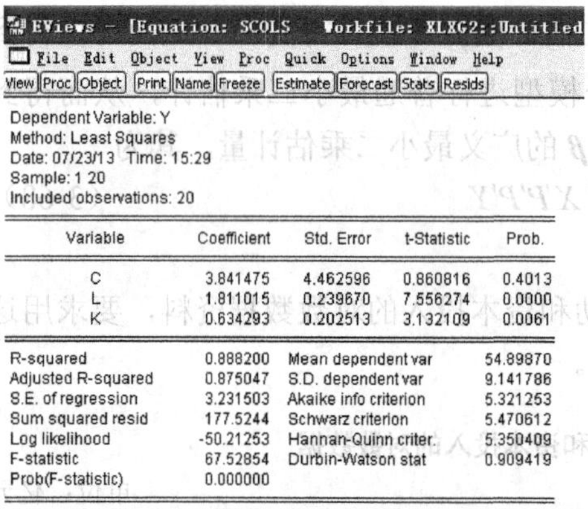

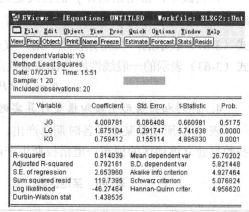

图 3-8　生产函数的 OLS 估计　　　　图 3-9　生产函数的广义最小二乘估计

对于模型是否存在序列相关，除 DW 检验外，我们还可以做更精确的 LM（Lagrange Multiplier）检验。该检验可以对包含 ARMA 误差项的模型残差序列进行高阶的自相关检验，并允许存在因变量的滞后项。检验假设为：H_0：残差序列不存在小（等）于 p 阶的自相关；H_1：存在 ARMA(r,q) 形式的误差项，其中，$p=\max\{r,q\}$。运用 Eviews 软件时，在如图 3-9 所示的方程结果输出窗口工具栏中选择 View/Residual Tests/Serial Correlations LM Test，在显示的滞后期定义对话框中输入参数 p 值，单击 OK 按钮。软件给出两种检验结果：第一行的 F 统计量在有限样本情况下的精确分布未知，其结果一般作为参考；第二行 Obs*R-squared 后的数值是 LM 统计量值及检验的相伴概率。当 $p=2$ 时，本例的 LM 检验结果如图 3-10 所示。

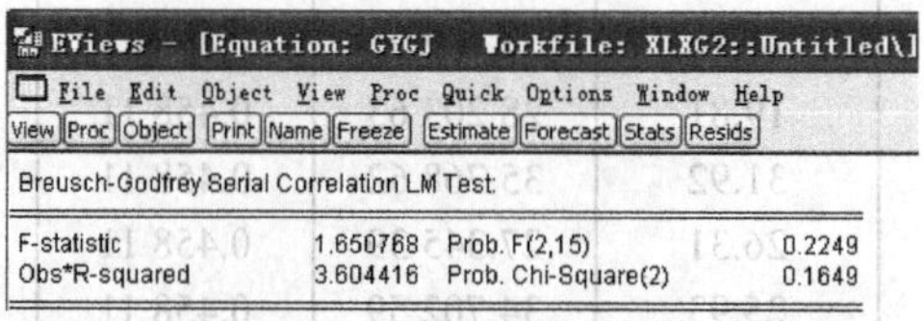

图 3-10　生产函数广义最小二乘估计的 LM 检验结果

由于 LM 统计量取值为 3.60，检验相伴概率为 0.16，大于置信度 0.05，所以不能拒绝原假设,故残差序列不存在序列自相关。

最后,我们得到该地区的生产函数为

$$\ln Y = 4.009\,781 + 1.675\,104 \ln L + 0.759\,412 \ln K$$

3.4 含虚拟变量的回归模型

3.4.1 虚拟变量回归的基本理论

在回归分析中,影响被解释变量的因素除量的因素外还有质的因素。这些质的因素可能会使回归模型中的参数发生变化。为了估计质的因素产生的影响,我们需要引入一种特殊的变量——虚拟变量。本节将主要讨论回归分析中虚拟解释变量的作用及使用方法。

1. 虚拟变量的基本概念

在回归分析中经常出现这种情况,被解释变量不仅受到可以直接度量的定量变量影响,例如收入、产出、商品需求量、价格、成本、资金、人数等,而且还受到本质上是定性因素(或称属性因素)的定性变量的影响,例如性别、种族、肤色、职业、季节、文化程度、战争、自然灾害、政府经济政策等。在实际经济分析中,这些定性变量有时具有不可忽视的重要影响,这些因素有共同的特征,即都是表示某种属性的、不能直接用数据精确描述的因素。被解释变量的变动往往是定量因素和属性因素共同作用的结果。在回归分析模型中,应当同时包含定量和属性两种因素对被解释变量的影响作用。

定量因素是指那些可直接测度的数值型因素,如 GDP、M_2 等。定性因素(或称为属性因素)是指不能直接测度的、用来说明某种属性或状态存在与否的非数值型因素,如男性或女性、城市居民或非城市居民、文化程度等。

为了在模型中反映定性因素,可以将定性因素转化为虚拟变量去表现。虚拟变量(或称为属性变量、双值变量、类型变量、定性变量、二元型变量、哑变量等)是人工构造的取值分别为 0 和 1 的作为属性变量代表的变量,一般用字母 D(或 Dummy 的缩写 DUM)表示。属性因素通常具有若干类型或水平,虚拟变量的取值分别为 0 和 1。当虚拟变量取值为 0,即 D=0 时,表示某种属性或状态不出现或不存在,即不是某种类型;当虚拟变量取值为 1,即 D=1 时,表示某种属性或状态出现或存在,即是某种类型。这种做法实际上是一种变换或映射,其将不能精确计量的定性因素的水平或状态变换为用 0 和 1 来定量描述。

2. 虚拟变量的设置规则

在回归模型中引入虚拟变量,可以使我们同时兼顾定量因素和定性因素的影响和作用。但是,在设置虚拟变量时应遵循一定的规则。

(1) 虚拟变量数量的设置规则。虚拟变量个数的设置规则如下。

① 若定性因素有 m 个相互排斥的类型（或属性、水平），在有截距项的模型中只能引入 $m-1$ 个虚拟变量，否则会陷入所谓"虚拟变量陷阱"，模型产生完全的多重共线性。

② 若定性因素有 m 个相互排斥的类型（或属性、水平），在无截距项的模型中引入 m 个虚拟变量，不会导致完全多重共线性，不过这时虚拟变量参数的估计结果，实际上是 D=1 时的样本均值。

（2）虚拟变量 0 和 1 的选取原则。虚拟变量取 1 或 0 的原则，应从分析问题的目的出发予以界定。从理论上说，虚拟变量取 0，通常代表基础类型；虚拟变量取 1，通常代表与基础类型相比较的类型。

例如，在引入学历程度的变动分析对被解释变量的影响时，假定学历程度分为大学本科以下、大学本科、研究生三种类型。假定我们的比较是在大学本科学历的基础上进行的，故确定虚拟变量为

$$D_1 = \begin{cases} 1 & 大学本科以下学历 \\ 0 & 其他 \end{cases}, \quad D_2 = \begin{cases} 1 & 研究生学历 \\ 0 & 其他 \end{cases}$$

3. 含虚拟变量回归模型的建立及其本质

在回归模型中，我们针对四种情况引入虚拟变量。一种情况是属性变量的不同类型只会导致回归模型的截距发生变动，而各解释变量的参数在不同类型情况下保持不变。另一种情况是属性变量的不同类型不会导致回归模型的截距发生变动，只会导致一些解释变量的参数在不同类型情况下发生变化。第三种情况是属性变量的不同类型既会导致回归模型的截距发生变动，也会导致一些解释变量的参数在不同类型情况下发生变动。前三种情况均假定不同属性变量的类型组合不会导致回归模型的截距或解释变量的参数发生变动，第四种情况则用来测度不同属性变量的类型组合对回归模型参数变动的影响。这一影响我们称之为"相互作用效应"。

（1）属性变量只导致回归模型的截距项发生变化。例如，我们研究基金业务推广人员薪酬水平 Y，假定影响薪酬水平的主要因素是工作时间 X_1 和业绩水平 X_2，其内在规律可用线性回归模型表示。则这一模型可以表示为

$$Y = \beta_0 + \beta_1 X_1 + \beta_2 X_2 \tag{3-69}$$

当需要研究性别因素对薪酬水平的影响程度，且假定这种影响只导致模型（3-69）的截距项发生变化时，模型（3-69）则改变为

$$Y = \beta_0 + \beta_3 D_1 + \beta_1 X_1 + \beta_2 X_2 \tag{3-70}$$

式中，$D_1 = \begin{cases} 1 & 男性 \\ 0 & 女性 \end{cases}$。

（2）属性变量只导致回归模型的一些解释变量参数发生变化。当假定性别因素不会导致回归模型的截距项发生变化，而是使工作时间变量 X_1 的参数发生变化，则模型（3-69）改变为

$$Y = \beta_0 + \beta_1 X_1 + \beta_3 D_1 X_1 + \beta_2 X_2$$

（3）属性变量将导致回归模型的截距项和一些解释变量的参数同时发生变化。我

们再进一步地加入学历因素，学历分为大学本科、大学本科以下和研究生三个层次，考虑到性别因素可能会导致工作时间参数变化，学历水平可能会导致业绩水平参数变化，性别和学历水平二者都会使模型截距项发生改变，则模型（3-69）改变为

$$Y = \beta_0 + \beta_1 X_1 + \beta_2 X_2 + \beta_3 D_1 + \beta_4 D_2 + \beta_5 D_3 + \beta_6 D_1 X_1 + \beta_7 D_2 X_2 + \beta_8 D_3 X_2$$

式中，$D_2 = \begin{cases} 1 & \text{大学本科以下学历} \\ 0 & \text{其他} \end{cases}$，$D_3 = \begin{cases} 1 & \text{研究生学历} \\ 0 & \text{其他} \end{cases}$

（4）不同属性变量的类型组合对回归模型存在"相互作用效应"。当我们假定单独的性别和学历属性变量均不影响回归模型的截距和参数，只是二者的组合共同影响业绩水平参数时，则模型（3-69）改变为

$$Y = \beta_0 + \beta_1 X_1 + \beta_2 X_2 + \beta_3 D_1 D_2 X_2 + \beta_4 D_1 D_3 X_2$$

（5）虚拟变量回归模型的本质。含虚拟变量的回归模型，在形式上是一个模型，但在其本质上，却表达了属性变量各个类型对应的内在规律。例如，在模型（3-70）中，假定模型的各个参数都具有统计显著性，则模型可分为两个，分别表示男性和女性的薪酬模式。

男性的薪酬模式为

$$Y = (\beta_0 + \beta_3) + \beta_1 X_1 + \beta_2 X_2$$

女性的薪酬模式为

$$Y = \beta_0 + \beta_1 X_1 + \beta_2 X_2$$

3.4.2 虚拟变量的作用及虚拟变量模型的类型

在计量经济模型中，虚拟变量可以发挥多方面的作用，主要表现为以下几方面：
（1）可以作为属性因素的代表，例如性别、所有制等。
（2）可以作为非精确计量的数量因素的代表，例如受教育程度、管理者素质等。
（3）可以作为某些偶然因素或政策因素的代表，例如战争、灾害、改革前后等。
（4）可以作为时间序列分析中季节（或月份）的代表。
（5）可以实现分段回归，研究斜率、截距的变动，或比较两个回归模型的结构差异。

在计量经济学中，把含有虚拟变量的模型称为虚拟变量模型。常用的虚拟变量模型有以下三种类型。

（1）解释变量中只包含虚拟变量，作用是在假定其他因素都不变时，只研究定性变量是否使被解释变量表现出显著差异。这种模型也被称为方差分析（AOV）模型。

（2）解释变量中既含有定量变量，又含有虚拟变量，研究定量变量和虚拟变量同时对被解释变量的影响。这种模型也被称为协方差分析（ACOV）模型。

（3）被解释变量本身为虚拟变量的模型，是被解释变量本身取值为 0 或 1 的模型，适宜于对某社会经济现象进行"是"与"否"的判断研究。这种模型也被称为离散因变量模型。

特别要注意的是，定性或属性变量通常由一个以上的虚拟变量描述。例如，若将

区域因素划分为东、中、西部三种属性时，在有截距项的回归模型中，只能引入两个虚拟变量。但是这两个虚拟变量只是描述了区域因素这一个定性因素，而不是描述了两个定性因素。当然，当定性因素只有两个类别时，一个虚拟变量就描述了一个定性因素。

3.4.3 虚拟变量回归模型的求解及算例

虚拟变量回归模型实际上还是回归模型，所以当建立了虚拟变量回归模型后，再按照回归模型理论求解即可。

表 3-9 中的数据是美国某企业的基建投资数据。Y、X_1 和 X_2 依次代表投资、滞后利润和滞后股本，并全部按实际美元计算。样本数据包括战争年代，即 1939—1945 年。试利用这些数据建立该企业的基建投资模型。

表 3-9 美国某企业的基建投资数据

年 份	Y	X_1	X_2
1935	41.718	1 170.6	97.8
1936	61.093	2 015.8	104.4
1937	68.616	2 803.3	118.0
1938	77.193	2 039.7	156.2
1939	121.413	2 256.2	172.6
1940	118.226	2 132.2	186.6
1941	105.236	1 834.1	220.9
1942	123.326	1 588.0	287.8
1943	105.849	1 749.4	319.9
1944	95.336	1 687.2	321.3
1945	120.509	2 007.7	319.6
1946	110.411	2 208.3	346.0
1947	114.447	1 656.7	456.4
1948	122.085	1 604.4	543.4
1949	86.129	618.3	555.1
1950	143.956	1 610.5	647.4
1951	167.543	1 819.4	671.3
1952	162.048	2 079.7	726.1
1953	175.922	2 371.6	800.3
1954	214.173	2 759.9	888.9

因为有战争因素影响，所以建立含虚拟变量的回归模型，我们首先假定战争因素同时影响模型截距和斜率，得到回归结果如图 3-11 所示。

由图 3-11 中可以看出，模型中各系数的统计显著性检验结果并不理想，我们需要对模型进行调整。最终估计结果如图 3-12 所示。

图 3-11 基建投资模型的初步估计结果　　图 3-12 基建投资模型的最终估计结果

该虚拟变量模型是：
$$Y = 65.59196 - 73.02088 \times XN + 0.024953 \times X1 + 0.167577 \times X2X$$

模型中 XN 是虚拟变量，非战争期间取值为 1，战争期间取值为 0。$X2X$ 为变量 $X2$ 与虚拟变量 XN 的乘积。这一模型说明战争因素影响模型的截距和变量 $X2$ 的斜率，并且由此模型我们可以得到如下战争期间和非战争期间的基建模型。

非战争期间：$Y = -7.42892 + 0.024953 \times X1 + 0.167577 \times X2$

战争期间：$Y = 65.59196 + 0.024953 \times X1 + 0 \times X2$

3.5　非线性回归预测

以上所研究的回归模型都是被解释变量和解释变量之间呈线性关系的预测问题。但是在实际的社会经济现象中，有时各因素之间的关系不一定是线性的，这时就要选择合适的曲线建立非线性模型，进一步通过适当的变量置换将其转化为线性模型，然后进行预测。具体曲线形式的选择一方面可根据理论和经验判断，另一方面也可根据绘制的散点图来判断。

常见的非线性模型有以下几种。

（1）双曲线模型：$Y = \beta_0 + \beta_1 \dfrac{1}{X}$。做变量置换只需令 $X' = 1/X$，则有 $Y = \beta_0 + \beta_1 X'$，原模型转化为线性回归模型，然后采用最小二乘法估计参数。

（2）幂函数模型：$Y = aX^b$。做变量置换令 $Y' = \ln Y$，$X' = \ln X$，$c = \ln a$，则有 $Y' = c + bX'$，模型转化为线性回归模型。

（3）指数函数模型：$Y = ae^{bX}$。做变量置换令 $Y' = \ln Y$，$c = \ln a$，则有 $Y' = c + bX$，模型转化为线性回归模型。

（4）倒指数函数模型：$Y = ae^{b/X}$。做变量置换令 $Y' = \ln Y$，$c = \ln a$，$X' = 1/X$，则有 $Y' = c + bX'$，模型转化为线性回归模型。

（5）对数函数模型：$Y = \beta_0 + \beta_1 \ln X$，做变量置换令 $X' = \ln X$，则有 $Y = \beta_0 + \beta_1 X'$，模型转化为线性回归模型。

（6）多项式模型：$Y = \beta_0 + \beta_1 X + \beta_2 X^2 + \cdots + \beta_k X^k$，做变量置换令 $X_1 = X$，$X_2 = X^2$，$\cdots$，$X_k = X^k$，则有 $Y = \beta_0 + \beta_1 X_1 + \beta_2 X_2 + \cdots + \beta_k X_k$，模型转化为线性回归模型。

（7）生长曲线模型。技术和经济的发展过程类似于生物的发展过程，经历发生、发展、成熟三个阶段，而每一个阶段的发展速度是不一样的。一般地，在发生阶段，变化速度较为缓慢；在发展阶段，变化速度加快；到成熟阶段，变化速度又趋缓慢。按照这三个阶段发展规律得到的事物变化发展曲线，通常称为生长曲线或增长曲线，也称为逻辑增长曲线。由于此类曲线常似"S"形，故又称为 S 曲线。现在，S 曲线已经广泛应用于描述及预测生物个体生长发育及某些技术、经济特性的发展领域中。

由于预测对象的性质不同，生长曲线有多种数学模型，其中应用较广泛的有皮尔（R.Pearl）模型、林德诺（L.Riddenour）模型和龚柏兹（B.Gompertzz）模型三种。

① 皮尔模型。皮尔生长曲线的一般模型为

$$Y = \frac{K}{1 + e^{f(x)}}$$

式中，K 为常数（如某种耐用消费品饱和状态时的普及率）。

$$f(x) = a_0 + a_1 x + a_2 x^2 + \cdots + a_m x^m$$

常用的皮尔生长曲线模型为

$$Y = \frac{K}{1 + be^{-ax}}, \quad a > 0, \quad b > 0 \tag{3-71}$$

这时，$f(x)$ 是 x 的线性函数，且具有负斜率。图 3-13 是皮尔曲线模型的示意图。

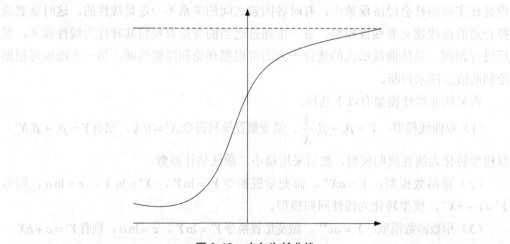

图 3-13 皮尔生长曲线

② 林德诺模型。林德诺生长曲线模型常用于新技术发展和新产品销售的预测,其数学模型的一般形式为

$$N(t) = \frac{L}{1 + \left(\dfrac{L}{N_0} - 1\right) e^{-bt}}, \quad t \geq t_0$$

式中,$N(t)$ 为 t 时刻熟悉新产品的人数;N_0 为 $t=t_0$ 时刻熟悉新产品的人数;b 为校正系数;L 为 $N(t)$ 的极限值。

林德诺模型是基于下述假设条件建立的:新产品的推广或熟悉新产品的人数的增长率与已经熟悉新产品的人数和未熟悉新产品的人数的乘积成正比,即满足微分方程:

$$\frac{\mathrm{d}N(t)}{\mathrm{d}t} = bN(t) \frac{L - N(t)}{L}$$

上式在区间 $[t_0, t]$ 上积分即得到式(3-71)。由于式中 $N(t)$ 与皮尔模型的表达式实际上相同,故参数的确定方法类似。

③ 龚柏兹模型。龚柏兹(生长)曲线是一种特殊曲线,其形式为

$$Y = K a^{bt}$$

式中,参数 K 称为极限参数,对参数 a,b 的不同取值,龚柏兹模型有不同的形状和变化曲线。

给定时间序列,只要求得其中的三个参数值 a,b,k,就可以用来求未来周期的预测值。

生长曲线的三个类型的模型都属于真正的非线性模型,它们不可能通过某种变化转换为线性回归模型,对于这三种模型参数的估计方法将在第 6 章中专门讲解。

根据非线性回归模型线性化的不同性质,上述模型一般分成以下三种类型。

(1)直接换元型。这类非线性回归模型通过简单的变量换元可以直接化为线性回归模型。由于这类模型的被解释变量没有变形,所以可以直接采用最小二乘法估计回归系数并进行检验和预测。

(2)间接代换型。这类非线性回归模型经常通过对数变换间接地化为线性回归模型。由于这类模型在对数变形代换过程中改变了被解释变量的形态,使得变形后模型的最小二乘估计失去了原模型的残差平方和为最小的意义,从而估计不到原模型的最佳回归系数,可能造成回归模型与原数列之间的较大偏差。

(3)非线性型。这类非线性回归模型属于不可线性化的非线性回归模型。第一类和第二类非线性回归模型相对于第三类,又称为可线性化的非线性回归模型。

本章小结

1. 相关分析与回归分析。二者有一定的联系:在进行回归分析之前,一般要确定变量之间的线性关系是否密切,这就要依赖相关分析,相关分析是回归分析的基础,回归分析是相关分析的进一步深化。但两者在研究目的与假设条件方面均有一定的不

同：相关分析主要研究变量之间是否存在线性关系以及这种关系的强弱程度，且假设两个变量都是随机的；回归分析则是在前者的基础上进一步研究变量之间的联系方式，假设被解释变量是随机的。

2. 线性回归分析。线性回归是利用回归分析，来确定两种或两种以上变量间相互依赖的定量关系的一种统计分析方法之一，一元线性回归分析与多元线性回归分析都要经历建立回归方程、估计回归系数、回归模型的拟合度检验、回归方程的显著性检验、回归系数的显著性检验等，另外要考虑异方差性、多重共线性、序列相关性的检验与修正。

3. 虚拟变量模型。在经济、社会系统中，很多变量是不能定量表示的，如经济体制的改革与否、职业、性别、文化程度等，这些变量往往用虚拟变量进行量化。虚拟变量一般取值 0 和 1，在模型中可以做解释变量，也可以做被解释变量。建立了虚拟变量的回归模型仍按照一般回归模型理论进行求解。

4. 非线性回归分析。非线性回归预测首先要建立适当的非线性回归模型，然后通过简单的变量置换将其转换为线性回归的形式，进而利用线性回归分析方法进行预测。本章研究的非线性模型包括双曲线模型、幂函数模型、指数函数模型、倒指数函数模型、对数函数模型、多项式模型以及生长曲线模型。

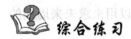

综合练习

一、练习题

1. 名词解释

多重共线性　　多元线性回归模型　　异方差　　序列相关　　虚拟变量模型

2. 回归分析与相关分析的区别与联系是什么？

3. 八大手机品牌企业在某一地区的销售额和销售利润如表 3-10 所示。

表 3-10　八大手机品牌企业在某一地区的销售情况

企业编号	销售额/万元	销售利润/万元
1	170	8.1
2	220	12.5
3	390	18
4	430	22
5	480	26.5
6	650	40
7	950	64
8	1 000	49

（1）计算产品销售额与销售利润的相关系数。

（2）建立以销售额为因变量的一元线性回归模型，并对回归模型进行显著性检验（取 $\alpha = 0.05$）。

（3）若企业产品销售额为 500 万元，试预测其销售利润。

4. 某大型工业园区 2001—2012 年主要营业额、园区从业人员总收入、当年竣工住宅面积的数据如表 3-11 所示。

表 3-11　某大型工业园区 2001—2012 年数据

年份	营业额 y/千万元	从业人员总收入 x_2/千元	当年竣工住宅面积 x_3/万平方米	年份	营业额 y/千万元	从业人员总收入 x_2/千元	当年竣工住宅面积 x_3/万平方米
2001	8.2	76.4	9	2007	12.2	116.2	6.2
2002	8.3	77.9	7.8	2008	13.7	129	10.8
2003	8.6	80.2	5.5	2009	15.5	147.5	18.4
2004	9	83	5	2010	18.3	183.2	15.7
2005	9.4	85.2	10.8	2011	23.3	210.3	32.5
2006	9.4	88.2	3.5	2012	27.3	248.5	45.5

根据表中统计数据，进行以下计算：

（1）试建立多元线性回归模型。

（2）试对回归模型进行 R 检验、F 检验、t 检验和 DW 检验（取 $\alpha = 0.05$）。

（3）假定该园区从业人员总收入、当年竣工住宅面积在 2012 年的基础上分别增长 15%、17%，请对该市 2013 年该园区营业额做区间估计（取 $\alpha = 0.05$）。

5. 某自行车生产商 2001—2008 年利润率与单位成本统计数据如表 3-12 所示。

表 3-12　某自行车生产商 2001—2008 年统计数据

年　份	利润率/%	单位成本/（元/辆）
2001	10	95
2002	13	88
2003	15	84
2004	16	82
2005	18	79
2006	20	75
2007	22	70
2008	25	66

根据表中数据，进行如下计算：

（1）配合适当的曲线模型。

（2）对回归模型进行显著性检验（取 $\alpha = 0.05$）。

（3）若该企业 2009 年的单位成本为 63 元，预测 2009 年的利润率。

（4）当该企业 2009 年总产量为 8 000 辆时，利润总额为多少？

6. 某地区农业生产资料购买力和农民货币收入统计数据如表 3-13 所示。（单位：万元）

表 3-13 某地区农业生产资料购买力和农民货币收入统计数据

年 份	农资购买力 y	农民货币收入 x	年 份	农资购买力 y	农民货币收入 x
1975	1.3	4.7	1981	2.3	11.3
1976	1.3	5.4	1982	2.6	13.4
1977	1.4	5.5	1983	2.7	15.2
1978	1.5	6.9	1984	3	19.3
1979	1.6	9	1985	3.2	27.8
1980	2.1	10			

根据上述统计数据，试建立一元线性回归模型和带虚拟变量的线性回归模型，并将两模型进行对比分析。

二、思考题

多元线性回归分析中，F 检验与 t 检验的关系是什么？为什么在做了 F 检验以后还要做 t 检验？

三、案例题

一家大型商业银行在多个地区设有分行，其业务主要是进行基础设施建设、国家重点项目建设、固定资产投资等项目的贷款。近年来，该银行的贷款额平稳增长，但不良贷款额也有较大比例的提高，这给银行业务的发展带来了较大压力。为了弄清楚不良贷款形成的原因，希望利用银行业务的有关数据做一些定量分析，以便找出控制不良贷款的办法。2005 年该银行所属的 25 家分行的有关业务数据如表 3-14 所示。（单位：亿元）

表 3-14 2005 年某大型商业银行所属分行的业务数据

分行编号	不良贷款	各项贷款余额	本年累计应收贷款	贷款项目个数	本年固定资产投资额
1	1.2	70.6	7.7	6	54.7
2	1.4	114.6	20.7	17	93.8
3	5.1	176.3	8.6	18	76.6
4	3.5	83.9	8.1	11	18.5
5	8.2	202.8	17.5	20	66.3
6	2.9	19.5	3.4	2	4.9
7	1.9	110.7	11.7	17	23.6
8	12.7	188.9	27.9	18	46.9
9	1.3	99.6	2.6	11	56.1
10	2.9	76.1	10.1	16	67.6
11	0.6	67.8	3.1	12	45.9
12	4.3	135.6	12.1	25	79.8
13	1.1	67.7	6.9	16	25.9
14	3.8	177.9	13.6	27	120.1
15	10.5	266.6	16.5	35	149.9

续表

分行编号	不良贷款	各项贷款余额	本年累计应收贷款	贷款项目个数	本年固定资产投资额
16	3.3	82.6	9.8	16	32.7
17	0.5	17.9	1.5	4	45.6
18	0.7	76.7	6.8	13	28.6
19	1.3	27.8	5.9	6	16.8
20	7.1	143.1	8.1	29	67.8
21	11.9	371.6	17.7	34	167.2
22	1.9	99.2	4.7	12	47.8
23	1.5	112.9	11.2	16	70.2
24	7.5	199.8	16.7	18	43.1
25	3.6	105.7	12.9	12	100.2

案例思考

1. 分别绘制不良贷款与贷款余额、应收贷款、贷款项目数、固定资产投资额之间的散点图，并分析其关系。若有关系，它们之间是一种什么样的关系？关系强度如何？

2. 建立不良贷款与贷款余额、累计应收贷款、贷款项目数、固定资产投资额等因素的多元线性回归方程，并解释各回归系数的实际意义。

3. 在不良贷款的总变差中，被估计的回归方程所解释的比例是多少？

4. 根据建立的回归方程，对回归方程线性关系的显著性及各回归系数的显著性进行检验（取 $\alpha = 0.05$）。

5. 当回归模型中两个或两个以上的自变量彼此相关时，我们就说存在多重共线性。在回归分析中存在多重共线性将会产生某些问题，如可能会使回归结果混乱，甚至会把分析引入歧途。试分析建立的回归方程是否存在多重共线性，你认为哪些因素应该从模型中删除？

6. 若贷款余额 $x_1 = 100$ 亿元，累计应收贷款 $x_2 = 10$ 亿元，贷款项目个数 $x_3 = 15$，固定资产投资 $x_4 = 60$ 亿元，根据建立的回归方程，求不良贷款的 95% 预测区间。

第 4 章　时间序列平滑模型

本章学习目标

- 掌握时间序列四大影响因素
- 掌握移动平均法及其应用
- 掌握一次、二次指数平滑法及其应用
- 掌握差分——指数平滑法及其应用
- 掌握自适应过滤法的基本原理及步骤
- 了解时间序列不同组合形式
- 了解三次指数平滑法及其应用

引例

国民经济的产业结构分析

利用国民经济核算资料分析一定时期国民经济结构的状况，为制定经济政策和调整经济结构服务，是国民经济核算体系重要的分析应用领域之一。生产环节的经济结构表现为多个方面，其中较为重要的有经济运行的环节——产业结构，经济运行的主体——各部门结构以及反映我国具体国情的所有制结构和地区结构等。

对于产业结构应该着重分析的内容包括以下几方面。

（1）各行业创造的增加值在国内生产总值中所占的比重，分析在一定时期内哪些产业部门是国民经济的主导部门。在此基础上各行业综合成三次产业，并分析各次产业各占国内生产总值的比重。

（2）对产业结构的时间序列进行分析，以寻求其发展变化的规律性。

例如，从我国 20 世纪八九十年代三次产业结构的变化中就可以发现规律性，如表 4-1 所示。

表 4-1　国内生产总值的构成表

单位：%

年　　份	1980	1981	1982	1983	1984	1985	1986	1987	1988	1989
第一产业	30.1	31.8	33.3	33.0	32.0	28.4	27.1	26.8	25.7	25.0
第二产业	48.5	46.4	45.0	44.6	43.3	43.1	44.0	43.9	44.1	43.0
第三产业	21.4	21.8	21.7	22.4	24.7	28.5	28.9	29.3	30.2	32.0

续表

年　份	1990	1991	1992	1993	1994	1995	1996	1997	1998	…
第一产业	27.1	24.5	21.8	19.9	20.2	20.5	20.4	19.1	18.4	
第二产业	41.6	42.1	43.9	47.4	47.9	48.8	49.5	50.0	48.7	…
第三产业	31.3	33.4	34.3	32.7	31.9	30.7	30.1	30.9	32.9	

（资料来源：刘宏. 中国统计年鉴：1999 年[M]. 北京：中国统计出版社，1999：55.）

表 4-1 中的数字显示出我国三次产业结构在发展变化过程中具有以下几个特点：
① 第一产业的比重长期呈逐步下降的趋势，从 1980 年的 30.1 降至 1998 年的 18.4，下降了 11.7 个百分点。从下降的幅度看是比较大的，但这一过程显得十分缓慢。
② 第二产业比重始终维持在 48%左右。但中间有一个从 80 年代的 48.5%逐年下降至 90 年代初的最低点 41.6%，然后又很快反弹至 47%以上的过程。③ 第三产业在 80 年代所占比重的逐年上升主要是第一产业所占比重下降导致的。

（3）将产业结构与需求结构做比较分析，评价供需结构的平衡状况，发现其中的矛盾，制定出解决矛盾的措施。

（4）将国内的产业结构与发达国家的产业结构进行比较，分析我国产业结构的特点及发展趋势。

（资料来源：李连友. 国民经济核算[M]. 北京：经济管理出版社，2001.）

在第 3 章中我们看到，回归分析预测法必须找到影响预测目标变化的主要因素，才能建立预测模型。但经济现象是错综复杂的，有时要想找到影响预测目标变化的主要因素是困难的；有时即使找到了某些主要因素，在缺乏必要的统计资料时，也不能应用回归分析预测法，这时可以用时间序列预测方法。

时间序列预测方法是将预测目标的历史数据按照时间的顺序排列成为时间序列，分析序列随时间的变化趋势，并建立数学模型进行外推的定量预测方法。这类方法以连贯性原理为依据，以假设事物过去和现在的发展变化趋向会继续延续到未来为前提条件。它撇开对事物发展变化的因果关系的具体分析，直接从时间序列统计数据中找出反映事物发展的演变规律，从而预测目标的未来发展趋势。目前，时间序列分析已成为世界各国进行经济分析和经济预测的基本方法之一。

时间序列预测技术分为随机型和确定型两类，本章讨论确定型时间序列预测技术的四种基本技术：移动平均法、指数平滑法、差分指数平滑法和自适应过滤法。

4.1　时间序列概述

时间序列是按一定的时间间隔，把某种变量的数值按发生的先后顺序排列起来的序列。时间序列一般用 $y_1, y_2, \cdots, y_t, \cdots$ 表示，t 为时间。不论是经济领域中某一产品的年产量、月销售量、月库存量、在某市场上的价格变动，或是社会领域中某一地区的人口数、某医院每日就诊的患者人数、铁路客流量，还是自然领域中某一地区的日平均温度、月降雨量等，都形成了时间序列。

4.1.1 时间序列的因素分析

通常，一个时间序列往往会受到许多不同因素的影响。例如，某商品月销售量受到居民的购买力、商品的价格、质量的好坏、顾客的爱好、季节的变化等因素的影响。要想把各种因素加以细分，测定其作用的大小，那是很困难的。根据各种因素的特点或影响效果，我们将这些因素分成长期趋势、季节变动、循环变动和不规则变动四大类，并认为时间序列是由这四大类变化形式构成或叠加的结果。

1. 长期趋势（T）

长期趋势是指由于某种根本性因素的影响，时间序列在较长时间内连续不断地朝着一定的方向发展（上升或下降），或停留在某一水平上的倾向。如我国国民经济主要指标 GDP、国民收入、农民人均纯收入等随着时间的变化呈现增长的趋势；也有一些时间序列随着时间的推移无明显的上升或下降，呈现出一种稳定的趋势。长期趋势反映了事物的主要变化趋势，是事物本质在数量上的体现，它是分析预测目标时间序列的重点。

2. 季节变动（S）

季节变动是指由于自然条件、社会条件或人们的生活习惯的影响，时间序列在一年内随着季节的转变而引起的周期性变动。例如，受自然条件、气候条件的直接影响，蔬菜供应、某些商品销量有淡季与旺季之分；受特殊季节、节假日的影响，农产品具有季节性生产特点，空调、服装、某些食品往往在周末热销等；另外，人们的生活习惯亦可造成季节变动，例如春季客运量的增加纯属人们的生活习惯所致。

季节变动的本质为周期变化，其特征表现为比较稳定且可以预见，一般是以一年为周期变动。当然也有不到一年的周期变动，如银行的活期储蓄，发工资前少，发工资后多，在每月具有周期性。

3. 循环变动（C）

循环变动是指社会经济现象以若干年为周期的变动。由于循环变动是涨落起伏的变动，不朝单一方向发展，因而它有别于长期趋势。又因为循环变动是不稳定的，短则一两年，长则数年、数十年，上次出现以后，下次何时出现难以预料，故它又有别于季节变动。

市场经济条件下由于竞争，会出现一个经济扩张时期紧接着是一个收缩时期，再接下来又是一个扩张时期的变化，通常在同一时间内影响到大多数经济部门，如对农产品的需求量、住宅的建设、汽车工业的发展、资本主义国家经济危机的变化周期等。这种循环往往是由高值到低值，再回到高值的波浪形模式。

4. 不规则变动（I）

不规则变动是指由各种偶然性因素引起的无周期变动。不规则变动又可分为突然变动和随机变动。所谓突然变动，是指诸如战争、自然灾害、地震、意外事故、方针、政策的改变所引起的变动。例如，近代中国的人口增长量一直都是正增长，只有 1960 年和 1961 年出现了负增长，究其原因，是由于自然灾害和国际形势导致粮食短缺而造成的，这是典型的由于突发性灾害造成的变动。随机变动是指由于大量的随机因素所产生的影响，如股票价格的异动等。不规则变动的变动规律不易掌握，很难预测。

上述各类影响因素的共同作用，使时间序列数据发生变化，有的具有规律性，如长期趋势变动和季节性变动；有些不具有规律性，如不规则变动和循环变动（从较长时期观察也有一定的规律性，但短时间内的变动又是不规律的）。

4.1.2 时间序列的组合形式

由上面的分析可知，时间序列是由长期趋势、季节变动、循环变动和不规则变动这四类因素组成的。记 y_t 为时间序列的全变动；T_t 为长期趋势；S_t 为季节变动；C_t 为循环变动；I_t 为不规则变动。常见的组合形式有三类。下面分别介绍这三种组合模式。

1. 加法模式

$$y_t = T_t + S_t + C_t + I_t$$

这种形式要求满足以下条件。

（1）y_t，T_t，S_t，C_t，I_t 均有相同的量纲。

（2）$\sum_{t=1}^{k} S_t = 0$，k 为季节性周期长度。

（3）I_t 是独立随机变量序列，服从正态分布。

2. 乘法模式

$$y_t = T_t \cdot S_t \cdot C_t \cdot I_t$$

这种形式要求满足以下条件。

（1）y_t 与 T_t 有相同的量纲，S_t 为季节指数，C_t 为循环指数，两者皆为比例数。

（2）$\sum_{t=1}^{k} S_t = k$，k 为季节性周期长度。

（3）I_t 是独立随机变量序列，服从正态分布。

3. 混合模式

$$y_t = T_t \cdot S_t + C_t + I_t$$

这种形式要求满足以下条件。

（1）y_t 与 T_t，C_t，I_t 有相同的量纲，S_t 为季节指数，为比例数。

（2）$\sum_{t=1}^{k} S_t = k$。

（3）I_t是独立随机变量序列，服从正态分布。

其中，对于一个具体的时间序列，要由哪几类变动组合，采取哪种组合形式，应根据所掌握资料、时间序列的性质及研究的目的来确定。

对于一个具体的时间序列，如果在预测时间内没有突发性的变动且不规则变动对整个时间序列影响较小，并且有理由相信过去和现在的历史演变趋势将继续发展到未来，这时应该根据所掌握的资料、时间序列的性质以及研究的目的来确定使用哪种预测方法。

4.2 移动平均法

移动平均法是根据时间序列资料逐项推移，依次计算包含一定项数的时序平均数，以反映长期趋势的方法。当时间序列的数值由于受周期变动和不规则变动的影响，起伏较大，不易显示出发展趋势时，可用移动平均法消除这些因素的影响，分析、预测序列的未来趋势。该方法是一种常用的预测方法，即使在预测技术层出不穷的今天，该方法由于简单仍不失其实用价值。

移动平均法分为简单移动平均法、加权移动平均法、趋势移动平均法等，下面分别介绍。

4.2.1 简单移动平均法

1. 简单移动平均法原理

设时间序列为：y_1，y_2，…，y_t，… 简单移动平均公式为

$$M_t = \frac{y_t + y_{t-1} + \cdots + y_{t-N+1}}{N} = \frac{\sum_{i=0}^{N-1} y_{t-i}}{N}, \quad t \geq N \tag{4-1}$$

式中，M_t为t期移动平均数；N为移动平均的项数。此公式表明当t向前移动一个时期，就增加一个新近数据，去掉一个远期数据，得到一个新的平均数。由于它不断地"吐故纳新"，逐期向前移动，所以称为移动平均法。

由式（4-1）可知

$$M_{t-1} = \frac{y_{t-1} + y_{t-2} + \cdots + y_{t-N}}{N}$$

因此

$$\begin{aligned} M_t &= \frac{y_t}{N} + \frac{y_{t-1} + y_{t-2} + \cdots + y_{t-N}}{N} - \frac{y_{t-N}}{N} \\ &= M_{t-1} + \frac{y_t - y_{t-N}}{N} \end{aligned} \tag{4-2}$$

由于移动平均可以平滑数据，清除周期变动和不规则变动的影响，使长期趋势显示出来，因而可以用于预测。预测公式为

$$\hat{y}_{t+1} = M_t \tag{4-3}$$

即以第 t 期移动平均数作为第 $t+1$ 期的预测值。

简单移动平均法只适合做近期预测，而且是预测目标的发展趋势变化不大的情况。如果目标的发展趋势存在其他的变化，采用简单移动平均法就会产生较大的预测偏差和滞后。

2. 简单移动平均法的 MATLAB 程序

例 4-1 某公司一产品的销售额在 2016 年的逐月记录如表 4-2 所示。分别取 $n=3$，$n=4$ 和 $n=5$，试用简单移动平均模型计算预测值。

表 4-2 某公司 X 产品销售额（2016 年）

单位：万元

月份	1	2	3	4	5	6	7	8	9	10	11	12
销售额	423	358	434	445	527	429	426	502	480	384	427	446

当我们把数据处理作为一种经常性的工作时，就需要把这种重复性的数据处理过程程序化，以提高工作效率。而且在对实际问题进行预测时，我们并不知道最佳预测周期长度，要得到较好的预测结果，就需要进行穷举探索，此时应用算法程序进行预测就是必不可少的。在此，我们通过这个算例说明用 MATLAB 语言编制的简单移动平均法的计算程序。该计算程序展示如下，表 4-3 为算法程序的计算结果。

```
clc, clear      %清除命令窗口，清除工作空间
X=[423 358 434 445 527 429 426 502 480 384 427 446];
m=length(X);
n=2:length(X)-1;       % n 为移动平均的周期数
for i=1:length(n)
    for j=1:m-n(i)+1      %共计需要计算预测的个数
        XSMA{i}(j)=sum(X(j:j+n(i)-1))/n(i);
    end
    XFinal(i)=xsma{i}(end);MSE(i)=(mean((X(n(i)+1:m)-XSMA{i}(1:end-1)).^2));
end
%将结果以表格的方式输出
table_n_X_MSE(:,1) = n';     %结果以表格显示，第 1 列显示 n
table_n_X_MSE(:,2) = XFinal';    %结果以表格显示，第 2 列显示预测值 XFinal
table_n_X_MSE(:,3) = MSE';     %结果以表格显示，第 1 列显示均方差
disp('1.不同移动周期下的预测值及均方差为：')
disp('n XFinal MSE ')
disp(table_n_X_MSE)
Min_MSE=min(table_n_X_MSE(:,3));    %查找最小的均方差
for i=1:length(n)
    if MSE(i) = = Min_MSE
        Min_MSE_n=n(i);        %查找最小的均方差对应的移动周期
```

```
        SMA_Final=XFina(i);
    end
end
Conclusion=[ Min_MSE, Min_MSE_n, SMA_Final];
disp('2. 最小 MSE 及其相应的移动平均周期 n 和预测值依次为:'), disp(Conclusion)
```

表 4-3　产品销售量程序计算结果表

1. 不同移动周期下的预测值及均方差(1.0e+03 *)		
n	XFinal	MSE
0.002 0	0.436 5	3.682 3
0.003 0	0.419 0	3.200 8
0.004 0	0.434 3	2.749 7
0.005 0	0.447 8	1.585 3
0.006 0	0.444 2	2.139 6
0.007 0	0.442 0	2.581 0
0.008 0	0.452 6	1.619 9
0.009 0	0.451 8	1.417 2
0.010 0	0.450 0	0.106 7
0.011 0	0.441 6	0.041 7
2. 最小 MSE 及其相应的移动平均周期 n 和预测值依次为		
41.661 2	11.000 0	441.636 4

计算程序遍历了移动周期从 2 到比时间序列少 1 的所有情况，结果给出的最佳移动周期为所有移动周期中的最佳值（11），此时的均方差最小，值为 41.661 2，其预测值 441.636 4 可视为最理想的预测值。

4.2.2　加权移动平均法

1. 加权移动平均法原理

简单移动平均法对数据不分远近，同等对待。但是一般情况下每期数据所包含的信息量并不一样，近期数据往往包含更多关于未来情况的信息。因此，把各期数据等同看待是不尽合理的，应考虑各期数据的重要性，给予近期数据较大的权重，这正是加权移动平均法的优势所在。

设时间序列为：$y_1, y_2, \cdots, y_t, \cdots$，加权移动平均公式为

$$M_{tw} = \frac{w_1 y_t + w_2 y_{t-1} + \cdots + w_N y_{t-N+1}}{w_1 + w_2 + \cdots + w_N}, \quad t \geq N \qquad (4-4)$$

式中，M_{tw} 为 t 期加权移动平均数；w_i 为 y_{t-i+1} 的权数，它体现了相应的 y 在加权平均数中的重要性。

利用加权移动平均数来做预测，其预测公式为

$$\hat{y}_{t+1} = M_{tw} \qquad (4-5)$$

即以第 t 期加权移动平均数作为第 $t+1$ 期的预测值。

在加权移动平均法中，w_t 的选择同样具有一定的经验性。一般的原则是：近期数据的权数大，远期数据的权数小。至于大到什么程度和小到什么程度，完全靠预测者对序列做全面的了解和分析后而定。

2. 加权移动平均法的 MATLAB 程序

例 4-2 我们给出对表 4-4 所列数据进行加权移动平均法预测的 MATLAB 程序。

表 4-4 某公司 2015 年 1—12 月的销售数据

单位：万元

月份	1	2	3	4	5	6
销售额	210.00	195.00	207.00	220.50	188.50	200.00
月份	7	8	9	10	11	12
销售额	230.50	190.50	195.00	207.00	220.00	200.00

取权重 $\omega_1 = 0.5$，$\omega_2 = 1.0$，$\omega_3 = 1.5$，$\omega_4 = 2.0$，$\omega_5 = 2.5$。试确定 2016 年 1 月的销售额。

```
clc, clear     %清除命令窗口，清除工作空间
X=[210 195 207 220.5 188.5 200 230.5 190.5 195 207 220 200];
alpha=[0.5 1.0 1.5 2.0 2.5];
alpha1=alpha./sum(alpha);
n=length(alpha);m=length(X);
for i=1:m-n+1
    WMA(i)=X(i:i+n-1)*alpha1';
end
error=(X(n+1:m)-WMA(1:end-1));
%将结果以表格的方式输出
M=zeros(length(X)+1,4);
Number=1:length(X);
for i=1:length(X)
    M(i,1)=Number(i);
    M(i,2)=X(i);
end
for j=n+1:length(X)+1
    M(j,3)=WMA(j-n);
    if j<=length(X)
        M(j,4)=error(j-n);
    end
end
fprintf('1.%i 月移动平均的结果为：\n',n)
disp(' Number    X    WMA    error')
disp(M)
```

表 4-5 为 MATLAB 算法程序计算的 5 月移动平均的预测结果。

表4-5 5月移动平均的结果表

Number	X	WMA	error
1	210.0	0	0
2	195.0	0	0
3	207.0	0	0
4	220.5	0	0
5	188.5	0	0
6	200.0	203.033 3	-3.033 3
7	230.5	201.633 3	28.866 7
8	190.5	211.066 7	-20.566 7
9	195.0	204.800 0	-9.800 0
10	207.0	201.133 3	5.866 7
11	220.0	203.166 7	16.833 3
12	200.0	208.300 0	-8.300 0
0	0	205.433 3	0

表中，最后一行（Number：0）为2016年1月预测销售额：205.433 3。

4.2.3 趋势移动平均法

1. 趋势移动平均法原理

前面介绍的简单移动平均法和加权移动平均法，在时间序列没有明显的趋势变动时，能够准确地反映实际情况。但当时间序列出现直线增加或减少变动趋势时，用简单移动平均法和加权移动平均法来预测就会出现滞后偏差。因此，需要进行修正，修正的方法是做二次移动平均，利用移动平均滞后偏差的规律来建立直线趋势的预测模型，这就是趋势移动平均法。

一次移动平均数为

$$M_t^{(1)} = \frac{y_t + y_{t-1} + \cdots + y_{t-N+1}}{N}$$

在一次移动平均的基础上再进行一次移动平均就是二次移动平均，其计算公式为

$$M_t^{(2)} = \frac{M_t^{(1)} + M_{t-1}^{(1)} + \cdots + M_{t-N+1}^{(1)}}{N} \tag{4-6}$$

它的递推公式为

$$M_t^{(2)} = M_{t-1}^{(2)} + \frac{M_t^{(1)} - M_{t-N}^{(1)}}{N} \tag{4-7}$$

下面讨论如何利用移动平均的滞后偏差建立直线趋势预测模型。

设时间序列 $\{y_t\}$ 从某时期开始具有直线趋势，且认为未来时期亦按此直线趋势变化，则可设此直线趋势预测模型为

$$\hat{y}_{t+T} = a_t + b_t T, \quad T = 1, 2, \cdots \tag{4-8}$$

式中，t 为当前时期数；T 为由 t 至预测期的时期数；$\hat{y}_{t+T}$ 为第 $t+T$ 期预测值；a_t 为截距；b_t 为斜率。a_t、b_t 又称为平滑系数。现在，根据移动平均值来确定 a_t 和 b_t。

由于

$$a_t = y_t$$
$$y_{t-1} = y_t - b_t$$
$$y_{t-2} = y_t - 2b_t$$
$$\vdots$$
$$y_{t-N+1} = y_t - (N-1)b_t$$

所以

$$\begin{aligned}M_t^{(1)} &= \frac{y_t + y_{t-1} + \cdots + y_{t-(N-1)}}{N} \\ &= \frac{y_t + (y_t - b_t) + \cdots + y_t - (N-1)b_t}{N} \\ &= \frac{Ny_t - [1 + 2 + \cdots + (N-1)]b_t}{N} \\ &= y_t - \frac{N-1}{2}b_t\end{aligned}$$

因此

$$y_t - M_t^{(1)} = \frac{N-1}{2}b_t \tag{4-9}$$

从而有

$$y_{t-1} - M_{t-1}^{(1)} = \frac{N-1}{2}b_t \quad （注意 b_t 是常数）$$

所以

$$y_t - y_{t-1} = M_t^{(1)} - M_{t-1}^{(1)} = b_t$$

类似式（4-9）的推导，可得

$$M_t^{(1)} - M_t^{(2)} = \frac{N-1}{2}b_t \tag{4-10}$$

于是，由式（4-9）和式（4-10）可得 a_t 和 b_t 的计算公式：

$$\begin{cases} a_t = 2M_t^{(1)} - M_t^{(2)} \\ b_t = \frac{2}{N-1}(M_t^{(1)} - M_t^{(2)}) \end{cases} \tag{4-11}$$

趋势移动平均法对于同时存在直线趋势与周期波动的序列，是一种既能反映趋势变化，又可有效分离出周期变化的方法。

2. 趋势移动平均法的 MATLAB 程序

例 4-3 我们给出对表 4-6 所列数据进行趋势移动平均法预测的 MATLAB 程序。

表 4-6 某公司的季度销售额（2013—2015 年）

单位：万元

季　度	序　号	销　售　额	季　度	序　号	销　售　额	季　度	序　号	销　售　额
2013.1	1	190.00	2014.1	5	188.50	2015.1	9	195.00
2013.2	2	195.00	2014.2	6	200.00	2015.2	10	202.00
2013.3	3	180.00	2014.3	7	190.50	2015.3	11	205.00
2013.4	4	210.50	2014.4	8	210.00	2015.4	12	230.00

试利用趋势移动平均法预测 2016 年各季度的预测值。

```
clc, clear     %清除命令窗口，清除工作空间
X=[190 195 180 210.5 188.5 200 190.5 210 195 202 205 230];
n=4; %移动平均的项数
m0=length(X);
%（1）计算一次移动平均
for i=1:m0-n+1
    XSMA1(i)=sum(X(i:i+n-1))/n;
end
%（2）计算二次移动平均
m1=length(XSMA1);
for j=1:m1-n+1
    XSMA2(j)=sum(XSMA1(j:j+n-1))/n;
end
%（3）计算平滑系数 T 和 b
m2=length(XSMA2);
for k=1:m2
    T(k)=2*XSMA1(k+(n-1))-XSMA2(k);
    b(k)=2*(XSMA1(k+(n-1))-XSMA2(k))/(n-1);
end
%（4）利用二次移动平均公式进行预测
m_period=1:4;   %设定预测周期的数值，可根据需要任意改变
for m=1:length(m_period)
    for r=1:m2
        X_erci{m}(r)=T(r)+b(r)*m;
    end
    X_erci_Final(m)= X_erci{m}(end)
end
%（5）将结果输出在矩阵中，包括序列号、观察值、一次和二次移动平均值、平滑系数 T 和 b 的值以及观察期 m_period 的预测值
M=zeros(m0+length(m_period),length(m_period)+6);
Number_X=[1:m0+length(m_period)];
%将序列号和观察值分别存放在矩阵 M 的第 1 列和第 2 列
for p=1:m0+length(m_period)
    M(p,1)=Number_X(p);
    if p<=m0
        M(p,2)=X(p);
    end
end
%将一次移动平均存放在矩阵 M 中的第 3 列
for q=n:m0
```

```
            M(q,3)=XSMA1(q-(n-1));
end
%将二次移动平均、平滑系数 T 和 b 分别存放在矩阵 M 中的第 4、5 和 6 列
for s=2*n-1:m0
            M(s,4)=XSMA2(s-2*(n-1));M(s,5)=T(s-2*(n-1));M(s,6)=b(s-2*(n-1));
end
%将第 m_period 期的预测值分别存放在第 7 列到最后一列
for w=1:length(m_period)
            for t=(2*n-1+w):m0+w;
                   M(t,6+m_period(w))=X_erci{w}(t-2*(n-1)- m_period(w));
            end
end
fprintf('1.该结果矩阵共计%i 行, %i 列, 分别显示序列号、观察值、两次移动平均值、平滑系
数（T、b）和预测值\n',m0+length(m_period),length(m_period)+6)
disp(M)
%（6）将观察时点、预测周期和最终时间的预测值列表显示
M1=zeros(length(m_period),3);gcd=[m0+1:m0+length(m_period)];
for h=1:length(m_period)
            M1(h,1)=gcd(h);M1(h,2)= m_period(h);M1(h,3)=X_erci_Final(h);
end
disp('2.该结果显示观察时点、预测周期和最终时点的预测值')
disp(M1)
```

4.3 指数平滑法

4.2 节介绍的移动平均法虽简单易行，但存在以下几方面明显的不足。

（1）存储数据量较大。每计算一次移动平均值，就需要存储最近 N 个观察数据，当需要经常预测时就有不便之处。

（2）移动平均法对最近的 N 期数据等权看待，对 t-N 期以前的数据则完全不考虑。

在实际情况中，最新的观察值往往反映最多的关于未来情况的信息。所以，更为切合实际的方法是对各期观察值依时间顺序加权。指数平滑法正适应于这种要求，通过某种平均方式，消除历史统计序列中的随机波动，找出其中的主要发展趋势。它既不需要存储很多历史数据，又考虑了各期数据的重要性，且使用了全部历史资料，因此它是移动平均法的改进和发展，应用较为广泛。

指数平滑法最适合进行简单的时间序列分析和中、短期预测。根据平滑次数不同，指数平滑法分为一次指数平滑法、二次指数平滑法、三次指数平滑法和高次指数平滑法，但高次很少用到。本节依次介绍一、二、三次指数平滑法。

4.3.1 一次指数平滑法

1. 一次指数平滑法预测模型

设：$y_1, y_2, \cdots, y_t, \cdots$ 为时间序列观察值，一次指数平滑公式为

$$S_t^{(1)} = \alpha y_t + (1-\alpha)S_{t-1}^{(1)} \quad (4\text{-}12)$$

式中，$S_t^{(1)}$ 为一次指数平滑值；α 为加权系数，且 $0 < \alpha < 1$。

这个平滑公式是由移动平均公式改进得来的。由式（4-2）知，移动平均数的递推公式为

$$M_t = M_{t-1} + \frac{y_t - y_{t-N}}{N}$$

假定样本序列具有水平趋势，以 M_{t-1} 作为 y_{t-N} 的最佳估计，则有

$$M_t = M_{t-1} + \frac{y_t - M_{t-1}}{N} = \frac{y_t}{N} + \left(1 - \frac{1}{N}\right)M_{t-1}$$

令 $\alpha = \frac{1}{N}$，以 $S_t^{(1)}$ 代替 M_t，则得式（4-12），也即

$$S_t^{(1)} = \alpha y_t + (1-\alpha)S_{t-1}^{(1)}$$

为了进一步理解指数平滑的实质，把式（4-12）依次展开，有

$$\begin{aligned}
S_t^{(1)} &= \alpha y_t + (1-\alpha)S_{t-1}^{(1)} \\
&= \alpha y_t + (1-\alpha)\left[\alpha y_{t-1} + (1-\alpha)S_{t-2}^{(1)}\right] \\
&= \alpha y_t + \alpha(1-\alpha)y_{t-1} + (1-\alpha)^2 S_{t-2}^{(1)} \\
&= \alpha y_t + \alpha(1-\alpha)y_{t-1} + (1-\alpha)^2\left[\alpha y_{t-2} + (1-\alpha)S_{t-3}^{(1)}\right] \\
&\vdots \\
&= \alpha y_t + \alpha(1-\alpha)y_{t-1} + \alpha(1-\alpha)^2 y_{t-2} + \cdots + (1-\alpha)^{t-1}\left[\alpha y_1 + (1-\alpha)S_0^{(1)}\right] \\
&= \alpha(1-\alpha)^0 y_t + \alpha(1-\alpha)y_{t-1} + \alpha(1-\alpha)^2 y_{t-2} + \cdots + \alpha(1-\alpha)^{t-1}y_1 + (1-\alpha)^t S_0^{(1)} \\
&= \alpha\sum_{j=0}^{t-1}(1-\alpha)^j y_{t-j} + (1-\alpha)^t S_0^{(1)}
\end{aligned} \quad (4\text{-}13)$$

由于 $0 < \alpha < 1$，当 $t \to \infty$ 时，$(1-\alpha)^t \to 0$，于是式（4-13）变为

$$S_t^{(1)} = \alpha\sum_{j=0}^{\infty}(1-\alpha)^j y_{t-j} \quad (4\text{-}14)$$

以这种平滑值进行预测，就是一次指数平滑法。它的预测模型为

$$\hat{y}_{t+1} = S_t^{(1)}$$

即

$$\hat{y}_{t+1} = \alpha y_t + (1-\alpha)\hat{y}_t \quad (4\text{-}15)$$

也就是以第 t 期指数平滑值作为 $t+1$ 期预测值。

从式（4-15）可以看到，指数平滑法解决了移动平均法所存在的一个问题，即不再需要存储过去 N 期的历史数据，而只需最近期观察值 y_t、最近期预测值 $\hat{y}_t$ 和加权系数

α，用这三个数即可计算出一个新的预测值，在进行连续预测时，计算量大大减小。

指数平滑法克服了移动平均法的缺点，它具有"厚今薄古"的特点。在算术平均中，所有数据的权重相等，均为 $1/N$；在简单移动平均中，最近 N 期数据的权重均为 $1/N$，其他为 0；而在指数平滑中，一次指数平滑值与所有的数据都有关：$S_t^{(1)}$ 实际上是 $y_t, y_{t-1}, y_{t-2}, \cdots$ 的加权平均。加权系数分别为 $\alpha, \alpha(1-\alpha), \alpha(1-\alpha)^2, \cdots$ 权重按几何级数衰减，且权数之和 $\alpha \sum (1-\alpha)^j = 1$。由于加权系数符合指数规律，又具有平和数据的功能，故称为指数平滑。下面介绍加权系数确定的方法。

2. 加权系数的确定

在指数平滑法中，加权系数的选择是很重要的，我们先来观察 α 的选择对于预测模型的影响。

首先，由式（4-15）可以看出，α 的大小规定了在新预测值中新数据和原预测值所占的比重。α 值愈大，新数据所占的比重就愈大，原预测值所占比重就愈小，反之亦然。

其次，把式（4-15）改写为

$$\hat{y}_{t+1} = \hat{y}_t + \alpha(y_t - \hat{y}_t) \tag{4-16}$$

在式（4-15）中，新预测值 $\hat{y}_{t+1}$ 仅是原预测值 $\hat{y}_t$ 加上加权系数 α 与前次预测值误差 $(y_t - \hat{y}_t)$ 的乘积。新预测值是在原预测值的基础上利用误差进行调整的，这与控制论中利用误差反馈进行控制的原理有些类似。很明显，当 α 趋近于 1 时，新预测值将包括一个较大的调整；相反，当 α 趋近于 0 时，调整就很小。因此，α 的大小对预测效果的影响与在移动平均法中使用的平均数 N 对预测效果的影响相同。

另外，我们来看式（4-14），不难发现，α 的大小实际上控制了时间序列在预测计算中的有效位数。如当 $\alpha = 0.3$ 时，前 10 期的观察值 y_{t-10} 的加权系数 $\alpha(1-\alpha)^{10} \approx 0.008$，也就是前 10 期的观察值对预测的影响已经很小，这时预测模型中所包含的时间序列的有效位数很短。当 $\alpha = 0.1$ 时，前 10 期的加权系数为 0.035，说明观察值 y_{t-10} 在预测中仍起着一定作用。因此当 α 值较小时预测模型中所包含的时间序列的有效位数就比较大。

综合上述分析可知：α 较大表示较倚重近期数据所承载的信息，预测修正的幅度也较大，采用的数据序列也较短；α 较小表示近期数据比例较小，预测修正的幅度也较小，采用的数据序列也较长。若选取 $\alpha = 0$，则 $\hat{y}_{t+1} = \hat{y}_t$，即下期预测值就等于本期预测值，在预测过程中不考虑任何新信息；若选取 $\alpha = 1$，则 $\hat{y}_{t+1} = y_t$，即下期预测值就等于本期观察值，完全不相信过去的信息。这两种极端情况很难做出正确的预测。因此，α 值应根据时间序列的具体性质在 0～1 进行选择。具体如何选择一般可遵循下列原则。

（1）如果预测误差是由某些随机因素造成的，即预测目标的时间序列虽有不规则起伏、波动，但基本发展趋势比较稳定，只是由于某些偶然变动使得预测产生或大或小的偏差，这时，则 α 值应取小一点（如 0.1～0.3），以减小修正幅度，使预测模型能包含较长时间序列的信息。

（2）如果预测目标的基本趋势已经发生了系统的变化，也就是说，预测误差是由于系统变化造成的，则 α 值应取大一点（如 0.6~0.8），使预测模型灵敏度高些。这样就可以根据当前的预测误差对原预测模型进行较大幅度的修正，以便使模型迅速跟上数据的变化。不过，α 取值过大，容易对随机波动反应过度。

（3）如果原始资料不足，初始值选取比较粗糙，则 α 的取值也应该大一些。这样，可以使模型加重对以后逐步得到的近期资料的依赖，提高模型的自适应能力，以便经过最初几个周期的校正后，迅速逼近实际过程。

（4）假如有理由相信用以描述时间序列的预测模型仅在某一段时间内能较好地表达这个时间序列，则应选择较大的 α 值，以减少对早期资料的依赖程度。

在实际中，选取 α 的一种比较有效的方法如下。

如果历史数据很多，可以将已知时间序列分成两段，选取一系列 α 值，用前一段数据建立模型，对后一段数据进行事后预测，以事后预测误差为评价标准，从中选取最优的 α 值，再建立真正的预测模型。

如果观察数据不是太多，可以类似移动平均法，多取几个 α 值进行试算，然后选择均方误差最小的 α 值作为正式预测时的平滑系数。

3. 初始值的确定

用一次指数平滑法进行预测，除了要选择合适的 α 外，还要确定初始值 $S_0^{(1)}$。初始值是由预测者估计或指定的，当时间序列的数据较多，例如在 20 个以上时，初始值对以后的预测值影响很小，可选用第一期数据为初始值。如果时间序列的数据较少，在 20 个以下时，初始值对以后的预测值影响较大，这时，就必须认真研究如何正确确定初始值。一般以最初几期的实际值的平均值作为初始值。

4. 一次指数平滑法的 MATLAB 程序

例 4-4 我们使用表 4-3 中的数据，当分别取 $\alpha=0.1$、$\alpha=0.5$ 和 $\alpha=0.9$ 时。试用一次指数平滑模型对比销售额的预测结果。

```
clc,clear      %清除命令窗口，清除工作空间
X=[210 195 207 220.5 188.5 200 230.5 190.5 195 207 220 200];
m=length(X);
alpha=[0.1 0.5 0.9]; n=length(alpha);
SES(1,1:n)=X(1);    %取第一期的实际值作为初值
M=zeros(length(X)+1,2*n+2);
Number_X=[1:length(X)];
%（1）计算第 2 期到第 m 期的预测值
for i=2:m
    SES(i,:)=alpha*X(i-1)+(1-alpha).*SES(i-1,:);
end
SES;
error=repmat(X',1,n)-SES;
MSE=sum((repmat(X',1,n)-SES).^2)/(m-1);
SES_Final=alpha*X(m)+(1-alpha).*SES(m,:);
```

```
%（2）将结果安排在结果矩阵 M 中
for j=1:m
    M(j,1)=Number_X(j)';
    M(j,2)=X(j)';
    M(j,3:n+2)=SES(j,1:n);
    M(j,n+3:2*n+2)=error(j,1:n);
end
M(m+1,3:n+2)=SES_Final;
fprintf('1.该结果矩阵共计%i 行，%i 列，分别显示序列号、以权重系数为序的观察值和误差值\n',m+1,2*n+2)
disp(M)
%（3）将各权重系数的预测值的均方差和第(m+1)期的预测值存放在 M1 矩阵中
M1=zeros(n,4);
Number_SES=1:n;
for k=1:n
    M1(k,1)=Number_SES(k);
    M1(k,2)=alpha(k);
    M1(k,3)=SES_Final(k);
    M1(k,4)=MSE(k);
end
fprintf('2.该结果矩阵共计%i 行，4 列，分别显示权重系数的序列号和与之对应的权重系数、第%i 期的预测值和均方差\n',n,m+1),disp(M1)
%（4）查找最小的均方差，并找出与之对应的权重系数、和第(m+1)的预测值
Min_MSE=min(MSE);
for i=1:n
    if MSE(i)=Min_MSE
        Min_MSE_alpha=alpha(i);
        SES_Next=SES_Final(i);
    end
end
disp('3.最小的均方差 MSE 及其相应的移动平均周期 Min_MSE_alpha 和预测值 SES_Next 依次为：')
Conclusion=[ Min_MSE, Min_MSE_alpha, SES_Next];
disp(Conclusion)
```

4.3.2 二次指数平滑法

1. 二次指数平滑法预测模型

在本节一开始我们提到了一次移动平均法在计算上的两个局限性，虽然一次指数平滑法改善了这两个缺点，但当时间序列的变动出现直线趋势时，用一次指数平滑法进行预测，仍和一次移动平均法一样存在着明显的滞后偏差，因此，也必须加以修

正。修正的方法与趋势移动平均法相同,即再做二次指数平滑,利用滞后偏差的规律来建立直线趋势模型。这就是二次指数平滑法。其计算公式为

$$S_t^{(2)} = \alpha S_t^{(1)} + (1-\alpha)S_{t-1}^{(2)} \tag{4-17}$$
$$S_t^{(1)} = \alpha y_t + (1-\alpha)S_{t-1}^{(1)}$$

式中,$S_t^{(2)}$为二次指数平滑值;$S_t^{(1)}$为一次指数平滑值。当时间序列$\{y_t\}$从某时期开始具有直线趋势时,类似趋势移动平均法,可用直线趋势模型

$$\hat{y}_{t+T} = a_t + b_t T, \quad T = 1, 2, \cdots \tag{4-18}$$

$$\begin{cases} a_t = 2S_t^{(1)} - S_t^{(2)} \\ b_t = \dfrac{\alpha}{1-\alpha}(S_t^{(1)} - S_t^{(2)}) \end{cases} \tag{4-19}$$

来预测。

下面用增量分析方法来证明式(4-19)。

由式(4-14)知

$$S_t^{(1)} = \alpha \sum_{j=0}^{\infty}(1-\alpha)^j y_{t-j}$$

同理

$$S_t^{(2)} = \alpha S_t^{(1)} + (1-\alpha)S_{t-1}^{(2)} = \alpha \sum_{j=0}^{\infty}(1-\alpha)^j S_{t-j}^{(1)}$$

而

$$S_{t-j}^{(1)} = \alpha y_{t-j} + (1-\alpha)S_{t-j-1}^{(1)} = \alpha \sum_{i=0}^{\infty}(1-\alpha)^i y_{t-j-i}$$

所以

$$E(S_t^{(1)}) = \alpha \sum_{j=0}^{\infty}(1-\alpha)^j E(y_{t-j})$$
$$= \alpha \sum_{j=0}^{\infty}(1-\alpha)^j (a_t - b_t \cdot j)$$
$$= a_t - \dfrac{1-\alpha}{\alpha}b_t$$

其中

$$\alpha \sum_{j=0}^{\infty}(1-\alpha)^j = 1, \quad \alpha \sum_{j=0}^{\infty}(1-\alpha)^j j = \dfrac{1-\alpha}{\alpha}$$

$$E(S_{t-j}^{(1)}) = \alpha \sum_{i=0}^{\infty}(1-\alpha)^i E(y_{t-j-i})$$
$$= \alpha \sum_{i=0}^{\infty}(1-\alpha)^i [a_t - b_t(j+i)]$$
$$= a_t - b_t j - \dfrac{1-\alpha}{\alpha}b_t$$

$$E(S_t^{(2)}) = \alpha \sum_{j=0}^{\infty} (1-\alpha)^j E(S_{t-j}^{(1)})$$

$$= \alpha \sum_{j=0}^{\infty} (1-\alpha)^j (a_t - b_t j - \frac{1-\alpha}{\alpha} b_t)$$

$$= a_t - \frac{2(1-\alpha)}{\alpha} b_t$$

因为随机变量的数学期望值是随机变量的最佳估计值，所以可取 $S_t^{(1)}$、$S_t^{(2)}$ 代替 $E(S_t^{(1)})$、$E(S_t^{(2)})$，从而有

$$\begin{cases} S_t^{(1)} = a_t - \frac{1-\alpha}{\alpha} b_t \\ S_t^{(2)} = a_t - \frac{2(1-\alpha)}{\alpha} b_t \end{cases}$$

由此可解得

$$\begin{cases} a_t = 2S_t^{(1)} - S_t^{(2)} \\ b_t = \frac{\alpha}{1-\alpha}(S_t^{(1)} - S_t^{(2)}) \end{cases}$$

平滑法最初由布朗（1956）及霍尔特（1957）提出，在 1960 年前后开始发展起来，其后得到了非常广泛的应用，特别是在投资预测领域。以上介绍的二次指数平滑法是布朗单一参数线性指数平滑法，此外还有霍尔特双参数线性指数平滑法，其基本原理与布朗单一参数平滑法相似，只是它不用二次指数平滑，而是用趋势直线进行平滑，此方法的详细内容本书暂不做介绍。

2. 二次指数平滑法预测模型的 MATLAB 程序

例 4-5 我们给出对表 4-4 所列数据进行二次指数平滑预测的 MATLAB 程序，取 $\alpha = 0.2$。

```
clc, clear    %清除命令窗口，清除工作空间
X=[190 195 180 210.5 188.5 200 190.5 210 195 202 205 230];
m0=length(X);
alpha=0.2;
SES1(1)=X(1);SES2(1)=X(1);    %取第一期的实际值作为初值
%（1）计算两次指数平滑（第2期到第 m0 期）
for i=2:m0;
    SES1(i)=alpha*X(i)+(1-alpha)*SES1(I-1);
    SES2(i)=alpha*SES1(i)+(1-alpha)*SES2(i-1);
end
%（2）计算平滑系数 T 和 b
T=2*SES1-SES2;b=(alpha/(1-alpha))*(SES1-SES2);
%（3）计算预测值
m_period=1:4;
m1=length(SES1);
for m=1:length(m_period)
```

```
        for r=1:m1
            SES_erci{m}(r)=T(r)+b(r)*m;
        end
        SES_erci_Final(m)=SES_erci{m}(end);
end
%（4）将结果输出在矩阵中，包括序列号、观察值、一次和二次指数平滑值、平滑系数 T 和 b
的值，以及观察期 m_period 的预测值
M=zeros(m0+length(m_period),length(m_period)+6);  %给出初始矩阵
Number_X=[1:m0+length(m_period)];%根据计算周期 m_period 动态调整序列号
%将序列号和观察值分别存放在矩阵 M 中的第 1 列和第 2 列
for p=1:m0+length(m_period)
    M(p,1)=Number_X(p);
    if p<=m0
        M(p,2)=X(p);
    end
end
%将两次移动平均分别存放在矩阵 M 的第 3 列和第 4 列
for q=1:m0
    M(q,3)=SES1(q);M(q,4)=SES2(q);
end
%将平滑系数 T 和 b 分别存放在矩阵 M 中的第 5 列和第 6 列
for s=1:m0
    M(s,5)=T(s);M(s,6)=b(s);
end
%将第 m_period 期的预测值分别存放在第 7 列到最后一列
for w=1:length(m_period)
    for t=(1+w):m0+w
        M(t,6+ m_period(w))=SES_erci{w}(t- m_period(w))
    end
end
fprintf('1.该结果矩阵共计%i 行，%i 列，分别显示序列号、观察值、两次移动平均值、平滑系
数（T、b）和预测值\n', m0+length(m_period),length(m_period)+6),disp(M)
%（5）将观察时点、预测周期和最终时间的预测值列表显示
M1=zeros(length(m_period),3);gcd=m0+1:m0+length(m_period);
for h=1:length(m_period)
    M1(h,1)=gcd(h);M1(h,2)=m_period(h);M1(h,3)=SES_erci_Final(h);
end
disp('2.该结果显示观察时点、预测周期和最终时点的预测值'),disp(M1)
```

4.3.3 三次指数平滑法

1. 三次指数平滑法预测模型

一次指数平滑法能处理水平模式，二次指数平滑法能处理线性变化的长期趋势模

式。类似地，平滑的三次以及更高形式可以运用到预测二次的或更为复杂的模式中。

当时间序列的变动表现为二次曲线趋势时，需要用三次指数平滑法。三次指数平滑法是在二次指数平滑法的基础上再进行一次平滑（即三次平滑），其计算公式为

$$S_t^{(3)} = \alpha S_t^{(2)} + (1-\alpha) S_{t-1}^{(3)}$$
$$S_t^{(2)} = \alpha S_t^{(1)} + (1-\alpha) S_{t-1}^{(2)} \quad (4\text{-}20)$$
$$S_t^{(1)} = \alpha y_t + (1-\alpha) S_{t-1}^{(1)}$$

式中，$S_t^{(3)}$ 为三次指数平滑值。

三次指数平滑法的预测模型为

$$\hat{y}_{t+T} = a_t + b_t T + c_t T^2, \quad T = 1, 2, \cdots \quad (4\text{-}21)$$

式中：

$$\begin{cases} a_t = 3S_t^{(1)} - 3S_t^{(2)} + S_t^{(3)} \\ b_t = \dfrac{\alpha}{2(1-\alpha)^2}[(6-5\alpha)S_t^{(1)} - 2(5-4\alpha)S_t^{(2)} + (4-3\alpha)S_t^{(3)}] \\ c_t = \dfrac{\alpha^2}{2(1-\alpha)^2}(S_t^{(1)} - 2S_t^{(2)} + S_t^{(3)}) \end{cases} \quad (4\text{-}22)$$

2. 三次指数平滑法预测模型的 MATLAB 程序

例 4-6 某化妆品公司 2004—2016 年的利润历史数据如表 4-7 所示。今取平滑系数 $\alpha = 0.4$，试利用三次指数平滑方法预测 2017 年、2018 年的利润。

表 4-7 某化妆品公司的历史数据（三次指数平滑系数 $\alpha = 0.4$）

年份/年	2004	2005	2006	2007	2008	2009	2010	2011	2012	2013	2014	2015	2016
t	1	2	3	4	5	6	7	8	9	10	11	12	13
X_t /万元	11.60	15.30	17.30	20.60	21.80	18.50	30.55	32.70	36.50	52.45	67.95	80.35	88.85

```
clc, clear     %清除命令窗口，清除工作空间
X=[11.60 15.30 17.30 20.60 21.80 18.50 30.55 32.70 36.50 52.45 67.95 80.35 88.85];
m0=length(X);
alpha=0.4;
SES1_0=X(1);SES2_0=X(1);SES3_0=X(1);
%（1）计算三次指数平滑（第 1 期到第 m0 期）
SES1(1)=alpha*X(1)+(1-alpha)*SES1_0;SES2(1)=alpha*SES1(1)+(1-alpha)*SES2_0;
SES3(1)=alpha*SES2(1)+(1-alpha)*SES3_0;
for i=2:m0     SES1(i)=alpha*X(i)+(1-alpha)*SES1(i-1);SES2(i)=alpha*SES1(i)+(1-alpha)*SES2(i-1);SES3(i)=alpha*SES2(i)+(1-alpha)*SES3(i-1);
end
%（2）计算平滑系数 T、b 和 c
T=3*SES1-3*SES2+SES3;
b=(alpha/(2*(1-alpha)^2))*((6-5*alpha)*SES1-(10-8*alpha)*SES2+(4-3*alpha)*SES3);
```

```
c=((alpha^2)/(2*(1-alpha)^2))*(SES1-2*SES2+SES3);
%（3）计算预测值
m_period=1:2;
m1=length(SES1);
for m=1:length(m_period)
    for r=1:m1
        SES_sanci{m}(r)=T(r)+b(r)*m+c(r)*m^2;
    end
    SES_sanci_Final(m)=SES_sanci{m}(end);
end
%（4）将结果输出在矩阵中，包括序列号、观察值、三次指数平滑值、平滑系数 T、b 和 c 的
值，以及观察期 m_period 的预测值
M=zeros(m0+length(m_period),length(m_period)+8);
Number_X=[1:m0+length(m_period)];
%将序列号和观察值分别存放在矩阵 M 中的第 1 列和第 2 列
for p=1:m0+length(m_period)
    M(p,1)=Number_X(p);
    if p<=m0
        M(p,2)=X(p);
    end
end
%将两次移动平均分别存放在矩阵 M 中的第 3、第 4 列和第 5 列
for q=1:m0
    M(q,3)=SES1(q);M(q,4)=SES2(q);M(q,5)=SES3(q);
end
%将平滑系数 T 和 b 分别存放在矩阵 M 中的第 6、第 7 列和第 8 列
for s=1:m0
    M(s,6)=T(s);M(s,7)=b(s);M(s,8)=c(s);
end
%将第 m_period 期的预测值分别存放在第 9 列到最后一列
for w=1:length(m_period)
    for t=(1+w):m0+w
        M(t,8+m_period(w))=SES_sanci{w}(t-m_period(w));
    end
end
fprintf('1.该结果矩阵共计%i 行，%i 列，分别显示序列号、观察值、三次移动平均值、平滑系
数（T、b、c）和预测值\n', m0+length(m_period),length(m_period)+8)
disp(M)
%（5）将观察时点、预测周期和最终时间的预测值列表显示
M1=zeros(length(m_period),3);
gcd=m0+1:m0+length(m_period);
for h=1:length(m_period)
```

```
M1(h,1)=gcd(h);M1(h,2)=m_period(h);M1(h,3)=SES_sanci_Final(h);
end
disp('2.该结果显示观察时点、预测周期和最终时点的预测值'),disp(M1)
```

4.4 差分—指数平滑法

当时间序列的变动具有直线趋势时，用一次指数平滑法会出现滞后偏差，其原因在于数据不满足模型要求。因此，我们也可以从数据变换的角度来考虑改进措施，即在运用指数平滑法以前先对数据做一些技术上的处理，使之能适用于一次指数平滑模型，以后再对输出结果做技术上的返回处理，使之恢复为原变量的形态。差分方法是改变数据变动趋势的简易方法。

4.4.1 一阶差分—指数平滑模型

当时间序列呈直线增加时，可运用一阶差分—指数平滑模型来预测。其公式如下：

$$\nabla y_t = y_t - y_{t-1} \tag{4-23}$$

$$\nabla \hat{y}_{t+1} = \alpha \nabla y_t + (1-\alpha) \nabla \hat{y}_t \tag{4-24}$$

$$\hat{y}_{t+1} = \nabla \hat{y}_{t+1} + y_t \tag{4-25}$$

式中，∇ 为差分符号。式（4-23）表示对呈现直线增加的序列做一阶差分，构成一个平稳的新序列；式（4-25）表示把经过一阶差分后的新序列的指数平滑预测值与变量当前的实际值叠加，作为变量下一期的预测值。对于这个公式的数学意义可做如下解释。

因为

$$y_{t+1} = y_{t+1} - y_t + y_t = \nabla y_{t+1} + y_t \tag{4-26}$$

但是在 t 为当前期时，y_{t+1} 实际上还没有发生，因此不能按照式（4-23）来计算 ∇y_{t+1}，而只能进行估计。我们按式（4-24）计算的预测值去估计式（4-26）中的 ∇y_{t+1}，从而式（4-26）等号左边的 y_{t+1} 也要改为预测值，即成为式（4-25）。

在前面我们已经分析过，指数平滑值实质上是一种加权平均数。因此把序列中逐期增量的加权平均数（指数平滑值）加上当前值的实际数进行预测，比一次指数平滑法只用变量以往取值的加权平均数作为下一期的预测更合理。从而使预测值始终围绕实际值上下波动，从根本上解决了在有直线增长趋势的情况下，用一次指数平滑法所得出的结果始终落后于实际值的问题。

例 4-7 某淘宝商 2013 年 1—10 月份一种小食品销售量如表 4-8 所示，取 $\alpha = 0.4$，初始值为新序列首项值，试预测该小食品 11 月份的销售量。

解 观察数据可得，销售量增长大体在 2 000 件左右，即呈直线增长，因此可用一阶差分—指数平滑模型进行预测。计算结果列于表 4-8 中。预测 11 月份销售量为

$$\hat{y}_{11} = 2.49 + 44 = 46.49 \text{（千件）}$$

表 4-8 淘宝商 2013 年 1—10 月某食品销售量统计差分预测表

单位：千件

月份 t	销售量 y_t	差分 ∇y_t	差分指数平滑值 $\nabla \hat{y}_{t+1}$	预测值 $\hat{y}_{t+1}$
1	24			
2	26	2	2	
3	27	2	2	28
4	30	3	1.6	28.60
5	32	2	2.16	32.16
6	33	1	2.10	34.10
7	36	3	1.66	34.66
8	40	4	2.19	38.19
9	41	1	2.92	42.92
10	44	3	2.15	43.15
11			2.49	46.49

4.4.2 二阶差分—指数平滑模型

当时间序列呈现二次曲线增长时，可用二阶差分—指数平滑模型来预测，计算公式为

$$\nabla y_t = y_t - y_{t-1} \tag{4-27}$$

$$\nabla^2 y_t = \nabla y_t - \nabla y_{t-1} \tag{4-28}$$

$$\nabla^2 \hat{y}_{t+1} = \alpha \nabla^2 y_t + (1-\alpha) \nabla^2 \hat{y}_t \tag{4-29}$$

$$\hat{y}_{t+1} = \nabla^2 \hat{y}_{t+1} + \nabla y_t + y_t \tag{4-30}$$

∇^2 表示二阶差分，与一阶差分—指数平滑模型类似。

因为

$$y_{t+1} = y_{t+1} - y_t + y_t = \nabla y_{t+1} + y_t$$
$$= (\nabla y_{t+1} - \nabla y_t) + \nabla y_t + y_t$$
$$= \nabla^2 y_{t+1} + \nabla y_t + y_t$$

类似一阶差分—指数平滑法，用 $\nabla^2 y_{t+1}$ 的估计值代替 $\nabla^2 y_{t+1}$，得到式（4-30）。

差分方法和指数平滑法的联合运用，除了能克服一次指数平滑法的滞后偏差之外，对初始值的问题也有显著的改进。因为数据经过差分处理后，所产生的新序列基本上是平稳的。这时，初始值取新序列的第一期数据对于未来预测值不会有多大影响。此外，它拓展了指数平滑法的适用范围，使一些原来需要运用配合趋势线方法处理的情况可用这种组合模型来取代。但是，对于指数平滑法存在的加权系数 α 的选择问题，以及只能逐期预测的问题，差分—指数平滑模型也没有改进。

4.5 自适应过滤法

用移动平均法和指数平滑法进行预测，虽然简便易行，但在操作上存在一个难

点，即权数不好确定，没有固定的规则可循，随意性较大。当数据的特征发生变化时，不能自动调整权数以适应新数据的要求。为了解决这个问题，需要寻找新的确定权数的方法，这就是本节要介绍的自适应过滤法。自适应过滤法也是一种时间序列预测技术，是根据一组给定的权数对时间数列的历史观察值进行加权平均计算一个预测值，然后根据预测误差调整权数以减少误差，这样反复进行直至找出一组"最佳"权数，使误差减小到最低限度，再利用最佳权数进行加权平均预测。

4.5.1 自适应过滤法的基本原理

设 $y_1, y_2, \cdots, y_t, \cdots$ 为某一时间序列，则有如下有关时间序列的一般预测模型：

$$\hat{y}_{t+1} = w_1 y_t + w_2 y_{t-1} + \cdots + w_N y_{t-N+1} \tag{4-31}$$

式中，$\hat{y}_{t+1}$ 是 $t+1$ 期的预测值；y_{t-i+1} 是第 $t-i+1$ 期的观测值；$w_i(i=1,2,\cdots,N)$ 是权数；N 是权数的个数。

前面讨论的移动平均法和指数平滑法以及现在讨论的自适应过滤法，实际上都可以用上述模型来概括，如：

对于一次移动平均法：

$$w_i = \frac{1}{N}, \quad i = 1, \cdots N$$

对于一次指数平滑法：

$$w_i = \alpha(1-\alpha)^{i-1}, \quad i = 1, \cdots N$$

不同的是，上述两种方法的权数都是固定的，而自适应过滤法中的权数 w_i 则是根据预测误差 e_i 的大小不断调整修改而获得的最佳权数。自适应过滤法的基本原理就是通过其反复迭代以调整加权系数的过程，"过滤"掉预测误差，选择出"最佳"加权系数用于预测。整个计算过程从选取一组初始加权系数开始，然后计算得到预测值及预测误差（预测值与实际值之差），再根据一定公式调整加权系数以减小误差，经过多次反复迭代，直至选择出"最佳"加权系数为止。由于整个过程与通信工程中过滤传输噪声的过程极为接近，故被称为"自适应过滤法"。

运用自适应过滤法调整权数的计算公式为

$$w_i' = w_i + 2k e_{t+1} y_{t-i+1} \tag{4-32}$$

式中，$w_i'(i=1,2,\cdots,N)$ 是调整后的权数；$w_i(i=1,2,\cdots,N)$ 是调整前的权数；k 为调整系数，也称学习常数；$e_{t+1} = y_{t+1} - \hat{y}_{t+1}$ 是第 $t+1$ 期的预测误差；y_{t-i+1} 是第 $t-i+1$ 期的观测值。式（4-32）表明，调整后的一组权数应等于旧的一组权数加上误差调整项，这个调整项包括预测误差、原观测值和学习常数三个因素。

4.5.2 自适应过滤法的计算步骤

下面通过介绍权数调整的具体步骤来说明自适应过滤法的应用过程。设时间序列为 $y_1, y_2, \cdots, y_n$。

1. 确定加权平均的权数个数 N

一般来说，如果时间序列原始数据具有明显的季节性变动特征，则可确定权数个数 N 为季节周期长度。当数据以 1 年为周期进行季节变动时，若数据以月份统计，则取 $N=12$；若数据以季度统计时，则取 $N=4$。一般地，N 取在这两者之间即可。应当注意，N 越大，要达到"最佳"权数的迭代次数越多。因此，选择恰当的 N 值对整个计算过程十分重要。

2. 确定初始权数

一般情况下，初始权数取为 $w_1 = w_2 = \cdots = w_N = \dfrac{1}{N}$，即以简单的算术平均数作为初始的加权平均数。

在自适应过滤法中，尽管权数的初始值一般取 $w_i = \dfrac{1}{N}(i=1,\cdots,N)$，能够满足 $\sum_{i=1}^{N} w_i = 1$ 的条件，然而按照式（4-32）调整权数后，就无法保证 $\sum_{i=1}^{N} w_i = 1$ 了。因此，自适应过滤法对权数的处理可以说是突破了一切约束，不但可以出现负数，而且还允许权数之和不等于 1。

3. 计算预测值

利用式（4-31），选取数据样本中前 N 个数据 $y_1, y_2 \cdots y_N$，计算第 $N+1$ 期的预测值。

$$\hat{y}_{N+1} = w_1 y_N + w_2 y_{N-1} + \cdots + w_N y_1 \tag{4-33}$$

4. 计算预测误差

第 $N+1$ 期的预测误差的计算公式为

$$e_{N+1} = y_{N+1} - \hat{y}_{N+1} \tag{4-34}$$

5. 权数调整

利用式（4-32）对权数进行调整：

$$w_i' = w_i + 2k e_{N+1} y_{N-i+1}, \quad i=1,\cdots,N \tag{4-35}$$

其中，学习常数 k 的选取直接影响到了权数调整的速度，在一定程度上还影响了最终的预测效果。

6. 进行迭代调整

利用第五步得到的新一组权数 $w_i'(i=1,\cdots N)$，返回第三步，进行第 $N+2$ 期预测值计算，并产生预测误差 e_{N+2}，再按式（4-32）进行再一次的权数调整。考虑这种不断迭代的过程，可以将式（4-33）、式（4-34）和式（4-35）调整为以下公式：

（1）$\hat{y}_{t+1} = w_1' y_t + w_2' y_{t-1} + \cdots + w_N' y_{t-N+1} \quad (t=N,\cdots,n-1)$

（2）$e_{t+1} = y_{t+1} - \hat{y}_{t+1}$

（3）$w_i' = w_i + 2k e_{t+1} y_{t-i+1} \quad (i=1,\cdots,N)$

这样反复进行下去。

当权数调整进行到第 n 期时，循环迭代调整的计算已经使用了全部的原始数据，若预测的均方误差 $\text{MSE} = \dfrac{1}{n-N} \sum_{t=N}^{n-1} (y_{t+1} - \hat{y}_{t+1})^2$ 为 0，则系数的调整过程即告结束；若预测的均方误差 MSE 不为 0 时，需将最后得到的一组权数作为新的初始值，再重新进行新一轮的调整。当新一轮调整结束后，若预测的均方误差 MSE 为 0，则系数的调整过程即告结束。否则，继续迭代。然而，大多数情况下，最终的预测的均方误差无法降到零，此时使用的衡量标准为：当我们继续迭代时，预测的均方误差 MSE 没有进一步较明显地变小，即认为MSE 达到较小，系数的调整过程结束。这时的权数就是我们所需要的较佳权数，可以用它们来计算第 $n+1$ 期的预测值。

4.5.3 自适应过滤法的应用

例 4-8 设有一个时间序列包括 10 个观测值，如表 4-9 所示，试用自适应过滤法以两个权数来求第 11 期的预测值。

表 4-9 某时间序列数据表

时间 t	1	2	3	4	5	6	7	8	9	10
观测值 y_t	0.1	0.2	0.3	0.4	0.5	0.6	0.7	0.8	0.9	1

解 本例中，取 $N=2$，取初始权数 $w_1=w_2=0.5$，并设 $k=0.9$，t 的取值由 $N=2$ 开始，当 $t=2$ 时：

（1）按预测式（4-31）求第 $t+1=3$ 期的预测值：
$$\hat{y}_{t+1} = \hat{y}_3 = w_1 y_2 + w_2 y_1 = 0.5 \times 0.2 + 0.5 \times 0.1 = 0.15$$

（2）计算预测误差：
$$e_{t+1} = e_3 = y_3 - \hat{y}_3 = 0.3 - 0.15 = 0.15$$

（3）根据式（4-32）调整权数为：
$$w_1' = w_1 + 2ke_3 y_2 = 0.5 + 2 \times 0.9 \times 0.15 \times 0.2 = 0.554$$
$$w_2' = w_2 + 2ke_3 y_1 = 0.5 + 2 \times 0.9 \times 0.15 \times 0.1 = 0.527$$

现在已经完成了一次权数调整，然后 t 进 1 再重复以前步骤。当 $t=3$ 时：

（1）利用所得到的权数，计算第 $t+1=4$ 期的预测值。方法是，舍去最前面的一个观测值 y_1，增加一个新的观测值 y_3，即
$$\hat{y}_{t+1} = \hat{y}_4 = w_1 y_3 + w_2 y_2 = 0.554 \times 0.3 + 0.527 \times 0.2 = 0.2716$$

（2）计算预测误差：
$$e_{t+1} = e_4 = y_4 - \hat{y}_4 = 0.4 - 0.2716 \approx 0.13$$

（3）调整权数：
$$w_1' = 0.554 + 2 \times 0.9 \times 0.13 \times 0.3 = 0.624$$
$$w_2' = 0.527 + 2 \times 0.9 \times 0.13 \times 0.2 = 0.564$$

这样进行到 $t=10$ 时，有
$$\hat{y}_{t+1} = \hat{y}_{11} = w_1' y_{10} + w_2' y_9$$

但由于没有 $t=11$ 时的观测值，因此
$$e_{t+1} = e_{11} = y_{11} - \hat{y}_{11}$$

无法计算。这时，第一轮的调整就此结束。把现有的新权数作为初始权数，重新开始 $t=2$ 的过程。这样反复进行下去，到预测误差（指一轮的预测总误差）没有明显改进

时，就认为获得了一组最佳权数，能实际用来预测第 11 期的数值。本例在调整过程中，可使得误差降为 0，而权数达到稳定不变，最后得到的"最佳"权数为

用最佳权数预测第 11 期的取值：

$$\hat{y}_{11} = w_1' y_{10} + w_2' y_9 = 2 \times 1.0 + (-1) \times 0.9 = 1.1$$

在实际应用中，权数调整工作工作量很大，必须借助计算机才能实现。

自适应过滤法有以下两个明显的优点。

（1）技术比较简单，可根据预测意图来选择权数的个数和学习常数，以控制预测。也可以由计算机自动选定。

（2）它使用了全部历史数据来寻求最佳权数，并随数据轨迹的变化而不断更新权数，从而不断地改进预测。

由于自适应过滤法的预测模型简单，又可以在计算机上对数据进行处理，所以这种预测方法应用较为广泛。

本章小结

1. 时间序列。时间序列是将某种现象某一个统计指标在不同时间上的各个数值，按时间先后顺序排列而形成的序列。分析时间序列的内在统计特征和发展规律是实现序列预测的关键。时间序列由长期趋势、季节变动、循环变动和不规则变动四大因素共同作用而成。时间序列预测的方法应根据数据资料掌握情况、时间序列的性质以及研究目的来确定。

2. 移动平均法。移动平均法能够消除不规则因素的影响，从而分析、预测时序的长期趋势，包括简单移动平均法、加权移动平均法和趋势移动平均法等。简单移动平均法适合于预测目标发展趋势变化不大的近期预测；加权移动平均法给近期数据赋予较大的权重，是利用重近轻远原则给数据加权的预测方法；趋势移动平均法不仅能处理趋势呈水平模式的预测，同时又可应用到线性增长趋势的预测。

3. 指数平滑法。指数平滑法是另一种形式的加权平均。加权移动平均法只考虑最近的 n 个实际数据，指数平滑法则考虑所有的历史数据，只不过近期数据的权重大，远期数据的权重小，权重由近及远呈指数规律递减。指数平滑法包括一次指数平滑法、二次指数平滑法、三次指数平滑法以及高次指数平滑法。一次指数平滑法适用于变化平稳的时间序列预测，在有趋势的情况下，用一次指数平滑法预测，会出现滞后现象。面对有上升或下降趋势的需求序列时，就要采用二次指数平滑法进行预测。对于出现趋势并伴有季节性波动的情况，则要用三次指数平滑法等其他方法进行预测。

4. 差分—指数平滑法。差分—指数平滑法分为一阶差分—指数平滑法和二阶差分—指数平滑法。一阶差分—指数平滑法适用于具有直线趋势的时间序列模型，二阶差分—指数平滑法适用于呈二次曲线增长的时间序列模型。

5. 自适应过滤法。自适应过滤法建立在时间序列的原始数据基础之上，是通过对历史观察值进行某种加权平均来预测的。这种方法在原始数据的基本模式比较复杂时

使用（具有长期趋势性变动或季节性变动的确定型时间序列），常常可以取得优于指数平滑法和移动平均法的预测结果。

综合练习

一、练习题

1．移动平均预测法有哪些不足？

2．何时使用三次指数平滑法？其预测步骤有哪些？

3．移动平均法的模型参数 N 的数值大小对预测值有什么影响？选择 N 应考量哪些问题？

4．为什么说指数平滑法是移动平均法的改进？

5．某冰箱厂连续 24 个月销售量资料如表 4-10 所示。求当 $N=5$ 时的一次移动平均值和二次移动平均值并预测下一期的销售量。

表 4-10　某冰箱厂连续 24 个月的销售量

单位：千台

月　份	销　售　量	月　份	销　售　量	月　份	销　售　量
1	161.2	9	165.5	17	291.3
2	135.4	10	209.3	18	310.4
3	120.7	11	205.9	19	380.4
4	136.7	12	144.7	20	340.1
5	143.3	13	214.5	21	350.5
6	145.9	14	161.7	22	381.5
7	152.8	15	237.1	23	385.4
8	209.6	16	269.1	24	261.2

6．某粮店 2007 年 6—11 月份粮食销售量如表 4-11 所示，一次给定权数分别为 0.5、1.0、1.5、2.0、2.5、3.0，使用加权移动平均法预测该年 12 月份粮食销售量。

表 4-11　某粮店 2007 年 6—11 月份粮食销售量

单位：吨

月　份	6	7	8	9	10	11
粮食销售量	19	18	19	21	20	22

7．某游戏机厂 2000—2010 年游戏机产量如表 4-12 所示。试用一次指数平滑法预测 2011 年该厂游戏机产量（取 $\alpha=0.3$，初始值为 13）。

表 4-12　某游戏机厂 2000—2010 年游戏机产量

年　份	2000	2001	2002	2003	2004	2005	2006	2007	2008	2009	2010
产量/千台	13	14	15	11.8	16.5	18.1	12	23	30	37.5	45

8．某网络书店 2007—2013 年销售图书的营业额如表 4-13 所示，用二次指数平滑法（取 $\alpha=0.8$）预测该书店 2014 年和 2015 年的营业额。

表4-13　某网络书店2007—2013年销售图书的营业额

年　份	2007	2008	2009	2010	2011	2012	2013
营业额/万元	30	32.4	34.7	37.2	39.6	42	44.6

9. 1960—1982年全国社会商品零售额如表4-14所示。试用三次指数平滑法预测1983年和1985年全国社会商品零售总额。

表4-14　1960—1982年全国社会商品零售额

单位：亿元

年　份	1960	1961	1962	1963	1964	1965	1966	1967
零售总额	696.9	607.7	604	604.5	638.2	670.3	732.8	770.5
年　份	1968	1969	1970	1971	1972	1973	1974	1975
零售总额	737.3	801.5	858	929.2	1 023.3	1 106.7	1 163.6	1 271.3
年　份	1976	1977	1978	1979	1980	1981	1982	
零售总额	1 339.4	1 432.8	1 558.6	1 800	2 140	2350	2 570	

10. 我国1995—2002年全社会固定资产投资额如表4-15所示。试用差分—指数平滑法预测2003年全社会固定资产投资额。（取 $\alpha = 0.3$）

表4-15　我国1995—2002年全社会固定资产投资额

年　份	1995	1996	1997	1998	1999	2000	2001	2002
固定资产投资/亿元	20 019	22 914	24 941	28 406	29 855	32 918	37 214	43 500

二、思考题

我们已经对指数平滑法的一般计算程序和主要技术环节有了一个全面的了解，请用图形描述出指数平滑法的一般工作流程。

三、案例题

为满足国民经济各部门和人民生活的用电需求以及电力工业自身的可持续发展，电力部门需要加强电力建设的科学决策与规划，而售电量预测是整个电力建设决策规划的前提和基础。售电量预测的结果可以用于规划电源点布局和装机容量，用于确定电网的增容、扩建和改建规模、区域间电量调配以及各项供电（保电）计划的制订。售电量的准确预测直接影响到投资、网络布局和运行的合理性。因此，提高售电量的预测准确性对电力系统建设具有重要的意义。

注意到售电量的历史数据本身为一时间序列，可考虑利用移动平均模型对某地区电网售电量进行预测。A市1999—2008年的售电量数据如表4-16所示。

表4-16　A市1999—2008年的售电量数据

年　份	1999	2000	2001	2002	2003	2004	2005	2006	2007	2008
售电量/亿度	63.12	80.91	97.14	116.82	137.68	151.74	176.48	205.83	234.63	247.42

案例思考

该售电量数据若用二次移动评价模型进行预测，2009年的售电量应是多少？

第 5 章　趋势外推预测

本章学习目标

- 掌握指数曲线法的模型及参数计算方法
- 掌握修正指数曲线法的模型及参数计算方法
- 掌握龚伯兹曲线模型及罗吉斯蒂曲线模型及其应用
- 了解包络曲线法的原理及应用

引例

预测失败的惨痛教训

2000 年 3 月，在郑州某超市，新上市的某品牌洗发香波缺货了，专程前来购买的顾客不得不购买其他品牌的产品。该公司立即召开紧急会议，讨论如何应对。与会者看到该品牌上市仅一周，全国销售达 40 000 箱，已经超过原来两个月市场预测的总和，市场严重缺货。于是，计划把下周的预测从 5 000 箱提高到 50 000 箱，增加到 10 倍。对这么大的数量，工厂虽然不可能立即生产出来，但抓紧生产，至少可以减少缺货的时间，总比长期缺货好。

工厂计划部经理看到新的预测量，目瞪口呆：生产要增加 10 倍，而原材料库存最多只能支持 1.5 倍的生产量。原材料大多是进口的，就算立刻下单，就算供应商仓库有能够支持 10 倍产量的库存，按照正常情况，运输清关需要两个月才能完成，并且下周生产计划已经排满了。然而，工厂的职责就是保证按预测的需求生产，无论如何，也要尽力生产出来。于是通知采购部门紧急给供应商下单，所有海外材料一律空运，这样做，运输和清关时间可以缩短到两周，同时调整两周之后的生产计划，优先保证该品牌的生产。一切都安排妥当之后，计划部经理告诉总部，三周之后能完成新的计划，建议先制定给现有客户的销售配额。

一个月后，产品陆续摆上各个商店的货架，公司上下都等着喜讯，但是市场却平静得出奇，新产品无人问津，甚至还不如其他产品卖得好。最有利的商机转瞬即逝，预测不准确以及过长的供应链给公司带来了大量的损失：巨额的材料空运成本、囤积在仓库里面的大量库存，还有失去的消费者。

（资料来源：陈荣秋，马士华. 生产运作管理[M]. 3 版. 北京：机械工业出版社，2009：150.）

第 4 章研究的移动平均法和指数平滑法主要适用于短期预测，本章介绍进行长期预测的主要方法——趋势外推预测法（Trend Extrapolation）。一般地，我们所研究的大量社会经济现象的发展相对于时间来说是有一定的规律性的。趋势外推预测方法就是根据事物的历史和现实数据，寻求事物随时间推移而发展变化的规律，配合合适的曲线模型，推测其未来发展状况的一种常用的预测方法。

当预测对象依时间变化呈现某种上升或下降的趋向，且无明显的季节波动时，若能找到一条合适的函数曲线反映这种变化趋势，就可用时间 t 为自变量，时序数值 y 为因变量建立趋势模型

$$y = f(t) \tag{5-1}$$

当有理由相信这种趋势延伸到未来时，给变量 t 赋予在未来时刻的一个具体数值，便可以得到相应时刻的时间序列未来值，这种方法就是趋势外推法。趋势外推法的假设条件如下：

（1）事物发展过程没有跳跃式变化，而是呈现一种渐进式变化。

（2）所研究系统的结构、功能等基本保持不变，即根据过去资料建立的趋势外推模型能适应未来，代表未来趋势变化的情况。

由此可见，趋势外推法是事物发展渐进过程的一种统计预测方法。换言之，就是运用一个数学模型，拟合一条趋势线，然后用这个模型外推预测未来时期事物的发展。趋势外推预测方法主要利用描绘散点图的方法和差分法计算进行模型选择。它的主要优点是可以揭示事物未来的发展，并定量地估计其功能特性。本章将介绍常用的几种趋势曲线模型和估计这些模型参数的方法。

5.1　指数曲线法

技术发展、社会发展的大量定量特征表现为随时间按指数或接近指数规律增长，例如飞机速度、光源效率等。一般来说，对发展中的事物，利用指数曲线模型进行外推预测在实际中具有很广泛的应用。

5.1.1　预测模型及其特征

指数曲线预测模型为

$$\hat{y}_t = ab^t \tag{5-2}$$

式中，a、b 为参数；t 为时间，其曲线如图 5-1 所示。

指数增长曲线预测模型的特点是环比发展速度为一个常数，即

$$\frac{\hat{y}_t}{\hat{y}_{t-1}} = b$$

另外，对模型（5-2）两边取对数，则可化为对数直线模型

$$\lg \hat{y}_t = \lg a + t \lg b \tag{5-3}$$

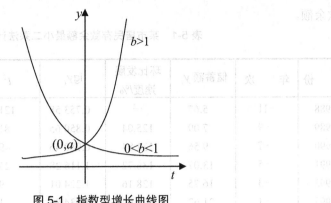

图 5-1 指数型增长曲线图

其特点是对数的一阶差分为一常数：
$$\nabla(\lg \hat{y}_t) = \lg b$$

因此，当时间序列数值的环比发展速度大体相等，或者对数一阶差分近似为一个常数时，可配合指数曲线预测模型来进行预测。可以看出，$\lg \hat{y}_t$ 依赖于时间 t 做线性变化，即在半对数的坐标图中，指数曲线转变为一条直线。因此，可以先将时间序列 $\hat{y}_t$ 取对数后，用变换后的新序列与时间 t 建立线性模型，从而可以利用线性模型的参数估计方法来求出曲线参数，可用最小二乘法等来估计，进而通过求解 $\lg a$、$\lg b$ 的反对数得到 a、b 的值。

5.1.2 模型参数估计方法

根据最小二乘法的原理，对于对数直线预测模型式（5-3），可得标准方程组为

$$\begin{cases} \sum \lg y_t = n \lg a + \lg b \cdot \sum t \\ \sum t \lg y_t = \lg a \sum t + \lg b \cdot \sum t^2 \end{cases} \tag{5-4}$$

若选取时间序列 $\{y_t\}$ 的中点为时间原点，可使 $\sum t = 0$，则上述方程组简化为

$$\begin{cases} \sum \lg y_t = n \lg a \\ \sum t \lg y_t = \lg b \cdot \sum t^2 \end{cases}$$

由此可得

$$\begin{cases} \lg a = \dfrac{\sum \lg y_t}{n} \\ \lg b = \dfrac{\sum t \lg y_t}{\sum t^2} \end{cases} \tag{5-5}$$

求反对数，便得 a，b 值。

5.1.3 模型的运用

例 5-1 某市居民储蓄存款余额资料如表 5-1 所示，试预测 2000 年该市居民储蓄

存款余额。

表 5-1 某市居民存款余额最小二乘法计算表

单位：亿元

年份	年次	储蓄额 y_t	环比发展速度/%	$\lg y_t$	t^2	$t\lg y_t$	$\hat{y}_t$
1988	-11	5.67	—	0.753 58	121	-8.289 41	5.389 031
1989	-9	7.09	125.04	0.850 65	81	-7.655 82	7.181 635
1990	-7	9.56	134.84	0.980 46	49	-6.863 21	9.570 529
1991	-5	13.07	136.72	1.116 28	25	-5.581 38	12.754 06
1992	-3	16.75	128.16	1.224 01	9	-3.672 04	16.996 57
1993	-1	21.62	129.07	1.334 86	1	-1.334 86	22.650 29
1994	1	28.34	131.08	1.452 40	1	1.452 4	30.184 67
1995	3	39.86	140.65	1.600 54	9	4.801 612	40.225 28
1996	5	54.16	135.88	1.733 68	25	8.668 393	53.605 8
1997	7	74.84	138.18	1.874 13	49	13.118 94	71.437 2
1998	9	94.38	126.11	1.974 88	81	17.773 92	95.200 02
1999	11	129.94	137.68	2.113 74	121	23.251 17	126.867 3
合计	0	—	—	17.009 21	572	35.669 72	—

解 第一步，选择预测模型。计算时序资料的环比发展速度，结果详见表 5-1。从结果可以看出，环比发展速度大体上接近，因此，可以配合指数曲线预测模型进行预测。

第二步，建立指数曲线预测模型。将表 5-1 内的计算结果代入简化公式可得到模型参数估计值，具体为

$$\begin{cases} \lg a = \dfrac{\sum \lg y_t}{n} = \dfrac{17.009\ 21}{12} = 1.417\ 43 \\ \lg b = \dfrac{\sum t \lg y_t}{\sum t^2} = \dfrac{35.669\ 72}{572} = 0.062\ 36 \end{cases}$$

求反对数得到：$a = 26.147\ 5$，$b = 1.154\ 4$。

则指数曲线预测模型为：$\hat{y}_t = 26.147\ 5 \times 1.154\ 4^t$

将各年的 t 值代入预测模型，可求得历年追溯预测值 $\hat{y}_t$，见计算表 5-1。

第三步，预测。将 $t=13$ 代入预测模型，可得 2000 年该市居民储蓄存款余额的预测值为

$$\hat{y}_{2000} = 26.147\ 5 \times (1.154\ 4)^{13} = 169.068\ 3 \text{（亿元）}$$

5.2 修正指数曲线法

采用指数曲线外推预测，存在预测随着时间推移无限增大的问题。这与客观实际

是不一致的，因为任何事物的发展都有其一定的限度，不可能无限增长。例如，一种商品的销售量，在其市场成长期内可能会按照指数曲线增长，但随着时间的推移，其增长的趋势可能会减缓以至于停滞。对于这种情况，可以考虑改用修正指数曲线进行预测。

5.2.1 预测模型及其特征

修正指数曲线预测模型为

$$\hat{y}_t = k + ab^t \tag{5-6}$$

式中，t 为时间；k、a、b 为参数。

修正指数曲线模型只比指数曲线模型多一个 k（$k>0$）值，它是对指数曲线模型的某种修正。

求 $\hat{y}_t$ 的一、二阶导数可得

$$\hat{y}_t' = (a\ln b)b^t, \quad \hat{y}_t'' = a(\ln b)^2 b^t$$

（1）当 $k>0$，$a<0$，$0<b<1$ 时，有 $\hat{y}_t'>0$，$\hat{y}_t''<0$，此时是单调递增的，$\hat{y}_t'$ 是单调递减的，可知 $\hat{y}_t$ 的图形是凸的。当 $t=0$ 时，$\hat{y}_t = k+a$（$a<0$），当 $t \to +\infty$ 时，因为 $b^t \to 0$，可得 $\hat{y}_t \to k$，可知 $\hat{y}_t = k$ 是它的渐近线。由以上分析可知，$\hat{y}_t$ 随着 t 的增加而增加，增长速度是先快后慢，最后接近于高限 k，其图形如图 5-2 所示。

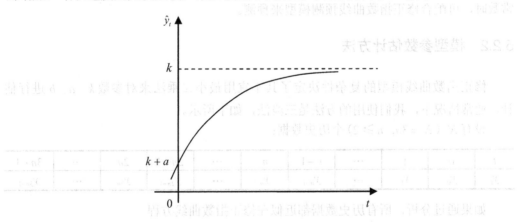

图 5-2 $\hat{y}_t = k + ab^t$（$k>0$，$a<0$，$0<b<1$）曲线图

因此，当经济变量的变动规律是初期增长较快，随后增长速度逐渐放慢，最后趋向某一正常极限时，可用修正指数曲线来描述。

（2）当 $k>0$，$a>0$，$0<b<1$ 时，有 $\hat{y}_t'<0$，$\hat{y}_t''>0$，可知 $\hat{y}_t$ 是递减的，且图形是凹的，当 $t=0$ 时，$\hat{y}_t = k+a$（$a>0$），当 $t \to +\infty$ 时，可得 $\hat{y}_t \to k$，可知 $\hat{y}_t = k$ 是它的渐近线。这说明 $\hat{y}_t$ 随着 t 的增加而减少，递减速度是先快后慢，最后接近于低限 k，其图形如图 5-3 所示。

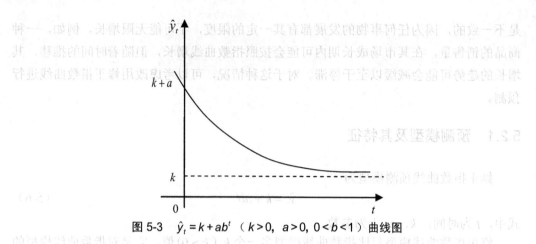

图 5-3 $\hat{y}_t = k + ab^t$ （$k>0$, $a>0$, $0<b<1$）曲线图

由上述分析可得：修正指数曲线还可以用来描述初期减少较快，随后减少比较缓慢，最后趋向某一正常数极限的经济变量。

由于修正指数曲线预测模型的一阶差分

$$\nabla \hat{y}_t = (k + ab^t) - (k + ab^{t-1})$$
$$= a(b-1)b^{t-1}$$

是指数函数形式，因此由指数曲线预测模型的特点可知，修正指数曲线预测模型的特征是，一阶差分的环比为一常数。故当时间序列 $\{y_t\}$ 的一阶差分 ∇y_t 的环比近似一个常数时，可配合修正指数曲线预测模型来预测。

5.2.2 模型参数估计方法

修正指数曲线模型的复杂性决定了其不宜用最小二乘法来对参数 k、a、b 进行估计，通常情况下，我们使用的方法是三段法，如下所示。

设有 N（$N=3n$, $n \geqslant 2$）个历史数据：

t	0	1	…	$n-1$	n	…	$2n-1$	$2n$	…	$3n-1$
y_t	y_0	y_1	…	y_{n-1}	y_n	…	y_{2n-1}	y_{2n}	…	y_{3n-1}

如果通过分析，所有历史数据都近似在修正指数曲线方程

$$\hat{y}_t = k + ab^t, \quad t = 0, 1, \cdots, 3n-1$$

上，则序列 $\{y_t\}$ 的发展趋势可用修正指数曲线来描述。

把序列 $\{y_t\}$ 平均分成三段，每段含有 n 个数据，对各段求和，可得

$$\sum_1 y_t = \sum_{t=0}^{n-1} y_t$$
$$= nk + a(b^0 + b^1 + \cdots + b^{n-1}) \tag{5-7}$$
$$= nk + a \frac{b^n - 1}{b - 1}$$

$$\sum\nolimits_2 y_t = \sum_{t=n}^{2n-1} y_t$$
$$= nk + ab^n(b^0 + b^1 + \cdots + b^{n-1})$$
$$= nk + ab^n \frac{b^n - 1}{b - 1} \tag{5-8}$$

$$\sum\nolimits_3 y_t = \sum_{t=2n}^{3n-1} y_t$$
$$= nk + ab^{2n}(b^0 + b^1 + \cdots + b^{n-1})$$
$$= nk + ab^{2n} \frac{b^n - 1}{b - 1} \tag{5-9}$$

于是

$$\sum\nolimits_2 y_t - \sum\nolimits_1 y_t = a \frac{(b^n - 1)^2}{b - 1} \tag{5-10}$$

$$\sum\nolimits_3 y_t - \sum\nolimits_2 y_t = ab^n \frac{(b^n - 1)^2}{b - 1} \tag{5-11}$$

从而有

$$b^n = \frac{\sum\nolimits_3 y_t - \sum\nolimits_2 y_t}{\sum\nolimits_2 y_t - \sum\nolimits_1 y_t}$$

即

$$b = \sqrt[n]{\frac{\sum\nolimits_3 y_t - \sum\nolimits_2 y_t}{\sum\nolimits_2 y_t - \sum\nolimits_1 y_t}} \tag{5-12}$$

由式（5-10）可得

$$a = \left(\sum\nolimits_2 y_t - \sum\nolimits_1 y_t\right) \frac{b - 1}{(b^n - 1)^2} \tag{5-13}$$

由式（5-7）可得

$$k = \frac{1}{n}\left(\sum\nolimits_1 y_t - a \frac{b^n - 1}{b - 1}\right) \tag{5-14}$$

5.2.3 模型的运用

例 5-2 某品牌打印机销售商在一地区 2005—2013 年的销售量如表 5-2 所示，试预测在该地区 2014 年和 2015 年的打印机销售量。

解 第一步，选择预测模型。计算序列的一阶差分的环比，结果如表 5-2 所示。从中可以看出，一阶差分环比基本上为一个常数。因此，可以配合修正指数增长曲线预测模型进行预测。

第二步，建立预测模型。将表 5-2 所示计算结果代入模型参数式（5-12）、式（5-13）以及式（5-14），得

$$b = \sqrt[n]{\frac{\sum_3 y_t - \sum_2 y_t}{\sum_2 y_t - \sum_1 y_t}} = \sqrt[3]{\frac{17.32 - 16.41}{16.41 - 14.64}} = 0.8011$$

$$a = \left(\sum_2 y_t - \sum_1 y_t\right)\frac{b-1}{(b^n-1)^2} = (16.41 - 14.64) \times \frac{0.8011 - 1}{(0.8011^3 - 1)^2} = -1.4912$$

$$k = \frac{1}{n}\left(\sum_1 y_t - a\frac{b^n - 1}{b - 1}\right) = \frac{1}{3} \times \left(14.64 + 1.4912 \times \frac{0.8011^3 - 1}{0.8011 - 1}\right) = 6.0943$$

则修正指数增长曲线预测模型为

$$\hat{y}_t = k + ab^t = 6.0943 - 1.4912 \times 0.8011^t$$

将各年 t 值代入预测模型，可以得到各年的追溯预测值，如表 5-2 所示。预测结果与实际销售量相差无几。

表 5-2 某品牌打印机地区销售量修正指数增长曲线预测模型计算表

单位：万台

年 份	年/次 t	销售量 y_t	∇y_t	$\dfrac{\nabla y_t}{\nabla y_{t-1}}$ /%	$\sum_i y_t$	预测值 $\hat{y}_t$
2005	0	4.60	—	—		4.6031
2006	1	4.90	0.30	—	14.64	4.8997
2007	2	5.14	0.24	80.00		5.1373
2008	3	5.33	0.19	79.17		5.3277
2009	4	5.48	0.15	78.95	16.41	5.4801
2010	5	5.60	0.12	80.00		5.6023
2011	6	5.70	0.10	83.33		5.7002
2012	7	5.78	0.08	80.00	17.32	5.7786
2013	8	5.84	0.06	75.00		5.8414

第三步，预测。将 $t=9$ 和 $t=10$ 分别代入预测模型，可得 2014 年和 2015 年该地区打印机销售量的预测值，分别为

$$\hat{y}_{2014} = 6.0943 - 1.4912 \times 0.8011^9 = 5.8917 \text{（万台）}$$

$$\hat{y}_{2015} = 6.0943 - 1.4912 \times 0.8011^{10} = 5.9320 \text{（万台）}$$

5.3 生长曲线法

生物的生长过程有发生、发展、成熟、衰老几个阶段，生物在每个阶段的生长速度是不一样的。描述生物生长过程可以考虑运用形状近似于 S 形的曲线（称为 S 曲线）：发生初期成长速度较慢，由慢到快；发展时期生长速度则较快；成熟时期，生长速度达到最快而后逐渐变慢；衰老期则几乎停止生长甚至出现退化。例如，南瓜的重量增长速度，在第一阶段增长较慢，在发展时期则突然加快，而到了成熟期又趋减慢，形成一条 S 形曲线，这就是有名的生长曲线。很多事物，如技术和产品发展进程

都有类似的发展过程,因此生长曲线在预测中有相当广泛的应用。本节主要介绍最为常用的两个生长曲线——龚伯兹曲线和罗吉斯蒂生长曲线。

5.3.1 龚伯兹曲线模型及其应用

1. 龚伯兹曲线模型

龚伯兹曲线,是美国统计学家和数学家龚伯兹首先提出用于控制人口增长率的一种数学模型,随后被广泛应用于新产品的研制、发展、成熟和衰退等领域的分析。工业产品寿命一般可分为四个时期:引入期、成长期、成熟期和衰退期。龚伯兹曲线特别适合对处在成熟期的商品进行预测。

龚伯兹曲线预测模型为

$$\hat{y}_t = ka^{b^t}, \quad k > 0 \tag{5-15}$$

式中,k、a、b 为待定参数,t 为时间。a、b 的不同取值决定龚伯兹曲线的不同形式,用以描述不同产品生命周期的具体规律。

2. 龚伯兹曲线形状及含义

龚伯兹曲线对应于 a 和 b 的不同取值范围的一般形状,如图 5-4 所示。

下面分析该模型的图 5-4(a):对式(5-15)求 $\hat{y}_t$ 的一、二阶导数,有

$$\hat{y}_t' = ka^{b^t} b^t \ln a \ln b$$

$$\hat{y}_t'' = ka^{b^t} b^t \ln a (\ln b)^2 (b^t \ln a + 1)$$

令 $\hat{y}_t'' = 0$,可求得曲线拐点的位置为

$$\left(\frac{\ln \left[-(\ln a)^{-1} \right]}{\ln b}, \frac{k}{e} \right)$$

曲线过此点由向上凸变为向下凹。

因为 $0 < a < 1$,$0 < b < 1$,故 $\ln a < 0$,$\ln b < 0$,所以 $\hat{y}_t' > 0$,可知 $\hat{y}_t$ 为增函数,且在点 $\left(\frac{\ln \left[-(\ln a)^{-1} \right]}{\ln b}, \frac{k}{e} \right)$ 出现转折,$\hat{y}_t$ 的增长率由逐渐增大变为逐渐减小。在 $t = 0$ 时,$\hat{y}_t = ka$。当 $t \to -\infty$ 时,由于 $b^t \to +\infty$,$a^{b^t} \to 0$,有 $\hat{y}_t \to 0$;当 $t \to +\infty$ 时,由于 $b^t \to 0$,$a^{b^t} \to 1$,有 $\hat{y}_t \to k$。所以 $\hat{y}_t \to 0$ 和 $\hat{y}_t \to k$ 都是它的渐近线。它的图形是一条 S 形曲线。这条曲线反映了某些经济变量由开始增长缓慢,随后增长加快,达到一定程度后,增长率逐渐减慢,最后达到饱和状态的过程。因此,对于具有这种发展趋势的预测目标,可考虑用龚伯兹曲线来描述。

此外,图 5-4(b)、图 5-4(c)、图 5-4(d)的分析方法与图 5-4(a)的分析方法类似,请读者自行推理,本书不再赘述。

3. 模型的参数估计

为了确定模型中的参数,通常把式(5-15)模型改写为对数形式

$$\lg \hat{y}_t = \lg k + b^t \lg a \tag{5-16}$$

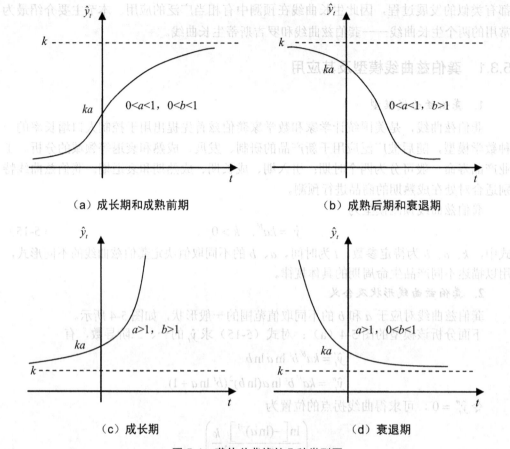

图 5-4　龚伯兹曲线的几种类型图

式（5-16）在形式上与式（5-6）表示的修正指数曲线相同。因此，可以用修正指数曲线估计参数的方法，利用三段法求得参数 k、a、b。

$$b = \sqrt[n]{\frac{\sum_3 \lg y_t - \sum_2 \lg y_t}{\sum_2 \lg y_t - \sum_1 \lg y_t}} \quad (5\text{-}17)$$

$$\lg a = \left(\sum_2 \lg y_t - \sum_1 \lg y_t\right)\frac{b-1}{(b^n-1)^2} \quad (5\text{-}18)$$

$$\lg k = \frac{1}{n}\left(\sum_1 \lg y_t - \lg a \cdot \frac{b^n-1}{b-1}\right) \quad (5\text{-}19)$$

这里 n 为总数的 1/3，$\sum_1 \lg y_t$、$\sum_2 \lg y_t$ 和 $\sum_3 \lg y_t$ 分别为总数据三等分后的各部分和。求 $\lg a$、$\lg k$ 的反对数即得参数 a、k。

由于龚伯兹曲线的对数形式为修正指数曲线，因而根据修正指数曲线预测模型的特点，可知龚伯兹曲线预测模型的特征是，其对数一阶差分的环比为一常数。因此，当时间序列 $\{y_t\}$ 的对数一阶差分的环比近似一常数时，可配合龚伯兹曲线预测模型来预测。

4. 模型的运用

例 5-3 已知某品牌平板电脑在甲地 2005—2013 年销售额如表 5-3 所示，试预测 2014 年和 2015 年的销售额各为多少万元。

表 5-3 甲地某平板电脑 2005—2013 年销售额龚伯兹曲线预测计算表

单位：万元

年份	年/次 t	销售额 y_t	$\lg y_t$	$\nabla \lg y_t$	$\dfrac{\nabla \lg y_t}{\nabla \lg y_{t-1}}/\%$	$\sum_i \lg y_t$	$\hat{y}_t$	相对误差/%
2005	0	25 850	4.412	—	—	$\sum_1 \lg y_t$ =13.576	24 230	6.266
2006	1	32 800	4.516	0.103	—		34 485	-5.138
2007	2	44 480	4.648	0.132	127.924		45 135	-1.472
2008	3	56 000	4.748	0.100	75.609	$\sum_2 \lg y_t$ =14.419	55 416	1.043
2009	4	64 960	4.813	0.064	64.443		64 803	0.242
2010	5	72 080	4.858	0.045	70.075		73 016	-1.299
2011	6	80 280	4.905	0.047	103.595	$\sum_3 \lg y_t$ =14.792	79 972	0.384
2012	7	85 840	4.934	0.029	62.152		85 718	0.142
2013	8	89 900	4.954	0.020	69.011		90 375	-0.529

解 第一步，选择模型。根据表 5-3 所提供的数据绘制的散点图如图 5-5 所示，曲线的变化趋势是接近于一个 S 形的曲线，为了进一步确定合适的预测模型，需要计算序列数据的对数一阶差分及其环比指数，我们观察环比指数，除 2007 年和 2011 年外，其他指数大体接近，因此可用龚伯兹曲线进行预测。

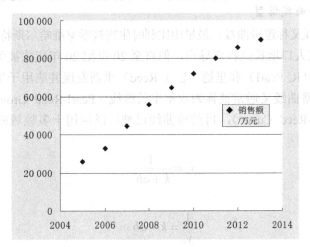

图 5-5 甲地某平板电脑 2005—2013 年销售额散点图

第二步，用三段法计算参数。取 $n=3$，求每组销售额的对数之和：

$$\sum_1 \lg y_t = 13.576$$
$$\sum_2 \lg y_t = 14.419$$
$$\sum_3 \lg y_t = 14.792$$

计算 a、b、k。利用式（5-17）、式（5-18）、式（5-19）计算：

$$b = \sqrt[n]{\frac{\sum_3 \lg y_t - \sum_2 \lg y_t}{\sum_2 \lg y_t - \sum_1 \lg y_t}} = \sqrt[3]{\frac{14.792 - 14.419}{14.419 - 13.576}} = 0.763$$

$$\lg a = \left(\sum_2 \lg y_t - \sum_1 \lg y_t\right) \frac{b-1}{(b^n-1)^2}$$

$$= (14.419 - 13.576) \times \frac{0.763 - 1}{(0.763^3 - 1)^2} = -0.645$$

$$\lg k = \frac{1}{n}\left(\sum_1 \lg y_t - \lg a \frac{b^n - 1}{b - 1}\right)$$

$$= \frac{1}{3} \times \left(13.576 + 0.645 \times \frac{0.763^3 - 1}{0.763 - 1}\right) = 5.0298$$

求 $\lg a$、$\lg k$ 的反对数得：$a = 0.262$，$k = 107112.5$

第三步，建立预测模型，并计算预测值。模型为

$$\hat{y}_t = kab^t = 107112.5 \times 0.262^{0.763^t}$$

利用模型进行预测：

$$\hat{y}_{2014} = 107112.5 \times 0.262^{0.763^9} = 94096 \text{（万元）}$$

$$\hat{y}_{2015} = 107112.5 \times 0.262^{0.763^{10}} = 97036 \text{（万元）}$$

5.3.2 罗吉斯蒂曲线

1. 罗吉斯蒂曲线模型

罗吉斯蒂曲线又称逻辑曲线，最早由比利时生物数学家维哈尔斯特（P. F. Verhulst）于 1838 年为研究人口增长过程而导出，但直至 20 世纪 20 年代才被美国生物学家及人口统计学家皮尔（R. Pearl）和里德（L. J. Reed）重新发现并应用于生物繁殖和生长过程。所以罗吉斯蒂曲线又通常被称为皮尔生长曲线（Pearl-Reed Growth Curve），简称皮尔曲线（Pearl-Reed Curve），目前该曲线已被广泛应用于多领域的模拟研究。曲线模型为

$$\hat{y}_t = \frac{1}{k + ab^t} \tag{5-20}$$

或

$$\frac{1}{\hat{y}_t} = k + ab^t \tag{5-21}$$

式中，k、a、b 为参数；t 为时间。

2. 罗吉斯蒂曲线的形状及含义

对 $\hat{y}_t$ 求一、二阶导数，有

$$\hat{y}_t' = -\frac{ab^t \ln b}{(k + ab^t)^2}$$

$$\hat{y}_t'' = -\frac{ab^t (\ln b)^2 (k - ab^t)}{(k + ab^t)^3}$$

令 $\hat{y}_t'' = 0$，可求得曲线拐点的位置为
$$\left(\frac{\ln k - \ln a}{\ln b}, \frac{1}{2k}\right)$$

曲线拐点左侧呈上凹趋势，过了该拐点后曲线变为向下凹的趋势。

当 $k>0$，$a>0$，$0<b<1$ 时，由于 $\ln b < 0$，所以 $\hat{y}_t' > 0$，此时 $\hat{y}_t$ 为增函数，且在 $\left(\frac{\ln k - \ln a}{\ln b}, \frac{1}{2k}\right)$ 出现转折，$\hat{y}_t$ 的增长率由逐渐增大变为逐渐减小。在 $t=0$ 时，$\hat{y}_t = \frac{1}{k+a}$。当 $t \to -\infty$ 时，$\hat{y}_t \to 0$；当 $t \to +\infty$ 时，$\hat{y}_t \to \frac{1}{k}$。所以 $\hat{y}_t = 0$ 和 $\hat{y}_t = \frac{1}{k}$ 都是它的渐近线，它的图形也是一条 S 形曲线，且对于拐点是对称的（见图 5-6）。它与龚伯兹曲线很相似，也是描述某些经济变量由开始增长缓慢，随后增长加快，达到一定程度后，增长率较低直至平稳发展。因此，对于具有这种发展趋势的预测目标，根据其具体情况，可考虑用罗吉斯蒂曲线描述。它能被用于产品生命周期中投入期、成长期和成熟前期的预测。

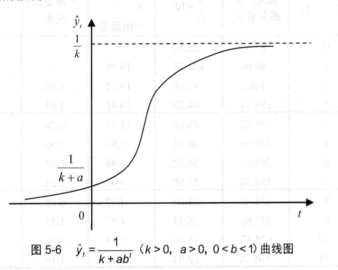

图 5-6 $\hat{y}_t = \dfrac{1}{k + ab^t}$（$k>0$，$a>0$，$0<b<1$）曲线图

3．模型的参数估计

由于罗吉斯蒂曲线的倒数是修正指数曲线，因此仿照修正指数曲线估计参数的方法（式（5-12）、式（5-13）以及式（5-14））可得 b、a、k 的计算公式。

$$b = \sqrt[n]{\frac{\sum_3 \frac{1}{y_t} - \sum_2 \frac{1}{y_t}}{\sum_2 \frac{1}{y_t} - \sum_1 \frac{1}{y_t}}} \tag{5-22}$$

$$a = \left(\sum_2 \frac{1}{y_t} - \sum_1 \frac{1}{y_t}\right) \frac{b-1}{(b^n-1)^2} \tag{5-23}$$

$$k = \frac{1}{n}\left(\sum_1 \frac{1}{y_t} - a \frac{b^n-1}{b-1}\right) \tag{5-24}$$

这里 n 为总数据的 $1/3$，$\sum_1 \frac{1}{y_t}$、$\sum_2 \frac{1}{y_t}$ 和 $\sum_3 \frac{1}{y_t}$ 分别为总数据三等分后的各部分和。若 $\frac{1}{y_t}$ 为小数时，则可乘以 10 的适当乘方化为整数，以利于计算。

根据修正指数曲线预测模型的特点可知，罗吉斯蒂曲线预测模型的特征是其倒数一阶差分的环比为一常数。因此，它适用于历史数据取倒数后的一阶差分环比较接近的预测对象。

4. 模型的运用

例 5-4 我国 1990—2001 年私人汽车拥有量资料如表 5-4 所示，试采用罗吉斯蒂曲线模型对我国 2004 年私人汽车拥有量进行预测。

表 5-4 1990—2001 年私人汽车拥有量罗吉斯蒂曲线计算表

单位：万辆

年份	年次	私人汽车拥有量 y_t	$\frac{1}{y_t} \times 10^4$	$\frac{1}{y_t} \times 10^4$ 的一阶差分	一阶差分比率	$\sum \frac{1}{y_t} \times 10^4$ (n=4)
1990	0	81.62	122.52	—	—	
1991	1	96.04	104.12	−18.40	—	375.44
1992	2	118.2	84.60	−19.52	1.06	
1993	3	155.77	64.20	−20.41	1.05	
1994	4	205.42	48.68	−15.52	0.76	
1995	5	249.96	40.01	−8.67	0.56	151.11
1996	6	289.67	34.52	−5.48	0.63	
1997	7	358.36	27.90	−6.62	1.21	
1998	8	423.65	23.60	−4.30	0.65	
1999	9	533.88	18.73	−4.87	1.13	71.30
2000	10	625.33	15.99	−2.74	0.56	
2001	11	770.78	12.97	−3.02	1.10	

解 将表格内的计算结果代入 b、a、k 的计算公式，可得

$$b = \sqrt[4]{\frac{71.30 - 151.11}{151.11 - 375.44}} = 0.772$$

$$a = (151.11 - 375.44) \times \frac{0.772 - 1}{(0.772^4 - 1)^2} = 123.069$$

$$k = \frac{1}{4} \times \left(375.44 - 123.069 \times \frac{0.772^4 - 1}{0.772 - 1}\right) = 6.805$$

于是建立罗吉斯蒂曲线预测模型为

$$\hat{y}_t = \frac{10^4}{6.805 + 123.069 \times 0.772^t}$$

将各年的 t 值代入预测模型，可得各年的追溯预测值 $\hat{y}_t$，请读者自行计算。最

后，用已建立的模型预测我国 2004 年私人汽车拥有量为

$$\hat{y}_{2004} = \frac{10^4}{6.805 + 123.069 \times 0.772^{14}} = 988.99 \text{（万辆）}$$

5.4 包络曲线法

由于科学技术发展过程既有新技术进步的成分，又有突变因素的影响，一个整体系统的功能特性是由一系列互有区别的、连续发展的技术体现的，而总的功能参数不断提高。在整个技术系列中技术的发展是没有限制的，但其中某一种技术的功能发展是有上限的，只具有传统功能的旧技术总会被赋有新型功能的新技术所代替，对于复杂的技术系统的预测，采用指数曲线和生长曲线不能胜任，因为它们仅能预测技术发展的量变过程而不能预测出质的飞跃。包络曲线法正是为了研究技术发展的规律而产生的。

分析和预测复杂的技术系统，特别是从事长远预测时，不仅要预测技术发展的量变过程，同时也要预测技术发展的质变过程。若用一条相切于这些 S 形生长曲线的平滑的包络线来描述这一过程，则可以得到表示一种技术特性发展总体趋势的曲线，这就是包络曲线法。

5.4.1 包络曲线

包络曲线有可能揭示预测变量的总趋势，估计预测变量的可能极限，描述其极限的性质。同时包络曲线往往要通过现有技术的极限参数，预见或揭示即将出现的新技术。因此，它不仅可以用于预测渐变过程，更主要的是可以用来预测科学和技术发展的突变，即跳跃式发展过程。所有这些都是技术预测中最重要和最困难的任务。

在利用包络曲线预测时，首先要建立包络曲线，具体步骤如下。

（1）分析各类预测对象的预测参数的发展趋势。

（2）求出各类预测对象的预测参数的发展趋势。

（3）绘制包络曲线，即在点 (x_i, y_i) 处与 i（$i = 1, 2, \cdots, m$）技术单元 S 曲线相切的曲线。

这里以运输速度增长和白炽光效率的提高为例，研究如何建立包络曲线。运输工具从马车—火车—汽车—飞机—火箭，已经更新了几代（见图 5-7）。其中，每一种运输工具也处于技术不断更新、发展的过程中。例如，飞机就从早期的活塞发动机飞机发展到喷气式飞机，喷气式飞机再进化到化学燃料喷气式飞机，现在正在向核燃料喷气式飞机发展。同样，白炽光的发展也经历了几代，效率不断提高，从蜡烛到爱迪生发明的第一盏电灯，再发展到纤维灯丝，然后进一步发展到钠—汞灯—荧光灯。

无论是每一代运输工具，还是每一代白炽光源，它们功能特性的提高和改善一般遵从 S 曲线。而每一技术单元中功能特性提高和改善最快的点，就是 S 曲线的拐点。如果

对每条 S 曲线 $y_i = f_i(x)$（$i=1,2,\cdots,m$）求二阶导数 $f_i''(x)$，令 $f_i''(x)=0$（$i=1,2,\cdots,m$），可以求出这个技术单元所对应 S 曲线 $y_i = f_i(x)$（$i=1,2,\cdots m$）的拐点 (x_i, y_i)，将各技术单元所对应 S 曲线的拐点连接起来，即得所求的包络曲线。

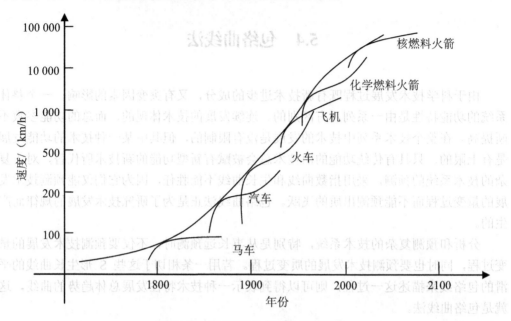

图 5-7　交通工具的包络曲线预测图

通过大量实验表明，相切于各技术单元 S 曲线的包络曲线也是一条 S 曲线。这一结果有力地说明，一个整体技术系统的发展也是连续的，速度是恒定的或略有变化的。从而当利用包络曲线外推超出现实科学和技术界限的趋势时，就可以根据相应系统过去的发展速度，外推未来的发展速度。该方法虽然未能考虑到个别的或偶然性的技术突破问题，但用于对一般技术渐进发展累计结果的影响进行预测却很有效。

5.4.2　包络曲线的数学原理

1. 包络曲线和奇解的概念

对某些常微分方程，存在着一条特殊的积分曲线，它不属于这方程的积分曲线族，但是，在这条特殊的曲线上的每一点处，都有积分曲线族中的一条曲线和它在此相切，在几何学上，这条特殊的积分曲线称为积分曲线族的包络。在微分方程里，这条特殊的积分曲线所对应的解称为该方程的奇解。

一阶微分方程的通解的包络一定是奇解（如果存在的话），反之，微分方程的奇解（如果存在的话）一定是微分方程通解的包络。因此，为了求微分方程的奇解，要先求出它的通解，然后再求通解的包络。

因此，对包络曲线和奇解我们可以给出如下定义。

定义 1 对给定的单参数曲线族：

$$\Phi(x,y,c)=0 \tag{5-25}$$

式中，c 是参数；$\Phi(x,y,c)$ 是 x,y,c 的连续可微函数，曲线族（5-25）的包络是指这样的曲线——它本身不包含在曲线（5-25）中，但是过这条曲线的每一点有（5-25）中的一条曲线和它在这点相切。

定义 2 微分方程的某一解称为奇解，如果在这个解的积分曲线上每一点还有方程的另外一个解存在。

对于给定的单参数曲线族，如何求其包络曲线，微分方程理论给出了多种解决方法。我们在这里简要地介绍其中的 c-判别曲线方法和 p-判别曲线方法。

2. c-判别曲线方法

曲线族（5-25）的包络包含在由方程组

$$\begin{cases} \Phi(x,y,c) = 0 \\ \Phi'_c(x,y,c) = 0 \end{cases} \tag{5-26}$$

消去参数 c 而得到的曲线 $F(x,y)=0$ 之中。曲线 $F(x,y)=0$ 称为（5-25）的 c-判别曲线。需要注意的是，c-判别曲线有时除包络曲线外，还有其他曲线。曲线族（5-25）是某一微分方程系统的通解，c 是微分方程系统通解的积分常数。

3. p-判别曲线方法

对给定的微分方程：

$$F\left(x, y, \frac{dy}{dx}\right) = 0 \tag{5-27}$$

令 $p = dy/dx$，方程（5-27）的奇解包含在由方程组

$$\begin{cases} F(x,y,p) = 0 \\ F'_p(x,y,p) = 0 \end{cases} \tag{5-28}$$

消去参数 p 而得到的曲线 $\Phi(x,y)=0$ 之中。曲线 $\Phi(x,y)=0$ 称为方程（5-27）的 p-判别曲线。需要注意的是，p-判别曲线有时除方程奇解外，还有其他曲线。式（5-27）是 x,y,p 的连续可微函数，是某一微分方程系统的隐函数表达式，p 是微分方程的一阶导数。c-判别曲线和 p-判别曲线在形式上类似，但是在本质上是不同的曲线。c-判别曲线是消去微分方程通解中的积分常数而得到的，p-判别曲线是消去微分方程中的一阶导数而得到的。

4. 求包络曲线和奇解示例

例 5-5 求 $y' = \sqrt{b^2 - y^2}/y$ 的通解的包络曲线和奇解。

解 易求得方程的通解是：

$$(x-c)^2 + y^2 = b^2$$

对 c 求导，得 $-2(x-c)=0$，按 c-消去法，解

$$\begin{cases} (x-c)^2 + y^2 = b^2 \\ -2(x-c) = 0 \end{cases}, \text{得}$$

$$y = \pm b$$

易验证，它显然是解，又是通解的包络曲线。因此 $y = \pm b$ 也是方程的奇解。

例 5-6 求 $x - y = \frac{4}{9}y'^2 - \frac{8}{27}y'^3$ 的通解的包络曲线和奇解。

解 令 $P = y'$，方程即 $x - y = \frac{4}{9}P^2 - \frac{8}{27}P^3$，按 p-消去法，从

$$\begin{cases} x - y = \frac{4}{9}P^2 - \frac{8}{27}P^3 \\ \frac{8}{9}(P - P^2) = 0 \end{cases}$$

中消去 P 得到 $y = x$，及 $y = x - \frac{4}{27}$。经过验证，得到以下结论。

（1）$y = x$ 不是方程的解，当然不是奇解；$y = x - \frac{4}{27}$ 是方程的解。

（2）可求得方程的通解是 $(y - c)^2 = (x - c)^3$，由通解图形，可以看到 $y = x - \frac{4}{27}$ 上每一点均有两条积分曲线通过，这是因为由复数根共扼原理，所以一定至少有一实数根存在，即对 $y = x - \frac{4}{27}$ 直线上任意一点 (x_0, y_0)，都可以找到对应的 c_0，也就是存在着微分方程的一个解过点 (x_0, y_0)，故为奇解。$y = x$ 是积分曲线的尖点的轨迹。

5.4.3 应用范围

（1）某项技术发展的前期阶段，采用包络曲线对技术发展进行深入研究，可以外推出新的远景技术，从而可以未雨绸缪，提前完成技术储备，以便及时进行技术更新。

（2）当某一技术的发展趋于极限时，采用包络曲线可以外推可能出现的新技术。

（3）用包络曲线外推未来某一时刻的特性参数水平，借以推测将会出现哪种新技术。

（4）验证决策中制定的技术参数是否合理。如果拟订的参数在包络曲线之上，则可能有些冒进；如在其下则可能偏于保守。合理的技术参数应与包络曲线相吻合，偏高偏低皆需调整。

 本章小结

1. 指数曲线法。指数曲线法是一种重要的趋势外推法，用来描述处在发生和发展阶段的技术预测（很多技术特性的发展是符合发生、发展和成熟型指数增长规律的），也可用于经济预测（因为它与许多经济现象的发展过程相适应）。当时间序列数值的环比发展速度大体相等，或者对数一阶差分近似为一个常数时，用指数曲线预测模型来预测。

2. 修正指数曲线法。修正指数曲线是一种渐进增长曲线，该模型适用于现象初期增长（或减少）速度较快，随后增长（或减少）速度较慢，最后趋向某一正常数极限

的经济变量。当时序资料的一阶差分的环比近似为一常数时,用修正指数增长曲线模型预测的这种情况。

3. 生长曲线法。生长曲线法是预测事件的一组观测数据随时间的变化符合生长曲线的规律,以生长曲线模型进行预测的方法。常用的有龚伯兹生长曲线和罗吉斯蒂生长曲线(皮尔曲线)。当时间序列的对数一阶差分环比近似一常数时,使用龚伯兹曲线进行预测;当时间序列倒数一阶差分环比为一常数时,使用罗吉斯蒂曲线。

4. 包络曲线法。包络曲线是由所有短期成本曲线(总成本曲线和平均成本曲线)最低点轨迹构成的长期成本曲线,适用于研究技术发展的规律。

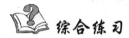

综合练习

一、练习题

1. 什么是趋势外推预测方法?趋势模型的种类有哪些?
2. 进行龚伯兹曲线预测的基本步骤是什么?
3. 某企业 1997—2012 年商品销售额的资料如表 5-5 所示,请用指数曲线模型预测 2013 年和 2014 年该企业的商品销售额。

表 5-5 某企业 1997—2012 年商品销售额

年　份	销售额/万元	年　份	销售额/万元
1997	737	2005	1 339
1998	801	2006	1 432
1999	858	2007	1 558
2000	929	2008	1 800
2001	1 023	2009	2 140
2002	1 106	2010	2 350
2003	1 163	2011	2 570
2004	1 271	2012	2 849

4. 某款高档手表 2004—2012 年的销售量如表 5-6 所示,试用生长曲线法预测 2013 年和 2015 年的销售量。

表 5-6 某款高档手表 2004—2012 年的销售量

单位:千块

年　份	2004	2005	2006	2007	2008	2009	2010	2011	2012
销售量	41.2	50.6	71.3	167.2	248.4	329.8	360.4	381.5	400.2

5. 我国 1978—1988 年 11 年间各年的农业总产值指数(以 1978 年为 100 计)如下:100,107.5,109.1,115.4,128.4,138.4,155.4,160.7,166.1,175.7,182.6。请选用合适的趋势曲线来拟合数据,并预测 1989 年的农业产值指数。

二、思考题

在使用趋势外推法求参数的方法中,有一些需用三段法,而有一些需用最小二乘法,请思考这两种方法分别在哪些情况下较为适用。

三、案例题

电子产品 N 的发展经历了产品 1 代、产品 2 代、产品 3 代、产品 4 代的过程,经过一系列技术的替换,其运算速度越来越快,而同等功能的产品体积则变得越来越小。但对于其中的每一种具体技术来讲,都有一个 S 形生长曲线的发展过程,并且后一种技术的成长曲线高峰总要高于前一种技术的成长曲线高峰,如图 5-8 所示。

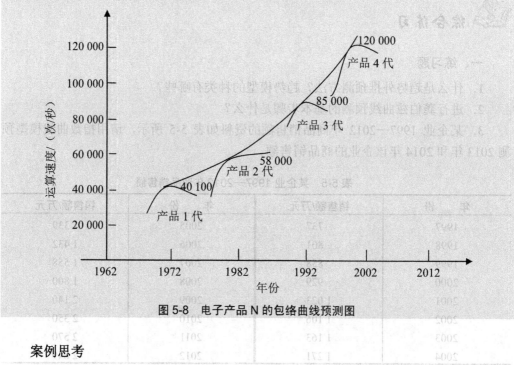

图 5-8　电子产品 N 的包络曲线预测图

案例思考

试用本章所学的包络曲线法预测 2012 年产品的计算速度。

第6章 马尔可夫预测法

本章学习目标

- 掌握随机过程定义及马尔可夫链定义
- 掌握 n 步状态转移概率的定义和应用
- 掌握状态的分类、性质及其应用
- 掌握马尔可夫预测和决策方法的应用
- 了解平稳过程、遍历性、独立增量过程概念

引例

天气变化的概率

Centerville 小镇的天气每天都在快速变化。如果今天是晴天,则明天出现晴天的可能性就比今天是雨天的可能性大。如果今天是晴天,则明天也是晴天的概率为 0.8。而今天是雨天,则明天是晴天的概率为 0.6。即使考虑了今天之前所有各天的气象情况,这个概率值也不会发生改变。

Centerville 小镇的天气变化可看作一个随机过程 $\{X_t\}$。从某天开始(这一天被记为第 0 天),连续记录随后每一天(第 t 天)的气象状况,$t=1,2,\cdots$,第 t 天系统的状态可能为 0(代表第 t 天为晴天),也可能为 1(代表第 t 天为雨天)。因此,对于 $t=1,2,\cdots$,随机变量 X_t 可表示为

$$X_t = \begin{cases} 0 & \text{如果第} t \text{天是晴天} \\ 1 & \text{如果第} t \text{天是雨天} \end{cases}$$

因此,随机过程 $\{X_t\} = \{X_0, X_1, X_2, \cdots\}$ 是一种描述 Centerville 小镇气象状态随时间变化的数学表达式。

(资料来源:HILLIER F S, LIEBERMAN G J. 运筹学导论[M]. 8 版. 胡运权, 等译. 北京:清华大学出版社, 2007:714-715.)

在概率论中学习了随机变量、随机向量,即多维随机变量的知识,主要涉及有限个随机变量。在极限定理中,虽然涉及了无穷多个随机变量,但它们之间是相互独立的。当研究无穷多个、相互有关的随机变量的发展变化规律时,就需应用随机过程理论。马尔可夫预测法是随机过程理论在预测领域中的一个应用。马尔可夫(A.A.Markov)是俄国数学家。20 世纪初,他在研究中发现自然界中有一类事物的变

化过程仅与事物的近期状态有关，而与事物的过去状态无关。具有这种特性的随机过程被称为马尔可夫过程。马尔可夫预测方法不需要大量历史资料，只需要对近期状况做详细分析。它的应用范围非常广泛，包括产品的市场占有率预测、期望报酬预测、人力资源预测等，还可用来分析系统的长期平衡条件，为决策提供有意义的参考。设备维修和更新、人才结构变化、资金流向、市场需求变化等许多经济和社会行为都可用这一类过程来描述。

6.1 随机过程的基本概念与基本类型

6.1.1 基本概念

在随机过程理论中，随机过程的定义如下：

随机过程是概率空间 (Ω, F, P) 上的一组随机变量 $\{X(t), t \in T\}$，其中，t 是参数，它属于某个指标集 T，T 称为参数集。

最常见的参数集有：$T_1 = \{0,1,2,\cdots\}$ 和 $T_2 = [a,b]$，其中，a，b 可以是 $\pm\infty$。t 一般代表时间。当 $T = \{0,1,2,\cdots\}$ 时称为随机序列或时间序列。随机序列常写成 $\{X(n), n \geq 0\}$ 或 $\{X_n : n = 0,1,2,\cdots\}$。随机过程有时这样理解：对于固定的样本点 $\omega_0 \in \Omega$，$X(t, \omega_0)$ 就是定义在 T 上的一个函数，称为 $X(t)$ 的一条样本路径或一个样本函数；而对于固定的时刻 $t \in T$，$X(t) = X(t, \omega)$ 是概率空间 Ω 上的一个随机变量；其取值随着试验的结果而变化，变化有一定的规律，称为概率分布。随机过程 $X(t)$ 取的值称为过程所处的状态。状态的全体称为状态空间，记为 S。根据 T 及状态空间 S 的不同，过程可以分成不同的类；依照状态空间可分为连续状态和离散状态；依照参数集，可分为离散参数和连续参数过程。下面是一些常见随机过程的例子。

例 6-1 （随机游动）一个醉汉在路上行走，以概率 p 前进一步，以概率 $1-p$ 后退一步（我们假定其步长相同）。以 $X(t)$ 记他在路上的位置，则 $X(t)$ 就是直线上的随机游动。

例 6-2 （布朗运动）英国植物学家布朗注意到漂浮在液面上的微小粒子不断进行无规则的运动。这种运动后来称为布朗运动，它是分子大量随机碰撞的结果。若记 $(\{X(t)\}, \{Y(t)\})$ 为粒子在平面坐标上的位置，则它是平面上的布朗运动。

例 6-3 （排队模型）顾客来到服务站要求服务。当服务站中的服务员都忙碌，即服务员都在为别的顾客服务时，新来到的顾客就要排队等候。顾客的到来，每个顾客所需的服务时间都是随机的，所以如果用 $X(t)$ 表示 t 时刻的顾客等待队伍的长度，用 $Y(t)$ 表示 t 时刻来的顾客所需要等待的时间，则 $\{X(t)\}$，$\{Y(t)\}$ 都是随机过程。

6.1.2 基本类型

平稳过程、遍历性性质、独立增量过程等是随机过程理论中的基本概念。在此，我们做一简单介绍。

1. 平稳过程概念

如果随机过程 $X(t)$ 对任意的 $t_1,\cdots,t_n \in T$ 和任意的 h（使得 $t_i+h \in T, i=1,2,\cdots,n$）有 $(X(t_1+h),\cdots,X(t_n+h))$ 与 $(X(t_1),\cdots,X(t_n))$ 具有相同的联合分布，记为

$$(X(t_1+h),\cdots,X(t_n+h)) \underline{d} (X(t_1),\cdots,X(t_n)) \tag{6-1}$$

则称 $X(t)$ 是严平稳的。

如果随机过程 $X(t)$ 的所有二阶矩都存在，并且 $E[X(t)] = \mu$，协方差函数 $\gamma(t,s)$ 只与时间差 $t-s$ 有关，则称 $X(t)$ 为宽平稳过程或二阶平稳过程。

例 6-4 （平稳白噪声序列）设 X_n，$n = 0,1,\cdots$ 为一列两两互不相关的随机变量序列，满足 $E[X_n] = 0$（$n = 0,1,2,\cdots$），且

$$E[X_m X_n] = \begin{cases} 0 & \text{当} m \neq n \\ \sigma^2 & \text{当} m = n \end{cases} \tag{6-2}$$

则 $\{X_n : n=0,1,2,\cdots\}$ 为平稳序列。这是因为协方差函数 $E[X_m X_n]$ 只与 $m-n$ 有关。

2. 遍历性概念

设 $X = \{X(t), -\infty < t < \infty\}$ 为一平稳过程（或平稳序列），若

$$\bar{X} = \lim_{T \to \infty} \frac{1}{2T} \int_{-T}^{T} X(t) \mathrm{d}t = m \tag{6-3}$$

或

$$\bar{X} = \lim_{N \to \infty} \frac{1}{2N+1} \sum_{k=-N}^{N} X(k) = m \tag{6-4}$$

则称 X 的均值具有遍历性。这里的极限是指在均方意义下的极限，即

$$\lim_{T \to \infty} E\left[\left|\frac{1}{2T} \int_{-T}^{T} X(t) \mathrm{d}t - m\right|^2\right] = 0 \tag{6-5}$$

如果

$$\bar{\gamma}(\tau) = \lim_{T \to \infty} \frac{1}{2T} \int_{-T}^{T} (X(t)-m)(X(t+\tau)-m) \mathrm{d}t = \gamma(\tau) \tag{6-6}$$

或

$$\bar{\gamma}(\tau) = \lim_{N \to \infty} \frac{1}{2N+1} \sum_{k=-N}^{N} (X(k)-m)(X(k+\tau)-m) = \gamma(\tau) \tag{6-7}$$

则称 X 的协方差有遍历性，这里的极限同样是指在均方意义下的极限。若随机过程（或随机序列）的均值和协方差函数都具有遍历性，则称此随机过程具有遍历性。这里的极限都是在均方意义下的极限。

我们可以运用"均值遍历性定理"去检验随机序列或随机过程是否具有遍历性。

设 $X = \{X_n, n = 0, \pm 1, \pm 2, \cdots\}$ 是平稳序列，其协方差函数为 $\gamma(t)$，则 X 具有遍历性的充分必要条件是

$$\lim_{N \to \infty} \frac{1}{N} \sum_{t=0}^{N-1} \gamma(t) = 0$$

设 $X = \{X_t, -\infty < t < \infty\}$ 是平稳过程，则 X 有遍历性的充分必要条件是

$$\lim_{T\to\infty}\frac{1}{T}\int_0^{2T}\left(1-\frac{\tau}{2T}\right)\gamma(\tau)\mathrm{d}\tau=0$$

3. 独立增量过程概念

虽然 $X(t)$ 之间常常不是相互独立的，但是人们发现许多过程的增量是相互独立的，对此我们称之为独立增量过程。独立增量过程可以定义为：如果对任何 $t_1,t_2,\cdots,t_n\in T$，$t_1<t_2<\cdots<t_n$，随机变量 $X(t_2)-X(t_1)$，$\cdots$，$X(t_n)-X(t_{n-1})$ 是相互独立的，则称 $X(t)$ 为独立增量过程。如果对任何 t_1,t_2，有 $X(t_1+h)-X(t_1)\underline{\mathrm{d}}X(t_2+h)-X(t_2)$，则称 $X(t)$ 为平稳增量过程，兼有独立增量和平稳增量的过程称为平稳独立增量过程。

6.2 马尔可夫链

6.2.1 马尔可夫链基本概念

有一类随机过程，它具备所谓的"无后效性"（即马尔可夫性），即想要确定过程将来的状态，只要知道它此刻的情况就足够了，并不需要对它以往状况的认识，这类过程称为马尔可夫过程。这里我们介绍马尔可夫过程中最简单的两种类型：离散时间马尔可夫链及连续时间马尔可夫链。

1. 马尔可夫链定义

马尔可夫链的定义为：

对于随机过程 $\{X_n,n=0,1,2,\cdots\}$，若它只取有限或可列多个值 $E_1,E_2,\cdots$（我们以 $\{1,2,\cdots\}$ 来标记 $E_1,E_2,\cdots$，称它们是过程的状态并记为 E，称为过程的状态空间），并且对任意的 $n\geq 0$，对一切的状态 $i,j,i_0,i_1,\cdots,i_{n-1}$，有

$$P\{X_{n+1}=j|X_0=i_0,X_1=i_1,\cdots,X_{n-1}=i_{n-1},X_n=i\}=P\{X_{n+1}=j|X_n=i\} \quad (6-8)$$

称随机过程 $\{X_n,n=0,1,2,\cdots\}$ 为马尔可夫链，式（6-8）为马尔可夫性。

"转移概率"是马尔可夫链理论中的一个重要概念，其定义为：

我们称式（6-8）中的条件概率 $P\{X_{n+1}=j|X_n=i\}$ 为马尔可夫链 $\{X_n,n=0,1,2,\cdots\}$ 的一步转移概率，简称转移概率。一般情况下，转移概率与状态 i,j 和时刻 n 有关。

时齐马尔可夫链是马尔可夫链中的一种相对简单情形，本章只讨论时齐马尔可夫链，并且将之简称为马尔可夫链。其定义为：

当马尔可夫链的转移概率 $P\{X_{n+1}=j|X_n=i\}$ 只与状态 i,j 有关，而与 n 无关时，称马尔可夫链为时齐的，并记 $P_{ij}=P\{X_{n+1}=j|X_n=i\}(n\geq 0)$；否则，就称之为非时齐的。

2. 马尔可夫链举例

例 6-5 （一个简单的疾病，死亡模型，菲克斯—内曼（Fix-Neyman））考虑一个包含两个健康状态 S_1 和 S_2，以及两个死亡状态 S_3 和 S_4（即由不同原因引起的死亡）的模型。若个体病愈，则认为它处于 S_1；若它患病，说它处于 S_2，个体可以从 S_1、S_2 进入 S_3 和 S_4。这是一个马尔可夫链的模型。转移矩阵为

$$P = \begin{bmatrix} P_{11} & P_{12} & P_{13} & P_{14} \\ P_{21} & P_{22} & P_{23} & P_{24} \\ 0 & 0 & 1 & 0 \\ 0 & 0 & 0 & 1 \end{bmatrix}$$

例 6-6 （图上的简单随机游动）设有一蚂蚁在如图 6-1 所示的线条上爬行，当两个结点相邻时，蚂蚁将爬向它临近的一点，并且爬向任何一个邻居的概率是相同的。

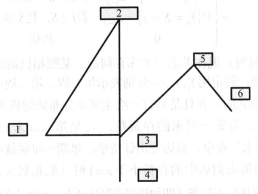

图 6-1 例 6-6 图示简单随机游动

则此马尔可夫链的转移矩阵是

$$P = \begin{bmatrix} 0 & 1/2 & 1/2 & 0 & 0 & 0 \\ 1/2 & 0 & 1/2 & 0 & 0 & 0 \\ 1/4 & 1/4 & 0 & 1/4 & 1/4 & 0 \\ 0 & 0 & 1 & 0 & 0 & 0 \\ 0 & 0 & 1/2 & 0 & 0 & 1/2 \\ 0 & 0 & 0 & 0 & 1 & 0 \end{bmatrix}$$

例 6-7 （订货问题）考虑订货问题，设某商店使用 (s, S) 订货策略，每天早上检查某商品的剩余量设为 x，则订购额为

$$\begin{cases} 0 & 若 x \geq S \\ S - x & 若 x < S \end{cases}$$

设订货不需时间，每天的需求量 Y_n 独立同分布，且 $P\{Y_n = j\} = a_j$ （$j = 0, 1, 2, \cdots$）。现在从上述问题中寻找一个马尔可夫链，并求其转移概率矩阵。

令 X_n 为第 n 天结束时的存货量，则

$$X_{n+1} = \begin{cases} X_n - Y_n & 若 X_n \geq S \\ S - Y_n & 若 X_n < S \end{cases}$$

则 $\{X_n, n \geq 1\}$ 是马尔可夫链。其转移概率矩阵求解的推导过程如下：

已知

$$X_{n+1} = \begin{cases} X_n - Y_n & 若 X_n \geq S \\ S - Y_n & 若 X_n < S \end{cases}$$

构造函数

$$U(x) = \begin{cases} 0 & x \geq S \\ S - x & x < S \end{cases}$$

则
$$X_{n+1} = X_n + U(X_n) - Y_n$$
$$\begin{aligned}
P_{ij}(n) &= P\{X_{n+1} = j | X_n = i\} \\
&= P\{X_n + U(X_n) - Y_n = j | X_n = i\} \\
&= P\{Y_n = X_n + U(X_n) - j | X_n = i\} \\
&= P\{Y_n = i + U(i) - j\} \\
&= \begin{cases} P\{Y_n = i - j\} = a_{i-j} & \text{若} i \geq S, \text{且} i \geq j \\ P\{Y_n = S - j\} = a_{s-j} & \text{若} i < S, \text{且} S \geq j \\ 0 & \text{其他} \end{cases}
\end{aligned}$$

例 6-8 (库存问题)现在考虑一个库存问题。某照相机商店出售的某种型号相机可以每周进行一次订货,假定用 $Y_1, Y_2, \cdots$ 分别表示第一周、第二周……对这种照相机的需求量,假定 Y_i 是相互独立的,并且是具有一给定概率分布的随机变量。设 x_0 代表开始时商店全部的存货数,x_1 是第一周末的存货数,x_2 是第二周末的存货数,等等。假设 $x_0 = 3$,在星期六(周末)夜里,商店发出订货单,星期一早晨就可以到货。商店的订货策略是 (s, S),即如果周末商店中的存货小于 $s = 1$ 时(照相机全部售光),商店将订货 $S = 3$(订三台),否则商店将不订货(即如果周末商店还有一台以上的照相机,将不订货)。

显然,$\{x_t, t = 0,1,2,\cdots\}$ 是一个随机过程。过程的状态是 $0,1,2,3$,它们代表周末商店可能的存货数,实际 $\{x_t, t = 0,1,2,\cdots\}$ 可以用下式求出:
$$x_{t+1} = \begin{cases} \max\{(3 - Y_{t+1}), 0\} & \text{如果} x_t < 1 \\ \max\{(x_t - Y_{t+1}), 0\} & \text{如果} x_t \geq 1 \end{cases}$$

假定 Y_t 服从具有参数为 $\lambda = 1$ 的 Poisson 分布,试求它的转移概率矩阵。为了求 P_{00},必须求出 $P(x_t = 0 | x_{t-1} = 0)$。如果 $x_{t-1} = 0$,则 $x_t = \max\{(3 - Y_t), 0\}$。而且从 $x_{t-1} = 0$ 到 $x_t = 0$ 的转移意味着在第 t 周的照相机需求量为 3 或者更多,因为该周初有 3 台照相机被增加到正在被消耗的库存中,而本周期末存货数为 0。所以有:$P_{00} = P(Y_t \geq 3)$,这正好是参数为 $\lambda = 1$ 的 Poisson 分布变量取值 3 或大于 3 的概率,它可以通过 Poisson 分布表求出 $P_{00} = 0.080$。

用同样的方法可以求出 P_{10},即 $P_{10} = P(x_t = 0 | x_{t-1} = 1)$。这一公式的含义是:因为 $x_{t-1} = 1$ 意味着在本周内不订货,在本周末 $x_t = \max\{(1 - Y_t), 0\}$。为了使 $x_t = 0$,那么在这周内需求量就必须大于等于 1。所以,$P_{10} = P(Y_t \geq 1) = 0.632$。

再求 P_{21},即 $P_{21} = P(x_t = 1 | x_{t-1} = 2)$,当 $x_{t-1} = 2$ 时,不订货。要想达到 $x_t = 1$,则周内的需求量为 1,即 $P_{21} = P(Y_t = 1) = 0.368$。用同样的方法可以求出各状态间的转移概率,得到一阶转移概率矩阵。

$$P = \begin{bmatrix} 0.080 & 0.184 & 0.368 & 0.368 \\ 0.632 & 0.368 & 0 & 0 \\ 0.264 & 0.368 & 0.368 & 0 \\ 0.080 & 0.184 & 0.368 & 0.368 \end{bmatrix}$$

6.2.2 n步转移概率与C-K方程

1. n步转移概率

我们定义条件概率:

$$P_{ij}^{(n)} = P\{X_{m+n} = j | X_m = i\}, \quad (i, j \in E, m \geq 0, n \geq 1) \tag{6-9}$$

为马尔可夫链的 n 步转移概率,相应地称 $P^{(n)} = (P_{ij}^{(n)})$ 为 n 步转移矩阵。

当 n=1 时,$P_{ij}^{(1)} = P_{ij}$,$P^{(1)} = P$,此外规定:

$$P_{ij}^{(0)} = \begin{cases} 0 & i \neq j \\ 1 & i = j \end{cases}$$

显然 n 步转移概率 $P_{ij}^{(n)}$ 指的就是系统从状态 i 出发,经过 n 步后转移到 j 的概率,它对中间的 n-1 步转移经过的状态无要求。C-K 方程描述了 $P_{ij}^{(n)}$ 和 P_{ij} 的关系。

查普曼—科尔莫哥洛夫方程,简称 C-K 方程,其表达结论如下:
对一切 $n, m \geq 0$,$i, j \in E$,有

(1) $P_{ij}^{(m+n)} = \sum_{k \in E} P_{ik}^{(m)} P_{kj}^{(n)}$

(2) $P^{(n)} = P \cdot P^{(n-1)} = P \cdot P \cdot P^{(n-2)} = \cdots = P^n$

2. n步转移概率矩阵举例

例 6-9 (股民的破产或称带吸收壁的随机游动) 系统的状态是 $0 \sim n$,反映股民 A 在股票投资期间拥有的钱数。当他的投资资金全部亏损完或拥有钱数为 n 时退出股市,否则他将持续在股市中交易。假定股民每天在股市中交易一次,无手续费,每次以概率 P 赢得 1,以概率 1-P 输掉 1。

(1) 我们试建立这个系统的转移概率矩阵;

(2) 假定 n=3,P=1/2。股民从 2 元资金开始投资,求解他经过 4 次交易后全部资金亏损的概率。

这一系统的转移概率矩阵为

$$\boldsymbol{P} = \begin{bmatrix} 1 & 0 & 0 & 0 & \cdots & 0 & 0 & 0 \\ 1-P & 0 & P & 0 & \cdots & 0 & 0 & 0 \\ 0 & 1-P & 0 & P & \cdots & 0 & 0 & 0 \\ \vdots & \vdots & \vdots & \vdots & & \vdots & \vdots & \vdots \\ 0 & 0 & 0 & 0 & \cdots & 1-P & 0 & P \\ 0 & 0 & 0 & 0 & \cdots & 0 & 0 & 1 \end{bmatrix}_{(n+1) \times (n+1)} \tag{6-10}$$

对式 (6-10) 可以这样解读。因为共有 n+1 种状态,所以矩阵是 $(n+1) \times (n+1)$ 阶的;矩阵第一行和第一列是 0 行和 0 列,矩阵第 i 行表示变动前的状态为 i,矩阵第 j 列表示变动后的状态为 j,则 P_{ij} 表示经过一步转移从状态 i 变到状态 j 的概率。根据系统运动规则,自然可以得到转移概率矩阵 $\boldsymbol{P}$。例如,$P_{00} = 1$,$P_{01} = 0$,是因为规则规定"资金全部亏损完后,要退出股市",所以下一状态必然是 0,即 $P_{00} = 1$;因为其不能

进入股市，必然不能赢得 1，所以概率为 0，即 $P_{01}=0$。$P_{20}=0$，$P_{21}=q$，$P_{22}=0$，$P_{23}=p$，是因为每次交易数量为 1，一次交易中不可能把两个资金全部亏损，所以概率为 0，即 $P_{20}=0$；一次交易中可能亏损，有可能变为 1，所以有 $P_{21}=q$；交易必须进行，不可能数量保持不变，所以有 $P_{22}=0$。同理可得矩阵中其他元素的来源。

对于第二个问题，其数理含义是求 $P_{20}^{(4)}=P\{X_4=0|X_0=2\}$。根据式（6-10），有

$$P = \begin{bmatrix} 1 & 0 & 0 & 0 \\ 1/2 & 0 & 1/2 & 0 \\ 0 & 1/2 & 0 & 1/2 \\ 0 & 0 & 0 & 1 \end{bmatrix}$$

利用矩阵乘法，得到

$$P^{(4)} = P^4 = \begin{bmatrix} 1 & 0 & 0 & 0 \\ 5/8 & 1/16 & 1/2 & 5/16 \\ 5/16 & 0 & 1/16 & 5/8 \\ 0 & 0 & 0 & 1 \end{bmatrix}$$

故 $P_{20}^{(4)}=5/16$（P^4 中第三行第一列）。

例 6-10 某经济系统有三种状态 E_1、E_2、E_3（如畅销、一般、滞销）。系统状态转移情况如表 6-1 所示。试求系统的两步转移概率矩阵。

表 6-1 系统状态转移情况表

次数＼状态	状态	系统下步所处状态		
		E_1	E_2	E_3
系统本步所处状态	E_1	21	7	14
	E_2	16	8	12
	E_3	10	8	2

由表 6-1 数据可知，一步转移概率矩阵为

$$P = \begin{bmatrix} 21/42 & 7/42 & 14/42 \\ 16/36 & 8/36 & 12/36 \\ 10/20 & 8/20 & 2/20 \end{bmatrix} = \begin{bmatrix} 0.50 & 0.167 & 0.333 \\ 0.444 & 0.222 & 0.334 \\ 0.50 & 0.4 & 0.1 \end{bmatrix}$$

两步转移概率矩阵为

$$P^{(2)} = \begin{bmatrix} 0.50 & 0.167 & 0.333 \\ 0.444 & 0.222 & 0.334 \\ 0.50 & 0.4 & 0.1 \end{bmatrix}^2 = \begin{bmatrix} 0.49 & 0.25 & 0.26 \\ 0.49 & 0.26 & 0.25 \\ 0.48 & 0.21 & 0.31 \end{bmatrix}$$

6.2.3 状态的分类及性质

1. 状态的分类及性质基本理论

在上述内容中提到的 n 阶转移概率，是在 n 步过程中，由 i 状态转移到 j 状态的概率。在这一过程中，随机变量是在指定转移次数时，过程所处的状态。但是在实际

应用中，我们经常希望知道经过多长时间（或多少步），过程能够达到某一状态，在这一过程中，随机变量是到达一定状态所需的时间（或步数）。

为了更进一步地论述这一问题，我们需要了解如下一些基本概念。

定义 1：若存在 $n \geq 0$，使得 $P_{ij}^{(n)} > 0$，称状态 i 可达状态 j，$(i, j \in E)$，记为 $i \to j$。若同时有状态 $j \to i$，则称 i 和 j 互通，记为 $i \leftrightarrow j$。

互通是一种等价关系，它满足：① 自返性，$i \leftrightarrow i$；② 对称性，$i \leftrightarrow j$，则 $j \leftrightarrow i$；③ 传递性，$i \leftrightarrow j$，$j \leftrightarrow k$，则 $i \leftrightarrow k$。

我们把任何两个相同状态归为一类，根据互通的性质可知，同在一类的状态应该都互通，并且任何一个状态不能同时属于两个不同的类。

定义 2：若马尔可夫链只存在一个类，就称它是不可约的。否则称为可约的。

例 6-11 我们来看例 6-5 中疾病死亡模型的四个状态之间的关系。为清楚起见，经常以图 6-2 所示的转移图来表示马尔可夫链的状态变化，由转移矩阵容易看出：$S_1 \to S_1$，$S_2 \to S_1$，$S_1 \to S_2$，$S_2 \to S_2$，$S_1 \to S_3$，$S_2 \to S_3$，$S_1 \to S_4$，$S_2 \to S_4$。所以只有 $S_1 \leftrightarrow S_2$，但 $S_3 \mapsto S_1$，$S_4 \mapsto S_1$，$S_3 \mapsto S_2$，$S_4 \mapsto S_2$，$S_3 \mapsto S_4$，$S_4 \mapsto S_3$。状态可分为三个类 $\{S_1, S_2\}, \{S_3\}, \{S_4\}$。

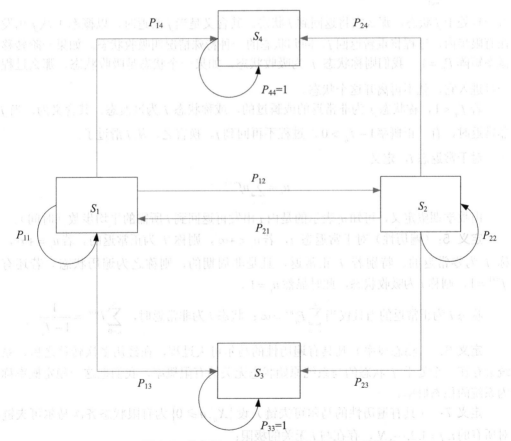

图 6-2 菲克斯—内曼疾病、死亡模型状态转移图

定义 3：（周期性）若集合 $\{n: n \geq 1, P_{ii}^{(n)} > 0\}$ 非空，则称它的最大公约数 $d = d(i)$ 为状态 i 的周期，若 $d > 1$，称 i 是周期的。若 $d = 1$，称 i 是非周期的。并特别规定上述集合为空时，称 i 的周期无穷大。

由定义 3 可知，虽然 i 有周期 d，但并不是对所有的 n，$P_{ii}^{(nd)}$ 都大于 0。例如，如果集合 $\{n: n \geq 1, P_{ii}^{(n)} > 0\}$ 为 $\{3, 9, 18, 21, \cdots\}$，其最大公约数 $d = 3$，即 3 是 i 的周期，显然，$n = 6, 12, 15$ 都不属于此集合，即 $P_{ii}^{(6)} = P_{ii}^{(12)} = P_{ii}^{(15)} = 0$。但是，随机过程理论已经证明了，当 n 充分大之后一定有 $P_{ii}^{(nd)} > 0$。

关于状态的一些其他定义和性质，我们在此也不加证明，直接列出。

若状态 i, j 同属一类，则 $d(i) = d(j)$。或者说它们同为非周期的或同为周期的，并且具有相同的周期。

定义 4：（常返性）对于任何状态 i 和 j，以 $f_{ij}^{(n)}$ 记从 i 出发经过 n 步后首次到达 j 的概率，则有

$$f_{ij}^{(0)} = 0, \quad f_{ij}^{(n)} = P\{X_n = j, X_k \neq j, k = 2, 3, \cdots, n-1 | X_0 = i\} \quad (n \geq 1)$$

令 $f_{ij} = \sum_{n=1}^{\infty} f_{ij}^{(n)}$，若 $f_{jj} = 1$，称状态 j 为常返的。或称为 n 回归状态，因为它意味着一旦处于 j 状态，那么它将返回到 j 状态。其含义是当 j 常返时，以概率 1 从 j 出发，在有限步内，过程将重新返回 j。回归状态的一种特殊情况叫吸收状态。如果一阶转移概率矩阵 $P_{jj} = 1$，我们则称状态 j 为吸收状态，如果一个状态是吸收状态，那么过程一旦进入它，就不再离开这个状态。

若 $f_{jj} < 1$，称状态 j 为非常返的或瞬过的，或称状态 j 为过渡态。其含义为，当 j 非常返时，有一正概率 $1 - f_{jj} > 0$，过程不再回到 j。换言之，从 j 滑过了。

对于常返态 i，定义

$$u_i = \sum_{i=1}^{\infty} n f_{ii}^{(n)}$$

由数学期望定义，可知 u_i 表示的是由 i 出发再返回到 i 所需的平均步数（时间）。

定义 5：（遍历性）对于常返态 i，若 $u_i < +\infty$，则称 i 为正常返的。若 $u_i = +\infty$，称 i 为零常返的。特别若 i 正常返，且是非周期的，则称之为遍历状态。若还有 $f_{ii}^{(1)} = 1$，则称 i 为吸收状态，此时显然 $u_i = 1$。

状态 i 为正常返的当且仅当 $\sum_{n=0}^{\infty} P_{ii}^{(n)} = \infty$；状态 i 为非常返时，$\sum_{n=0}^{\infty} P_{ii}^{(n)} = \dfrac{1}{1 - f_{ii}}$。

定义 6：（稳态概率）凡具有遍历性的马尔可夫过程，在经历多次转移之后，系统会存在一个处于 j 状态的与系统原始状态无关的有限概率，我们把这一稳定概率称为系统的稳态概率。

定义 7：（具有遍历性的马尔可夫链）设 $\{X_n, n \geq 0\}$ 为有限状态齐次马尔可夫链，对所有的 $i, j = 1, 2, \cdots, N$，存在与 i 无关的极限：

$$\lim_{k \to \infty} P_{ij}^{(k)} = \pi_j$$

其中，π_j 为常数，则称此 $\{X_n, n \geq 0\}$ 为具有遍历性的马尔可夫链。

对于稳态概率的求解，我们有以下定理存在：

设 $\{X_n, n \geq 0\}$ 为有限状态齐次马尔可夫链，$\boldsymbol{P}$ 为其一步转移概率矩阵，若存在正整数 $s > 0$，使得对所有的 $i, j = 1, 2, \cdots, N$，有 $P_{ij}^{(s)} > 0$，则此马尔可夫链满足遍历性。且稳态概率 $\pi_j (j = 1, 2, \cdots, N)$ 为方程组

$$\pi_j = \sum_{i=1}^{N} \pi_i P_{ij} \tag{6-11}$$

在 $\pi_j > 0, \sum_{j=1}^{N} \pi_j = 1$ 条件下的唯一解。

利用 MATLAB 程序可以验证转移概率矩阵 $\boldsymbol{P}$ 经过若干次转移后是否会稳定下来。即只要 m 足够大，则有

$$\boldsymbol{P}^m = \boldsymbol{P}^{m+k} \quad (k \geq 1)$$

也就是从某时间点开始不再变化，而行向量就是所谓的固定概率向量。其程序如下。

```
%验证马尔可夫概率转移矩阵在经过一定时间的转移后不再变化
A=[0.5,0.25,0.25;0.5,0,0.5;0.25,0.25,0.5]
C=zeros(size(A))
k=0
funmaer(A)
function   f=funmaer(A)
[n,m]=size(A);
k=1;
B=A^k;
C=B*A;
while norm((B-C),2)>1.00e-100
    k=k+1;
    B=A^k;
    C=B*A;
end
B,C,k
end
```

2. 状态的分类及性质应用举例

例 6-12 已知马尔可夫链 $\{X(n), n = 0, 1, \cdots\}$，$I = \{1, 2, 3, 4\}$，转移矩阵 $\boldsymbol{P}$ 为

$$\boldsymbol{P} = \begin{bmatrix} 1/4 & 1/4 & 1/4 & 1/4 \\ 0 & 0 & 1 & 0 \\ 0 & 0 & 0 & 1 \\ 1 & 0 & 0 & 0 \end{bmatrix}$$

试证明此链中所有状态都是相通的，并且所有状态都是正常返和遍历的。

我们首先可以根据 $\boldsymbol{P}$ 的取值情况画出状态转移的示意图，可以发现此链的每一状态都可达到另一状态，即 4 个状态都是相通的。因为 $P_{11} = 1/4 > 0$，故 $\{n, P_{11}^{(n)} > 0\}$ 的最

大公约数 $t=1$，即状态 1 是非周期的，由状态性质"若状态 i，j 同属一类，则 $d(i)=d(j)$"可知，每一状态都是非周期的。

考虑状态 1 是否常返，由定义，需要计算 f_{11}。$f_{11}^{(1)}=1/4$。而

$$\begin{aligned}
f_{11}^{(2)} &= P\{X(2)=1, X(1)\neq 1|X(0)=1\} \\
&= P\{X(2)=1, X(1)=2|X(0)=1\} + P\{X(2)=1, X(1)=3|X(0)=1\} \\
&\quad + P\{X(2)=1, X(1)=4|X(0)=1\} \\
&= P\{X(2)=1|X(1)=4, X(0)=1\} \cdot P\{X(1)=4|X(0)=1\} \\
&= P_{41} \cdot P_{14} = 1/4
\end{aligned}$$

对于这一结果的推理可以这样理解，因为 $f_{11}^{(2)}$ 表示出发点为 1、第一步不为 1、第二步为 1 的事件所取概率值，所以首先根据转移矩阵 $\boldsymbol{P}$ 所决定的状态转移示意图，将全概率空间分解；然后再根据实际情况，考虑每种情况的概率值。根据示意图可以知道，除 $P\{X(2)=1, X(1)=4|X(0)=1\}$ 外，其余概率值全为 0，而对 $P\{X(2)=1, X(1)=4|X(0)=1\}$ 的计算，则根据事件的本质规定性和乘法原理可得到其概率值。

类似地可得 $f_{11}^{(3)}=1/4$，$f_{11}^{(4)}=1/4$，$f_{11}^{(n)}=0$（$n=5,6,\cdots$），所以 $f_{11}=\sum_{n=1}^{\infty}f_{11}^{(n)}=1$。于是状态 1 是常返的。

因为 $\mu_1=\sum_{n=1}^{\infty}n\cdot f_{11}^{(n)}=5/2<\infty$，状态 1 是正常返的。由定义 5，此链所有状态都是正常返的，所以都是遍历的。

例 6-13 给定转移矩阵 $\boldsymbol{P}=\begin{bmatrix} 1/4 & 3/4 & 0 & 0 & 0 \\ 1/2 & 1/2 & 0 & 0 & 0 \\ 0 & 0 & 1 & 0 & 0 \\ 0 & 0 & 1/3 & 2/3 & 0 \\ 1 & 0 & 0 & 0 & 0 \end{bmatrix}$，状态依次是 0,1,2,3,4。由状态转移概率矩阵可见，状态 2 是吸收状态，状态 3 和 4 是过渡状态（状态 3 有 1/3 可能进入状态 2，成为吸收态），一旦过程离开状态 4，那么它就永远不会回到状态 4。

例 6-14 在例 6-8 的问题中，我们假设，起始存货 $x_0=3$，第一周周末有 2 台存货（$x_1=2$），在第二周周末有 1 台存货（$x_2=1$），在第三周周末有 0 台存货（$x_3=0$），在第四周周末有 3 台存货（$x_4=3$），在第五周周末有 1 台存货（$x_5=1$）。若库存规律服从这样的分布，则从状态 3（即表示有库存存货 3 台）到达状态 1 的第一次到达时间是 2 周，从状态 3 到达状态 0 的第一次到达时间是 3 周，回归到状态 3 的时间是 4 周。

但是一般来说，第一次到达某一状态的时间是一个随机变量，这个随机变量的概率分布取决于转移概率矩阵。

现在我们描述 $f_{ij}^{(n)}$ 与状态转移概率矩阵 $\boldsymbol{P}=(P_{ij})$ 的关系。显然，$f_{ij}^{(0)}=0$，且 $f_{ij}^{(1)}=P_{ij}$。由于在 $P_{ij}^{(n)}$ 中包含了在 n 步以前所有到达状态 j 的可能性，而 $f_{ij}^{(n)}$ 中不包括在 n 步之前到达状态 j 的一切可能性，因此只要从 $P_{ij}^{(n)}$ 中扣除这一部分，就可以得到

$f_{ij}^{(n)}$。为了叙述问题方便,我们以状态空间为 3 的情况为例。

现求初始状态为 1,经过 2 次转移首次到达状态 3 的路径只有

$$P_{12} \cdot P_{23} + P_{11} \cdot P_{13}$$

即

$$f_{13}^{(2)} = P_{12} \cdot P_{23} + P_{11} \cdot P_{13}$$

但是根据矩阵乘法规则和概率转移矩阵的构成,有

$$P_{13}^{(2)} = P_{11} \cdot P_{13} + P_{12} \cdot P_{23} + P_{13} \cdot P_{33}$$

所以,有

$$f_{13}^{(2)} = P_{13}^{(2)} - P_{13} \cdot P_{33} = P_{13}^{(2)} - f_{13}^{(1)} P_{33}$$

根据对称原则可以推理得到,对于 $f_{13}^{(3)}$ 则要从 $P_{13}^{(3)}$ 中扣除 $f_{13}^{(1)}$ 和 $f_{13}^{(2)}$,即

$$f_{13}^{(3)} = P_{13}^{(3)} - \left(f_{13}^{(1)} P_{33}^{(2)} + f_{13}^{(2)} P_{33}^{(1)}\right) = P_{13}^{(3)} - \sum_{K=1}^{2} f_{13}^{(K)} P_{33}^{(3-K)}$$

写成一般形式为

$$f_{ij}^{(n)} = P_{ij}^{(n)} - \sum_{K=1}^{n-1} f_{ij}^{(K)} P_{ij}^{(n-K)} = P_{ij}^{(n)} - f_{ij}^{(1)} P_{ij}^{(n-1)} - f_{ij}^{(2)} P_{ij}^{(n-2)} - \cdots - f_{ij}^{(n-1)} P_{ij}^{(1)}$$

按照此公式,可以计算例 6-8 照相机存货问题中的各状态首次到达概率:

$$f_{30}^{(1)} = 0.080, \quad f_{30}^{(2)} = (0.249) - (0.080) \times (0.080) = 0.243, \cdots$$

然而计算所有 n 阶 $f_{ij}^{(n)}$ 是很困难的,一般都计算由状态 i 转变为状态 j 的第一次通过的期望时间,这个期望时间用 μ_{ij} 表示,有

$$\mu_{ij} = \begin{cases} \infty & \sum_{n=1}^{\infty} f_{ij}^{(n)} < 1 \\ \sum_{n=1}^{\infty} n f_{ij}^{(n)} & \sum_{n=1}^{\infty} f_{ij}^{(n)} = 1 \end{cases}$$

如果 $i=j$,称 μ_{ij} 为回归时间的期望值,可简记为 μ_i。

但是,对于 μ_{ij} 的求和是非常困难的,因为这一求和要求知道第一次到达时间的全部概率分布,所以我们采用另外的方法计算 μ_{ij}。我们可以这样去考虑,由 i 到 j 的时间无非由下面两部分组成。

(1)假定状态在开始时处于 i 状态,而下一状态是 j,这样第一次到达时间就是 1。

(2)或者开始时处于 i 状态,下一状态是 K,再由 K 到 j。在这种情况下,到达 j 的时间就是 1+(由 K 到 j 的到达时间),于是得到

$$\mu_{ij} = 1 \cdot P_{ij} + \sum_{K \neq j} (1 + \mu_{Kj}) P_{iK} = P_{ij} + \sum_{K \neq j} P_{iK} + \sum_{K \neq j} \mu_{Kj} P_{iK}$$
$$= \sum_{K \in S} P_{iK} + \sum_{K \neq j} \mu_{Kj} P_{iK} = 1 + \sum_{K \neq j} \mu_{Kj} P_{iK}$$

对于例 6-8 的照相机存货案例,可以利用这个方程求出由某一起始状态到状态 0 的期望时间。由上面的方程可以得到

$$\begin{cases} \mu_{30} = 1 + P_{31}\mu_{10} + P_{32}\mu_{20} + P_{33}\mu_{30} \\ \mu_{20} = 1 + P_{21}\mu_{10} + P_{22}\mu_{20} + P_{23}\mu_{30} \\ \mu_{10} = 1 + P_{11}\mu_{10} + P_{12}\mu_{20} + P_{13}\mu_{30} \end{cases}$$

将转移概率矩阵中的相应数值代入，得

$$\begin{cases} \mu_{30} = 1 + 0.184\mu_{10} + 0.368\mu_{20} + 0.368\mu_{30} \\ \mu_{20} = 1 + 0.368\mu_{10} + 0.368\mu_{20} \\ \mu_{10} = 1 + 0.3638\mu_{10} \end{cases}$$

解该方程组得

$$\mu_{10} = 1.58 \text{周}; \quad \mu_{20} = 2.51 \text{周}; \quad \mu_{30} = 3.50 \text{周}$$

这一结论可以帮助我们进行订货周期决策。

对于稳态概率，如果马尔可夫过程存在遍历性，我们就无须一步一步地求解稳态概率，而是可以通过稳态方程组去求出稳态概率。

在照相机存货案例中，可以建立稳态方程组：

$$\begin{cases} \pi_0 = \pi_0 P_{00} + \pi_1 P_{10} + \pi_2 P_{20} + \pi_3 P_{30} \\ \pi_1 = \pi_0 P_{01} + \pi_1 P_{11} + \pi_2 P_{21} + \pi_3 P_{31} \\ \pi_2 = \pi_0 P_{02} + \pi_1 P_{12} + \pi_2 P_{22} + \pi_3 P_{32} \\ \pi_3 = \pi_0 P_{03} + \pi_1 P_{13} + \pi_2 P_{23} + \pi_3 P_{33} \\ 1 = \pi_0 + \pi_1 + \pi_2 + \pi_3 \end{cases}$$

将转移概率矩阵中的相应数值代入，解方程组，得

$$\pi_0 = 0.286, \quad \pi_1 = 0.285, \quad \pi_2 = 0.264, \quad \pi_3 = 0.166$$

π_j 被称为马尔可夫链的稳态概率，它等于 j 状态期望回归时间的倒数，即

$$\pi_j = 1/\mu_{jj}, \quad j=1,2,\cdots,m$$

6.3 马尔可夫预测方法应用示例

1. 市场状态转移概率预测

例 6-15 某地区有甲、乙、丙三家食品厂生产同一食品，有 1 000 个用户（或购货点），假设在研究期间，无新用户加入也无老用户退出，只有用户的转移。已知 2013 年 5 月有 500 户是甲厂的顾客，400 户是乙厂的顾客，100 户是丙厂的顾客。6 月，甲厂有 400 户原来的顾客，上月的顾客有 50 户转乙厂，50 户转丙厂；乙厂有 300 户原来的顾客，上月的顾客有 20 户转甲厂，80 户转丙厂；丙厂有 80 户原来的顾客，上月的顾客有 10 户转甲厂，10 户转乙厂。试计算其状态转移概率。

解 由题意得，6 月份顾客转移情况如表 6-2 所示。

表 6-2 顾客转移表

从＼到	甲	乙	丙	合计
甲	400	50	50	500
乙	20	300	80	400
丙	10	10	80	100
合计	430	360	210	1 000

由表 6-2 可知，6 月份有 430 户是甲厂的顾客，360 户是乙厂的顾客，210 户是丙厂的顾客。转移概率的计算过程为

$$p_{11} = 400/500 = 0.8 ; \quad p_{12} = 50/500 = 0.1 ; \quad p_{13} = 50/500 = 0.1$$
$$p_{21} = 20/400 = 0.05 ; \quad p_{22} = 300/400 = 0.75 ; \quad p_{23} = 80/400 = 0.2$$
$$p_{31} = 10/100 = 0.1 ; \quad p_{32} = 10/100 = 0.1 ; \quad p_{33} = 80/100 = 0.8$$

所以，转移概率矩阵为

$$\boldsymbol{P} = \begin{bmatrix} 0.8 & 0.1 & 0.1 \\ 0.05 & 0.75 & 0.2 \\ 0.1 & 0.1 & 0.8 \end{bmatrix}$$

2. 商品销售状态预测

运用马尔可夫链对商品销售状态进行预测，可以按以下步骤来完成。

第一步：划分预测对象（系统）所出现的状态。从预测目的出发，并考虑决策者的需要适当划分系统所处的状态。

第二步：计算初始概率。在实际问题中，分析历史资料所得的状态概率称为初始概率。设有 N 个状态 $E_1, E_2, \cdots, E_N$，观测了 M 个时期，其中状态 E_i ($i=1,2,\cdots,N$) 出现了 M_i 次，则 $f_i = M_i/M$ 就是 E_i 出现的频率，我们用它近似地表示 E_i 出现的概率，即 $f_i \approx p_i$，($i=1,2,\cdots,N$)。

第三步：计算状态转移概率。仍然以频率近似地表示概率进行计算。首先计算状态 $E_i \to E_j$（由 E_i 转移到 E_j）的频率：$f_{ij} = f(E_j|E_i)$。从第二步知道 E_i 出现了 M_i 次，接着从 M_i 个 E_i 出发，计算下一步转移到 E_j 的个数 M_{ij}，于是得到：$f_{ij} = M_{ij}/M_i$，并令 $f_{ij} \approx p_{ij}$。

第四步：根据转移概率进行预测。由第三步可得状态转移概率矩阵 $\boldsymbol{P}$。如果目前预测对象处于状态 E_i，这时 p_{ij} 就描述了目前状态 E_i 在未来转向状态 E_j ($j=1,2,\cdots,N$) 的可能性。按最大概率原则，我们选择 $(p_{i1}, p_{i2}, \cdots, p_{iN})$ 中最大者对应的状态为预测结果，即当 $\max\{p_{i1}, p_{i2}, \cdots, p_{iN}\} = p_{ij}$ 时，可以预测下一步系统将转向状态 E_j。

例 6-16 某商店在最近 20 个月的商品销售量统计记录如表 6-3 所示。

表 6-3 商品销售量统计表

单位：千件

时间 t	1	2	3	4	5	6	7	8	9	10
销售量	40	45	80	120	110	38	40	50	62	90
时间 t	11	12	13	14	15	16	17	18	19	20
销售量	110	130	140	120	55	70	45	80	110	120

试预测第 21 个月的商品销售量。

解 按照上述步骤进行推测。

第一步：划分状态。按盈利状况为标准选取：① 销售量<60 千件，属于滞销；

② 60千件≤销售量≤100千件，属于销售一般；③ 销售量>100千件，属于畅销。

第二步：计算初始概率 P_i。根据统计数据，确定处于各种状态的月份数目。处于滞销状态的有 $M_1 = 7$；处于一般状态的有 $M_2 = 5$；处于畅销状态的有 $M_3 = 8$。

第三步：计算状态转移概率矩阵。在计算转移概率时，最后一个数据不参加计算，因为它究竟转到哪个状态尚不清楚。根据统计数据可知：

$$M_{11} = 3, \quad M_{12} = 4, \quad M_{13} = 0, \quad M_{21} = 1, \quad M_{22} = 1,$$
$$M_{23} = 3, \quad M_{31} = 2, \quad M_{32} = 0, \quad M_{33} = 5$$

从而

$$p_{11} = 3/7, \quad p_{12} = 4/7, \quad p_{13} = 0/7, \quad p_{21} = 1/5, \quad p_{22} = 1/5,$$
$$p_{23} = 3/5, \quad p_{31} = 2/7, \quad p_{32} = 0/7, \quad p_{33} = 5/7$$

所以，状态转移概率矩阵为

$$P = \begin{bmatrix} 3/7 & 4/7 & 0 \\ 1/5 & 1/5 & 3/5 \\ 2/7 & 0 & 5/7 \end{bmatrix}$$

第四步：预测第 21 个月的销售状况。由于第 20 个月销售量处于畅销状态，而经由一次转移到达三种状态的概率分别为 $p_{31} = 2/7$，$p_{32} = 0$，$p_{33} = 5/7$。

由 $\max\{p_{31}, p_{32}, p_{33}\} = 5/7 = p_{33}$ 可知第 21 个月的销售量将处于"畅销"状态。因此，第 21 个月销售量超过 100 千件的可能性最大。

3. 市场占有率预测

运用马尔可夫链预测模型的基本原理，建立市场占有率预测的数学模型为

$$S^k = \left(P_1^{(k)}, P_2^{(k)}, P_3^{(k)}\right) = \left(P_1^{(0)}, P_2^{(0)}, P_3^{(0)}\right) \begin{bmatrix} P_{11}^{(k)} & P_{12}^{(k)} & P_{13}^{(k)} \\ P_{21}^{(k)} & P_{22}^{(k)} & P_{23}^{(k)} \\ P_{31}^{(k)} & P_{32}^{(k)} & P_{33}^{(k)} \end{bmatrix} \quad (6-12)$$

或

$$S^k = S^0 \cdot P^k$$

即第 k 期的市场占有率等于初始占有率与 k 步转移概率矩阵的乘积。

例 6-17 设在某地销售的某商品主要来自 A、B、C 三个产地。对目前市场占有情况的抽样调查表明，购买 A 地产品的顾客占 40%，购买 B 地和 C 地产品的顾客各占 30%。

顾客流动转移情况如表 6-4 所示。

表 6-4 顾客流动转移情况表

	A	B	C
A	40%	30%	30%
B	60%	10%	30%
C	60%	30%	10%

表 6-4 中第一行表明，上月购买 A 地产品的顾客，本月仍有 40%的购买，各有 30%的顾客转移去购买 B 地和 C 地的产品。其余类推。

今设本月为第一个月，试预测第 4 个月的产品市场占有率和长期的市场占有率。

解 预测第 4 个月的市场占有率，即求三步转移后的市场占有率。已知 $S^0 = (0.4, 0.3, 0.3)$ 及转移概率矩阵 P 为

$$P = \begin{bmatrix} P_{11} & P_{12} & P_{13} \\ P_{21} & P_{22} & P_{23} \\ P_{31} & P_{32} & P_{33} \end{bmatrix} = \begin{bmatrix} 0.4 & 0.3 & 0.3 \\ 0.6 & 0.3 & 0.1 \\ 0.6 & 0.1 & 0.3 \end{bmatrix}$$

三步转移概率矩阵为

$$P^3 = \begin{bmatrix} 0.4 & 0.3 & 0.3 \\ 0.6 & 0.3 & 0.1 \\ 0.6 & 0.1 & 0.3 \end{bmatrix}^3 = \begin{bmatrix} 0.496 & 0.252 & 0.252 \\ 0.504 & 0.252 & 0.244 \\ 0.504 & 0.244 & 0.252 \end{bmatrix}$$

于是，第 4 个月的市场占有率为

$$S^4 = S^0 \cdot P^3 = (0.4, 0.3, 0.3) \begin{bmatrix} 0.496 & 0.252 & 0.252 \\ 0.504 & 0.252 & 0.244 \\ 0.504 & 0.244 & 0.252 \end{bmatrix} = (0.5008, 0.2496, 0.2496)$$

即预测第 4 个月，A 地产品的市场占有份额为 50.08%，B 地和 C 地产品市场份额各为 24.96%。

关于长期市场占有率的预测。我们首先可以验证转移概率矩阵 P 满足遍历性。所以，长期的市场占有率（极限分布）与平稳分布一致。设 $\pi = (\pi_1, \pi_2, \pi_3)$，由 $\pi P = \pi$，即

$$(\pi_1, \pi_2, \pi_3) \begin{bmatrix} 0.4 & 0.3 & 0.3 \\ 0.6 & 0.3 & 0.1 \\ 0.6 & 0.1 & 0.3 \end{bmatrix} = (\pi_1, \pi_2, \pi_3)$$

以及

$$\pi_1 + \pi_2 + \pi_3 = 1$$

可得线性方程组：

$$\begin{cases} \pi_1 = 0.4\pi_1 + 0.6\pi_2 + 0.6\pi_3 \\ \pi_2 = 0.3\pi_1 + 0.3\pi_2 + 0.1\pi_3 \\ \pi_3 = 0.3\pi_1 + 0.1\pi_2 + 0.3\pi_3 \\ 1 = \pi_1 + \pi_2 + \pi_3 \end{cases}$$

解线性方程组得到：$\pi_1 = 0.5$，$\pi_2 = 0.25$，$\pi_3 = 0.25$。

于是，终极市场占有率为：A 地产品占 50%，B 地和 C 地产品各占 25%。

例 6-17 的 MATLAB 计算程序如下：

```
%利用马尔可夫方法计算市场占用率
clc,clear   %清除命令窗口，清除工作空间
%（1）现有市场占有率和一步状态转移矩阵
SM=[0.4 0.3 0.3];P=[0.4 0.3 0.3;0.6 0.3 0.1;0.6 0.1 0.3];
%（2）2-4月份市场占有率预测
format short g
SM1=SM*P;SM2=SM1*P;SM3=SM2*P;
```

```
SM_forecast=zeros(3,4);
for i=1:3
    SM_forecast(i,1)=i;
end
SM_forecast(1,2:4)=SM1; SM_forecast(2,2:4)=SM2; SM_forecast(3,2:4)=SM3;
fprintf('1.1-3月份中国内地、日本、中国香港产味精市场占有率的预测结果为:\n')
disp(' 月份    中国内地    日本    中国香港 '),disp(SM_forecast)
%（3）长期市场占有率预测
B=[P-eye(3),ones(3,1)];SM_wd=[zeros(1,3),1]/B;
fprintf('2.稳定状态时各地区产品的市场占有率:\n')
disp(' 中国内地  日本  中国香港'),disp(SM_wd)
```

4. 期望利润预测

从事企业经营管理活动，不仅需要把握销路的变化情况，同时还要对利润的变化进行预测。例如，某商品的销售状态有畅销（E_1）和滞销（E_2）两种。通过调查统计可以获得销售状态转移概率矩阵 $\boldsymbol{P}$ 和利润分布矩阵 $\boldsymbol{R}$，分别为

$$\boldsymbol{P}=\begin{bmatrix} P_{11} & P_{12} \\ P_{21} & P_{22} \end{bmatrix},\quad \boldsymbol{R}=\begin{bmatrix} \gamma_{11} & \gamma_{12} \\ \gamma_{21} & \gamma_{22} \end{bmatrix}$$

式中，$\boldsymbol{R}$ 称为状态转移利润矩阵；γ_{ij}（$i,j=1,2$）表示由 E_i 转到 E_j 的利润，$\gamma_{ij}>0$ 时表示盈利，$\gamma_{ij}<0$ 时表示亏本，$\gamma_{ij}=0$ 时表示不亏不盈。根据已知的状态转移矩阵和利润矩阵可以对未来的期望利润进行预测。

期望利润预测方法的基本思路如下。

设 $V_i(n)$ 为现在处于状态 E_i（$i=1,2,\cdots,N$）的商品经过 n 步转移之后的期望利润。为讨论方便起见，我们这里以仅有两种状态的情形为例说明期望利润预测方法的基本思路。这时 $N=2$，经过一步转移之后的期望利润为

$$V_i(1)=\gamma_{i1}p_{i1}+\gamma_{i2}p_{i2}=\sum_{j=1}^{2}\gamma_{ij}p_{ij},\quad i=1,2 \tag{6-13}$$

这时，利润分布矩阵 $\boldsymbol{R}$ 变成期望利润分布矩阵

$$\boldsymbol{R}=\begin{bmatrix} V_1(1)+\gamma_{11} & V_2(1)+\gamma_{12} \\ V_1(1)+\gamma_{21} & V_2(1)+\gamma_{22} \end{bmatrix} \tag{6-14}$$

由此可得，经二步转移之后的期望利润为

$$V_i(2)=\left[V_1(1)+\gamma_{i1}\right]p_{i1}+\left[V_2(1)+\gamma_{i2}\right]p_{i2}=\sum_{j=1}^{2}\left[V_j(2-1)+\gamma_{ij}\right]p_{ij},\quad i=1,2 \tag{6-15}$$

依此类推，可得经过 n 步转移后的期望利润递推公式：

$$V_i(n)=\sum_{j=1}^{2}\left[V_j(n-1)+\gamma_{ij}\right]p_{ij},\quad i=1,2 \tag{6-16}$$

特别地，当 $n=1$ 时，规定 $V_i(0)=0$。并称一步转移的期望利润为即时期望利润，且记为

$$V_i(1)=q_i,\quad i=1,2$$

关于式（6-13）可以这样理解：分成两个阶段去考虑经两步转移后的利润。第一阶段由现状态 1 出发，转移到状态 1，这时的利润为 γ_{11}；第二阶段的利润是，由转移后的状态 1 出发经过 1 步转移后获得的利润，这时利润为 $V_1(1)$。所以，此时有 $\gamma_{11}+V_1(1)$。因为只考虑 1 和 2 两个状态，按此分析，可得到期望利润分布矩阵 $\boldsymbol{R}$。

显然，应用数学期望定义可得式（6-14）。

例 6-18 某企业产品的销路转移情况及利润转移情况如 6-5 和表 6-6 所示。

表 6-5 销路转移情况

单位：百万元

可能性 状态 i \ 状态 j	畅销 1	滞销 2
畅销 1	0.4	0.6
滞销 2	0.3	0.7

表 6-6 利润转移情况

单位：百万元

利润 状态 i \ 状态 j	畅销 1	滞销 2
畅销 1	5	1
滞销 2	1	−1

（1）试求该企业即时期望利润。

（2）试求三个月后该企业的期望利润。

解 已知的状态转移概率矩阵为

$$P = \begin{bmatrix} 0.4 & 0.6 \\ 0.3 & 0.7 \end{bmatrix}$$

状态转移利润矩阵为

$$R = \begin{bmatrix} 5 & 1 \\ 1 & -1 \end{bmatrix}$$

（1）即时期望利润为

$$q_1 = 0.4 \times 5 + 0.6 \times 1 = 2.6$$
$$q_2 = 0.3 \times 1 + 0.7 \times (-1) = -0.4$$

即当本月处于畅销时，下个月可期望获得利润 260 万元；当本月处于滞销时，下个月预测亏损 40 万元。

（2）当 $n=3$ 时，有

$$V_i(2) = q_i + \sum_{j=1}^{2} P_{ij} V_j(1) = q_i + \sum_{j=1}^{2} P_{ij} q_j, \quad i=1,2$$

$$V_i(3) = q_i + \sum_{j=1}^{2} P_{ij} V_j(2), \quad i=1,2$$

代入具体数值可得

$$V_1(2) = q_1 + \sum_{j=1}^{2} P_{1j} q_j = 2.6 + [0.4 \times 2.6 + 0.6 \times (-0.4)] = 3.4$$

$$V_2(2) = q_2 + \sum_{j=1}^{2} P_{2j} q_j = (-0.4) + [0.3 \times 2.6 + 0.7 \times (-0.4)] = 0.1$$

$$V_1(3) = q_1 + \sum_{j=1}^{2} P_{1j} V_j(2) = 2.6 + [0.4 \times 3.4 + 0.6 \times 0.1] = 4.02$$

$$V_2(3) = q_2 + \sum_{j=1}^{2} P_{2j}V_j(2) = (-0.4) + [0.3 \times 3.4 + 0.7 \times 0.1] = 0.69$$

即当本月处于畅销时，预计三个月后可以期望获利 402 万元；当本月处于滞销时，三个月后可以期望获利 69 万元。

6.4 马尔可夫决策方法

马尔可夫决策是利用近期资料，运用转移矩阵来进行预测和决策的技术。下面举例说明运用马尔可夫链进行市场占有率预测和经营管理决策的方法。

例 6-19 设某产品在国际市场上主要有 A、B、C 三个国家参与竞争。由于产品质量、服务质量、广告宣传、用户偏好等原因，用户数每月都有变化，近期统计的用户变化情况如表 6-7 所示。

表 6-7 某产品在国际市场上的用户变化情况

国　　家	订购用户数/万户		净　变　化
	10 月 1 日	11 月 1 日	
A	100	120	+20
B	200	203	+3
C	400	377	−23

为运用马尔可夫链进行预测和决策，首先要建立转移概率矩阵，为此进行了仔细的调查研究，得到了用户的具体变动情况，其一是 10 月份用户保留情况，如表 6-8 所示；其二是用户流动情况，如表 6-9 所示。

表 6-8 某产品在国际市场上的用户保留情况

单位：万户

国　　家	10 月 1 日用户	失　　去	保　　留	11 月 1 日保留概率
A	100	15	85	85/100=0.85
B	200	40	160	160/200=0.80
C	400	50	350	350/400=0.875

表 6-9 某产品在国际市场上的用户流动情况

单位：万户

国家	10 月 1 日用户	得到			失去			11 月 1 日用户	市场占有率
		自 A	自 B	自 C	于 A	于 B	于 C		
A	100	0	20	15	0	8	7	120	0.171
B	200	8	0	35	20	0	20	203	0.290
C	400	7	20	0	15	35	0	377	0.539

根据表 6-8 和表 6-9 可以得到如下转移矩阵：

$$P = \begin{bmatrix} 85/100 = 0.850 & 8/100 = 0.080 & 7/100 = 0.070 \\ 20/200 = 0.100 & 160/200 = 0.800 & 20/200 = 0.100 \\ 15/400 = 0.0375 & 35/400 = 0.0875 & 350/400 = 0.8750 \end{bmatrix} = \begin{bmatrix} 0.850 & 0.080 & 0.070 \\ 0.100 & 0.800 & 0.100 \\ 0.0375 & 0.0875 & 0.8750 \end{bmatrix}$$

上面矩阵的每一行表明各国失去用户的情况，如第一行，表明国家 A 的产品，保留了自己 85% 的用户，有 8% 的用户转移购买国家 B 的产品，有 7% 的用户转移购买国家 C 的产品，其他行依此类推。

上面矩阵的每一列表明各国获得用户的情况，如第二列表明，获得原来国家 A 用户中的 8%，自己原来的用户保留了 80%，获得原来国家 C 用户中的 8.75%，其他列依此类推。

1. 用转移矩阵进行未来市场占有率的预测

根据 11 月份用户的分布情况可以得到 11 月份各国产品的市场占有率：A 为 0.171，B 为 0.290，C 为 0.539。

现在可以用式（6-12）预计 12 月份各国产品的市场占有率。由

$$(0.171, 0.290, 0.539) \begin{bmatrix} 0.850 & 0.080 & 0.070 \\ 0.100 & 0.800 & 0.100 \\ 0.0375 & 0.0875 & 0.8750 \end{bmatrix}$$

$$= \begin{bmatrix} 0.171 \times 0.850 + 0.290 \times 0.100 + 0.539 \times 0.0375 \\ 0.171 \times 0.080 + 0.290 \times 0.800 + 0.539 \times 0.0875 \\ 0.171 \times 0.070 + 0.290 \times 0.100 + 0.539 \times 0.8750 \end{bmatrix}^T$$

$$= (0.194, 0.293, 0.513)$$

可得 12 月份 A、B、C 三国产品的市场占有率分别是 0.194、0.293 和 0.513。

如果求第二年 1 月份的市场占有率，则将 12 月份的市场占有率乘以转移矩阵，即

$$(0.194, 0.293, 0.513) \begin{bmatrix} 0.850 & 0.080 & 0.070 \\ 0.100 & 0.800 & 0.100 \\ 0.0375 & 0.0875 & 0.8750 \end{bmatrix} = (0.213, 0.295, 0.492)$$

第二年 1 月份的市场占有率，也可以用 11 月份的市场占有率乘以转移矩阵的平方得到，即

$$(0.171, 0.290, 0.539) \begin{bmatrix} 0.850 & 0.080 & 0.070 \\ 0.100 & 0.800 & 0.100 \\ 0.0375 & 0.0875 & 0.8750 \end{bmatrix}^2 = (0.213, 0.295, 0.492)$$

后一式子常用于求某一特定时期后产品市场占有率的变化情况。

2. 通过计算矩阵的平衡状态预测市场最后占有率

假定转移矩阵是不变的，不管占有率如何变化，最终都会达到平衡状态，从而得到市场最后占有率。

根据稳态方程组：

$$(\pi_1, \pi_2, \pi_3) \times \begin{bmatrix} 0.85 & 0.080 & 0.070 \\ 0.10 & 0.80 & 0.10 \\ 0.0375 & 0.0875 & 0.8750 \end{bmatrix} = (\pi_1, \pi_2, \pi_3)$$

$$\pi_1 = 0.85\pi_1 + 0.10\pi_2 + 0.0375\pi_3$$
$$\pi_2 = 0.080\pi_1 + 0.80\pi_2 + 0.0875\pi_3$$
$$\pi_3 = 0.070\pi_1 + 0.10\pi_2 + 0.875\pi_3$$
$$1 = \pi_1 + \pi_2 + \pi_3$$

解此方程组，得

$$\pi_1 = 0.299, \quad \pi_2 = 0.2946, \quad \pi_3 = 0.4046$$

所求结果便是 A 的最终占有率，近似为 0.30，B 的最终占有率近似为 0.30，C 的最终占有率为 0.40。

3. 运用转移矩阵进行决策

根据平衡状态和转移矩阵有关而和原始市场占有率无关的性质，各国可以采取各种经营策略来改变最终的市场占有率。例如，A 国要想在市场占有率上取得第一的位置，那么可以采取与 C 国竞争用户的政策。这是因为，在概率转移矩阵第一列中，P_{13} 值最小，该环节最为薄弱，需要改进。如果从 C 国转向订购 A 国产品的用户由 3.75% 增加到 7.5%，这时，转移矩阵将变为

$$\begin{bmatrix} 0.85 & 0.10 & 0.070 \\ 0.080 & 0.80 & 0.0875 \\ 0.075 & 0.10 & 0.8375 \end{bmatrix}$$

由此转移概率矩阵，可以求得新的最终市场占有率：A=0.366，B=0.295，C=0.339。

例 6-20 某厂某种出口产品在国外所处的状态假定有两种：畅销和滞销。如畅销每年可获利 100 万元，如滞销仅获利 30 万元。不采取广告措施和采取广告措施（以一年为一个时期）的状态转移分别如表 6-10 和表 6-11 所示。

表 6-10 不用广告

	畅销	滞销
畅销	0.8	0.2
滞销	0.4	0.6

表 6-11 用广告

	畅销	滞销
畅销	0.9	0.1
滞销	0.7	0.3

如采用广告，每年广告费用为 15 万元。假定上一年处于畅销状态，那么为了三年内所获取的利润总和最大，是否应采取广告措施？假定措施一经采取，三年不变。这一问题是一个短期经营不变策略问题。

当不采取广告措施时，各年的转移概率矩阵为

$$\boldsymbol{P} = \begin{bmatrix} 0.8 & 0.2 \\ 0.4 & 0.6 \end{bmatrix} \quad \boldsymbol{P}^2 = \begin{bmatrix} 0.72 & 0.28 \\ 0.56 & 0.44 \end{bmatrix} \quad \boldsymbol{P}^3 = \begin{bmatrix} 0.688 & 0.312 \\ 0.624 & 0.376 \end{bmatrix}$$

当采取广告措施时，各年的转移概率矩阵为

$$\boldsymbol{P} = \begin{bmatrix} 0.9 & 0.1 \\ 0.7 & 0.3 \end{bmatrix} \quad \boldsymbol{P}^2 = \begin{bmatrix} 0.88 & 0.12 \\ 0.84 & 0.16 \end{bmatrix} \quad \boldsymbol{P}^3 = \begin{bmatrix} 0.876 & 0.124 \\ 0.868 & 0.132 \end{bmatrix}$$

在不同措施下的总利润期望值如表 6-12 和表 6-13 所示。

表 6-12　不采取广告措施时的总利润期望值

	畅销			滞销			获利期望值
	获利/万元	概率	获利×概率	获利/万元	概率	获利×概率	
第一年	100	0.8	80	30	0.2	6	86
第二年	100	0.72	72	30	0.28	8.4	80.4
第三年	100	0.688	68.8	30	0.312	9.36	78.16
总计							244.56

由表 6-12 中可看出，不采取广告措施的总利润期望值为 244.56 万元。

表 6-13　采取广告措施时的总利润期望值

	畅销			滞销			获利期望值
	获利/万元	概率	获利×概率	获利/万元	概率	获利×概率	
第一年	100	0.9	90	30	0.1	3	93
第二年	100	0.88	88	30	0.12	3.66	91
第三年	100	0.876	87.6	30	0.124	3.72	91.32
总计							275.32

采取广告措施后的纯收入为 275.32−15×3=230.32（万元）。

两者相比较，不宜采取广告措施。

例 6-21　某生产厂机修策略选择模式分析。某生产厂有一台冲压机，在生产过程中，其冲压模具很容易损坏，造成产品质量不合格。因此每使用一天就要对其进行检查，并将检查后的结果分为四种状态记录备案，这四种状态如表 6-14 所示。根据生产经验的积累，机器使用中损坏过程是有一定规律的。假设机器状态的转变过程是稳定的，其状态转移概率如表 6-15 所示。

表 6-14　冲压机工作状态分类表

状态分类	机器状态情况
0	没有一点损坏
1	轻微损坏，但可继续使用
2	重度损伤，但仍可使用
3	严重损伤，产品完全不合格

表 6-15　机器状态转移概率矩阵

状态	0	1	2	3
0	0	7/8	1/16	1/16
1	0	3/4	1/8	1/8
2	0	0	1/2	1/2
3	0	0	0	1

按照马尔可夫链的定义，第 3 状态是吸收状态，这种情况在实际生产过程中是不允许的。因此当机器处于第 3 状态时，就应当立即更换以保证生产的连续性。故当机器处于第 3 状态时，就采取更换新机器的策略，此时状态转移矩阵的变更如表 6-16 所示。已知机器处于不同使用状态时，造成不合格品的损失费用如表 6-17 所示。

表 6-16　变更后的机器状态转移概率矩阵

状态	0	1	2	3
0	0	7/8	1/16	1/16
1	0	3/4	1/8	1/8
2	0	0	1/2	1/2
3	1	0	0	0

表 6-17　不合格品损失费用表

状态	每天生产废品的损失费用
0	0
1	1 000
2	3 000
3	4 000+2 000（购置费及损失费用）

假设机器的使用情况都是相同的,那么就评价一个长期维修策略而言,应当以一段较长时间内(如一年或更长)的平均损失费用最小为评价标准。

为此应首先求出机器处于各状态的稳定概率,利用稳定状态概率方程可得

$$\pi_0 = \pi_3$$
$$\pi_1 = (7/8)\pi_0 + (3/4)\pi_1$$
$$\pi_2 = (1/16)\pi_0 + (1/8)\pi_1 + (1/2)\pi_2$$
$$\pi_3 = (1/16)\pi_0 + (1/8)\pi_1 + (1/2)\pi_2$$
$$1 = \pi_0 + \pi_1 + \pi_2 + \pi_3$$

解此方程组,可得 $\pi_0 = 2/13$,$\pi_1 = 7/13$,$\pi_2 = 2/13$,$\pi_3 = 2/13$。

因此,每天的平均损失费用为

$$0\pi_0 + 1000\pi_1 + 3000\pi_2 + 6000\pi_3 = 25000/13 = 1923.08 \text{(元)}$$

这一损失费用是当机器处于第 3 状态时就更换新的,而机器处于第 0、1、2 状态时不做任何维修工作时的每天平均维修费用。从可能的维修方案来讲,还可以有其他的维修策略。现在比较不同维修策略的优势。

假设总共有以下几种维修策略。

R_a:当机器处于状态 3 时,更换新的设备;处于其他状态时,设备继续使用(即前述维修策略)。

R_b:当机器处于状态 3 时,更换新的设备;处于状态 2 时,进行维修,恢复到状态 1;处于状态 1 时,设备继续使用。

R_c:当机器处于状态 2 和状态 3 时,更换新的设备;处于状态 1 时,设备继续使用。

R_d:当机器处于状态 1、2 和 3 时,都要更换新的设备。

由损失费用表 6-18 可得下面在不同状态下采用不同决策的损失费用表,如表 6-19 所示。

表 6-18 不同状态下不合格品损失费用表

决策		损失费用	金额/元
1. 维持现状	在状态 1 下继续使用	不合格产品损失费	1 000
	在状态 2 下继续使用	不合格产品损失费	3 000
2. 维修:在 0、1、2 状态下维修		不合格产品损失费+停工费	4 000
3. 更换新机器		购置费+更新时停产损失费	6 000

表 6-19 不同决策的损失费用表

单位:千元

状态 \ 决策	1	2	3
0	0	4	6
1	1	4	6
2	3	4	6
3	—	—	6

根据维修策略的不同，可以得到不同策略下的状态转移矩阵，其中 R_a 如表 6-16 所示。策略 R_b、R_c、R_d 分别如表 6-20～表 6-22 所示。

表 6-20 策略 R_b 下状态转移矩阵

状态	0	1	2	3
0	0	7/8	1/16	1/16
1	0	3/4	1/8	1/8
2	0	1	0	0
3	1	0	0	0

表 6-21 策略 R_c 下状态转移矩阵

状态	0	1	2	3
0	0	7/8	1/16	1/16
1	0	3/4	1/8	1/8
2	1	0	0	0
3	1	0	0	0

表 6-22 策略 R_d 下状态转移矩阵

状态	0	1	2	3
0	0	7/8	1/16	1/16
1	1	0	0	0
2	1	0	0	0
3	1	0	0	0

采用上面相同的方法，利用状态方程组可以直接求出 R_b、R_c、R_d 三种维修策略的稳定转移概率。

$$R_b: \left(\frac{2}{21}, \frac{5}{7}, \frac{2}{21}, \frac{2}{21}\right); \quad R_c: \left(\frac{2}{11}, \frac{7}{11}, \frac{1}{11}, \frac{1}{11}\right); \quad R_d: \left(\frac{1}{2}, \frac{7}{16}, \frac{1}{32}, \frac{1}{32}\right)$$

所以，各维修策略的每日损失值为：

$$R_b: \frac{1}{21} \times (2 \times 0 + 15 \times 1 + 2 \times 4 + 2 \times 6) = \frac{35}{21} = 1.667$$

$$R_c: \frac{1}{11} \times (2 \times 0 + 7 \times 1 + 1 \times 6 + 1 \times 6) = \frac{19}{11} = 1.727$$

$$R_d: \frac{1}{32} \times (16 \times 0 + 14 \times 6 + 1 \times 6 + 1 \times 6) = \frac{96}{32} = 3$$

又已知 R_a 的损失费用为 1 923.08 元，故维修策略 R_b 的损失费用 1 667 元为最小费用，故 R_b 是最优维修策略。

本章小结

1．随机过程。随机过程（Stochastic Process）是一连串随机事件动态关系的定量描述。随机过程可以用来表征一个系统在变化的过程中的状态，用一组随时间进程而变化的变量对其进行描述。如果系统在任何时刻上的状态都是随机的，则变化过程就是一个随机过程。如果时间集合为离散集，而且对应的状态取值也是离散的，则称这样的随机过程为离散随机过程。常见的随机过程有随机游动、布朗运动和排队模型等。

2．马尔可夫链。马尔可夫过程是随机过程的一个分支，它的最基本特征是"无后效性",即在已知某一随机过程"现在"的条件下,其"将来"与"过去"是独立的。马尔可夫链是状态与时间参数都离散的马尔可夫过程。

3. 状态转移概率矩阵。系统从一种状态变为另一种状态时,称之为状态转移;如果我们能知道系统从"当前时刻的某个状态"转移到"下一时刻的另一状态"的概率,即一步状态转移概率,那么由状态空间中所有一步状态转移概率构成的矩阵就称为状态转移矩阵。

4. 稳态概率矩阵。稳态概率矩阵用来推断系统在未来较长的周期中的状态。可通过求解和分析系统的平稳分布(矩阵)和稳态分布(矩阵)来分析系统发展是否会达到稳态。

5. 马尔可夫决策过程。马尔可夫决策运用转移矩阵来进行预测和决策,马尔可夫决策过程是基于马尔可夫过程理论的随机动态系统的最优决策过程。

综合练习

一、练习题

1. 请叙述什么是马尔可夫链,并用数学语言定义。
2. 什么是状态转移概率及其矩阵?
3. 有三家企业生产同种食用油,已知在当地它们的当月市场占有额为(0.4, 0.3, 0.3),且已知状态转移概率矩阵为

$$P = \begin{bmatrix} 0.5 & 0.25 & 0.25 \\ 0.3 & 0.3 & 0.4 \\ 0.6 & 0.2 & 0.2 \end{bmatrix}$$

求两个月后,它们的市场占有率和终极占有率。

4. 设马尔可夫链的状态空间为 $E=\{1,2,3\}$,一步转移概率矩阵为

$$P = \begin{bmatrix} 0 & 0 & 1 \\ 1 & 0 & 0 \\ 1/3 & 1/3 & 1/3 \end{bmatrix}$$

(1)求三步转移概率矩阵。

(2)写出 t 时刻之状态 3 到 $t+3$ 时刻各状态的转移概率。

5. 某产品每月的市场状态有畅销和滞销两种,三年来有如表 6-23 所示记录。状态 1 代表畅销,状态 2 代表滞销,试求市场状态转移的 1 步和 2 步转移概率矩阵。

表 6-23 某产品每月的市场状态

月份	1	2	3	4	5	6	7	8	9	10	11	12	13	14	15	16
市场状态	1	1	1	2	2	1	1	1	1	2	1	2	1	2	1	1
月份	17	18	19	20	21	22	23	24	25	26	27	28	29	30	31	32
市场状态	1	1	2	2	2	1	2	1	2	1	1	1	2	2	1	1

6．设市场上某种商品同时有 A、B、C 三种品牌在销售。根据调查得到如下信息：过去购买 A 品牌商品的顾客在下一个季度将会有 20%转买 B 品牌商品，有 25%转买 C 品牌商品；过去购买 B 品牌商品的顾客将会有 30%转而购买 A 品牌商品，20%转买 C 品牌商品；原来购买 C 品牌商品的顾客将会有 15%的人转买 A 品牌，25%转买 B 品牌。如果这种状态持续下去，将会对哪种品牌的商品有利？

7．某市出租汽车公司有三个管理站，出租汽车司机可以从任何一站借车，也可将车交还到任何一站。其借、还规律如表 6-24 所示。

表6-24 某市出租汽车公司借、还规律

		交还		
		A	B	C
借用	A	0.8	0.2	0
	B	0.2	0	0.8
	C	0.2	0.2	0.6

问：该公司按什么比例配备管理人员才最恰当？

8．某高校为编制师资发展规划，须预测未来教师队伍的结构。现在对教师状况进行如下分类：青年、中年、老年和退休。根据历史资料，各类教师（按一年一期）的转移概率矩阵为

$$P = \begin{matrix}青\\中\\老\\退休\end{matrix}\begin{bmatrix} 0.8 & 0.15 & 0 & 0.05 \\ 0 & 0.75 & 0.2 & 0.05 \\ 0 & 0 & 0.8 & 0.2 \\ 0 & 0 & 0 & 1 \end{bmatrix}$$

目前，青年教师 400 人，中年教师 360 人，老年教师 300 人。试分析三年教师的结构以及为保持编制不变，三年内应进多少硕士和博士毕业生充实教师队伍。

二、思考题

假设某汽车修理厂有甲、乙、丙三个维修门市，该厂拥有一定规模、稳定的客户群，由于汽车的特殊性，客户在这三个维修门市之间转移的概率矩阵经调查为

$$P = \begin{bmatrix} 0.8 & 0.2 & 0 \\ 0.2 & 0 & 0.8 \\ 0.2 & 0.2 & 0.6 \end{bmatrix}$$

式中，第一行（或第一列）为甲，第二行（或第二列）为乙，第三行（或第三列）为丙。现该维修厂准备扩大规模，但限于资金，只能扩大其中的一个门市。根据这些资料，试决定该厂扩大哪个门市。

请思考如何将马尔可夫预测法运用到这类选址问题中。

三、案例题

某专家对一沿海城市 2002 年居民各种出行方式所占比率的分布做了调查，结果如表 6-25 所示。

表 6-25 某沿海城市 2002 年居民各种出行方式所占比率分布情况

出 行 方 式	公交车	自行车	步行	其他
比 率	19%	14%	56%	11%

与 2001 年相比，本时期（2002 年）各个出行方式之间的变化转移情况如表 6-26 所示。

表 6-26 某沿海城市 2001—2002 年居民出行方式转移概率表

2002＼2001	公 交 车	自 行 车	步 行	其 他
公交车	90%	4%	2%	4%
自行车	7%	86%	1%	6%
步行	8%	7%	80%	5%
其他	10%	2%	3%	85%

（资料来源：姜华平，陈海泳. 城市公交客运量的预测模型研究[J]. 统计与决策，2005（12）：30-32.）

案例思考

假设 2006 年该城市居民平均每天出行的总人数 $\sum N = 468$ 万人次。试预测 2006 年该城市公交的平均日客运量 U。

第7章 灰色系统预测

本章学习目标

- 掌握灰色系统五步建模思想
- 掌握累加生成算子与累减生成算子的应用
- 掌握灰色关联分析的原理及计算步骤
- 掌握 GM 模型的原理及其应用
- 掌握灰色灾变预测的原理及其应用
- 了解灰色系统及其优缺点

 引例

干热风灾害的防御

干热风习称"火南风"或"火风"。它是一种高温、低湿并伴有一定风力的农业灾害性天气,是农业气象灾害之一。干热风往往导致小麦灌浆不足,秕粒严重甚至枯萎死亡,导致大面积减产二至四成。

干热风在我国华北、西北和黄淮地区春末夏初期间都有出现。若能提前预测干热风的发生,就可以采取一些补救措施,如种植早熟品种,或提前喷施抗风、催熟农药等,以减少损失。H 省 P 县东部地区是干热风的常发地区。1988 年,该县农业部门决定聘用预测专家帮助该县顺利渡过干热风灾害。经过反复协商,预测专家使用灰色预测模型进行预测,通过对 1975—1988 年灾情的数据采集与模型的建立,专家预测到 1991 年、1994 年可能有该灾害的发生。在预测之后的十年内,该县采取积极应对措施,成功避免了干热风灾害的再次发生。

灰色系统理论是我国控制论专家邓聚龙教授于 1982 年创立的,其理论起源于对控制论的研究。以往的控制思想,是根据已有行为进行控制,即在观察系统输出后,分析输出值与目标值的偏离程度,再进行控制。灰色系统理论则以现有信息为基础,对系统未来状态进行预测,然后按预测值制定控制措施。目前,灰色系统理论已成功地应用于工程控制、经济管理、未来学研究、生态系统及复杂多变的农业系统中,并取得了可喜的成就。本章将介绍五步建模思想、灰色关联度分析、灰色预测模型的构造、检验、应用,并简要介绍灾变模型的原理及应用。

7.1 灰色系统基本理论

7.1.1 五步建模思想

研究一个系统，一般首先建立系统的数学模型，进而对系统的整体功能、协调功能以及系统各因素之间的关联关系、因果关系、动态关系进行具体的量化研究。这种研究必须以定性分析为先导，定量与定性紧密结合。系统模型的建立，一般要经历思想开发、因素分析、量化、动态化、优化五个步骤，故称为五步建模。

（1）开发思想，形成概念，通过定性分析、研究，明确研究的方向、目标、途径、措施，并将结果用准确简练的语言加以表达，这便是语言模型。

（2）对语言模型中的因素及各因素之间的关系进行剖析，找出影响事物发展的前因、后果，并将这种因果关系用框图表示出来，如图 7-1 所示。

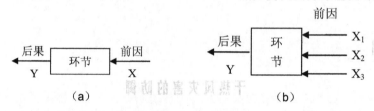

图 7-1 因果关系图

一对前因后果（或一组前因与一个后果）构成一个环节。一个系统包含许多这样的环节。有时，同一个量既是一个环节的前因，又是另一个环节的后果，将所有这些关系联结起来，便得到一个相互关联的、由多个环节构成的框图（见图 7-2），即为网络模型。

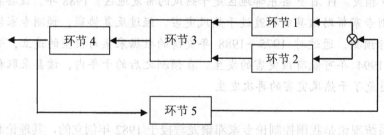

图 7-2 网络模型图

（3）对各环节的因果关系进行量化研究，初步得出低层次的概略量化关系，即为量化模型。

（4）进一步搜集各环节输入数据和输出数据，利用所得数据序列，建立动态 GM 模型，即动态模型。

动态模型是最高层次的量化模型，它更为深刻地揭示出输入与输出之间的数量关系或转换规律，是系统分析、优化的基础。

(5) 对动态模型进行系统研究和分析，通过结构、机理、参数的调整，进行系统重组，达到优化配置、改善系统动态品质的目的。这样得到的模型称之为优化模型。

五步建模的全过程，是在五个不同阶段建立五种模型的过程，即

语言模型→网络模型→量化模型→动态模型→优化模型

在建模过程中，要不断地将下一阶段中所得到的结果回馈，经过多次循环往复，使整个模型逐步趋于完善。

7.1.2 灰色系统与灰色预测

1. 系统分类

客观世界在不断发展变化的同时，往往通过事物之间及因素之间相互制约、相互联系而构成一个整体，我们称之为系统。按事物内涵的不同，人们已建立了工程技术系统、社会系统、经济系统等。人们试图对各种系统所外露出的一些特征进行分析，从而弄清楚系统内部的运行机理。从信息的完备性与模型的构建上看，工程技术等系统具有较充足的信息量，其发展变化规律明显，定量描述较方便，结构与参数较具体，人们称之为白色系统；对另一类系统诸如社会系统、农业系统、生态系统等，人们无法建立客观的物理原型，其作用原理亦不明确，内部因素难以辨识或之间关系隐蔽，人们很难准确了解这类系统的行为特征，因此对其定量描述难度较大，建立模型困难，但是我们对于这一类系统的系统特性，并不是一无所知，我们还是可以了解其部分特性的。例如，在农业系统中，粮食年产量与农业劳动力、粮食作物播种面积、农田灌溉面积、化肥使用量等因素有关，但是粮食年产量往往因为许多非农业的因素而改变，我们虽然可以准确地知道农业劳动力等指标的取值，可是却难以获得非农业因素的干扰信息，所以仍然难以准确地预测粮食年产量。这类系统内部特性部分已知的系统称之为灰色系统（Grey System）；若一个系统的内部信息是一无所知、一团漆黑的，只能从它同外部的联系来观测研究，这种系统便是黑色系统。

区别白色和灰色系统的重要标志是系统各因素间是否有确定的关系。运动学中物体运动的速度、加速度与其所受到的外力有关，其关系可用牛顿定律以明确的定量来阐明，因此，物体的运动便是一个白色系统；一个商店可看作是一个系统，在人员、资金、损耗、销售信息完全明确的情况下，可算出该店的盈利大小、库存多少，据此可以判断商店的销售态势、资金的周转速度等，这样的系统也是白色系统。遥远的某个星球，也可以看作一个系统，虽然知道其存在，但体积多大、质量多少、距离地球多远，这些信息完全不知道，这样的系统是黑色系统。在工程技术、社会、经济、农业、生态、环境等各种系统中经常会遇到所知信息不完全的情况，这些系统可以看作是灰色系统，例如，一项土建工程，尽管材料、设备、施工计划、图纸是齐备的，可还是很难估计施工进度与质量，这是缺乏劳动力及技术水平的信息；一般社会经济系统，除了输出的时间数据列（例如产值、产量、总收入、总支出等）外，其输入数据列不明确或者缺乏，因而难以建立确定的完整的模型，这是缺乏系统信息；农业方

面，农田耕作面积往往会因为许多非农业的因素而改变，因此很难准确计算农田产量、产值，这是缺乏耕地面积信息；生物防治方面，害虫与天敌间的关系即使是明确的，但天敌与饵料、害虫与害虫间的许多关系却不明确，这是缺乏生物间的关联信息。

作为实际问题，灰色系统在大千世界中是大量存在的。白、灰、黑是相对于一定的认识层次而言的，因而具有相对性。随着人类认识的进步及对掌握现实世界的要求的升级，人们对社会、经济等问题的研究往往已不满足于定性分析。尽管当代科技日新月异，发展迅速，但人们对自然界的认识仍然是肤浅的。粮食作物的生产是一个实际的关系到人们吃饭的大问题，但同时它又是一个抽象的灰色系统。肥料、种子、农药、气象、土壤、劳力、水利、耕作及政策等皆是影响生产的因素，但又难以确定影响生产的确定因素，更难确定这些因素与粮食产量的定量关系。人们只能在一定的假设条件（往往是一些经验及常识）下按照某种逻辑推理演绎而得到模型。这种模型并非是粮食作物生产问题在理论认识上的"翻版"，而只能看作是人们在认识上对实际问题的一种"反映"或"逼近"。

2. 灰色预测

灰色预测是通过对原始数据的处理，使随机的无规律的数据变为较有规律的生成数列，进而建立灰色模型，对系统的未来状况做出科学的定量预测。灰色预测通过对原始数据的生成处理来寻求系统变动的规律，生成数据序列有较强的规律性，可以用它来建立相应的微分方程模型，从而预测事物未来的发展趋势和未来状态。灰色预测通常分为以下几类。

（1）灰色时间序列预测。有些现象随时间的变化呈现有规律变化，预测在将来的某个时刻该现象数量的多少便是灰色时间序列预测。例如，预测某地游客人数随时间推移的变化规律。

（2）灾变预测。通过模型预测异常突变事件发生的时刻便是灾变预测。例如，对某个地区旱灾、涝灾的预测以及对地震的时间预测等。

（3）波形预测。在坐标中画出原始数据对应的曲线图，在曲线上找出各个定值对应的时点，形成时点数列，然后建立模型预测未来某定值发生的时点。

（4）系统预测。系统预测是对系统行为特征指标建立一组相互关联的灰色预测理论模型，在预测系统整体变化的同时，预测系统各个环节的变化。例如，在大农业系统中农、林、牧、渔各业产值对农业总产值影响的预测就属于系统预测。

3. 灰色预测的优点

（1）灰色预测的方法计算简单。灰色预测的理论基础是高深的数学知识，但是计算步骤简单，多数可用手工计算完成。

（2）灰色预测需要的原始数据少。有些统计方法需要大量的统计数据，才能找出规律。而灰色预测需要的数据较少，只用四五个数据就可建立模型并进行预测。

（3）灰色预测的适用范围较广。灰色预测不但可以做短期预测，也可用于中长期预测，应用范围较广。

7.1.3 灰色生成算子

灰色系统是通过对原始数据的整理来寻求其变化规律的，这是一种就数据寻找数据的现实规律的途径。将原始数据列中的数据，按某种要求做数据处理称为生成。对原始数据的生成就是企图从杂乱无章的现象中去发现内在规律。

在灰色模型中，灰色生成技术贯穿于灰色模型的始末，不仅是发掘和升华数据的有效工具，还是发展和完善灰色模型的有力手段。本节我们介绍灰色生成中最常用的累加生成与累减生成。累加生成在灰色系统理论中占有极其重要的地位，累加生成是使灰色过程由灰变白的一种方法，通过累加可以看出灰量积累过程的发展态势，使离乱的原始数据中蕴含的积分特性或规律充分显露出来。例如，对于一个家庭的支出，若按日计算，可能没有什么明显的规律，若按月计算，支出的规律性可能就体现出来了，它大体与月工资收入呈某种关系；一种农作物的单粒重，一般来说没有什么规律，人们常用千粒重作为农作物品种的评估标准；一个生产重机械设备的厂家，由于产品生产周期长，其产量、产值若按天计算，就没有什么规律，若按年计算，则规律显著。累减生成是在获取增量信息时常用的生成，与累加生成是一对互逆的序列算子，对累加生成起还原作用。

1. 累加生成算子 AGO（Accumulating Generation Operator）

记原始序列 $X^{(0)} = (x^{(0)}(1), x^{(0)}(2), \cdots x^{(0)}(n))$，$D$ 为序列算子。

$$X^{(0)}D = (x^{(0)}(1)d, x^{(0)}(2)d, \cdots x^{(0)}(n)d)$$

其中

$$x^{(0)}(k)d = \sum_{i=1}^{k} x^{(0)}(i), \quad k = 1, 2, \cdots, n$$

则称 D 为 $X^{(0)}$ 的一次累加生成算子，记为 1-AGO。称 r 阶算子 D^r 为 $X^{(0)}$ 的 r 次累加生成算子，记为 r-AGO，习惯上记

$$X^{(0)}D = X^{(1)} = (x^{(1)}(1), x^{(1)}(2), \cdots x^{(1)}(n))$$
$$X^{(0)}D^r = X^{(r)} = (x^{(r)}(1), x^{(r)}(2), \cdots x^{(r)}(n))$$

其中

$$x^{(r)}(k) = \sum_{i=1}^{k} x^{(r-1)}(i), \quad k = 1, 2, \cdots, n$$

一般地，经济数列等实际问题的数列皆是非负数列，累加生成可使非负的摆动与非摆动的数列或任意无规律性的数列转化为非减的数列。对于非负的数据列，累加的次数越多，随机性弱化越明显，数据列呈现的规律性越强。这种规律如果能用一个函数表示出来，这种函数称为生成函数。一般情况下，非负序列经过累加生成后，都会减少随机性，呈现出近似的指数增长规律，生成函数为指数函数。

当然，有些实际问题的数列中有负数（例如温度等），累加时略微复杂。有时，由于出现正负抵消这种信息损失的现象，数列经过累加生成后规律性非但没有得到加强，甚至可能被削弱。对于这种情形，我们可以先进行移轴，然后再做累加生成。

2. 累减生成算子 IAGO（Inverse Accumulating Generation Operator）

利用数的生成可得到一系列有规律的数据，甚至可拟合成一些函数。但生成数列并非是直接可用的数列，因此，对于生成数列还有个还原的问题。对累加生成，还原的办法是采用累减生成。累减生成是在获取增量信息时常用的生成，累减生成对累加生成起还原作用。累减生成与累加生成是一对互逆的序列算子。

记原始序列 $X^{(0)} = (x^{(0)}(1), x^{(0)}(2), \cdots x^{(0)}(n))$，$D$ 为序列算子。

$$X^{(0)}D = (x^{(0)}(1)d, x^{(0)}(2)d, \cdots x^{(0)}(n)d)$$

其中

$$x^{(0)}(k)d = x^{(0)}(k) - x^{(0)}(k-1), \quad k = 1, 2, \cdots, n$$

称 D 为 $X^{(0)}$ 的一次累减生成算子。称 r 阶算子 D^r 为 $X^{(0)}$ 的 r 次累减生成算子，记为 r-IAGO。自然，r 次累加生成算子与 r 次累减生成算子互为逆算子。

习惯上记

$$X^{(0)}D = \alpha^{(1)}X^{(0)} = (\alpha^{(1)}x^{(0)}(2), \cdots \alpha^{(1)}x^{(0)}(n))$$
$$X^{(0)}D^r = \alpha^{(r)}X^{(0)} = (\alpha^{(r)}x^{(0)}(r+1), \cdots \alpha^{(r)}x^{(0)}(n))$$

其中

$$\alpha^{(r)}x^{(0)}(k) = \alpha^{(r-1)}x^{(0)}(k) - \alpha^{(r-1)}x^{(0)}(k-1), \quad k = r+1, \cdots, n$$

3. 均值生成（Mean Generation Operator）

均值生成分为邻均值生成与非邻均值生成两种。

所谓邻均值生成，就是对于等时距的数列，用相邻数据的平均值构造新的数据。即若有原始数列，记 k 点的生成值为 $z(k)$，且 $z(k) = 0.5x(k) + 0.5x(k-1)$，则称为邻均值生成数。显然，这种生成是相邻值的等权生成。

所谓非邻均值生成，就是对于非等时距的数列，或虽为等时距数列，但剔除异常值之后，出现空穴的数列，用空穴两边的数据求平均值构造新的数据，以填补空穴，即若有原始数据

$$x = [x(1), x(2), \cdots \varphi(k), x(k+1), \cdots, x(n)]$$

这里 $\varphi(k)$ 为空穴，令

$$z(k) = 0.5x(k-1) + 0.5x(k+1)$$

记 k 点的生成值为 $z(k)$，则称 $z(k)$ 为非邻均值生成数。显然，这种生成是空穴前后信息的等权生成。

7.2 灰色关联分析

为了定量地研究两个事物间的关联程度，人们提出了各种形式的指数，如相关系数和相似系数等。这些指数大多以数理统计原理为基础，需要足够的样本个数或者要求数据服从一定的概率分布。但在客观世界中，存在着不同类型的系统，每种系统都由许多因素组成。即使在同一系统内部，许多因素之间的关系也是非常复杂的，我们

往往分不清哪些因素关系密切，哪些不密切，这样就难以找到主要矛盾和主要特征，我们称这种因素之间的关系是灰色的。灰色关联分析，目的是定量地表征诸因素之间的关联程度，从而揭示灰色系统的主要特性。关联分析是灰色系统分析和预测的基础。

7.2.1 关联度的计算

关联分析是一种相对性的排序分析，用以分析两个事物的关联程度，其衡量指标为关联度（Correlative Degree）。例如，在粮食产量的预测中，用关联度衡量影响粮食产量的诸多因素中，哪些为主要因素，哪些为次要因素。

从思路上来看，关联分析源于几何直观表现。图 7-3 所示的 A、B、C、D 四个时间序列，曲线 A 与 B 近似平行，我们就认为 A 与 B 的关联度大；A 与 C 随时间变化的方向很不一致，我们就认为 A 与 C 的关联度较小；A 与 D 相差最大，则认为两者的关联度最小。将曲线 A 与 B、C、D 的关联度分别记为 R_{AB}, R_{AC}, R_{AD}，则它们之间有如下排序关系：R_{AB}, R_{AC}, R_{AD}，相应的序列 $\{R_{AB}, R_{AC}, R_{AD}\}$ 称为关联序。在这个例子中，很显然，几何形状越接近，关联程度也就越大。当然，直观分析对于稍微复杂些的问题则显得难于进行。因此，需要给出一种计算方法来衡量因素间关联度的大小。

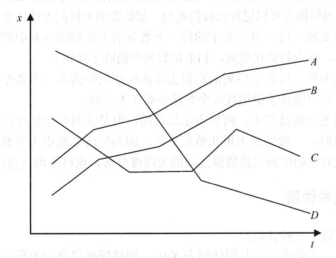

图 7-3　时间序列的几何关联性

计算关联度须先计算关联系数，下面介绍关联系数的计算方式。

设参考序列（也称母序列）为

$$X_1 = (x_1(1), x_1(2), \cdots, x_1(n))$$

比较序列（也称子序列）为

$$X_i = (x_i(1), x_i(2), \cdots, x_i(n))$$

则数列 X_1 与 X_i 在第 k 时刻的关联系数定义为

$$r_{1i}(k) = \frac{\min\limits_{j}\min\limits_{l}|x_1(l)-x_j(l)| + P\max\limits_{j}\max\limits_{l}|x_1(l)-x_j(l)|}{|x_1(k)-x_i(k)| + P\max\limits_{j}\max\limits_{l}|x_1(l)-x_j(l)|} \qquad (7\text{-}1)$$

式中，$\min_j \min_l |x_1(l) - x_j(l)|$ 与 $\max_j \max_l |x_1(l) - x_j(l)|$ 为两级最小差和两级最大差。P 称为分辨系数，$0 < P < 1$，P 越大，分辨率越大；P 越小，分辨率越小；P 一般取值为 0.5。

关联系数是描述比较数列与参考数列在某时刻关联程度的一种指标，由于各个时刻都有一个关联系数，因此信息显得过于分散，不便于比较。为了从总体上了解序列之间的关联程度，必须求出它们的时间平均值，即关联度。计算关联度的公式为

$$R_{1i} = \frac{1}{N} \sum_{k=1}^{n} r_{1i}(k) \tag{7-2}$$

式中，N 为两个序列的数据个数，r_{1i} 为两个序列各个时刻的关联系数，R_{1i} 为两个序列的关联度。

7.2.2 原始数据转变

在计算关联系数之前必须先进行原始数据的变换，消除量纲对数列之间关系的影响。不同的数据由于物理意义不同，量纲也不一定相同。例如，产值一般用价值单位元，产量用度量单位千克，种植面积一般用公顷或者亩来计算。不同的量纲造成几何曲线的比例不同，因此进行数列比较时，很难得到正确的结果。因此，必须消除量纲对序列的影响，使序列转换为可以进行比较的数列。原始数列变换的方法通常有以下两种。

（1）初值化变换。用一组序列中的每一个数分别去除相应序列中的第一个数，得到一组新的序列，称为初值化数列，初值化数列即消除了量纲。

（2）均值化变换。用各个序列的均值去除相应序列中的每一个数据，得到一组新的序列，新的序列中没有了量纲且每个数都分布在 1 左右。

在消除序列量纲的过程中，两种方法均可用，但是在对稳定的经济系统做动态序列的关联度分析时，一般情况下用初值化变换，因为经济系统中大多数的动态序列呈增长趋势；如果对原始序列只做数值之间的关联度分析，也可使用均值化变换。

7.2.3 关联度的性质

关联度具有以下三种性质。

（1）自反性。不妨设一个时间序列为 $X_1(t)$，则该序列自身的关联度 $R_{11} = 1$。

（2）对称性。设 $X_1(t)$，$X_2(t)$ 为两个序列，则 $X_1(t)$，$X_2(t)$ 的关联度 R_{12} 和 $X_2(t)$，$X_1(t)$ 的关联度 R_{21} 相等，即 $R_{12} = R_{21}$。

（3）传递性。有三个序列 $X_1(t)$，$X_2(t)$，$X_3(t)$，如果 $R_{12} > R_{13}$，$R_{13} > R_{23}$，则 $R_{12} > R_{23}$。

7.2.4 灰色关联分析应用实例

例 7-1 设有四组时间序列：

$$X_1^{(0)} = (39.5, 40.3, 42.1, 44.9)$$
$$X_2^{(0)} = (46.7, 47.3, 48.2, 47.5)$$

$$X_3^{(0)} = (5.4, 5.8, 6.1, 6.3)$$
$$X_4^{(0)} = (6.1, 6.0, 5.8, 6.4)$$

（1）以 $X_1^{(0)}$ 为母序列，其余数列为子序列。

（2）将原始数据做初值化处理，则

$$X_1^{(1)} = \left(\frac{39.5}{39.5}, \frac{40.3}{39.5}, \frac{42.1}{39.5}, \frac{44.9}{39.5}\right) = (1, 1.02, 1.07, 1.14)$$

$$X_2^{(1)} = \left(\frac{46.7}{46.7}, \frac{47.3}{46.7}, \frac{48.2}{46.7}, \frac{47.5}{46.7}\right) = (1, 1.01, 1.03, 1.02)$$

$$X_3^{(1)} = \left(\frac{5.4}{5.4}, \frac{5.8}{5.4}, \frac{6.1}{5.4}, \frac{6.3}{5.4}\right) = (1, 1.07, 1.13, 1.17)$$

$$X_4^{(1)} = \left(\frac{6.1}{6.1}, \frac{6.0}{6.1}, \frac{6.0}{6.1}, \frac{6.0}{6.1}\right) = (1, 0.98, 0.95, 1.05)$$

（3）计算各子序列同母序列在同一时刻的绝对差，结果如表 7-1 所示。

表 7-1　两比较序列的绝对差值

t	1	2	3	4
$\left|x_1^{(1)}(t) - x_2^{(1)}(t)\right|$	0	0.01	0.03	0.12
$\left|x_1^{(1)}(t) - x_3^{(1)}(t)\right|$	0	0.05	0.06	0.03
$\left|x_1^{(1)}(t) - x_4^{(1)}(t)\right|$	0	0.04	0.12	0.09

表 7-1 中最小值和最大值分别为

$$\min_j \min_t \left|x_1^{(1)}(t) - x_j^{(1)}(t)\right| = 0$$

$$\max_j \max_t \left|x_1^{(1)}(t) - x_j^{(1)}(t)\right| = 0.12$$

（4）取 $P = 0.5$，根据式（7-1）计算出的关联系数如表 7-2 所示。

表 7-2　关联系数计算值

t	1	2	3	4
$r_{12}(t)$	1	0.89	0.64	0.33
$r_{13}(t)$	1	0.53	0.48	0.67
$r_{14}(t)$	1	0.62	0.34	0.41

（5）按照式（7-2）计算关联度：

$$R_{12} = \frac{1}{4}\sum_{t=1}^{4} r_{12}(t) = (1 + 0.89 + 0.64 + 0.33)/4 = 0.72$$

$$R_{13} = \frac{1}{4}\sum_{t=1}^{4} r_{13}(t) = (1 + 0.53 + 0.48 + 0.67)/4 = 0.67$$

$$R_{14} = \frac{1}{4}\sum_{t=1}^{4} r_{14}(t) = (1 + 0.62 + 0.34 + 0.41)/4 = 0.59$$

则三个子序列对 X_1 的关联度为：$R_{12} > R_{13} > R_{14}$。

7.3 GM(1,1)模型

因为微分方程适合描述社会经济系统、生命科学内部过程的动态特征，故灰色系统预测模型的建立，常应用以微分拟合法为核心的建模方法。灰色模型（Grey Model）记为 GM。GM(m,n) 表示 m 阶 n 个变量的微分方程。GM(m,n) 模型中，m 越大，计算越复杂。本节开始将依次介绍灰色模型中最为常用的 GM(1,1) 模型、GM(1,N) 模型以及 GM(2,1) 模型。

7.3.1 GM(1,1)模型介绍

令 $X^{(0)}$ 为 GM(1,1) 建模序列：
$$X^{(0)} = (x^{(0)}(1), x^{(0)}(2), \cdots, x^{(0)}(n))$$

$X^{(1)}$ 为 $X^{(0)}$ 的 1-AGO 序列：
$$X^{(1)} = (x^{(1)}(1), x^{(1)}(2), \cdots, x^{(1)}(n))$$
$$x^{(1)}(k) = \sum_{i=1}^{k} x^{(0)}(i), \quad k = 1, 2, \cdots, n$$

令 $Z^{(1)}$ 为 $X^{(1)}$ 的紧邻均值生成序列：
$$Z^{(1)} = (z^{(1)}(2), z^{(1)}(3), \cdots, z^{(1)}(n))$$
$$z^{(1)}(k) = 0.5 x^{(1)}(k) + 0.5 x^{(1)}(k-1)$$

则 GM(1,1) 的灰色微分方程模型为
$$x^{(0)}(k) + a z^{(1)}(k) = b \tag{7-3}$$

模型为含有一个变量的一阶方程。

称 GM(1,1) 模型中的参数 $-a$ 为发展系数，b 为灰色作用量。$-a$ 反映了 $\hat{x}^{(0)}$ 与 $\hat{x}^{(1)}$ 的发展态势。一般情况下，系统作用量应是外生的或者前定的，而 GM(1,1) 是单序列建模，只用到系统的行为序列（或称输出序列、背景值），而无外作用量（或称输入序列、驱动量）。GM(1,1) 中的灰色作用量是从背景值挖掘出来的数据，它反映数据变化的关系，其确切内涵是灰的。灰色作用量是内涵外延化的具体体现，它的存在是区别灰色建模与一般输入输出建模（黑箱建模）的分水岭。

设 $\hat{a}$ 为待估参数向量，即 $\hat{a} = (a, b)^{\mathrm{T}}$，则灰色微分方程式（7-3）的最小二乘估计参数列满足
$$\hat{a} = (B^{\mathrm{T}} B)^{-1} B^{\mathrm{T}} Y \tag{7-4}$$

其中

$$B = \begin{bmatrix} -z^{(1)}(2) & 1 \\ -z^{(1)}(3) & 1 \\ \vdots & \vdots \\ -z^{(1)}(n) & 1 \end{bmatrix}, \quad Y = \begin{bmatrix} x^{(0)}(2) \\ x^{(0)}(3) \\ \vdots \\ x^{(0)}(n) \end{bmatrix}$$

称
$$\frac{dx^{(1)}}{dt}+ax^{(1)}=b \tag{7-5}$$

为灰色微分方程 $x^{(0)}(k)+az^{(1)}(k)=b$ 的白化方程,也叫影子方程。有

(1) 白化方程 $\frac{dx^{(1)}}{dt}+ax^{(1)}=b$ 的解也称为时间响应函数,为

$$\hat{x}^{(1)}(k)=\left(x^{(1)}(0)-\frac{b}{a}\right)e^{-ak}+\frac{b}{a}$$

(2) GM(1,1)灰色微分方程 $x^{(0)}(k)+az^{(1)}(k)=b$ 的时间响应序列为

$$\hat{x}^{(1)}(k+1)=\left(x^{(1)}(0)-\frac{b}{a}\right)e^{-ak}+\frac{b}{a} \tag{7-6}$$

(3) 取 $x^{(1)}(0)=x^{(0)}(1)$,则

$$\hat{x}^{(1)}(k+1)=\left(x^{(0)}(1)-\frac{b}{a}\right)e^{-ak}+\frac{b}{a} \tag{7-7}$$

(4) 预测方程为

$$\hat{x}^{(0)}(k+1)=\hat{x}^{(1)}(k+1)-\hat{x}^{(1)}(k) \tag{7-8}$$

7.3.2 GM(1,1)模型检验

在预测之前要先对 GM(1,1) 模型进行检验,若检验在允许的范围内,则可用所建立的模型进行预测,否则应进行修正。下面简要介绍模型的三种常见检验方法:残差检验、关联度检验和后验差检验。

1. 残差检验

残差大小检验,即对模型值和实际值的残差进行逐点检验。首先按照模型计算 $\hat{X}^{(0)}(k)$,然后计算 $\hat{X}^{(0)}(k)$ 与原始序列 $X^{(0)}(k)$ 的绝对残差序列:

$$\varepsilon^{(0)}=\left\{\varepsilon^{(0)}(k),\ k=1,2,\cdots,n\right\},\ \varepsilon^{(0)}(k)=\left|x^{(0)}(k)-\hat{x}^{(0)}(k)\right|$$

进而计算相对残差序列:

$$\eta=\{\eta_k,k=1,2,\cdots,n\},\ \eta_k=\frac{\varepsilon^{(0)}(k)}{x^{(0)}(k)}\times 100\%$$

最后计算平均相对残差:

$$\bar{\eta}=\frac{1}{n}\sum_{k=1}^{n}\eta_k$$

给定 α,当 $\bar{\eta}<\alpha$,且 $\eta_n<\alpha$ 成立时,称模型为残差合格模型。

2. 关联度检验

另一种常用检验为关联度检验,即通过考察模型值曲线和建模序列曲线的相似程度进行检验。按照前面所述的关联度计算方法,计算出原始序列 $X^{(0)}(k)$ 与相应的模拟序列 $\hat{X}^{(0)}(k)$ 的关联度 R,若对于给定 $R_0>0$,有 $R>R_0$,则称模型为关联度合格模型。一般情况下,关联度大于 0.6 即可认为结果满意。

3. 后验差检验

设 $X^{(0)}$ 为原始序列，$\hat{X}^{(0)}$ 为相应模拟序列，ε 为残差序列，则

$$\overline{x} = \frac{1}{n}\sum_{i=1}^{n}x^{(0)}(i), \quad S_1^2 = \frac{1}{n-1}\sum_{i=1}^{n}(x^{(0)}(i) - \overline{x})^2$$

分别为 $X^{(0)}$ 的均值和方差。

$$\overline{\varepsilon} = \frac{1}{n}\sum_{i=1}^{n}\varepsilon(i), \quad S_2^2 = \frac{1}{n-1}\sum_{i=1}^{n}(\varepsilon(i) - \overline{\varepsilon})^2$$

分别为残差的均值和方差。

（1）计算均方差比值 C：$C = \dfrac{S_2}{S_1}$，对于给定的 $C_0 > 0$，当 $C < C_0$ 时，称模型为均值方差比合格模型。

（2）计算小残差概率 P：$P = P\{|\varepsilon(i) - \overline{\varepsilon}| < 0.6745 S_1\}$，如对给定的 $P_0 > 0$，当 $P > P_0$ 时，称模型为小残差概率合格模型。

上述三种检验中，平均相对残差 $\overline{\eta}$ 越小越好，关联度 R 越大越好，均方差比值 C 越小越好（因为 C 小说明 S_2 小，S_1 大，即残差方差小，原始数据方差大，说明残差比较集中，摆动幅度小，原始数据比较分散，摆动幅度大，所以模拟效果好要求 S_2 与 S_1 相比尽可能小），小残差概率 P 越大越好。

7.3.3 GM(1,1)模型建模机理

1. GM(1,1)模型灰色微分方程构造机理

灰色系统是对离散数据序列建立的微分方程，GM(1,1)是一阶微分方程模型，其形式为

$$\frac{dx}{dt} + ax = b \tag{7-9}$$

由导数定义知：$\dfrac{dx}{dt} = \lim\limits_{\Delta t \to 0}\dfrac{x(t + \Delta t) - x(t)}{\Delta t}$，当 Δt 很小时，并且取很小的 1 单位时，则近似地有

$$x(t+1) - x(t) = \frac{\Delta x}{\Delta t}$$

写成离散形式为

$$\frac{\Delta x}{\Delta t} = x(k+1) - x(k) = \Delta^{(1)}(x(k+1)) \tag{7-10}$$

式（7-10）表示 $\Delta x/\Delta t$ 是 $x(k+1)$ 的一次累减生成。因此，$\Delta x/\Delta t$ 是 $x(k+1)$ 和 $x(k)$ 的二元组合等效值，称 $x(k+1)$ 和 $x(k)$ 的二元组合为偶对，记为 $[x(k+1), x(k)]$。于是我们可以定义一个从 $[x(k+1), x(k)]$ 到 $\Delta x/\Delta t$ 的一个映射：

$$F: [x(k+1), x(k)] \to \frac{dx}{dt} \tag{7-11}$$

若定义 $R(t)$ 是 t 时刻 dx/dt 的背景值，那么每一个 dx/dt 都有一个偶对背景值 $R(t)$

与之对应。此处需要加深理解的是，在式（7-9）中，$\mathrm{d}x/\mathrm{d}t$ 与 x 相对应，在灰色微分方程中，自然应该有 $\Delta x/\Delta t$ 与 $R(t)$ 相对应。现在考虑一阶微分方程 $\mathrm{d}x/\mathrm{d}t + ax = b$，它是 x，b 与 $\mathrm{d}x/\mathrm{d}t$ 的线性组合。那么，做这种线性组合时，$\mathrm{d}x/\mathrm{d}t$ 所对应的背景值究竟应该取偶对的哪一种形式呢？如果认为在 $\Delta t = 1$ 的很短时间内，变量 $x(t) \to x(t+\Delta t)$ 之间不会出现突然变化，那么可以取偶对的平均值作为背景值，即

$$z(t) = \frac{1}{2}[x(k) + x(k+1)] \qquad (7\text{-}12)$$

基于上述分析，我们得到 GM(1,1) 的具体模型及计算式，设非负原始序列为

$$\boldsymbol{X}^{(0)} = \left\{x^{(0)}(1), x^{(0)}(2), \cdots, x^{(0)}(n)\right\}$$

对 $\boldsymbol{X}^{(0)}$ 做一次累加，得到生成数列为

$$\boldsymbol{X}^{(1)} = \left\{x^{(1)}(1), x^{(1)}(2), \cdots, x^{(1)}(n)\right\}$$

其中

$$x^{(1)}(k) = \sum_{i=1}^{k} x^{(0)}(i)$$

于是 $x^{(0)}(k)$ 的 GM(1,1) 白化形式的微分方程为

$$\frac{\mathrm{d}x^{(1)}}{\mathrm{d}t} + ax^{(1)} = b \qquad (7\text{-}13)$$

其中，a，b 为待定参数，将式（7-13）离散化，得

$$\Delta^{(1)}\left(x^{(1)}(k+1)\right) + az^{(1)}\left(x(k+1)\right) = b \qquad (7\text{-}14)$$

其中，$\Delta^{(1)}\left(x^{(1)}(k+1)\right)$ 为 $x^{(1)}$ 在 $(k+1)$ 时刻的累减生成序列，$z^{(1)}(k+1)$ 为 $\mathrm{d}x^{(1)}/\mathrm{d}t$ 在 $(k+1)$ 时刻的背景值。因为

$$\Delta^{(1)}\left(x^{(1)}(k+1)\right) + x^{(1)}(k+1) - x^{(1)}(k) = x^{(0)}(k+1) \qquad (7\text{-}15)$$

$$z^{(1)}(k+1) = \frac{1}{2}\left(x^{(1)}(k+1) + x^{(1)}(k)\right) \qquad (7\text{-}16)$$

将式（7-15）和式（7-16）带入式（7-13），得

$$x^{(0)}(k+1) = a\left[-\frac{1}{2}\left(x^{(1)}(k) + x^{(1)}(k+1)\right)\right] + b \qquad (7\text{-}17)$$

依照 OLS 求解方法，我们可以得到未知参数 a 和 b 的值。这样我们建立了能够反映原始数据 $x^{(0)}(k)$ 规律的离散化的微分方程系统。

2. GM(1,1) 模型灰色微分方程时间响应函数的构造机理

当求出未知参数 a 和 u 后，就构建了 GM(1,1) 模型灰色微分方程，但这一方程表达的是能够反映数据变量变动特征的动力系统。若要对数据变量的未来变化进行预测，就必须求解得到该变量变化的具体路径，即系统的时间响应函数，这一函数是动力系统的一个具体解。因为灰色微分方程是离散化的微分方程，所以我们可以依据微分方程的求解得到时间响应函数的表达公式。

一阶线性微分方程的标准形式为

$$\frac{dy}{dx} + P(x)y = Q(x) \tag{7-18}$$

若 $Q(x)$ 恒等于零，称为线性齐次方程；若 $Q(x)$ 不恒等于零，称为线性非齐次方程。

线性齐次方程 $dy/dx + P(x)y = 0$ 是变量可分离方程，分离变量 $dy/y = -P(x)dx$，两边积分得：$\ln|y| = -\int P(x)dx + \ln|c|$，故线性齐次方程的通解为：$y = Ce^{-\int P(x)dx}$。

对线性非齐次方程：

$$\frac{dy}{dx} + P(x)y = Q(x) \tag{7-19}$$

显然，$dy/y = [Q(x)/y - P(x)]d(x)$。两边积分得：$\ln|y| = \int \frac{Q(x)}{y}dx - \int P(x)dx$。设 $\int \frac{Q(x)}{y}dx$ 为 $v(x)$，则有 $\ln|y| = v(x) - \int P(x)dx$，即 $y = e^{v(x)}e^{-\int P(x)dx}$。

将线性非齐次方程通解形式与线性齐次方程通解形式相比，令 $C \Rightarrow u(x)$，可得

$$y = u(x)e^{-\int P(x)dx} \tag{7-20}$$

对式（7-20）两边求导，得

$$y' = u'(x)e^{-\int P(x)dx} + u(x)[-P(x)]e^{-\int P(x)dx} \tag{7-21}$$

将式（7-20）和式（7-21）带入式（7-19），得

$$u'(x)e^{-\int P(x)dx} + u(x)[-P(x)]e^{-\int P(x)dx} + \left(u(x)e^{-\int P(x)dx}\right)P(x) = Q(x)$$

整理得

$$u'(x)e^{-\int P(x)dx} = Q(x) \tag{7-22}$$

对式（7-22）两边积分，得 $u(x) = \int Q(x)e^{\int P(x)dx}dx + C$。

所以，一阶线性非齐次方程的通解为

$$y = \left[\int Q(x)e^{\int P(x)dx}dx + C\right]e^{-\int P(x)dx}$$
$$= Ce^{-\int P(x)dx} + e^{-\int P(x)dx} \cdot \int Q(x)e^{\int P(x)dx}dx \tag{7-23}$$

式（7-23）中的第一部分，对应的是线性齐次方程的通解。第二部分可以验证，是对应着线性非齐次方程的一个特解。

验证 $y = e^{-\int P(x)dx}\int Q(x)e^{\int P(x)dx}dx$ 是线性非齐次方程（7-19）的一个特解：

$$y' = \left(e^{-\int P(x)dx} \cdot \int Q(x)e^{\int P(x)dx}dx\right)'$$
$$= \left[e^{-\int P(x)dx}(-P(x))\int Q(x)e^{\int P(x)dx}dx\right] + e^{-\int P(x)dx}\left[Q(x)e^{\int P(x)dx}\right]$$
$$= -P(x)e^{-\int P(x)dx}\int Q(x)e^{\int P(x)dx}dx + Q(x)$$

将 y 和 y' 代入式（7-19），等式成立，所以 $y = e^{-\int P(x)dx} \cdot \int Q(x)e^{\int P(x)dx}dx$ 是线性非齐次方程的一个特解。

由式（7-9）和式（7-19）的对比关系，我们导出式（7-9）的解：

对式（7-19）中的符号变形，令：$y = x$，$x = t$，$P(x) = a$，$Q(x) = b$。由式（7-23），可得式（7-9）的通解公式为

$$x = c\mathrm{e}^{-\int a\mathrm{d}t} + \mathrm{e}^{-\int a\mathrm{d}t} \cdot \int b\mathrm{e}^{\int a\mathrm{d}t}\mathrm{d}t$$
$$= c\mathrm{e}^{-at} + \mathrm{e}^{-at}\left[\int b\mathrm{e}^{at}\mathrm{d}t\right]$$
$$= c\mathrm{e}^{-at} + b/a$$

令 $t = 0$ 时，$x = x(0)$，得到 $x(0) = c + b/a$，即式（7-9）的解为 $x = (x(0) - b/a)\mathrm{e}^{-at} + b/a$。考虑到灰色微分方程的累加性和离散性，时间响应函数的导出得到了证明。

7.3.4 GM(1,1)模型应用实例

例 7-2 一物流公司于 2008—2013 年在某地区发放的邮件数量如表 7-3 所示，请建立 GM(1,1) 预测模型，进行残差检验与关联度检验，并预测 2014 年的邮件数量。

表 7-3 物流公司 2008—2013 年邮件数量

单位：万件

年　份	2008	2009	2010	2011	2012	2013
邮件数	2.67	3.13	3.25	3.36	3.56	3.72

解 设 $X^{(0)}(k) = (2.67,\ 3.13,\ 3.25,\ 3.36,\ 3.56,\ 3.72)$

（1）构造累加生成序列：

$$X^{(1)}(k) = (2.67,\ 5.80,\ 9.05,\ 12.41,\ 15.97,\ 19.69)$$

（2）构造数据矩阵 $\boldsymbol{B}$ 和数据向量 $\boldsymbol{Y}$：

$$\boldsymbol{B} = \begin{bmatrix} -\frac{1}{2}[x^{(1)}(1) + x^{(1)}(2)] & 1 \\ -\frac{1}{2}[x^{(1)}(2) + x^{(1)}(3)] & 1 \\ -\frac{1}{2}[x^{(1)}(3) + x^{(1)}(4)] & 1 \\ -\frac{1}{2}[x^{(1)}(4) + x^{(1)}(5)] & 1 \\ -\frac{1}{2}[x^{(1)}(5) + x^{(1)}(6)] & 1 \end{bmatrix} = \begin{bmatrix} -4.235 & 1 \\ -7.425 & 1 \\ -10.73 & 1 \\ -14.19 & 1 \\ -17.83 & 1 \end{bmatrix},\ \boldsymbol{Y} = \begin{bmatrix} x^{(0)}(2) \\ x^{(0)}(3) \\ x^{(0)}(4) \\ x^{(0)}(5) \\ x^{(0)}(6) \end{bmatrix} = \begin{bmatrix} 3.13 \\ 3.25 \\ 3.36 \\ 3.56 \\ 3.72 \end{bmatrix}$$

（3）计算 $\hat{\boldsymbol{a}} = (a,b)^{\mathrm{T}} = (\boldsymbol{B}^{\mathrm{T}}\boldsymbol{B})^{-1}\boldsymbol{B}^{\mathrm{T}}\boldsymbol{Y} = (-0.043\,961,\ 2.925\,617)^{\mathrm{T}}$

$$\frac{b}{a} = \frac{2.925\,616\,6}{-0.043\,961} = -66.550\,3$$

（4）GM(1,1) 白化方程为

$$\frac{\mathrm{d}x^{(1)}}{\mathrm{d}t} - 0.043\,961 x^{(1)} = 2.925\,617$$

时间响应式为

$$\hat{x}^{(1)}(k+1) = \left(x^{(0)}(1) - \frac{b}{a}\right)e^{-ak} + \frac{b}{a}$$
$$= (2.67 + 66.550\,3)e^{0.043\,961k} - 66.550\,3$$
$$= 69.220\,3e^{0.043\,961k} - 66.550\,3$$

预测模型为

$$\hat{x}^{(0)}(k+1) = \hat{x}^{(1)}(k+1) - \hat{x}^{(1)}(k)$$
$$= 69.220\,3e^{0.043\,961k} - 69.220\,3e^{0.043\,961(k-1)}$$

（5）残差检验：

① 根据预测公式，计算 $\hat{X}^{(1)}(k)$，得

$$\hat{X}^{(1)}(k) = (2.67,\ 5.78,\ 9.03,\ 12.43,\ 15.98,\ 19.69) \quad (k=1,2,\cdots,6)$$

② 计算 $\hat{X}^{(0)}(k)$

累减生成序列：$\hat{X}^{(0)}(k) = (2.67,\ 3.11,\ 3.25,\ 3.40,\ 3.55,\ 3.71)$

③ 计算绝对残差和相对残差序列

原始序列：$X^{(0)}(k) = (2.67,\ 3.13,\ 3.25,\ 3.36,\ 3.56,\ 3.72)$

估计序列：$\hat{X}^{(0)}(k) = (2.67,\ 3.11,\ 3.25,\ 3.40,\ 3.55,\ 3.71)$

绝对残差序列：$\varepsilon^{(0)} = (0,\ 0.02,\ 0,\ 0.04,\ 0.01,\ 0.01)$

相对残差序列：$\eta = (0,\ 0.61\%,\ 0.02\%,\ 1.09\%,\ 0.30\%,\ 0.30\%)$

相对残差不超过1.09%，可认为模型精度高。

（6）关联度检验：

① 计算序列 $X^{(0)}(k)$ 与所求序列 $\hat{X}^{(0)}(k)$ 的绝对残差序列 $\varepsilon^{(0)}(k)$

$$\varepsilon^{(0)}(k) = (0,\ 0.02,\ 0,\ 0.04,\ 0.01,\ 0.01)$$
$$\min\{\varepsilon^{(0)}(k)\} = \min\{0,\ 0.02,\ 0,\ 0.04,\ 0.01,\ 0.01\} = 0$$
$$\max\{\varepsilon^{(0)}(k)\} = \max\{0,\ 0.02,\ 0,\ 0.04,\ 0.01,\ 0.01\} = 0.04$$

② 计算关联系数：由式（7-1）计算出关联系数 $r_{12}(k)$，取 $P=0.5$。

$$r_{12}(k) = \frac{0 + 0.5 \times 0.04}{\Delta_{12}(k) + 0.5 \times 0.04}$$

代入值，求得 $r_{12}(k) = (1,\ 0.51,\ 0.97,\ 0.35,\ 0.65,\ 0.64)$。

③ 由式（7-2）计算关联度

$$R_{12} = \frac{1}{n}\sum_{k=1}^{n} r_{12}(k) \approx 0.69$$

此检验满足检验准则 $R_{12} > 0.6$，故检验通过。

（7）预测：由式（7-8）得

$$\hat{x}^{(0)}(7) = \hat{x}^{(1)}(7) - \hat{x}^{(1)}(6)$$
$$= 69.220\,3e^{0.043\,961 \times 6} - 69.220\,3e^{0.043\,961 \times 5}$$
$$\approx 3.88$$

即 2014 年的邮件数量预测值为 3.88 万件。

7.3.5 GM(1,*N*)模型参数估计的 MATLAB 程序

```
% GM(1,1)模型计算及检验、作图。文件名 fungry1.m
clear;
x0=[2.67 3.13 3.25 3.36 3.56 3.72]
fungry1(x0)
function GM1=fungry1(x0)        %输入原始数据 x0
T=input('T='); %从键盘输入最后一个历史数据算起的第 T 时点
x1=zeros(1,length(x0));B=zeros(length(x0)-1,2);
yn=zeros(length(x0)-1,1);Hatx0=zeros(1,length(x0)+T);
Hatx00=zeros(1,length(x0));Hatx1=zeros(length(x0),1);
epsilon=zeros(length(x0),1);omega=zeros(length(x0),1);
for i=1:length(x0)
    for j=1:i
        x1(i)=x1(i)+x0(j);
    end
end
for i=1:length(x0)-1
    B(i,1)=(-1/2)*(x1(i)+x1(i+1));
    B(i,2)=1;
    yn(i)=x0(i+1);
end
HatA=(inv(B'*B))*B'*yn          %GM(1,1)模型参数估计
for k=1:length(x0)+T
    Hatx1(k)=(x0(1)-HatA(2)/HatA(1))*exp(-HatA(1)*(k-1))+HatA(2)/HatA(1);
end
Hatx0(1)=Hatx1(1);
for k=2:length(x0)+T
    Hatx0(k)=Hatx1(k)-Hatx1(k-1);       %累减还原得到历史数据的模拟值
end
for i=1:length(x0)      %开始模型检验
    epsilon(i)=x0(i)-Hatx0(i);
    omega(i)=(epsilon(i)/x0(i))*100;
end
% x0; Hatx0; epsilon; omega;       %必要时去掉%得到各种数据
c=std(epsilon)/std(x0)
p=0;
for i=1:length(x0)
    if abs(epsilon(i)-mean(epsilon))<0.6745*std(x0)
        p=p+1;
```

```
            end
        end
    p=p/length(x0)
    if p>0.95 & c<0.35
        disp('The model is good, and the forecast is:'),
        disp(Hatx0(length(x0)+T))
    elseif p>0.85 & c<0.5
        disp('The model is eligibility, and the forecast is:'),
        disp(Hatx0(length(x0)+T))
    elseif p>0.70 & c<0.65
        disp('The model is not good, and the forecast is:'),
        disp(Hatx0(length(x0)+T))
    elseif p<=0.70   & c>0.65
        disp('The model is bad, and try again')
    end
    for i=1:length(x0)
        Hatx00(i)=Hatx0(i);
    end
    z=1:length(x0);
    plot(z,x0,'-',z,Hatx00,':')     %将原始数据和模拟值画在一个图上帮助观察
    text(2,x0(2),'History data:real line')
    text(length(x0)/2,Hatx00(length(x0))/2,'Simulation data:broken line')
end
```

7.4 GM(1,N)模型

7.4.1 GM(1,N)模型介绍

如果系统由若干个相互影响的因素组成，设 $X_1^{(0)} = (x_1^{(0)}(1), x_1^{(0)}(2), \cdots, x_1^{(0)}(n))$ 为系统特征数据序列，而

$$X_2^{(0)} = (x_2^{(0)}(1), x_2^{(0)}(2), \cdots, x_2^{(0)}(n))$$
$$X_3^{(0)} = (x_3^{(0)}(1), x_3^{(0)}(2), \cdots, x_3^{(0)}(n))$$
$$\vdots$$
$$X_N^{(0)} = (x_N^{(0)}(1), x_N^{(0)}(2), \cdots, x_N^{(0)}(n))$$

为相关因素序列，$X_i^{(1)}$ 为诸 $X_i^{(0)}$ 的 1-AGO 序列 ($i=1,2,\cdots,N$)，$Z_1^{(1)}$ 为 $X_1^{(1)}$ 的紧邻均值生成序列，则称

$$x_1^{(0)}(k) + az_1^{(1)}(k) = \sum_{i=2}^{N} b_i x_i^{(1)}(k) \tag{7-24}$$

为 GM(1, N) 灰色微分方程。

在 GM(1, N) 灰色微分方程中，$-a$ 称为系统发展系数，$b_i x_i^{(1)}(k)$ 为驱动项，b_i 称为驱动系数，$\hat{\boldsymbol{a}} = (a, b_2, \cdots, b_N)^{\mathrm{T}}$ 称为参数列。

则参数列 $\hat{\boldsymbol{a}} = (a, b_2, \cdots, b_N)^{\mathrm{T}}$ 的最小二乘估计满足：

$$\hat{\boldsymbol{a}} = (\boldsymbol{B}^{\mathrm{T}} \boldsymbol{B})^{-1} \boldsymbol{B}^{\mathrm{T}} \boldsymbol{Y}$$

其中：

$$\boldsymbol{B} = \begin{bmatrix} -z_1^{(1)}(2) & x_2^{(1)}(2) & \cdots & x_N^{(1)}(2) \\ -z_1^{(1)}(3) & x_2^{(1)}(3) & \cdots & x_N^{(1)}(3) \\ \vdots & \vdots & & \vdots \\ -z_1^{(1)}(n) & x_2^{(1)}(n) & \cdots & x_N^{(1)}(n) \end{bmatrix}, \quad \boldsymbol{Y} = \begin{bmatrix} x_1^{(0)}(2) \\ x_1^{(0)}(3) \\ \vdots \\ x_1^{(0)}(n) \end{bmatrix}$$

称

$$\frac{\mathrm{d} x_1^{(1)}}{\mathrm{d} t} + a x_1^{(1)} = b_2 x_2^{(1)} + b_3 x_3^{(1)} + \cdots + b_N x_N^{(1)} \tag{7-25}$$

为 GM(1, N) 灰色微分方程（7-24）的白化方程，也叫影子方程。于是有

（1）白化方程（7-25）的解为

$$\begin{aligned} x_1^{(1)}(t) &= \mathrm{e}^{-at} \left[\sum_{i=2}^{N} \int b_i x_i^{(1)}(t) \mathrm{e}^{at} \mathrm{d} t + x_1^{(0)}(1) - \sum_{i=2}^{N} \int b_i x_i^{(0)}(1) \mathrm{d} t \right] \\ &= \mathrm{e}^{-at} \left[x_1^{(0)}(1) - t \sum_{i=2}^{N} b_i x_i^{(0)}(1) + \sum_{i=2}^{N} \int b_i x_i^{(1)}(t) \mathrm{e}^{at} \mathrm{d} t \right] \end{aligned}$$

（2）当 $\boldsymbol{X}_i^{(1)} (i = 2, 3, \cdots, N)$ 变化幅度很小时，可视 $\sum_{i=2}^{N} b_i x_i^{(1)}(k)$ 为灰常量，则 GM(1, N) 灰色微分方程（7-24）的近似时间响应式为

$$\hat{x}_1^{(1)}(k+1) = \left(x_1^{(0)}(1) - \frac{1}{a} \sum_{i=2}^{N} b_i x_i^{(1)}(k+1) \right) \mathrm{e}^{-ak} + \frac{1}{a} \sum_{i=2}^{N} b_i x_i^{(1)}(k+1) \tag{7-26}$$

（3）累减还原式为

$$\hat{x}_1^{(0)}(k+1) = \hat{x}_1^{(1)}(k+1) - \hat{x}_1^{(1)}(k)$$

7.4.2 GM(1, N)模型应用实例

例 7-3 设系统特征数据序列为 $\boldsymbol{X}_1^{(0)} = (2.874, 3.278, 3.307, 3.39, 3.679)$，相关因素数据序列为 $\boldsymbol{X}_2^{(0)} = (7.04, 7.645, 8.075, 8.53, 8.774)$。试建立 GM(1, 2) 模型。

解 设 GM(1, 2) 白化方程为

$$\frac{\mathrm{d} x_1^{(1)}}{\mathrm{d} t} + a x_1^{(1)} = b x_2^{(1)}$$

对 $\boldsymbol{X}_1^{(0)}$ 和 $\boldsymbol{X}_2^{(0)}$ 做 1-AGO，得

$$\boldsymbol{X}_1^{(1)} = (2.874, 6.152, 9.459, 12.849, 16.528)$$
$$\boldsymbol{X}_2^{(1)} = (7.04, 14.685, 22.76, 31.29, 40.064)$$

$\boldsymbol{X}_1^{(1)}$ 的紧邻均值生成序列：

$$\boldsymbol{Z}_1^{(1)} = (z_1^{(1)}(2), z_1^{(1)}(3), z_1^{(1)}(4), z_1^{(1)}(5))$$
$$= (4.513, 7.805\,5, 11.154, 14.688\,5)$$

于是有

$$\boldsymbol{B} = \begin{pmatrix} -z_1^{(1)}(2) & x_2^{(1)}(2) \\ -z_1^{(1)}(3) & x_2^{(1)}(3) \\ -z_1^{(1)}(4) & x_2^{(1)}(4) \\ -z_1^{(1)}(5) & x_2^{(1)}(5) \end{pmatrix} = \begin{pmatrix} -4.513 & 14.685 \\ -7.805\,5 & 22.76 \\ -11.154 & 31.29 \\ -14.688\,5 & 40.064 \end{pmatrix}$$

$$\boldsymbol{Y} = \begin{pmatrix} x_1^{(0)}(2) \\ x_1^{(0)}(3) \\ x_1^{(0)}(4) \\ x_1^{(0)}(5) \end{pmatrix} = \begin{pmatrix} 3.278 \\ 3.307 \\ 3.390 \\ 3.679 \end{pmatrix}$$

所以

$$\hat{\boldsymbol{a}} = \begin{pmatrix} a \\ b \end{pmatrix} = (\boldsymbol{B}^{\mathrm{T}}\boldsymbol{B})^{-1}\boldsymbol{B}^{\mathrm{T}}\boldsymbol{Y} = \begin{pmatrix} 2.227\,3 \\ 0.906\,7 \end{pmatrix}$$

得估计模型

$$\frac{\mathrm{d}x_1^{(1)}}{\mathrm{d}t} + 2.227\,3x_1^{(1)} = 0.906\,7x_2^{(1)}$$

近似时间响应式

$$\hat{x}_1^{(1)}(k+1) = \left(x_1^{(0)}(1) - \frac{b}{a}x_2^{(1)}(k+1)\right)\mathrm{e}^{-ak} + \frac{b}{a}x_2^{(1)}(k+1)$$
$$= (2.874 - 0.407\,1x_2^{(1)}(k+1))\mathrm{e}^{-2.227\,3k} + 0.407\,1x_2^{(1)}(k+1)$$

由此可得

$\hat{x}_1^{(1)}(2) = 5.643\,3$，$\hat{x}_1^{(1)}(3) = 9.190\,8$，$\hat{x}_1^{(1)}(4) = 12.725\,1$，$\hat{x}_1^{(1)}(5) = 16.307\,3$

作 IAGO 还原

$$\hat{x}_1^{(0)}(k+1) = \hat{x}_1^{(1)}(k+1) - \hat{x}_1^{(1)}(k)$$
$$\hat{\boldsymbol{X}}_1^{(0)} = (2.874,\ 2.770,\ 3.548,\ 3.534,\ 3.582)$$

列出误差检验表，如表 7-4 所示。

表 7-4 误差检验表

序号	实际数据 $x^{(0)}(k)$	模拟数据 $\hat{x}^{(0)}(k)$	绝对残差 $\varepsilon(k) = \left\| x^{(0)}(k) - \hat{x}^{(0)}(k) \right\|$	相对误差 $\eta_k = \dfrac{\varepsilon(k)}{x^{(0)}(k)}$
2	3.278	2.770	0.508	15.52%
3	3.307	3.548	0.241	7.27%
4	3.390	3.534	0.144	4.26%
5	3.679	3.582	0.097	2.63%

7.5 GM(2,1)模型

GM(1,1) 模型适用于具有较强指数规律的序列，只能描述单调的变化过程。对于非单调的摆动发展序列或有饱和的 S 形序列，可以考虑建立 GM(2,1) 模型。

7.5.1 GM(2,1)模型介绍

设原始序列 $\boldsymbol{X}^{(0)} = (x^{(0)}(1), x^{(0)}(2), \cdots, x^{(0)}(n))$，其 1-AGO 序列 $\boldsymbol{X}^{(1)}$ 和 1-IAGO 序列 $\alpha^{(1)}\boldsymbol{X}^{(0)}$ 分别为

$$\boldsymbol{X}^{(1)} = (x^{(1)}(1), x^{(1)}(2), \cdots, x^{(1)}(n))$$

和

$$\alpha^{(1)}\boldsymbol{X}^{(0)} = (\alpha^{(1)}x^{(0)}(2), \cdots, \alpha^{(1)}x^{(0)}(n))$$

其中

$$\alpha^{(1)}x^{(0)}(k) = x^{(0)}(k) - x^{(0)}(k-1), \quad k = 2, 3, \cdots, n$$

$\boldsymbol{X}^{(1)}$ 的紧邻均值生成序列为

$$\boldsymbol{Z}^{(1)} = (z^{(1)}(2), z^{(1)}(3), \cdots, z^{(1)}(n))$$

则称

$$\alpha^{(1)}\boldsymbol{X}^{(0)} + a_1 \boldsymbol{X}^{(0)} + a_2 \boldsymbol{Z}^{(1)} = b \tag{7-27}$$

为 GM(2,1) 灰色微分方程。

称

$$\frac{d^2 x^{(1)}}{dt^2} + a_1 \frac{dx^{(1)}}{dt} + a_2 x^{(1)} = b$$

为 GM(2,1) 灰色微分方程的白化方程。

设 $\boldsymbol{X}^{(0)}$，$\boldsymbol{X}^{(1)}$，$\boldsymbol{Z}^{(1)}$，$\alpha^{(1)}\boldsymbol{X}^{(0)}$ 的定义如前所述，且

$$\boldsymbol{B} = \begin{bmatrix} -x^{(0)}(2) & -z^{(1)}(2) & 1 \\ -x^{(0)}(3) & -z^{(1)}(3) & 1 \\ \vdots & \vdots & \vdots \\ -x^{(0)}(n) & -z^{(1)}(n) & 1 \end{bmatrix}, \quad \boldsymbol{Y} = \begin{bmatrix} \alpha^{(1)}x^{(0)}(2) \\ \alpha^{(1)}x^{(0)}(3) \\ \vdots \\ \alpha^{(1)}x^{(0)}(n) \end{bmatrix} = \begin{bmatrix} x^{(0)}(2) - x^{(0)}(1) \\ x^{(0)}(3) - x^{(0)}(2) \\ \vdots \\ x^{(0)}(n) - x^{(0)}(n-1) \end{bmatrix}$$

则 GM(2,1) 待估参数向量 $\hat{\boldsymbol{a}} = (a_1, a_2, b)^{\mathrm{T}}$ 的最小二乘估计为

$$\hat{\boldsymbol{a}} = (\boldsymbol{B}^{\mathrm{T}}\boldsymbol{B})^{-1} \boldsymbol{B}^{\mathrm{T}}\boldsymbol{Y}$$

下面求 GM(2,1) 白化方程的解。

（1）若 $\boldsymbol{X}^{(1)*}$ 是 $\dfrac{d^2 x^{(1)}}{dt^2} + a_1 \dfrac{dx^{(1)}}{dt} + a_2 x^{(1)} = b$ 的特解，$\bar{\boldsymbol{X}}^{(1)}$ 是对应齐次方程 $\dfrac{d^2 x^{(1)}}{dt^2} + a_1 \dfrac{dx^{(1)}}{dt} + a_2 x^{(1)} = 0$ 的通解，则 $\boldsymbol{X}^{(1)*} + \bar{\boldsymbol{X}}^{(1)}$ 是 GM(2,1) 白化方程的通解。

(2) 齐次方程的通解有以下三种情况：

当特征方程 $r^2 + a_1 r + a_2 = 0$ 有两个不相等的实根 r_1、r_2 时，

$$\bar{X}^{(1)} = c_1 e^{r_1 t} + c_2 e^{r_2 t} \tag{7-28}$$

当特征方程有重根 r 时，

$$\bar{X}^{(1)} = e^{rt}(c_1 + c_2 t) \tag{7-29}$$

当特征方程有一对共轭复根 $r_1 = \alpha + i\beta$，$r_2 = \alpha - i\beta$ 时，

$$\bar{X}^{(1)} = e^{\alpha t}(c_1 \cos \beta t + c_2 \sin \beta t) \tag{7-30}$$

(3) 白化方程的特解有以下三种情况：

当 0 不是特征方程的根时，$X^{(1)*} = C$，其中 C 为常数；

当 0 是特征方程的单根时，$X^{(1)*} = Ct$，其中 C 为常数；

当 0 是特征方程的重根时，$X^{(1)*} = Ct^2$，其中 C 为常数。

7.5.2 GM(2,1)模型应用实例

例 7-4 设原始序列为

$$X^{(0)} = (x^{(0)}(1),\ x^{(0)}(2),\ x^{(0)}(3),\ x^{(0)}(4),\ x^{(0)}(5))$$
$$= (2.874,\ 3.278,\ 3.337,\ 3.39,\ 3.679)$$

试建立 GM(2,1) 灰色微分方程。

解 $X^{(0)}$ 的 1-AGO 序列和 1-IAGO 序列分别为

$$X^{(1)} = (2.874,\ 6.152,\ 9.489,\ 12.879,\ 16.558)$$
$$\alpha^{(1)} X^{(0)} = (0,\ 0.404,\ 0.059,\ 0.053,\ 0.289)$$

$X^{(1)}$ 的紧邻均值生成序列为

$$Z^{(1)} = (4.513,\ 7.820\,5,\ 11.184,\ 14.718\,5)$$

$$B = \begin{bmatrix} -x^{(0)}(2) & -z^{(1)}(2) & 1 \\ -x^{(0)}(3) & -z^{(1)}(3) & 1 \\ -x^{(0)}(4) & -z^{(1)}(4) & 1 \\ -x^{(0)}(5) & -z^{(1)}(5) & 1 \end{bmatrix} = \begin{bmatrix} -3.278 & -4.513 & 1 \\ -3.337 & -7.820\,5 & 1 \\ -3.39 & -11.184 & 1 \\ -3.679 & -14.718\,5 & 1 \end{bmatrix}$$

$$Y = \begin{bmatrix} \alpha^{(1)} x^{(0)}(2) \\ \alpha^{(1)} x^{(0)}(3) \\ \alpha^{(1)} x^{(0)}(4) \\ \alpha^{(1)} x^{(0)}(5) \end{bmatrix} = \begin{bmatrix} 0.404 \\ 0.059 \\ 0.053 \\ 0.289 \end{bmatrix}$$

$$\hat{a} = \begin{pmatrix} a_1 \\ a_2 \\ b \end{pmatrix} = (B^T B)^{-1} B^T Y = \begin{pmatrix} 30.48 \\ -1.04 \\ 92.9 \end{pmatrix}$$

得 GM(2,1) 白化方程

$$\frac{d^2 x^{(1)}}{dt^2} + 30.48 \frac{dx^{(1)}}{dt} - 1.04 x^{(1)} = 92.9$$

特征方程为 $\lambda^2 + 30.48\lambda - 1.04x = 0$，有两个不相等的实根 $\lambda_1 = 0.0341$，$\lambda_2 = -30.514$，故白化方程的齐次式

$$\frac{\mathrm{d}^2 x^{(1)}}{\mathrm{d}t^2} + 30.48 \frac{\mathrm{d}x^{(1)}}{\mathrm{d}t} - 1.04 x^{(1)} = 0$$

的通解为 $\bar{X}^{(1)} = c_1 \mathrm{e}^{0.0341t} + c_2 \mathrm{e}^{-30.514t}$。

零不是特征方程的根，将 $X^{(1)*} = C$ 代入 GM(2,1) 白化方程，易得 GM(2,1) 白化方程的一个特解

$$X^{(1)*}(t) = -\frac{92.9}{1.04} = -89.3269$$

于是有

$$\hat{x}^{(1)}(t) = \bar{X}^{(1)} + X^{(1)*}(t) = c_1 \mathrm{e}^{0.0341t} + c_2 \mathrm{e}^{-30.514t} - 89.3269$$

设 $x^{(0)}(0) = 2.643$，则

$$\left.\frac{\mathrm{d}x^{(1)}}{\mathrm{d}t}\right|_{t=0} = x^{(0)}(0) = 2.643$$

$x^{(0)}(0)$ 的取值采用插值法确定：$2.874 - \frac{1}{2}[(3.278 - 2.874) + (3.337 - 3.278)] = 2.6425$。

由 $\mathrm{d}x^{(1)}(k) = \Delta x^{(1)}(k) = x^{(0)}(k)$，所以有 $\mathrm{d}x^{(1)}/\mathrm{d}t\big|_{t=0} = x^{(0)}(0) = 2.643$。

将

$$x^{(1)}(t)\big|_{t=0} = x^{(1)}(0) = x^{(0)}(1) = 2.874$$

$$\left.\frac{\mathrm{d}x^{(1)}}{\mathrm{d}t}\right|_{t=0} = x^{(0)}(t)\big|_{t=0} = x^{(0)}(0) = 2.643$$

代入 $\hat{x}^{(1)}(t) = c_1 \mathrm{e}^{0.0341t} + c_2 \mathrm{e}^{-30.514t} - 89.3269$，并对 t 求导，可得

$$\begin{cases} 2.874 = c_1 + c_2 - 89.3269 \\ 2.643 = 0.0341 c_1 - 30.514 c_2 \end{cases}$$

由此可解出 $c_1 = 92.107983$，$c_2 = 2.931917$，所以

$$\hat{x}^{(1)}(t) = 92.107983 \mathrm{e}^{0.0341t} + 2.931917 \mathrm{e}^{-30.514t} - 89.3269$$

于是 GM(2,1) 时间响应式

$$\hat{x}^{(1)}(k+1) = 92.107983 \mathrm{e}^{0.0341k} + 2.931917 \mathrm{e}^{-30.514k} - 89.3269$$

所以

$$\hat{X}^{(1)}(k) = (2.874,\ 5.9761,\ 9.282,\ 12.7026,\ 16.2418)$$

作 IAGO 还原

$$\hat{x}^{(0)}(k) = \hat{x}^{(1)}(k+1) - \hat{x}^{(1)}(k)$$

$$\hat{X}^{(0)} = (2.874,\ 3.1021,\ 3.3059,\ 3.4206,\ 3.5392)$$

列出误差检验表，如表 7-5 所示。

表 7-5 误差检验表

序 号	实际数据 $x^{(0)}(k)$	模拟数据 $\hat{x}^{(0)}(k)$	绝对残差 $\varepsilon(k)=\left|x^{(0)}(k)-\hat{x}^{(0)}(k)\right|$	相对误差 $\eta_t=\dfrac{\varepsilon(k)}{x^{(0)}(k)}$
2	3.278	3.102 1	0.175 9	5.37%
3	3.337	3.305 9	0.031 1	0.93%
4	3.390	3.420 6	0.030 6	0.90%
5	3.679	3.539 2	0.139 8	3.80%

7.6 灾变预测

灰色灾变预测实质上是异常值预测，什么样的值算作异常值往往是人们凭经验主观确定的。灰色灾变预测的任务是给出下一个或几个异常值出现的时期，以便人们提前准备对策。

7.6.1 灾变预测模型介绍

设原始序列为 $X=(x(1), x(2), \cdots, x(n))$。给定上限异常值（灾变值）$\xi$，称 X 的子序列

$$X_\xi = (x[q(1)], x[q(2)], \cdots, x[q(m)]) = \{x[q(i)] \mid x[q(i)] \geqslant \xi, i=1, 2, \cdots, m\}$$

为上灾变序列。

设原始序列为 $X=(x(1), x(2), \cdots, x(n))$。给定下限异常值（灾变值）$\xi$，称 X 的子序列

$$X_\xi = (x[q(1)], x[q(2)], \cdots, x[q(l)]) = \{x[q(i)] \mid x[q(i)] \leqslant \xi, i=1, 2, \cdots, l\}$$

为下灾变序列。

设 X 为原始序列，$X_\xi = (x[q(1)], x[q(2)], \cdots, x[q(m)]) \subset X$ 为灾变序列，则称

$$Q^{(0)} = (q(1), q(2), \cdots, q(m))$$

为灾变日期序列。

灾变预测就是要通过对灾变日期序列的研究，寻找其规律性，预测以后若干次灾变发生的日期，灰色系统的灾变预测是通过灾变日期序列建立 GM(1,1) 模型实现的。

灾变日期序列的 1-AGO 序列为

$$Q^{(1)} = (q^{(1)}(1), q^{(1)}(2), \cdots, q^{(1)}(m))$$

$Q^{(1)}$ 的紧邻生成序列为 $Z^{(1)}$，则称 $q(k)+az^{(1)}(k)=b$ 为灾变 GM(1,1) 模型。

设 $\hat{a}=(a,b)^T$ 为灾变 GM(1,1) 模型参数序列的最小二乘估计，则灾变日期序列的 GM(1,1) 序号响应式为

$$\hat{q}^{(1)}(k+1) = \left(q(1) - \frac{b}{a}\right)e^{-ak} + \frac{b}{a}$$

又

$$\hat{q}(k+1) = \hat{q}^{(1)}(k+1) - \hat{q}^{(1)}(k)$$

则

$$\hat{q}(k+1) = \left(q(1) - \frac{b}{a}\right)e^{-ak} - \left(q(1) - \frac{b}{a}\right)e^{-a(k-1)} = \left(1 - e^a\right)\left(q(1) - \frac{b}{a}\right)e^{-ak}$$

在灾变日期序列 $\boldsymbol{Q}^{(0)} = (q(1), q(2), \cdots, q(m))$ 中，我们将 $q(m)(\leqslant n)$ 叫作最近一次灾变发生的日期，称 $\hat{q}(m+1)$ 为下一次灾变的预测日期；对任意 $k > 0$，称 $\hat{q}(m+k)$ 为未来第 k 次灾变的预测日期。

7.6.2 灾变预测应用实例

例 7-5 某地区平均降雨量（单位：毫米）的原始数据为
$$\boldsymbol{X} = (x(1), x(2), \cdots, x(24))$$
$$= (386.6, 514.6, 434.1, 484.1, 647.0, 399.7, 498.7, 701.6,$$
$$254.5, 463.0, 745.0, 398.3, 554.5, 471.1, 384.5, 242.5,$$
$$671.7, 374.7, 458.9, 511.3, 530.8, 586.0, 387.1, 454.4)$$

视年降雨量 $\xi \leqslant 390$（毫米）为旱灾年，试做旱灾预测。

解 按照 $x(t) \leqslant 390$（毫米）为异常值，则有
$$\boldsymbol{X}_\xi = (x[q(1)], x[q(2)], \cdots, x[q(6)])$$
$$= (386.4, 254.5, 384.5, 242.5, 374.7, 387.1)$$
$$= (x(1), x(9), x(15), x(16), x(18), x(23))$$

做异常值的灾变日期序列 $\boldsymbol{Q}^{(0)}$ 为
$$\boldsymbol{Q}^{(0)} = (q(1), q(2), q(3), q(4), q(5), q(6))$$
$$= (1, 9, 15, 16, 18, 23)$$

据此，对 $\boldsymbol{Q}^{(0)}$ 建立灾变日期序列的 GM(1,1) 模型。对 $\boldsymbol{Q}^{(0)}$ 做一次累加生成，得
$$\boldsymbol{Q}^{(1)} = (q^{(1)}(1), q^{(1)}(2), q^{(1)}(3), q^{(1)}(4), q^{(1)}(5), q^{(1)}(6))$$
$$= (1, 10, 25, 41, 59, 82)$$

求得参数向量 $\hat{\boldsymbol{a}} = (a,b)^\mathrm{T} = (\boldsymbol{B}^\mathrm{T}\boldsymbol{B})^{-1}\boldsymbol{B}^\mathrm{T}\boldsymbol{Y} = \begin{pmatrix} -0.188\,422 \\ 9.548\,718\,7 \end{pmatrix}$。记 $\boldsymbol{Q}^{(1)}$ 的紧邻生成序列为 $\boldsymbol{Z}^{(1)}$，于是得

灾变 GM(1,1) 为
$$q(k) - 0.188\,422\, z^{(1)}(k) = 9.548\,718\,7$$

灾变日期序列的 GM(1,1) 序号响应式为
$$\hat{q}^{(1)}(k+1) = \left(q(1) - \frac{b}{a}\right)e^{-ak} + \frac{b}{a}$$
$$= 51.677\,42\, e^{0.188\,422k} - 50.677\,42$$

从而
$$\hat{q}(k+1) = \hat{q}^{(1)}(k+1) - \hat{q}^{(1)}(k)$$
$$= 8.874\,797\,6\mathrm{e}^{0.188\,422k}$$

由此可得 $\mathbf{Q}^{(0)}$ 的模拟序列
$$\hat{\mathbf{Q}}^{(0)} = \{\hat{q}(k),\ k=2,\ 3,\ 4,\ 5,\ 6\} = (10.7,\ 12.9,\ 15.6,\ 18.9,\ 22.8)$$

由 $\varepsilon^{(0)}(k) = \left|x^{(0)}(k) - \hat{x}^{(0)}(k)\right|$，得绝对残差序列：
$$\varepsilon^{(0)} = (\varepsilon^{(0)}(k),\ k=2,\ 3,\ 4,\ 5,\ 6) = (1.7,\ 2.1,\ 0.4,\ 0.9,\ 0.2)$$

及相对残差序列
$$\boldsymbol{\eta} = \left\{\eta_k \,\middle|\, \eta_k = \left[\frac{\varepsilon^{(0)}(k)}{q(k)}\right] \times 100\%,\ k=2,\cdots,6\right\}$$
$$= (0.191,\ 0.138,\ 0.024,\ 0.048,\ 0.010)$$

最后计算平均相对残差：
$$\bar{\eta} = \frac{1}{5}\sum_{k=2}^{6}\eta_k \approx 0.08$$

平均相对残差为 0.08，精度较高，故可用 $\hat{q}(k+1) = 8.874\,78\mathrm{e}^{0.188\,422k}$ 进行预测。

$\hat{q}(6+1) \approx 27$，$\hat{q}(7) - \hat{q}(6) \approx 4$，即从最近一次旱灾发生的时间算起，4 年后可能又会发生旱灾。

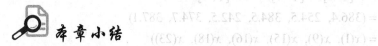

本章小结

1. 灰色预测。灰色预测是一种对含有不确定因素的系统进行预测的方法，具有计算简单、所需数据少、适用范围广泛的优点。灰色预测包括灰色时间序列预测、灾变预测、波形预测和系统预测。灰色预测模型中最常用的算子是累加生成算子和累减生成算子，它们是一对互逆的序列算子。

2. 灰色关联分析。灰色关联分析根据因素之间发展趋势的相似或相异程度（灰色关联度）来衡量因素间的关联程度，揭示灰色系统的主要特性。灰色关联度具有自反性、对称性和传递性三个特点。

3. 灰色模型。灰色模型（Grey Model）用于描述对象长期、连续、动态的反应，揭示系统内部事物连续发展变化的过程，用微分方程模型 GM(m,n) 来表示。最为常用的灰色模型有 GM(1,1) 模型、GM(1,N) 模型和 GM(2,1) 模型。GM(1,1) 模型用来描述单调变化过程；GM(1,N) 模型用来描述多影响因素数据序列；GM(2,1) 模型用来描述摆动发展或 S 形序列。

4. 灾变预测。灰色灾变预测经常用来预测农业生产的灾害问题（如对农业生产有着较大影响的旱灾、涝灾）。灰色灾变预测与数列预测的不同点在于：数列预测为定时求量；灾变预测为定量求时，是预测异常值或"灾变"点出现的时间。

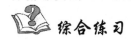
综合练习

一、练习题

1．名词解释

灰色系统　　灰色预测　　灰色灾变预测

2．什么是 GM(1,1) 模型？其检验方法有哪些？

3．试阐述灰色系统的五步建模思想。

4．现有一证券指数组成的原始数列 $X^{(0)}$：
$$X^{(0)} = (1143.12,\ 1136.89,\ 1147.19,\ 1163.52,\ 1178.37,$$
$$1167.59,\ 1190.68,\ 1213.67,\ 1218.00,\ 1239.60)$$

利用灰色模型预测进行指数预测。

5．某市第三产业从业人数如表 7-6 所示，试建立 GM(1,1) 模型并进行关联度检验和后验差检验，预测其 2006 年的从业人数（单位：万人）。

表 7-6　某市第三产业从业人数情况

年　份	2000	2001	2002	2003	2004	2005
人数 $x^{(0)}(i)$	2.97 $x^{(0)}(1)$	3.23 $x^{(0)}(2)$	3.29 $x^{(0)}(3)$	3.46 $x^{(0)}(4)$	3.59 $x^{(0)}(5)$	3.71 $x^{(0)}(6)$

6．针对表 7-7 中的时间序列，建立 GM(1,1) 模型并预测 $t=9$ 及 $t=10$ 时的值。

表 7-7　时间序列

时间 t	1	2	3	4	5	6	7	8
时间序列原始值 $x^{(0)}(t)$	1.1	1.3	1.7	2.3	3.6	4.5	6.9	8.7

7．某省城镇居民人均消费支出如表 7-8 所示（单位：元），消费是宏观经济分析中的重要变量，因此很有必要对居民消费支出进行科学的预测。在此根据表中的资料，建立该省居民消费支出的灰色预测模型 GM(1,1) 并检验，预测 2001 年的人均消费支出。

表 7-8　某省城镇居民人均消费支出

年　份	1994	1995	1996	1997	1998	1999
城镇居民消费支出	2 043.3	2 640.7	3 035.6	3 218.7	3 267.7	3 493.0

8．国民生产总值决定国民总消费，而国民总消费的大小代表经济的兴衰。在研究某地国民生产总值 X_2 与国民总消费 X_1 时，搜集到的数据资料如表 7-9 所示（单位：百亿元）。

表 7-9　某地国民生产总值与国民总消费情况

序　号	1	2	3	4	5	6
$X_1^{(0)}$	6.27	7.54	8.53	7.91	8.57	—
$X_2^{(0)}$	10.92	10.38	14.8	16.01	15.07	16.43

试建立 GM(1,2) 模型并预测国民生产总值达到 16.43 百亿元时，国民总消费 $X_1^{(0)}(6)$ 的值。

9. 表 7-10 为某家庭收入来源数据（单位：万元）。

表 7-10 某家庭收入来源情况

年度 收入	1998	1999	2000
总收入 X_0	20	30	24
薪资收入 X_1	8	10	24
投资收入 X_2	5	6	7

试用灰色关联度理论求该家庭收入与哪个收入关联度高。

10. 公路建设招标中取最接近标准者得标（见表 7-11），请问何者得标？（设分辨系数 P 为 0.5）

表 7-11 A、B、C 厂实际提供的情况

厂商及指标	标 准 者	A 厂 X_1	B 厂 X_2	C 厂 X_3
造价/亿	1.1	1.1	1.2	1.5
建设期限/年	1.3	1.8	1.5	1.3
车流/百辆	5	4	3	5
车速/（千米/时）	110	80	110	100

11. 对于原始数据列：

$$X^{(0)} = (x(1), x(2), \cdots, x(15))$$
$$= (35, 28, 31, 40, 38, 25, 29, 36, 32, 22, 41, 45, 23, 27, 33)$$

取下限异常值 $\xi = 28$，试预测 15 年后最近两次异常值出现的时间。

二、思考题

在建立灰色预测模型之前，一般需要先对原始时间序列进行数据处理，请思考其原因。

三、案例题

2003 年以来我国宏观经济和能源消耗均持续快速增长，其中最重要的推动力就是工业化进程的加速，高耗能行业产值占工业比重及工业产值占全国 GDP 比重不断上升（数据见表 7-12），使得我国"十一五"节能降耗总目标实现难度加大。

表 7-12 2003 年以来我国高耗能行业产值占工业比重情况

指　　标	2004 年	2005 年	2006 年	2007 年
工业增加值/亿元	65 210	77 231	91 311	107 367
高耗能行业增加值/亿元	25 231	29 882	37 420	44 493
高耗能行业增加值占工业比重/%	40.8	42	43.3	43.5

案例思考

准确把握未来发展趋势，及时调整产业结构，将具有重要的意义。请做以下分析：

1．分别建立工业增加值和高耗能行业增加值的 GM(1,1)模型。

2．利用模型进行拟合，并计算预测结果与实际值的关联度。预测 2008—2010 年的产值数据，进而预测高耗能行业增加值占工业增加值比重的变化趋势。

3．若继续保持现有态势发展，国家"十一五"节能目标能实现吗？请提出建议，使得经济发展既能够保持工业产值的增长势头，又能够符合节能降耗的总体要求。

第 8 章 非参数预测方法

本章学习目标

- 掌握非参数预测的基本概念
- 掌握数据分布规律的几种判别方法
- 掌握数据质量度量的几种检定方法
- 掌握几种稳健估计的预测方法

引例

产品质量的检验

某企业生产的产品须由某供应商提供原料,根据零件标准,合格的该原料长度应为 8.5 ± 0.1(cm)。为检验近期供应商提供的原料是否合格,检验人员随机抽取了 $n=100$(件)原料。它们的长度数据如表 8-1 所示。

表 8-1 抽取的原料长度数据

8.503	8.508	8.498	8.374	8.494	8.500	8.498	8.500	8.502	8.501
8.491	8.504	8.502	8.503	8.501	8.505	8.492	8.497	8.150	8.496
8.501	8.489	8.506	8.497	8.505	8.501	8.500	8.499	8.490	8.493
8.501	8.497	8.501	8.498	8.503	8.505	8.510	8.499	8.489	8.496
8.500	8.503	8.497	8.504	8.503	8.506	8.497	8.507	8.346	8.310
8.489	8.499	8.492	8.497	8.506	8.502	8.505	8.498	8.503	8.492
8.501	8.499	8.804	8.505	8.504	8.499	8.506	8.499	8.493	8.494
8.490	8.505	8.511	8.502	8.50	8.503	8.782	8.502	8.509	8.499
8.498	8.493	8.897	8.504	8.493	8.494	7.780	8.509	8.499	8.503
8.494	8.511	8.501	8.497	8.493	8.501	8.495	8.461	8.504	8.691

经过计算得到样本均值为 8.495,样本标准差为 0.104 7。若假定原料长度 X 服从正态分布,可以计算得到 $X \in [8.4, 8.6]$ 的概率为 66%,即供应商提供的原料只有三分之二是合格品,可以认为产品的质量存在问题。

但仔细观察这组数据,易发现有 91% 的数据在 [8.4, 8.6] 之间,由此可以认为供应商提供的原料是可以信赖的。之所以发生了两种不同的推断,是因为我们假设原料的长度服从正态分布。该假设是否合理呢?如果假设不合理,由此得到的结论自然就不可信！

在实际问题中，有时用足够多的实践经验和假设依据来假定我们所关心的一组数据是来自一个已知的总体。据此我们用参数统计分析方法进行统计推断，其结果往往不可信，有时甚至是错误的。非参数统计分析方法对我们所关注的一组数据的总体分布不做假设或仅给出一般的假设（如总体是连续型的，或分布是对称的等）。

统计是一个以解决问题为导向，系统搜集数据和基于数据做出回答的过程，其本质是通过在随机现象中寻找分布规律并回答现实问题的科学过程，实际问题的复杂性和人类认知的局限性，造成反映实际问题的数据在问题表示的充分性、代表性和分布的单一性等方面，与传统的预测模型应用要求不相匹配，催生了对数据分布假定宽松的非参数统计的兴起与发展。非参数统计方法是现代统计学发展的一个重要方向，它不受总体分布的限制，不假定总体分布的具体形式，尽量从数据或样本本身获得所需要的信息，通过估计而获得分布的结构，并逐步建立对事物的数学描述和统计模型的方法。在实际应用中不需要预先设定模型的具体形式和误差分布，可以获得较宽的非线性变化，同时，在抽取样本对总体进行估计时，不必依赖于样本所从属的总体的分布形式，可以广泛地应用于不同类型的总体，这对减小偏差、提高预测精度、了解样本序列的动态结构都是极其有用的。本章介绍非参数统计在预测工作中的应用，主要有数据质量的检定、数据分布规律的判别以及几种稳健估计的预测方法。

8.1 非参数预测的概念

统计预测（Statistical forecast）是以大量的实际调查资料为基础，根据预测对象的内在联系及发展规律，运用科学的数学模型，对未来发展的趋势和达到的水平做出客观估量的统计方法。统计预测实际上是对未来状态的动态推算。进行统计预测要具备几个条件，即准确的统计资料、科学的数学模型、精辟的理论架构。统计资料是预测的依据，理论架构是预测的基础，数学模型是预测的手段，它们共同构成统计预测的三个要素。

在统计预测中，一般假设总体分布的数学形式（如正态分布、指数分布、二项分布等）已知，只有少数几个参数的值未知，这种预测问题是参数型的。

但是在实际问题的研究中，总体分布往往是未知的，我们不能够随意地假定总体的分布形式。因为，有时数据并不是来自所假定分布的总体；或者，数据根本就不是来自同一个总体；还有，数据因为种种原因被严重污染。这样在假定总体分布的情况下进行推断、预测就可能产生错误的甚至灾难性的结论。如果我们事先关于总体分布只有很少的信息，此时就需要有一种与总体分布的具体数学形式无关的统计预测方法，这种方法称为非参数预测。这类方法的特点是假设前提少、所用信息弱、应用简便。

非参数预测的"非参数"意味着其方法不涉及总体分布的有关参数，这样就会遇到以下三类问题。

（1）数据是否服从特定的分布。若数据服从特定分布就是参数型问题，使用非参数方法得到的预测精度要劣于使用参数方法。但是数据是否服从特定的分布是需要检验的。这一类问题的检验还是要用到非参数方法。

（2）在不知道总体分布的情况下如何利用数据所包含的信息。

（3）如何判定数据被污染，如果数据被污染了如何处理。

我们将针对这三类问题加以讨论。

在不知总体分布的情况下如何利用数据所包含的信息呢？一组数据的最基本的信息就是次序。如果可以把数据点按大小次序排队，每一个具体数据点都有它在整个数据列（从最小的数起）的位置或次序，称为该数据的秩（rank）。数据有多少个观测值，就有多少个秩。把数据点按大小次序排序，居中的数称为中位数。除了秩、中位数外还可以考虑数据对的差的符号，秩、中位数、符号都是可利用的数据中所包含的信息。在一定的假定下，这些信息和它们的统计量的分布是可以得到的，而且和数据原来的总体无关，这样就可以进行所需要的统计推断了。这就是"非参数统计"的基本思想，同时也对非参数预测中的第二类问题给出了分析研究路径。

因此，"非参数预测"一词中的"非参数（nonparametric）"意味着其方法不涉及描述总体分布的有关参数；它被称为和分布无关（distribution-free），是因为其推断方法和总体无关；不应理解为与所有分布（例如有关秩的分布）无关。

8.2 数据服从特定分布检验

在实际问题研究中，数据是否服从特定的分布是需要检验的，也就是要对总体的分布做统计假设检验。对这一类假设检验问题，常使用的非参数方法是：分布函数的拟合优度检验。它可以检验总体是否服从一个预先给定的分布，即研究一组样本数据的实际分布与某一指定的理论分布间的符合程度。而当预测是目的时，也可以利用估计的分布 F 去预测随机变量未来的可能值。在本书中，我们介绍 Kolmogorov-Smirnov 检验、Lilliefors 正态性检验和 χ^2 检验。

Kolmogorov-Smirnov 检验简写为 K-S 检验。χ^2 检验和 K-S 检验均属于拟合优度检验，但 χ^2 检验常应用于定类尺度测量数据，K-S 检验还可应用于定序尺度测量数据。当预期频数较小时，χ^2 检验须合并邻近的类别才能计算，K-S 检验则不需要，因此它能比 χ^2 检验保留更多的信息。χ^2 检验不能应用于数据量特别小的样本，而 K-S 检验则不受限制。因此，K-S 检验的功效比 χ^2 检验要更强。

8.2.1 Kolmogorov–Smirnov 检验

一般来说，要检验真实分布 $F(x)$ 的数据样本是否来自某一个已知分布 $F_0(x)$ 时，有几组假设问题（A 是双边检验，B 和 C 是单边检验）：

A. $H_0: F(x) = F_0(x)$ 对所有 x 值 $\Leftrightarrow H_1: F(x) \neq F_0(x)$ 对至少一个 x 值；
B. $H_0: F(x) \geq F_0(x)$ 对所有 x 值 $\Leftrightarrow H_1: F(x) < F_0(x)$ 对至少一个 x 值；
C. $H_0: F(x) \leq F_0(x)$ 对所有 x 值 $\Leftrightarrow H_1: F(x) > F_0(x)$ 对至少一个 x 值。

若 $S_n(x)$ 表示一个 n 次观察的随机样本观察值的累积概率分布函数，它是该组数据的经验分布。一般来说，随机样本 $x_1, x_2, \cdots, x_n$ 的经验分布函数（Empirical Distribution Function，EDF）定义为阶梯函数，即

$$S_n(x) = (x_i \leq x \text{的个数})/n \tag{8-1}$$

$S_n(x)$ 是小于等于 x 的值的比例，它是观察样本数据所服从总体 $F(x)$ 的一个估计。对于本节所提到的三种检验，可以构造对应的检验统计量分别为

A. $D = \sup_x |S(x) - F_0(x)|$
B. $D^+ = \sup_x (F_0(x) - S(x))$ \qquad (8-2)
C. $D^- = \sup_x (S(x) - F_0(x))$

实际上，D 的分布在零假设下对于一切连续分布 $F_0(x)$ 都是一样的，所以是与分布无关的。若对每一个 x 值而言，$S_n(x)$ 与 $F_0(x)$ 十分接近，即差异很小，表明经验分布函数与特定分布函数的拟合程度很高，有理由认为样本数据来自具有该理论分布的总体。由于 $S_n(x)$ 是阶梯函数，只取离散值，考虑到跳跃的问题，在实际运作中，如果有 n 个观察值，则用下面的统计量来代替式（8-2）中列出的 D（对 D^+ 和 D^- 也一样）：

$$D_n = \max_{1 \leq i \leq n} \left\{ \max\left(|S_n(x_i) - F_0(x_i)|, |S_n(x_{i-1}) - F_0(x_i)| \right) \right\} \tag{8-3}$$

这些统计量称为 Kolmogorov 统计量或 Kolmogorov-Smirnov 统计量（Kolmogorov, 1933）。统计量 D_n 在零假设下的分布有表可查，大样本的渐近分布也有表可查。大样本的渐近公式为：在零假设下当 $n \to \infty$ 时，有

$$P(\sqrt{n} D_n < x) \to K(x) \tag{8-4}$$

这里分布函数 $K(x)$ 有表达式：

$$K(x) = \begin{cases} 0, & x < 0 \\ \sum_{j=-\infty}^{\infty} (-1)^j \exp(-2j^2 x^2), & x > 0 \end{cases} \tag{8-5}$$

K-S 检验的步骤如下。

第一步，建立假设 A（或 B，C）。

第二步，计算式（8-3）所定义的统计量 D_n。

第三步，查找临界值，根据给定的显著性水平 α，样本数据个数 n，查 Kolmogorov 检验临界值 $P(D_n \geq d_\alpha) = \alpha$ 统计表，可以得到临界值 d_α。

第四步，做出判定：若 $D_n < d_\alpha$，则在 α 的水平上，不能拒绝原假设 H_0；若 $D_n \geq d_\alpha$，则在 α 的水平上，拒绝原假设 H_0。

例 8-1 在检验了一个车间生产的 20 个轴承外座圈的内径后得到如表 8-2 所示的数据（单位：毫米）。

表 8-2 例 8-1 测量数据

15.04	15.36	14.57	14.53	15.57	14.69	15.37	14.66	14.52	15.41
15.34	14.28	15.01	14.76	14.38	15.87	13.66	14.97	15.29	14.95

按照设计要求，这个内径应为 15 ± 0.2 毫米，现在希望检验一下这组数据是否来自均值为 $\mu = 15$，方差为 $\sigma^2 = 0.2^2 = 0.04$ 的正态分布。

解 使用 SPSS18 软件对该数据排序后的 X 作的 Q-Q 图如图 8-1 所示。从图上可以看出，这些散点并不明显成一直线，需要进一步的检验。

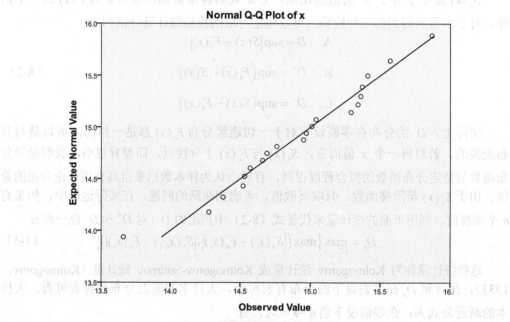

图 8-1 测量数据分布 Q-Q 图

为了比较，把原始数据按自小到大的次序排列，表 8-3 为排序数据及有关的一些计算结果。

表 8-3 例 8-1 统计量计算数据

x_i	$F_0(x_i)$	$S_n(x_i)$	$F_0(x_i) - S_n(x_i)$	$F_0(x_i) - S_n(x_{i-1})$
13.66	0.000 0	0.050 0	−0.050 0	0.000 0
14.28	0.000 2	0.100 0	−0.099 8	−0.049 8
14.38	0.001 0	0.150 0	−0.149 0	−0.099 0
14.52	0.008 2	0.200 0	−0.191 8	−0.141 8
14.53	0.009 4	0.250 0	−0.240 6	−0.190 6
14.57	0.015 8	0.300 0	−0.284 2	−0.234 2
14.66	0.044 6	0.350 0	−0.305 4	−0.255 4
14.69	0.060 6	0.400 0	−0.339 4	−0.289 4
14.76	0.115 1	0.450 0	−0.334 9	−0.284 9
14.95	0.401 3	0.500 0	−0.098 7	−0.048 7
14.97	0.440 4	0.550 0	−0.109 6	−0.059 6

x_i	$F_0(x_i)$	$S_n(x_i)$	$F_0(x_i)-S_n(x_i)$	$F_0(x_i)-S_n(x_{i-1})$
15.01	0.519 9	0.600 0	−0.080 1	−0.030 1
15.04	0.579 3	0.650 0	−0.070 7	−0.020 7
15.29	0.926 5	0.700 0	0.226 5	0.276 5
15.34	0.955 4	0.750 0	0.205 4	0.255 4
15.36	0.964 1	0.800 0	0.164 1	0.214 1
15.37	0.967 8	0.850 0	0.117 8	0.167 8
15.41	0.979 8	0.900 0	0.079 8	0.129 8
15.57	0.997 8	0.950 0	0.047 8	0.097 8
15.87	1.000 0	1.000 0	0.000 0	0.050 0

可以看出，最后两列的绝对值最大的为 $D_{20}=0.339\,4$。查统计分布表得到对于显著性水平 $\alpha=0.02$，临界值为 $d_\alpha=0.328\,66$（满足 $P(D_n\geqslant d_\alpha)=\alpha$）。因此，在显著性水平 $\alpha=0.02$ 时，可以拒绝零假设，即不接受测量数据服从 $N(15,0.04)$ 分布的假设。

8.2.2 Lilliefors 正态性检验

在经典统计中，最常用的分布是正态分布。有许多方法（特别是用点图）来判断一个分布是否是正态分布。Kolmogorov 检验只能检验一个样本是否来自于一个已知参数的分布，比如已知 μ、σ 的正态分布 $N(\mu,\sigma^2)$。但是当这些参数未知时，人们想到用（而且也是这样做的）估计的均值和标准差 $\hat\mu$、$\hat\sigma$ 使观测值标准化，即采用数据变换 $z_i=(x_i-\hat\mu)/\hat\sigma$。然后，再用标准正态分布 $\Phi(x)$ 作为 $F_0(x)$ 来计算 Kolmogorov 检验统计量 D_n（用 z_i）。但是，因为利用了估计值，统计量在零假设下的分布发生变化，使用 Kolmogorov 检验所用临界值进行判断将不再合适。Lilliefors（1967）对 Kolmogorov-Smirnov 检验的临界值表进行了修正，以使得检验统计量在用样本均值 $\bar X$ 和样本标准差 $\hat\sigma$ 来分别替代总体均值 μ 和总体标准差 σ 之后，仍然可以找到临界值。以例 8-1 的数据为例，$\hat\mu=14.91$，$\hat\sigma=0.52$；计算结果为 $D_{20}=0.116\,0$，按照 Lilliefors 给出的临界值表，对于 0.05 水平的临界值为 0.190，不能拒绝零假设。而按照 Kolmogorov 给出的临界值表，对应于 0.05 水平的临界值为 0.294 1，远比 Lilliefors 的表要保守。

8.2.3 χ^2 拟合优度检验

我们首先介绍皮尔逊定理：当样本容量 n 为大样本数据时（$n\geqslant 50$），不论 $F_0(x)$ 是什么分布，只要 $H_0:F(x)=F_0(x)$ 成立，统计量：

$$\chi^2=\sum_{i=1}^{k}\frac{(n_i-np_i)^2}{np_i} \tag{8-6}$$

都近似地服从自由度为 $k-r-1$ 的 χ^2 分布。其中：r 是被估计的参数的个数；n_i 为实际的频数；np_i 为理论频数；k 为划分的组数。

对总体分布做 χ^2 拟合检验的具体步骤如下：

设 $F(x)$ 是未知总体的分布函数，$F_0(x)$ 是已知的分布函数，$x_1, x_2, \cdots, x_n$ 是 $F(x)$ 的样本观测值。要检验：

$$H_0: F(x) = F_0(x) \quad H_1: F(x) \neq F_0(x)$$

第一步，将样本的范围分成 k 个互不相交的区间：

$$(a_0, a_1], (a_1, a_2], \cdots, (a_{i-1}, a_i], \cdots, (a_{k-1}, a_k],$$

其中，$-\infty \leq a_0 < a_1 < \cdots < a_{i-1} < a_i < \cdots < a_{k-1} < a_k \leq \infty$。

第二步，数出样本观测值落入各区间 $(a_{i-1}, a_i]$ 的个数 n_i，n_i 称为实际的频数。

第三步，求出理论分布 $F_0(x)$ 落入 $(a_{i-1}, a_i]$ 内的概率，从而得出落在 $(a_{i-1}, a_i]$ 的理论频数 np_i。当 $H_0: F(x) = F_0(x)$ 成立时，$F(x)$ 落入 $(a_{i-1}, a_i]$ 的概率为

$$p_i = P\{a_{i-1} < X \leq a_i\} = F_0(a_i) - F_0(a_{i-1})$$

第四步，做式（8-6）定义的 χ^2 统计量。根据皮尔逊定理知道该统计量近似地服从自由度为 $k - \gamma - 1$ 的 χ^2 分布。

第五步，对给定的显著水平 α，由 χ^2 分布表查得临界值 $\chi_\alpha^2(k - \gamma - 1)$。

第六步，当 $\chi^2 \geq \chi_\alpha^2(k - \gamma - 1)$ 时，拒绝 H_0，认为 $F(x)$ 与 $F_0(x)$ 不相符合；当 $\chi^2 < \chi_\alpha^2(k - \gamma - 1)$ 时，接受 H_0，认为 $F(x)$ 与 $F_0(x)$ 是相符合的（同分布）。

在对总体分布做 χ^2 拟合检验时，要注意以下几点。

（1）χ^2 拟合优度检验要求样本容量较大，一般样本容量超过 50（$n \geq 50$），且容量越大越好。

（2）理论分布落入各区间的概率值应较小，也就是说分区间要适当多一些，即划分的组数 k 应较大。

（3）$F_0(x)$ 应是完全确定的，若 $F_0(x)$ 中还有 r 个待估计的参数未确定，可以用它们的极大似然估计量代替，使 $F_0(x)$ 是完全确定的。

（4）一般限制落在各区间 $(a_{i-1}, a_i]$ 的理论频数 np_i 的值大于 5，如果出现不大于 5 的情形，此区间应与邻近的区间合并。

例 8-2 用计数器每隔一段时间依次观测试验铀所放射的 α 粒子数，共 100 次，得到观测次数如表 8-4 所示。

表 8-4 试验铀所放射的粒子数

粒子数 x	0	1	2	3	4	5	6	7	8	9	10	11
次数	1	5	16	17	26	11	9	9	2	1	2	1

试检验总体是否服从 Poisson 分布 $P(\lambda)$？（$\alpha = 0.05$）

解 若总体服从 $P(\lambda)$ 分布，则 $p_x = \dfrac{\lambda^x}{x!} e^{-\lambda}$ （$x = 1, 2, \cdots, 12$）。为了做 χ^2 拟合检验，先根据观测值计算 λ 的极大似然估计量：

$$\hat{\lambda} = \bar{x} = \frac{0 \times 1 + 1 \times 5 + \cdots + 10 \times 2 + 11 \times 1}{100} = 4.2$$

再列表计算如表 8-5 所示。

表 8-5 理论频数计算表

粒子数 x	0	1	2	3	4	5	6	7	8	9	10	11
频数 n_i	1	5	16	17	26	11	9	9	2	1	2	1
理论频数 np_i	1.50	6.30	13.23	18.52	19.44	16.33	11.43	6.86	3.60	1.68	0.71	0.27

上面画线部分合并（因为小于 5）后分别为 7.80、6.26，所以 $k = 8$，有

$$\chi^2 = \sum_{i=1}^{8} \frac{(n_i - np_i)^2}{np_i} = 6.268$$

对给定的显著水平 $\alpha = 0.05$，由 χ^2 分布表查得临界值：

$$\chi_\alpha^2(k - \gamma - 1) = \chi_{0.05}^2(8 - 1 - 1) = 12.6$$
$$\chi^2 = 6.268 < \chi_\alpha^2(k - \gamma - 1) = 12.6$$

因此，接受 χ^2 拟合检验的零假设，认为总体服从 $P(\lambda)$ 分布。

8.3 污染数据诊断

8.3.1 统计预测的稳健性分析

数据的污染有可能是数据记录或传输时发生错误，也可能是因为与假定的总体不同的数据掺杂其中。数据的污染会使得统计预测结果不可靠，对于有污染的数据，进行统计预测时，要考虑统计预测的稳健性。

在传统的统计中，对总体总是有很强的假定。由此，如果假定正确，则一定会得到漂亮的结论；但是如果假定不对，则可能产生错误的结果。非参数统计则正相反，对总体没有特殊的假定，所以总能够得到结论，缺点是对数据蕴含的信息没有充分利用。稳健统计方法实际上介于二者之间，它利用了数据的一部分已知总体性质，但是又回避了过于依赖假定而可能产生的错误。

我们通过一个示例来理解统计预测稳健性的内涵。一个简单的例子是用样本中位数替代样本均值对总体（比如说正态总体）的中心 μ 进行估计。如果数据 $X_1, \cdots, X_n$ 的确是来自于正态总体，则样本均值 $\bar{X} = \sum_{i=1}^{n} X_n$ 确实是 μ 的一个优良估计。但是，除了随机误差之外，所有的数据都有可能受到各种因素所造成的"污染"，其中有可能是数据记录或传输时发生错误，也有可能是因为与假定总体不同的总体数据掺杂其中。这样，样本均值就极不可靠了。例如表 8-6 给定了来自正态总体 $N(0,1)$ 按升幂排列的 25 个数。

表 8-6 来自于正态总体 $N(0,1)$ 的数据样本

| -1.70 | -1.32 | -1.06 | -0.63 | -0.60 | -0.40 | -0.37 | -0.28 | -0.23 | -0.12 | -0.04 | 0.06 | 0.07 |
| 0.22 | 0.25 | 0.32 | 0.44 | 0.49 | 0.61 | 0.61 | 0.86 | 0.86 | 1.22 | 1.28 | 1.46 | |

此时，样本均值是 0.08，样本中位数是 0.07，差别不大。假设最大的一个数 1.46，由于某种原因被错录为 146 时，则样本均值升为 5.86，但是样本中位数没有任何改变，还是 0.07。如果某数值趋于无穷，则样本均值也同样趋于无穷，而样本中位数依然不变。可以想象，受污染的数目越多，样本均值也就越不准确；而且，样本越小，影响就越大。但是即使有一半的数据都受到污染，样本中位数还是有意义的。这个例子说明样本中位数作为总体中心估计具备稳健性。中位数的这种性质使它得到了广泛的应用。

在这里，我们描述性地给出稳健性的定义：稳健性即估计结果对于基础假定（例如关于测量分布形状的基础假定）的不敏感性。

8.3.2 离群点的判断方法

1. "3σ原则"判定方法

所谓"离群点"，简单讲就是远离样本主体的点。离群点通常被认为是不正常的。在判别时，首先计算数据的均值 $\bar{X}$ 和标准差 S，如果 $T_1 = \left| (x_i - \bar{x})/(s/\sqrt{n}) \right|$ 大于某临界值，则可以大致地认为它不正常，因为观察值有这样的值的概率很小。通常，如果一个观察值到其均值的距离大于 3 倍的标准差到均值的距离，则可以认为它是一个离群点，因为得到这种值的概率很小。若数据服从正态分布，得到这种值的概率大致等于 0.001；若数据服从对称分布，得到这种值的概率大致等于 0.03；若数据服从其他分布，得到这种值的概率大致等于 0.06。由于样本标准差不是稳健的，因而这种方法自然也是不稳健的。

2. 基于"中位数"的判定方法

为提高判定方法的稳健性，我们给出基于中位数的判定离群点的方法。如果一个样本点 x_j 满足：

$$T_2 = \frac{|x_j - med_i(x_i)|}{med_i |x_i - med_i(x_i)|} > 5 \tag{8-7}$$

则认为样本点 x_j 为离群点。这里 $med_i |x_i - med_i(x_i)|$ 称为中位数绝对离差（Median Absolute Deviation，MAD）。这里的临界值 5 是这样决定的，它使得满足上面不等式的正态样本观察值的概率大约为 0.001。

3. 离群点判断的应用案例

我们应该认识到，使用离群点判断方法确定的离群点，并不一定是错误的值。造成离群点的原因有多种，或者是小概率事件的确产生了，或者是观察值的确记录错了，或者是总体假定不正确（比如数据不是来自于同一个总体），等等。所以，在找到离群点之后，应该对形成离群点的原因进行认真分析。

表 8-7 中的星号（*）注明了 $T_2>5$，而井号（#）注明了 $P(|T_1|>t_1)<0.001$。这两个例子说明了 T_1 和 T_2 的不同（这里 t_i 为 T_i 的观察值结果）。例 1 中的数据呈现右方长尾状态，利用中位数的 T_2 方法找出了三个在尾部的离群点（$T_2>5$）。而利用正态假定的 T_1（涉及自由度为 7 的 t-分布），有关概率为 0.001 的点只有一个。例 2 中的数据比较对称，两个端点比较远，利用中位数的 T_2 方法没有找到离群点，而利用 T_1 方法却找到了这两个端点（有关概率等于 0.001）。由此看来，方法 T_1 和 T_2 各有不同的特点，它们可以在不同的情况下使用。一般而言，在正态假定不成立情况下，采用 T_2 方法较好，否则采用 T_1 方法。因此，在进行离群点判断之前，对数据先做基本的了解是很有必要的。

表 8-7 离群点判断案例数据

例 1				例 2			
观察值	$T_2=t_2$	$T_1=t_1$	$P(|T_1|>t_1)$	观察值	$T_2=t_2$	$T_1=t_1$	$P(|T_1|>t_1)$
2.067	4.529	3.812	0.007	2.249	3.898	5.597	0.001（#）
3.918	1.000	1.760	0.122	4.648	1.316	1.791	0.116
3.969	0.904	1.704	0.132	4.941	1.000	1.326	0.226
4.111	0.634	1.547	0.166	5.465	0.436	0.494	0.636
4.443	0.000	1.179	0.277	5.870	0.000	0.148	0.887
4.755	0.595	0.833	0.433	5.938	0.074	0.256	0.805
7.144	5.147（*）	1.814	0.113	6.675	0.867	1.426	0.197
8.467	7.669（*）	3.280	0.013	7.000	1.216	1.940	0.094
10.687	11.899（*）	5.740	0.001（#）	9.205	3.590	5.439	0.001（#）

8.3.3 M–估计量

当数据中含有离群点时，为了保证统计结果的稳健性，此时常引入 M-估计量进行参数估计。M-估计量的名字来源于 MLE-like，即最大似然估计类型。根据统计学理论知识，如果观察值 X_i 的密度函数为 $f(\cdot)$，并记 $\rho(\cdot)=-\ln f(\cdot)$，则最大似然估计（MLE）为使式（8-8）达到最小的 μ，记为 $\hat{\mu}$，有

$$\hat{\mu}=\min\sum_i(-\ln f(x_i-\mu))=\min\sum_i\rho(x_i-\mu) \qquad (8\text{-}8)$$

如果 ρ 可微，令 $\psi=\rho'$，则 $\hat{\mu}$ 满足：

$$\sum_i\psi(x_i-\hat{\mu})=0 \qquad (8\text{-}9)$$

在正态分布假定下，在求解 MLE 时，和样本均值对应的 ρ 为 $\rho(x-\mu)=(x-\mu)^2$，而 $\psi(x-\mu)=-2(x-\mu)$，此时 ψ 是无界的。类似地，对于很多分布，ψ 都是无界的，很容易受到离群点的干扰。而和中位数对应的 ρ 为 $\rho(x-\mu)=|x-\mu|$，它的 ψ 是有界的，不太容易受到离群点的干扰。类似地，我们还可以构造各种不同的 ψ 函数，以便稳健地估计参数。因为这种 ψ 函数来自 MLE 的导出过程，它们被统称为 M-估计量。以下是常用的一些 M-估计量。

（1）修整均值（Trimmed Mean）的 ψ 函数。

$$\psi(y) = \begin{cases} y & |y| < c \\ 0 & |y| \geq c \end{cases} \tag{8-10}$$

数值很大的离群点对此没有影响，都被修整掉了。

（2）Andrews 估计量的 ψ 函数。

$$\psi(y) = \begin{cases} \sin(y/a) & |y| < \pi a \\ 0 & |y| \geq \pi a \end{cases} \tag{8-11}$$

（3）Huber 估计量的 ψ 函数。

$$\psi(y) = \begin{cases} -c & y < -c \\ y & |y| \leq c \\ c & y > c \end{cases} \tag{8-12}$$

Huber 估计量的 ρ 函数为

$$\rho(y) = \begin{cases} y^2 & |y| < c \\ c(z|y|-c) & |y| \geq c \end{cases} \tag{8-13}$$

式中，当 $c \to 0$ 时，它是中位数；而当 $c \to \infty$ 时，它是均值；在 $c = 1.345$ 时，它对正态数据的效率为 95%。

（4）Tukey 双平方（Tukey' Bisquare）估计量的 ψ 函数。

$$\psi(y) = y\left\{\left[1-\left(\frac{y}{R}\right)^2\right]^+\right\}^2 \tag{8-14}$$

这里的 $[\cdot]^+$ 表示正数时取原值，负数为 0。在 $R = 4.685$ 时，它对正态数据的效率为 95%。

（5）Hampel 估计量的 ψ 函数。

$$\psi(y) = \mathrm{sgn}(y)\begin{cases} |y| & 0 < |y| < a \\ a & a < |y| < b \\ a(c-|y|)/((c-b)a) & b < |y| < c \\ 0 & c < |y| \end{cases} \tag{8-15}$$

M-估计量是数据分布形式参数的一种统计量表征，例如，在数据"中心"位置的估计中，它类似于我们所熟悉的"均值"和"中位数"。M-估计量值的求解更多涉及迭代，我们通常不是一步就求出最终解，而是取一个初始值，然后不断地改进它，使它越来越接近最终解。

现在我们看一个使用原始数据、Huber 和 Tukey 估计量对总体位置参数中心 μ 的估计的例子。在原始数据中含有一个离群点 10.586，结果为均值是 1.295，样本中位数为 0.196。在用 Huber 和 Tukey 估计量进行估计时，进行了尺度变换，即把 $\psi(x-\mu)$ 换成 $\psi((x-\mu)/s)$，这里 $s = MAD(x)/0.6745$，MAD 是绝对离差的中位数（Median Absolute Deviation），$MAD = \mathrm{median}(|x_i - \mathrm{median}(x)|)$，0.6745 来自于 MAD 和标准差 s

的转换关系 $MAD/s = \Phi^{-1}(3/4) = 0.6745$。相关的参数分别取 $c = 1.45$（Huber 统计量）和 $R = 5$（Tukey 统计量）。使用 SPSS 软件中的数据探索性分析功能，可得 Andrews 估计量为 0.248 6，Huber 估计量为 0.372 5，Tukey 双平方估计量为 0.248 8，Hampel 估计量为 0.268 5。因为内置程序的不同，这些计算结果与自编迭代程序的计算结果可能有所差异。表 8-8 为 M-估计量的原始数据。

表 8-8 M-估计量的原始数据

-0.374	-0.014	10.586	0.710	1.112	0.117	0.274	0.055	1.342	-0.854

8.4 Theil 回归模型

8.4.1 Theil 回归模型基本原理

在第 4 章中，我们介绍了传统回归模型的基本原理，这一类回归模型以最小二乘法估计为基础，在使用时需要一系列的假定，一旦假定不满足，其预测结果就会产生较大的偏差。为提高预测精度，非参数预测中提出了 Theil 回归方法。

对于给定的一组数据 $(x_1, y_1), \cdots, (x_n, y_n)$，如果认为它们满足线性模型

$$y = \alpha + \beta x + \varepsilon \tag{8-16}$$

就可以用不同的估计参数方法来拟合直线。最常见的是最小二乘法，它取截距 α 和斜率 β 使式（8-17）最小。

$$RSS(\alpha, \beta) = \sum_{i=1}^{n} \left[y_i - (\alpha + \beta x_i) \right]^2 \tag{8-17}$$

按照这一公式得出的 $\hat{\alpha}$ 和 $\hat{\beta}$ 被称为最小二乘估计。但是最小二乘法适用于很"干净"的数据，并且数据总体要服从给定分布的假设，拟合结果稳健性比非参数 Theil 方法差。数据受到污染后，采用最小二乘法拟合的结果会产生较大偏差。

非参数 Theil 回归的方法能够忍受有限度的数据污染。它主要是利用了中位数的稳健性。Theil 回归的思想简单明了，对于参数的估计，先根据斜率的几何意义得到所有两个不同数据点连线的斜率：

$$S_{ij} = \frac{y_j - y_i}{x_j - x_i} (i < j) \tag{8-18}$$

然后取 β 的估计为 S_{ij} 的中位数，有

$$\hat{\beta} = median\left\{ S_{ij} : 1 \leq i < j \leq n \right\} \tag{8-19}$$

而 α 的估计为 $y_i - \hat{\beta} x_i$ 的中位数为

$$\hat{\alpha} = median\left\{ y_i - \hat{\beta} x_i, i = 1, 2, \cdots, n \right\} \tag{8-20}$$

根据式（8-19）和式（8-20）可以得到参数 α 和 β 的估计，进而可以建立预测模

型。Theil 回归的方法能够忍受有限度的数据污染，不需要对总体的分布有较强的假定，但是这种方法的计算量偏大。

8.4.2 最小中位数二乘回归

Theil 回归是对一元线性回归问题的一种非参数估计。对于多元线性回归的非参数估计，Rousseeuw（1984）提出了最小中位数二乘回归方法。它适用于线性模型：

$$Y = X\beta + \varepsilon \tag{8-21}$$

这里的 X 可以是矩阵（如果有截距，则 X 的第一列由 1 组成），而 β 为向量。它的基本思想是寻求满足式（8-22）的 β。

$$\min_{\beta}\left\{ median\left|Y_i - X_i\beta\right|^2 \right\} \tag{8-22}$$

8.4.3 Theil 回归和最小中位数二乘回归范例

例 8-3 我们以表 8-9 中的数据建立最小二乘回归（LS）、最小中位数二乘回归（LMS）和 Theil 回归模型，并将三个模型的预测结果合并在同一图形内进行比较分析。

表 8-9 Theil 回归和最小中位数二乘回归数据

X_i	0.84	1.39	−0.10	0.22	0.92	1.13	3.46	1.64	1.64	2.70	2.07	0.65	1.88
Y_i	5.46	4.69	5.97	6.05	5.27	5.22	2.97	4.42	4.87	4.34	3.66	5.60	5.23
X_i	1.89	2.27	2.52	1.53	1.97	1.54	0.46	3.49	4.34	4.02	4.64	4.09	
Y_i	5.07	4.18	3.45	5.00	4.60	4.84	5.80	6.73	6.80	6.34	6.97	7.60	

解 编写 MATLAB 程序，计算得到三个模型表达式如下。

（1）Theil 回归模型

$$y = 5.84 - 0.548x \tag{8-23}$$

（2）最小二乘回归模型

$$y = 4.81 + 0.21x \tag{8-24}$$

（3）最小中位数二乘回归模型

$$y = 6.060 - 0.902x \tag{8-25}$$

用上述三种回归方法来拟合线性模型。图 8-2 显示了原来的数据和三条回归曲线。这里"LS Fit""LMS Fit""Theil Fit"分别标出了最小二乘、最小中位数二乘和 Theil 这三条很不一样的拟合直线。

从图表中可以看出，这组数据的前 20 个观察值有很强的线性关系，而最后的 5 个观察值"混入"了这组数据。从图 8-2 中可以看出，数据明显地分为两群，左边的有明显的线性关系，而右边的 5 个点看不出具有什么特性。对此组数据，最稳健的估计方法是最小中位数二乘拟合，这种方法没有受 5 个离群点的影响。而 Theil 回归拟合则受到离群点的影响，当然受影响而偏离最大的是最小二乘法拟合。我们可以直观地猜想，如果没有这 5 个影响点，三种方法的拟合直线是不会有太大差别的；反过来，如果有限度地增加影响点的数目，或者不增加数目而仅仅增加它们和前 20 个点的距离时，最小中位数二乘拟合基本不受影响，但是 Theil 回归拟合和最小二乘拟合，则会产生较大的偏离。总之，最小二乘方法适用于很"干净"的数据，Theil 回归拟合能够忍受有限度的数据污染。和它们相比，最小中位数二乘拟合最稳健。

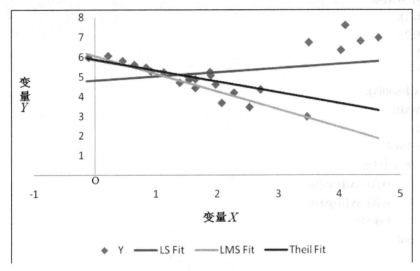

图 8-2 三种回归模型拟合曲线图

统计估计的一个基本原则是，对估计参数都应该进行统计检验，以保证估计结果的统计有效性。当然，对 Theil 回归和最小中位数二乘回归的估计系数也应进行统计检验。对这一问题感兴趣的读者，可以查阅讨论更深入的非参数统计专著。

8.4.4 最小二乘回归、Theil 回归和最小中位数二乘回归的 MATLAB 程序代码

（1）最小二乘回归的程序代码。

```
x=[0.84 1.39 -0.10 0.22 0.92 1.13 3.46 1.64 1.64 2.70 2.07 0.65 1.88 1.89 2.27 2.52 1.53 1.97 1.54 0.46 3.49 4.34 4.02 4.64 4.09]
y=[5.46 4.69 5.97 6.05 5.27 5.22 2.97 4.42 4.87 4.34 3.66 5.60 5.23 5.07 4.18 3.45 5.00 4.60 4.84 5.80 6.73 6.80 6.34 6.97 7.60]
[n,m]=size(x)
xx=[ones(m,1) x']
[b,bint,r,rint,stats]=regress(y', xx, 0.05)
```

（2）最小中位数二乘回归的程序代码。

最小中位数二乘回归是分位数回归的特例，许多统计学家给出了分位数回归的 MATLAB 算法程序，如 quantreg 算法和 ipqr 算法。在 Eviews 软件中分位数回归的内置算法是 quantreg 算法。

(3) Theil 回归的程序代码。

```
clear;
a=load('test.txt');
[n,m]=size(a);
x=a(:,1);
y=a(:,2);
x=x'
y=y'
[xx,xi]=sort(x);
yy=y(xi);
k=1;
for i=1:n-1
    for j=i+1:n
        sx(k)=xx(j)-xx(i);
        sy(k)=yy(j)-yy(i);
        k=k+1;
    end
end
ss=sy./sx;
beta=median(ss);
zz=yy-beta*xx;
alpha=median(zz);
y1=alpha+beta*xx;
plot(xx,yy,'b',xx,y1,'r');
```

8.5 Cox–Stuart 趋势分析

数据所构成的时间序列可能出现增长趋势、减少趋势或者无明显变动的趋势，进行预测的一项重要任务就是对未来的发展趋势进行预测。Cox-Stuart 趋势分析是解决这类问题的一个工具。Cox-Stuart 趋势分析的方法是一种假设检验的方法，它对数据的总体分布没有较强的假定。

Cox-Stuart 趋势分析设定的检验假设为

A. H_0:无增长趋势 $\Leftrightarrow$ H_1:有增长趋势

B. H_0:无减少趋势 $\Leftrightarrow$ H_1:有减少趋势

C. H_0:无趋势 $\Leftrightarrow$ H_1:有增长或减少趋势

形式上，Cox-Stuart 趋势分析的检验假设可以重新叙述为：假定独立观察值 $X_1,\cdots,X_n$ 分别来自分布为 $F(x-\theta_i)$ 的总体，这里 $F(\cdot)$ 对称于零点。检验假设 A 为 $H_0: \theta_1 = \cdots = \theta_n$ 对 $H_1: \theta_1 \leqslant \cdots \leqslant \theta_n$（至少一个不等式是严格的）。

Cox-Stuart 趋势分析的检验程序为，把每一个观察值和相隔大约 $n/2$ 的另一个观察值配对比较，因此大约有 $n/2$ 个对子。然后根据增长的对子和减少的对子各有多少来判断总的趋势。具体做法是，取 x_i 和 x_{i+c} 组成一对 (x_i, x_{i+c})。这里的 c 为

$$c = \begin{cases} n/2 & \text{如果 } n \text{ 是偶数} \\ (n+1)/2 & \text{如果 } n \text{ 是奇数} \end{cases}$$

当 n 是偶数时，共有 $n' = c$ 对；当 n 是奇数时，共有 $n' = c - 1$ 对。

用每一对的两元素差 $D_i = x_i - x_{i+c}$ 的符号来衡量增减。令 S^+ 为正的 D_i 的数目，而令 S^- 为负的 D_i 的数目。显然当正号太多时，即 S^+ 很大（或 S^- 很小）时，有下降趋势。反之，则有增长趋势。在没有趋势的零假设下，它们应该服从二项分布 $bin(n', 0.5)$，这里的 n' 为对子的数目（不包含差为 0 的对子）。这种检验在某种意义上是符号检验的一个特例。

类似于符号检验，对于 A、B 和 C 三种检验，分别取检验统计量 $K = S^+$、S^- 和 $\min(S^+, S^-)$。统计量 K 服从二项分布：

$$P(K \leq k) = \sum_{i=0}^{k} P(K = i) = \sum_{i=0}^{k} \binom{n'}{i} \pi^i (1-\pi)^{n'-i} = \frac{1}{2^{n'}} \sum_{i=0}^{k} \binom{n'}{i} \quad (8\text{-}26)$$

式（8-26）的计算结果就是 Cox-Stuart 趋势分析检验的 p-值。在式（8-26）中，K 表示检验统计量是一随机变量，κ 是 K 的实际观测结果，n' 为样本组对数目（不包含差为零的数目），π 是所检验位置参数对应的概率。Cox-Stuart 趋势分析的本质是，若数据是平稳的，则每一个样本点都以 0.5 的概率小于总体中位数 M，也以 0.5 的概率大于 M，而中位数对应的分位点概率为 0.5，所以 $\pi = 0.5$。当 p-值小于显著性水平时，就可以在该水平下拒绝零假设。一般来说，如果 p-值太大（如大于 0.05），拒绝零假设的理由就不充分，也就是通常所说的不能拒绝零假设。但是要注意的是，不能拒绝零假设并不等于要接受零假设。因为不拒绝的原因仅仅是因为拒绝证据不足而已，并不意味着接受的理由是充分的。

在 n 比较小时，根据式（8-26），通过查询分布表、使用计算器等方式可以计算出精确的 p-值。但是当 n 比较大时，就要用正态分布来近似。如果 K 是二项随机变量，当 n 较大时（$n>25$），则可以近似地认为在零假设下，统计量 $Z = (K - n'\pi)/\sqrt{n'\pi(1-\pi)}$ 服从正态 $N(0,1)$ 分布。因为正态分布是连续分布，所以在对离散二项分布的近似中，要使用连续性修正量。连续性修正量的表达公式为（当 $\pi = 1/2$ 时）

$$Z = \frac{K \pm 0.5 - n'/2}{\sqrt{n'/2}} \quad (8\text{-}27)$$

对于式（8-27）中的 "$\pm$"，当 $K < n'/2$ 时取加号，当 $K > n'/2$ 时取减号。由于我们取 S^+ 和 S^- 中较小的一个，因此相应的正态统计量应小于 $n'/2$，Z 也小于零。对于单边检验为 $P(Z \leq z) = \Phi(z)$，而对于双边检验为 $2P(Z \leq z) = \Phi(z)$，这里 $\Phi(\cdot)$ 为标准正态分布函数，其值可通过查正态分布表得到。值得注意的是，当我们面对用连续分布（如正态分布）来近似离散分布的问题时，必须考虑统计量的连续修正问题。

我们把 Cox-Stuart 趋势检验过程总结成表 8-10。

表 8-10 Cox-Stuart 趋势检验总结表

零假设：H_0	备择假设：H_1	检验统计量（K）	p-值
H_0：无增长趋势	H_1：有增长趋势	$S^+ = \sum sign(D_i)$	$P(K \leq k)$
H_0：无减少趋势	H_1：有减少趋势	$S^- = \sum sign(-D_i)$	$P(K \leq k)$
H_0：无趋势	H_1：有增长或减少趋势	$\min(S^-, S^+)$	$2P(K \leq k)$

大样本时，用近似的正态统计量 $Z = (K \pm 0.5 - n'/2)/\sqrt{n'/4}$
（在 ± 处，$K < n'/2$ 时取加号，$K > n'/2$ 时取减号）
对水平 α，如果 p-值小于 α，拒绝原假设 H_0；否则不能拒绝

例 8-4 太原市 1996－2015 年年降水量数据如表 8-11 所示，试分析太原市年降水量 20 年间是否有趋势变化。

表 8-11 太原市 1996－2015 年年降水量数据

单位：毫米

年份	1996	1997	1998	1999	2000	2001	2002	2003	2004	2005
降水量	652.0	247.8	372.9	343.3	419.3	298.0	419.4	525.4	377.2	274.4
年份	2006	2007	2008	2009	2010	2011	2012	2013	2014	2015
降水量	424.8	535.4	355.3	625.1	376.6	496.6	427.8	487.3	428.7	403.6

解 我们画出该数据的折线图（见图 8-3）。

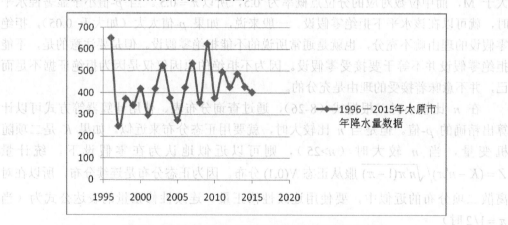

图 8-3 太原市 1996－2015 年年降水量数据曲线图

从图中可以看出，总趋势似乎是增长的。但是，20 年间的数据呈现一种起起伏伏的状态，这些变化能否说明总趋势呈现趋势变化呢？我们需要进行进一步的检验。

假设检验问题为

H_0：20 年间降水量没有趋势变化

H_1：20 年间降水量有趋势变化

令 $C = n/2 = 20/2 = 10$，前后观察值如表 8-12 所示。

第 8 章 非参数预测方法

表 8-12 Cox-Stuart 趋势分析前后观察值表

组对	(x_1,x_{11})	(x_2,x_{12})	(x_3,x_{13})	(x_4,x_{14})	(x_5,x_{15})
数据	(652.0,424.8)	(247.8,535.4)	(372.9,355.3)	(343.3,625.1)	(419.3,376.6)
符号	+	−	+	−	+
组对	(x_6,x_{16})	(x_7,x_{17})	(x_8,x_{18})	(x_9,x_{19})	(x_{10},x_{20})
数据	(298.0,496.6)	(419.4,427.8)	(525.4,487.3)	(377.2,428.7)	(274.7,403.6)
符号	−	−	+	−	−

这 10 个数据对的符号为 4 正 6 负,因为是检验有无趋势变化,取 $K = \min\{S^+, S^-\}$,

p-值为 $2P(K < k) = 2P(K \leq 4) = \dfrac{1}{2^{n'}}\sum_{i=0}^{k}\binom{n'}{i} = \dfrac{1}{2^{10}}(1+10+45+120+210)$,$p = 0.3770$。

因为 p 值大于显著水平 $\alpha = 0.05$,所以不能拒绝原假设:太原市 20 年间降水量没有趋势变化。

Cox-Stuart 趋势分析的 MATLAB 程序代码如下。

```
x=[652.0 247.8 372.9 343.3 419.3 298.0 419.4 525.4 377.2 274.7 424.8 535.4 355.3 625.1 376.6 496.6 427.8 487.3 428.7 403.6];
before=x(1:10);
after=x(11:20);
d=before-after;
a=sign(d);
b=ones(1,10);
c=(a>=0).*a;
sj=b*c'
y=binocdf(sj,10,0.5)
```

本章小结

1. 非参数预测。非参数预测的"非参数"意味着其方法不涉及总体分布的有关参数。这样就会遇到三类问题:一是数据是否服从特定的分布。若数据服从特定分布就是一个参数型问题,使用非参数方法得到的预测精度要劣于使用参数方法。但是数据是否服从特定的分布是需要检验的。这一类问题的检验还是要用到非参数方法。二是在不知道总体分布的情况下如何利用数据所包含的信息。三是如何判定数据被污染,如果数据被污染了如何处理。

2. 数据服从特定分布检验。在实际问题研究中,数据是否服从特定的分布是需要检验的,也就是要对总体的分布做统计假设检验。对这一类假设检验问题,常使用的非参数方法是:分布函数的拟合优度检验。它可以检验总体是否服从一个预先给定的分布,即研究一组样本数据的实际分布与某一指定的理论分布间的符合程度。而当预测是目的时,也可以利用估计的分布 F 去预测随机变量未来的可能值。在本书中,我们介绍 Kolmogorov-Smirnov 检验、Lilliefors 正态性检验和 χ^2 检验。

3．统计预测的稳健性分析。数据的污染有可能是因为数据记录或传输时发生错误，也可能是因为与假定的总体不同的数据掺杂其中。数据的污染会使得统计预测结果不可靠，对于有污染的数据，进行统计预测时，要考虑统计预测的稳健性。稳健性即估计结果对于基础假定（例如，关于测量分布形状的基础假定）的不敏感性。

4．离群点的判断方法。所谓"离群点"，简单讲就是远离样本主体的点。离群点通常被认为是不正常的。在判别时，首先计算数据的均值 $\bar{X}$ 和标准差 S，如果 $T_1 = \left| (x_i - \bar{x})/(s/\sqrt{n}) \right|$ 大于某临界值，则可以大致地认为它不正常，因为观察值有这样的值的概率很小。常用的离群点判断方法有"3σ 原则"判定方法、基于"中位数"的判定方法。

5．Theil 回归模型。传统回归模型以最小二乘法估计为基础，在使用时需要一系列的假定，一旦假定不满足，其预测结果会产生较大的偏差。为提高预测精度，非参数预测中提出了 Theil 回归方法。Theil 回归的方法能够忍受有限度的数据污染，不需要对总体的分布有较强的假定，但是这种方法的计算量偏大。Theil 回归是对一元线性回归问题的一种非参数估计。对于多元线性回归的非参数估计，Rousseeuw（1984）提出了最小中位数二乘回归方法。

6．Cox-Stuart 趋势分析。数据所构成的时间序列可能出现增长趋势、减少趋势或者无明显变动的趋势，进行预测的一项重要任务就是对未来的发展趋势进行预测。Cox-Stuart 趋势分析是解决这类问题的一个工具。Cox-Stuart 趋势分析的方法是一种假设检验的方法，它对数据的总体分布没有较强的假定。

综合练习

一、练习题

1. 请叙述 Kolmogorov-Smirnov 检验的计算步骤。
2. 请叙述 χ^2 拟合优度检验的计算步骤。
3. 请叙述 Lilliefors 正态性检验的计算步骤。
4. 请叙述检测离群点的"3σ 原则"判定方法。
5. 请叙述检测离群点的"中位数"判别方法。
6. 请叙述 Theil 回归的基本思想。
7. 请叙述最小中位数二乘回归的基本思想。
8. 请叙述 Cox-Stuart 趋势分析的基本思想。
9. 调查某美发店上半年各月顾客数量如表 8-13 所示。

表 8-13　某美发店上半年各月顾客数量

月份	1	2	3	4	5	6	合计
顾客数量/百人	27	18	15	24	36	30	150

该店经理想了解各月顾客数是否为均匀分布。

10. 调查某农作物根部蚜虫的分布情况。调查结果如表 8-14 所示，问：蚜虫在某农作物根部的分布是否为泊松分布？

表 8-14　某农作物根部蚜虫的分布情况

每株虫数 x	0	1	2	3	4	5	6	合计
实际株数 O_i	10	24	10	4	1	0	1	50

11. 从某地区高中二年级学生中随机抽取 45 位学生量得体重如下，问：该地区学生体重（单位：千克）的分布是否为正态分布？

36	36	37	38	40	42	43	43	44	45	48	48	50	50	51
52	53	54	54	56	57	57	57	58	58	58	58	58	59	60
61	61	61	62	62	63	63	65	66	68	68	70	73	73	75

12. 从一个空气严重污染的工业城市某观测点测得的臭氧数据如下（单位：毫克/立方米）。

7.5	6.1	10.7	9.2	13.8	12.8	15.7	11.8	15.2	9.5
10.2	10.6	11.7	9.2	11.6	8.5	12.9	10.0	11.5	8.3
12.1	12.1	17.4	6.0	7.5	11.6	15.3	2.6	11.6	4.8

问：这些数据能否表明臭氧分布为正态分布？利用 Kolmogorov-Smirnov 方法和 Lilliefors 方法来检验。

13. 为测量某种材料的保温性能，把用其覆盖的容器从室内移到温度为 x 的室外，三小时后记录其内部温度 y。该容器放到室外前的内部温度是一样的。经过若干次试验，产生了如下的记录（单位：华氏度）。

| x | 33 | 45 | 30 | 20 | 39 | 34 | 34 | 21 | 27 | 38 | 30 |
| y | 76 | 103 | 69 | 50 | 86 | 85 | 74 | 58 | 62 | 88 | 120 |

请用各种方法做线性回归。是否存在离群点？如果存在，请指出，并在删除它后重新做拟合模型。

14. 下面是某村 30 个月的年收入 5 000 元以上的户数。

| 50 | 48 | 50 | 51 | 50 | 51 | 55 | 50 | 50 | 55 | 55 | 56 | 56 | 54 | 55 |
| 61 | 61 | 55 | 57 | 60 | 60 | 58 | 62 | 61 | 61 | 66 | 68 | 62 | 66 | 66 |

请用 Cox-Stuart 趋势检验来看该村高于 5 000 元的户数是否有增长趋势。同时用传统的线性回归分析方法来检验斜率 β 是否大于 0，写出后者的模型和假定条件。

二、思考题

χ^2 拟合优度检验与 Kolmogorov-Smirnov 检验都采用实际频数和期望频数之差进行检验。它们之间最大的不同在何处？

三、案例题

《三国演义》中的周瑜，善于领兵打仗，非常年轻时就当了大都督。火烧赤壁、大败曹军时，周瑜才 33 岁，深得众人钦佩。周瑜乃青年才俊，智商定然很高。但智商这么高的人才，却被诸葛亮三气而死，年仅 36 岁。

同样在三国时代的曹操，也是一个足智多谋的枭雄，虽然吃过周瑜的败仗，但是他的情商要远高于周瑜。他广纳贤能，能屈能伸，所以终成一方霸业。

智商，即通常所说的 IQ（Intelligence Quotient），意为智力商数。

情商，即通常所说的 EQ（Emotional Quotient），又称为情绪智力，是一个人自我情绪管理以及管理他人情绪的能力指数。

从统计学的角度，我们怎么来看待情商与智商的关系呢？通常我们是从情商和智商的数据出发，构造统计量来检验二者的关系。相关系数是检验二者关系的一个有力工具。

通过心理测试，我们调查了 31 名学生的情商与智商数据，试根据这些数据来分析情商与智商二者间的关系。数据如下。

IQ	59	62	66	50	66	57	51	57	58	61	59	67	60	70	72	69
EQ	51	64	66	56	52	49	53	47	55	56	56	57	55	62	54	49
IQ	63	70	58	69	53	53	60	59	52	48	54	64	65	54	160	
EQ	62	57	61	61	53	56	58	68	54	65	54	60	60	52	157	

（资料来源：王星，褚挺进. 非参数统计[M]. 2 版. 北京：清华大学出版社，2009：202-207.）

案例思考

试运用相关分析（Pearson）和离群点检测技术检验智商和情商间的相关性。

第 9 章 神经网络预测方法

本章学习目标

- 掌握神经网络预测的基本原理
- 掌握用 GRNN 网络建立预测模型
- 掌握用 RBF 网络建立预测模型

引例

预测财务失败的神经网络方法

财务失败又称财务困境,最严重的财务困境就是企业破产。当一个企业无能力履行合同、按时支付债权人利息和偿付本金时,该企业就面临财务失败。事实上,企业陷入财务困境直至破产是一个逐步的过程,大多数企业的财务失败都是由财务状况异常到逐步恶化,最终导致财务失败或破产的。因此,企业的财务失败不但具有先兆,而且是可预测的。当前被广泛研究并应用于财务失败预测的模型主要有统计模型和人工智能模型两大类。

传统的统计模型包括多元判别分析模型 MDA 和对数回归模型等,这两者也是应用最广泛的模型。统计模型最大的优点是其具有明显的解释性,存在的缺陷是其过于严格的前提条件。如 MDA 要求数据分布服从多元正态分布、同协方差等;对数回归模型虽然对数据分布的要求有所降低,但是仍然对财务指标之间的多重共线性干扰敏感,而现实中大量数据分布都不符合这些假设前提,从而限制了统计模型在这一领域中的应用。

随着信息技术的发展,人工智能和机器学习的一些分类和预测的算法也被引入金融信用风险评估领域中,主要包括人工神经网络和决策树的方法。决策树是一种自顶向下的分类方法,它通过对一组训练样本的学习,构造出决策型的知识表现。决策树具有速度快、精度高、生成模式简单等优点,但是这种归纳学习的方法容易造成模型的过度拟合,而且当问题复杂时,决策树的解释性也会降低。人工神经网络具有良好的容错性、自适应性和很强的泛化功能。现实世界中的企业财务失败预测问题往往非常复杂,企业的各项财务指标之间相互影响,呈现出复杂的非线性关系,而神经网络正是处理这类非线性问题的强有力的工具,尤其是基于神经网络的企业破产预测方法逐渐显示出它的优越性。应用的模型也从主要以 BP 神经网络为主逐渐扩展到其他类型的网络,例如以竞争神经网络为基础的学习矢量量化 LVQ 网络。

已有研究运用学习矢量量化 LVQ 网络,采用国内上市公司的真实财务数据构建了上市公司的破产预测模型。其中选取的破产公司是指在连续两年内被股市特别处理(ST)的公司,同时依据行业分类选取该行业的其他公司为正常公司,以财务状况异常最早发生日为基准日,选取这些公司在基准日前两年的财务报表数据。选取 102 家财务状况异常公司,481 家正常公司(不同年份的同一家公司也认为是不同的公司),共 583 家公司来构建样本集合。指标体系选择了最能反映公司财务状况的财务比率指标的 5 个财务指标:净资产收益率、流动比率、股本权益比率、总资产增长率和营运资本率。

神经网络以其非线性映射能够更佳逼近研究对象等优点,已经在信息处理、模式识别、智能控制及系统建模等领域得到越来越广泛的应用。管理预测已经成为神经网络应用的主要领域之一。本章介绍神经网络原理和两种神经网络模型及其预测实例。

9.1 神经网络原理概述

神经网络是基于生物神经元简化模型的机器学习系统,利用生物神经网络执行与认知任务相同的方式,修改神经网络内部参数,执行给定的计算任务。神经网络方法是基于超大数据的运算方法。神经网络高效率执行的任务一般是分类(决定给定样本所属类别)、识别数据模式和预测。

神经网络属于非参数方法的类型。神经网络一般由许多节点组成,如果这些节点从与之连接的其他节点接受具体的输入,那么它们也发出一定的输出。在神经网络应用中,要定义的两个重要问题是网络拓扑结构和学习算法(用于适应网络使之能够解决计算任务)。

神经网络由一群神经元组成,按预先定义的拓扑结构相连接。通常有许多不同的拓扑结构,具体的结构取决于网络需要学习的任务。一般网络的拓扑结构保持不变,但在有些应用(例如在机器人技术)中,将拓扑结构本身视为参数并且动态变化。神经元之间的连接(链接)与决定交换的信息类型和度量强度的权值有关。权值代表定义网络行为的函数。本质上,一组权值代表用于执行任务的网络信息,即已知的拓扑结构。

人工神经元是一种简化生物神经元的模型,如图 9-1 所示。神经元是网络的基本计算单位。神经元接受其他神经元的输入并产生输送到其他目标的神经元。

输出的产生分为两个步骤。第一步,求输入的加权和,即每个单一输入乘以相应链接上的权值并加总。第二步,对输入加权和应用具体的激活函数,求出激活值。接受 I 集合中神经元输入的神经元 i,用公式表示为

$$\begin{cases} \tau \dfrac{\mathrm{d}u_i}{\mathrm{d}t} = -u_i(t) + \sum \omega_{ij} x_j(t) - \theta_i \\ y_i(t) = f[u_i(t)] \end{cases} \quad (9\text{-}1)$$

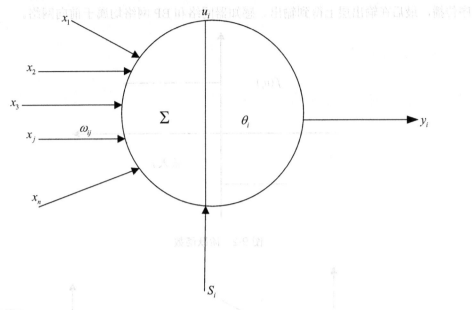

图 9-1 人工神经元的基本结构

式中，u_i 是神经元 i 的内部状态；θ_i 为阈值；x_j 为输入信号；ω_{ij} 表示与神经元 x_j 连接的权值；S_i 表示某一外部输入的控制信号，y_i 为输出信号。神经元模型常用一阶微分方程来描述，它可以模拟生物神经网络突触膜电位随时间变化的规律。神经元的输出由激活函数 f 表示，常用的激活函数有阶跃函数、线性函数和 Sigmoid 函数。一般利用以下函数表达式来表现网络的非线性特征。

（1）阈值型，为阶跃函数。

$$f(u_i) = \begin{cases} 1 & u_i \geqslant 0 \\ 0 & u_i < 0 \end{cases} \tag{9-2}$$

（2）分段线性型。

$$f(u_i) = \begin{cases} 1 & u_i \geqslant c_2 \\ au_i + b & c_1 \leqslant u_i < c_2 \\ 0 & u_i < c_1 \end{cases} \tag{9-3}$$

（3）S 型函数。

$$f(u_i) = \frac{1}{1 + \exp(-u_i/c)^2} \tag{9-4}$$

式中，c 为常数。

这些基本激活函数图形示例如图 9-2～图 9-4 所示。

根据连接方式的不同，神经网络的神经元之间的连接，即拓扑结构可分成如下几种形式。

（1）前向网络。前向网络结构如图 9-5 所示，神经元分层排列，分别组成输入层、中间层（也称为隐含层，可以由若干层组成）和输出层。每一层的神经元只接受来自前一层神经元的输入，后面层对前面层没有信号反馈。输入模式经过各层次的顺序传播，最后在输出层上得到输出。感知器网络和 BP 网络均属于前向网络。

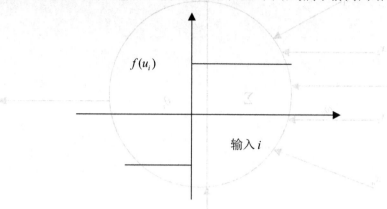

图 9-2　阶跃函数

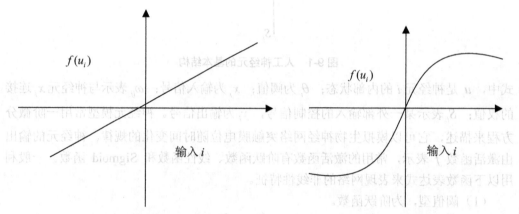

图 9-3　线性函数　　　　　　　　图 9-4　Sigmoid 函数

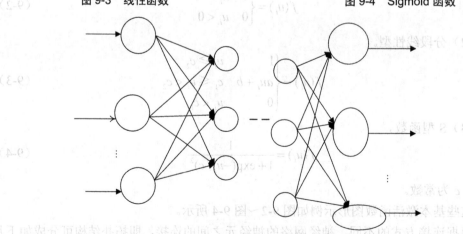

图 9-5　前向网络结构图

（2）有反馈的前向网络。这类网络结构如图 9-6 所示，从输出层对输入层有信息反馈，这种网络可用于存储某种模式序列。神经认知机和回归 BP 网络均属于这种类型。

（3）层内有相互结合的前向网络，也称为循环网络。这类网络结构如图 9-7 所示,通过层内神经元的相互结合,可以实现同一层内神经元之间的横向抑制或兴奋机制。这样可以限制每层内可以同时行动的神经元素,或者把每层内的神经元分为若干组,让每一组作为一个整体进行运作。

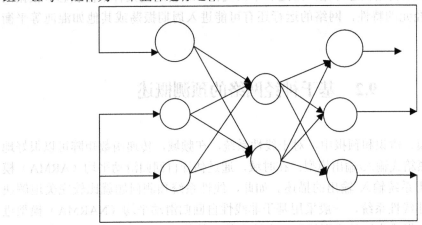

图 9-6 有反馈的前向网络结构

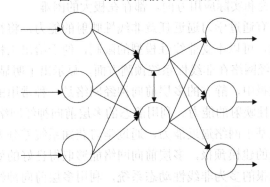

图 9-7 层内有相互结合的前向网络结构

(4) 相互结合型网络(全互联或部分互联)。相互结合型网络结构如图 9-8 所示,这种网络在任意两个神经元之间都可能有连接。Hopfield 网络和 Boltzmann 网络均属于这种类型。

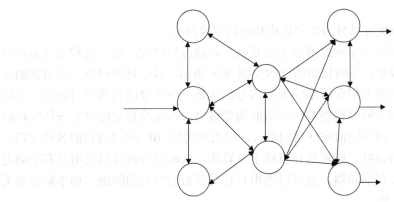

图 9-8 相互结合型网络结构

在无反馈的前向网络中，信号一旦通过某神经元，该神经元的处理就结束了。而在相互结合网络中，信号要在神经元之间反复传递，网络处于一种不断改变状态的动态之中。信号从某初始状态开始，经过若干次变化，才会达到某种平衡状态。根据网络的结构和神经元的特性，网络的运行还有可能进入周期振荡或其他如混沌等平衡状态。

9.2 基于神经网络的预测概述

在系统建模、辨识和预报中，对于线性系统，在频域，传递函数矩阵可以很好地表达出系统的黑箱式输入/输出模型；在时域，通过估计自回归滑动平均（ARMA）模型，也可以给出系统输入/输出的描述。如此，线性系统预测问题就比较完美地解决了。但是对于非线性系统，一般采用基于非线性自回归滑动平均（NARMA）模型进行预测，但是，很难为这种模型找到一个恰当的参数估计方法。因此，传统的非线性系统辨识，在理论研究和实际应用方面，都存在极大的困难。

由于神经网络具有通过学习逼近任意非线性映射的能力，将神经网络应用于非线性系统的建模与辨识，可以不受非线性模型的限制，便于给出工程上易于实现的学习算法。相比之下，神经网络在非线性系统预测方面，显示出了明显的优越性。

在系统建模与预报中，静态的多层前向神经网络是一种常用的预测工具，这种网络具有逼近任意非线性映射的能力。利用静态的多层前向神经网络建立系统的输入/输出模型，本质上就是基于网络逼近能力，通过学习获知系统差分方程中的位置非线性函数。对于静态系统的建模预报，多层前向网络能够取得良好的效果。但是在实际应用中，需要建模和预报的多为非线性动态系统，利用多层前向神经网络必须事先给定模型的阶次，即预先确定系统的模型类。而在实际中要做到这一点，是非常困难的。

因为动态网络本身就是动态时变系统，对于动力学系统建模有着自然的反映系统动态变化的能力，不需要预先确定系统的模型类和阶次。因此，具有内部反馈的动态网络在系统建模与预报中的应用受到了极大的重视，也是神经网络建模与预报的发展方向。

基于神经网络预测可以分为正向建模和逆向建模两类。

正向建模是指训练一个神经网络表达系统正向动态的过程，这一过程建立的神经网络模型称为正向模型。正向模型的结构如图 9-9 所示，其中神经网络与待辨识的系统并联，两者的输出误差用作网络的训练信号。这是一个典型的教师学习问题，实际系统作为教师，向神经网络提供算法所需的期望输出。当系统是被控对象或传统控制器时，神经网络多采用多层前向网络的形式，可直接选用 BP 网络或它的各种变形。而当系统为性能评价器时，则可选择再励学习算法，这时网络既可以采用具有全局逼近能力的网络，如多层感知器，也可以选用具有局部逼近能力的网络，如小脑模型关节控制器（CMAC）等。

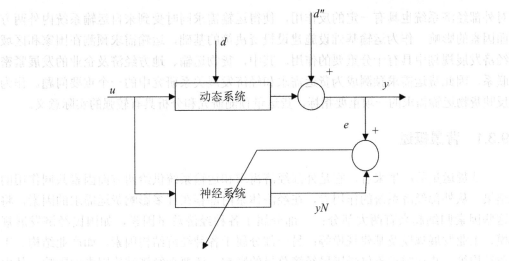

图 9-9 正向建模结构图

逆向建模方法在神经网络控制中有特别广泛的应用，建立动态系统的逆模型，在神经网络控制中起着关键作用。其中，比较简单的是直接逆建模法。直接逆建模也称为广义逆学习，如图 9-10 所示，其原理是，将拟预报的系统输出作为网络的输入，网络输出与系统输入比较，相应的输入误差用于训练，因此网络将通过学习建立系统的逆模型。但是如果所辨识的非线性系统是不可逆的，利用上述方法，将得到一个不正确的逆模型。因此，在建立系统逆模型时，可逆性应该事先有所保证。

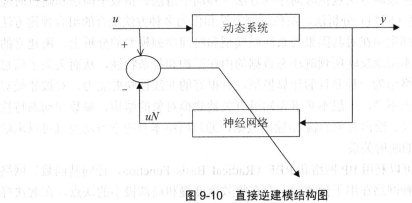

图 9-10 直接逆建模结构图

为了获得良好的逆动力学特性，应妥善选择网络训练所需的样本集，使其比未知系统的实际运行范围更大。但是在实际工作时的输入信号很难事先给定，因为控制目标是使系统输出具有期望的运动，对于未知被控系统期望输入不能给出。另一方面，在系统预报中，为保证参数估计算法的一致收敛，必须使用一定的持续激励的输入信号。

9.3 交通运输能力预测的 MATLAB 实现

运输系统作为社会经济系统中的一个子系统，在受外界因素影响和作用的同时，对外部经济系统也具有一定的反作用，使得运输需求同时受到来自运输系统内外两方面因素的影响。作为运输基础设施建设投资决策的基础，运输需求预测在国家和区域经济发展规划中具有十分重要的作用。其中，货物运输、地方经济及企业的发展紧密联系，因此货运需求预测成为货运需求和经济发展关系研究中的一个重要问题。作为反映货物运输需求的一项重要指标，货运量预测研究和分析具有较强的实际意义。

9.3.1 背景概述

从货运量的产生来看，它是外部经济需求和运输系统供给两方面因素共同作用的结果。从外部经济系统的作用看，在经济体系内部存在许多影响货运需求的因素，将这些因素归纳起来有两大部分：一部分属于各种经济总量因素，如国民经济发展规模、工业发展规模及基建规模等；另一部分属于各种经济结构因素，如产业结构、工业结构等。货运需求不仅受国民经济总量的影响，还要受经济结构因素的影响。从内部运输系统的作用来看，也存在类似情况。因此，货运量影响因素总体上可分为规模因素和结构因素两类，其中结构类因素主要体现在产业结构和运输结构上，产业结构中最主要的是工业结构。在国民经济发展的不同阶段，规模因素和结构因素在货运量增长中所起的作用也不相同，货运量的增长变化也呈现不同的形式。同时，由于运输市场中供需非均衡性客观存在，内外部系统对货运量的影响程度不一，而且由于作用形式复杂，这就使得货运量预测具有较大的复杂性和非线性等特点。

传统的货运量预测方法包括时间序列方法（移动平滑法、指数平衡法和随机时间序列方法）、相关（回归）分析法、灰色预测方法和作为多种方法综合的组合预测方法等。这些方法大都集中在对其因果关系回归模型和时间序列模型的分析上，所建立的模型不能全面和本质地反映所预测动态数据的内在结构和复杂特性，从而丢失了信息量。人工神经网络作为一种并行的计算模型，有很好的非线性映射能力，对被建模对象的经验知识要求不多，一般不必事先知道有关被建模对象的结构、参数和动态特性等方面的知识，只需给出对象的输入/输出数据，通过网络本身的学习功能就可以求解输入与输出之间的映射关系。

货运量预测可以利用 BP 网络和 RBF（Radical Basis Function，径向基函数）网络模型，但是这两种网络在用于预测时，存在收敛速度慢和局部极小的缺点，在解决样本量少且噪声较多的问题时，效果并不理想。广义回归神经网络（General Regression Neural Network，GRNN）在逼近能力、分类能力和学习速度上较 BP 网络和 RBF 网络有着较强的优势，网络最后收敛于样本集聚较多的优化回归面，并且在样本数据缺乏时，预测效果也比较好。此外，网络还可以处理不稳定的数据。因此，在本案例中利用 GRNN 网络建立预测模型，对货运量进行预测。

9.3.2 网络创建与训练

1. GRNN 网络原理

GRNN 是人工神经网络领域中的一种网络模型，1991 年由 Specht 提出。GRNN

建立在非参数回归基础上，由一个径向网络层和一个线性网络层组成，以样本数据为后验条件，通过执行诸如 Parzen 非参数估计，从观测样本里求得自变量和因变量之间的联结概率密度函数之后，直接计算出因变量对自变量的回归值。GRNN 不需要设定模型的形式，但是其隐回归单元的核函数中有光滑因子，它们的取值对网络有很大影响，须优化取值。在应用过程中，GRNN 的光滑因子有多种选择方案，如对所有神经元的核函数采用同一个光滑因子，这样 GRNN 的网络训练只需要确定一个参数，训练极为方便快捷，而且便于硬件实现。如对各个神经元的核函数采用不同的光滑因子，这样降低了对数据格式的要求，从而可以更加方便地对某些神经元的特殊属性进行预报。再如考虑到自变量各维分量的分布不同，而对自变量的各维分量各采用一个光滑因子。

2. GRNN 网络创建

GRNN 网络在结构上由四层构成，如图 9-11 所示，分别为输入层（input layer）、模式层（pattern layer）、求和层（summation layer）和输出层（output layer）。其模式结构如图 9-11 所示。对应网络输入为 $X=[x_1,x_2,\cdots,x_m]^T$，输出为 $Y=[y_1,y_2,\cdots,y_k]^T$，样本数量为 n。

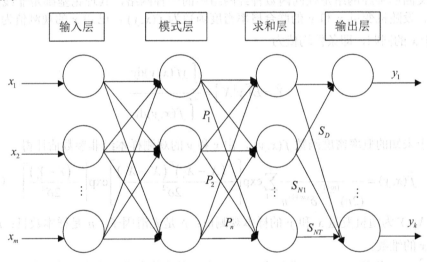

图 9-11 广义回归网络结构图

输入层神经元的数目等于学习样本中输入向量的维数 m，各神经元是简单的分布单元，直接将输入变量传递给模式层。

模式层神经元数目等于学习样本的数目 n，各神经元对应不同的样本，模式层神经元传递函数为

$$p_i = \exp\left[-\frac{(X-X_i)^T(X-X_i)}{2\delta^2}\right], \quad (i=1,2,\cdots,n) \tag{9-5}$$

式中，X 是网络输入变量；X_i 是第 i 个神经元对应的学习样本。模式层又称隐回归层，每个单元对应一个学习样本，以高斯函数为激活核函数。

求和层使用两种类型神经元 S_D 和 S_N 进行求和。

S_D 对模式层的所有神经元进行算术求和，模式层与各神经元的连接权值为 1，求

和的传递函数为

$$S_D = \sum_{i=1}^{n} p_i = \sum_{i=1}^{n} \exp\left[-\frac{(X-X_i)^T(X-X_i)}{2\delta^2}\right] \quad (9\text{-}6)$$

S_N 对模式层所有神经元的输出进行加权求和，模式层中第 i 个神经元与求和层中第 j 个求和神经元之间的连接权值为第 i 个输出样本 Y_i 中的第 j 个元素，传递函数为

$$S_{Nj} = \sum_{i=1}^{n} y_i p_i = \sum_{i=1}^{n} Y_i \exp\left[-\frac{(X-X_i)^T(X-X_i)}{2\delta^2}\right] \quad (9\text{-}7)$$

输出层中的神经元数目等于学习样本中输出向量的维数 k，各神经元将求和层的输出相除，神经元 j 的输出对应估计结果 $\hat{Y}(X)$ 的第 j 个元素，即

$$y_j = \frac{S_{Nj}}{S_D}, \quad j=1,2,\cdots,k \quad (9\text{-}8)$$

3. GRNN 算法

广义回归神经网络是径向函数神经网络中的一种网络，其理论基础是非线性核回归分析。设随机变量 x 和 y 的联合概率密度函数为 $f(x,y)$，已知 x 的观测值为 X，则 y 相对于 x 的回归，即条件均值为

$$\hat{Y} = E[y|X] = \frac{\int_{-\infty}^{+\infty} y f(x,y) \mathrm{d}y}{\int_{-\infty}^{+\infty} f(x,y) \mathrm{d}y} \quad (9\text{-}9)$$

对于未知的概率密度函数 $f(x,y)$，由 x 和 y 的观测样本经非参数估计得

$$\hat{f}(x,y) = \frac{1}{(2n)^{\frac{(m+1)}{2}} \delta^{(m+1)} n} \sum_{i=1}^{n} \exp\left[-\frac{(X-X_i)^T(X-X_i)}{2\delta^2}\right] \exp\left[-\frac{(Y-Y_i)}{2\delta^2}\right] \quad (9\text{-}10)$$

式中，X_i, Y 为随机变量 x 和 y 的样本观测值；δ 是光滑因子；n 是样本数目；m 是随机变量 x 的维数。

用 $\hat{f}(x,y)$ 代替 $f(x,y)$，带入式（9-9）中，并交换积分与求和顺序，得

$$\overline{Y}(X) = \frac{\sum_{i=1}^{n} \exp\left[\frac{(X-X_i)^T(X-X_i)}{2\delta^2}\right] \int_{-\infty}^{+\infty} y \exp\left[-\frac{(y-Y_i)^2}{2\delta^2}\right] \mathrm{d}y}{\sum_{i=1}^{n} \exp\left[\frac{(X-X_i)^T(X-X_i)}{2\delta^2}\right] \int_{-\infty}^{+\infty} \exp\left[-\frac{(y-Y_i)^2}{2\delta^2}\right] \mathrm{d}y} \quad (9\text{-}11)$$

对于式（9-11）中的积分项，利用性质 $\int_{-\infty}^{+\infty} x \exp(-x^2) \mathrm{d}x = 0$ 进行化简，可得

$$\overline{Y}(X) = \frac{\sum_{i=1}^{n} Y_i \exp\left[-\frac{(X-X_i)^T(X-X_i)}{2\delta^2}\right]}{\sum_{i=1}^{n} \exp\left[-\frac{(X-X_i)^T(X-X_i)}{2\delta^2}\right]} \quad (9\text{-}12)$$

在式（9-12）中，估计值 $\bar{Y}(X)$ 为所有样本观测值 Y_i 的加权平均，每个观测值 Y_i 的权重因子为相应的样本 X_i 和 X 之间 Euclid 距离平方的指数。当光滑因子 δ 取值非常大时，$\dfrac{(X-X_i)^T(X-X_i)}{2\delta^2}$ 趋于零，估计值 $\bar{Y}(X)$ 近似等于所有样本因变量的均值；相反，当光滑因子趋于零时，估计值 $\bar{Y}(X)$ 和学习样本非常接近，当需要预测的点被包含在学习样本集中时，式（9-12）求出的因变量的预测值会和样本中对应的因变量非常接近，而一旦遇到样本未能包含进去的点，有可能预测效果会非常差，这种现象被称为过拟合。当光滑因子的取值适中，求估计值 $\bar{Y}(X)$ 时，所有学习样本的因变量 Y_i 都被考虑进去，与预测点距离近的样本点对应的因变量被加了更大的权。

9.3.3 基于 GRNN 网络原理的实证案例

根据对货运量影响因素的分析，我们取国内生产总值（GDP）、工业增加值、铁路运输线路长度、复线里程比重、公路运输线路长度、等级公路比重、铁路货车数量和民用载货车辆数量 8 项指标作为货运量的影响因子，以货运总量、铁路货运量和公路货运量作为货运量的输出因子，即网络的输出，由此构建 GRNN。由于光滑因子也可以影响网络的性能，因此需要不断进行尝试来确定最佳值。

根据上述确定的网络输入和输出因子，利用 1996—2010 年共 15 年的历史统计数据作为网络的学习样本，2011—2015 年共 5 年的历史统计数据作为网络的外推测试样本。样本数据我们可以从《中国统计年鉴》中得到，在此不再罗列。

在测试中，我们将光滑因子分别设置为 0.1、0.2、0.3、0.4 和 0.5，经过对输出结果的检查可见，光滑因子越小，网络对样本的逼近性能就越强；光滑因子越大，网络对样本数据的逼近过程就越平滑。网络对学习样本的逼近误差如图 9-12 所示；网络的预测误差如图 9-13 所示。由图可见，当光滑因子为 0.1 时，无论是逼近性能还是预测性能，误差都比较小，随着光滑因子的增加，误差也在不断增加。图 9-14 所示是原始数据与 spd=0.1 仿真数据的对比曲线。图 9-15 所示是原始数据与 spd=0.1 预测数据的对比曲线。

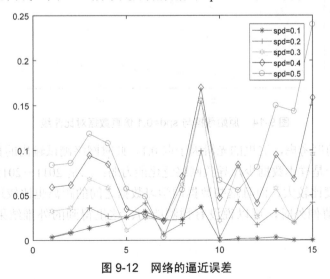

图 9-12　网络的逼近误差

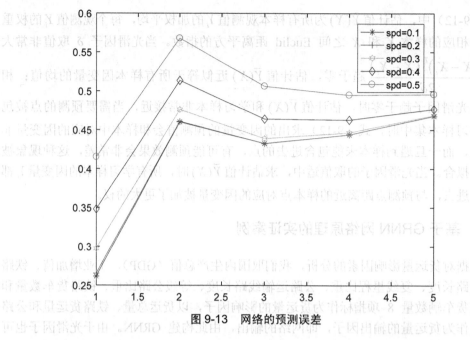

图 9-13　网络的预测误差

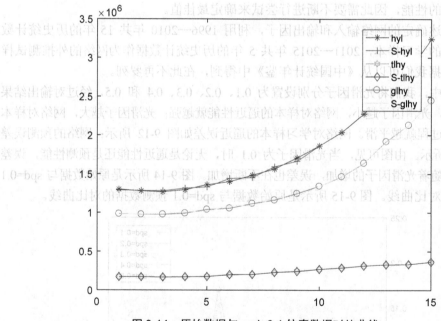

图 9-14　原始数据与 spd=0.1 仿真数据对比曲线

从误差的角度考虑，这里的光滑因子取 0.1，此时网络测试输出的预测效果不尽如人意。其原因一是样本数据少，导致网络泛化能力弱；二是 2011—2015 年的数据较前几年的增加幅度比较大，而且这些数据同学习数据之间的距离也比较远，而由此生成的网络当因子值例外时，可以说没有预测能力。这里得到的外推结果只是作为示例使用。

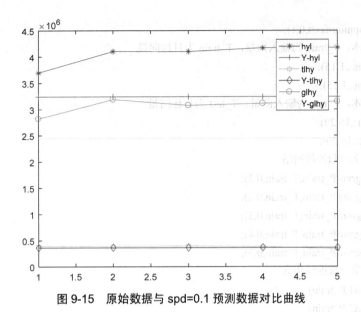

图 9-15 原始数据与 spd=0.1 预测数据对比曲线

9.3.4 实证案例的 MATLAB 代码

```
%定义输入矩阵维数
p=zeros(20,8);
%从 Excel 中读入数据
data=xlsread('例神经网络 1 数据 xlsx','sheet2');
%将数据导入矩阵
p(:,1)=data(:,2);
p(:,2)=data(:,3);
p(:,3)=data(:,4);
p(:,4)=data(:,5);
p(:,5)=data(:,6);
p(:,6)=data(:,7);
p(:,7)=data(:,8);
p(:,8)=data(:,9);
%定义目标矩阵维数
t=zeros(20,3);
%将数据导入目标矩阵
t(:,1)=data(:,10);
t(:,2)=data(:,11);
t(:,3)=data(:,12);
t=t';
p=p';
%对数据向量进行归一化处理[0,1]，如果取默认[-1,1]，则拟合误差小，预测误差大
[pn,ps]=mapminmax(p,0,1);
%对目标向量进行归一化处理
```

```
[tn,ts]=mapminmax(t,0,1);
%学习样本，P_train 为输入向量，T_train 为目标向量
P_train=pn(:,1:15);
T_train=tn(:,1:15);
%测试样本，P_test 为输入向量，T_test 为目标向量
P_test=pn(:,16:20);
T_test=tn(:,16:20);
%建立广义回归神经网络
net1=newgrnn(P_train,T_train,0.1);
net2=newgrnn(P_train,T_train,0.2);
net3=newgrnn(P_train,T_train,0.3);
net4=newgrnn(P_train,T_train,0.4);
net5=newgrnn(P_train,T_train,0.5);
%网络对学习数据的仿真
y1=sim(net1,P_train);
y2=sim(net2,P_train);
y3=sim(net3,P_train);
y4=sim(net4,P_train);
y5=sim(net5,P_train);
%仿真数据反归一化
x1=mapminmax('reverse',y1,ts);
x2=mapminmax('reverse',y2,ts);
x3=mapminmax('reverse',y3,ts);
x4=mapminmax('reverse',y4,ts);
x5=mapminmax('reverse',y5,ts);
%网络的预测输出
y6=sim(net1,P_test);
y7=sim(net2,P_test);
y8=sim(net3,P_test);
y9=sim(net4,P_test);
y6; y7; y8; y9; y10
%预测数据的反归一化
x6=mapminmax('reverse',y6,ts);
x7=mapminmax('reverse',y7,ts);
x8=mapminmax('reverse',y8,ts);
x9=mapminmax('reverse',y9,ts);
x10=mapminmax('reverse',y10,ts);
x6; x7; x8; x9; x10

%计算仿真误差
for i=1:15
    error1(i)=norm(y1(:,i)-T_train(:,i));
    error2(i)=norm(y2(:,i)-T_train(:,i));
```

```
        error3(i)=norm(y3(:,i)-T_train(:,i));
        error4(i)=norm(y4(:,i)-T_train(:,i));
        error5(i)=norm(y5(:,i)-T_train(:,i));
end
%计算预测误差
for i=1:5
        error6(i)=norm(y6(:,i)-T_test(:,i));
        error7(i)=norm(y7(:,i)-T_test(:,i));
        error8(i)=norm(y8(:,i)-T_test(:,i));
        error9(i)=norm(y9(:,i)-T_test(:,i));
        error10(i)=norm(y10(:,i)-T_test(:,i));
end
%绘制仿真误差曲线
figure;
k=1:15;
plot(k,error1,'-*',k,error2,'-+',k,error3,'-h',k,error4,'-d',k,error5,'-o');
legend('spd=0.1','spd=0.2','spd=0.3','spd=0.4','spd=0.5');
title('仿真误差曲线');
figure;
%绘制预测误差曲线
m=1:5;
plot(m,error6,'-*',m,error7,'-+',m,error8,'-h',m,error9,'-d',m,error10,'-o');
legend('spd=0.1','spd=0.2','spd=0.3','spd=0.4','spd=0.5');
title('预测误差曲线');
%绘制原始数据和 spd=0.1 仿真数据曲线
figure;
plot(k,t(1,1:15),'-*',k,x1(1,:),'-+',k,t(2,1:15),'-h',k,x1(2,:),'-d',k,t(3,1:15),'-o',k,x1(3,:),'-y');
legend('hyl','S-hyl','tlhy','S-tlhy','glhy','S-glhy');
title('原始数据与 spd=0.1 仿真数据对比曲线');
%绘制原始数据和 spd=0.1 预测数据曲线
figure;
plot(m,t(1,16:20),'-*',m,x6(1,:),'-+',m,t(2,16:20),'-h',m,x6(2,:),'-d',m,t(3,16:20),'-o',m,x6(3,:),'-y');
legend('hyl','Y-hyl','tlhy','Y-tlhy','glhy','Y-glhy');
title('原始数据与 spd=0.1 预测数据对比曲线');
%由于样本量过小，网络存在明显过拟合现象，即网络泛化能力低，预测效果差
```

9.4　股市预测的 MATLAB 实现

股票市场具有高收益和高风险并存的特性。关于股市分析和预测的研究一直被人们所重视，由于股票市场的高度非线性特征，众多股市分析方法的应用效果都难尽如

人意。计算机技术和人工智能技术的迅猛发展为股票市场的建模和预测提供了新的技术和方法。

9.4.1 背景概述

神经网络因为其广泛的适应能力和学习能力，在非线性系统的预测方面得到了广泛的应用。RBF 网络是一种新颖有效的前向型神经网络，由于该网络输出层是对中间层的线性加权，使得该网络避免了像 BP 网络那样烦琐冗长的计算，具有较高的运算速度和外推能力，同时使得网络有较强的非线性映射功能。RBF 网络通过非线性基函数的线性组合实现从输入空间 R^N 到输出空间 R^M 的非线性转换。而股票数据是一类非线性较强的时间序列，对它们进行预测，即从前 N 个数据预测将来的 M 个数据，实质上就是找出从 R^N 到 R^M 的非线性映射关系。因此，可以说径向基网络特别适合非线性时间序列如股票市场等系统的预测。

9.4.2 网络创建与训练

1. RBF 网络原理

RBF 是多维空间插值的传统技术，将 RBF 引入神经网络设计中，产生了 RBF 神经网络。RBF 神经网络属于前向神经网络类型，网络的结构与多层前向网络类似，是一种三层的前向网络。第一层为输入层，由信号源节组成；第二层为隐含层，隐含层节点数视所描述问题的需要而定，隐含层中神经元的变换函数即径向基函数是对中心点径向对称且衰减的非负非线性函数，该函数是局部响应函数，而以前的前向网络变换函数都是全局响应的函数；第三层为输出层，它对输入模式做出响应。

RBF 网络的基本思想是：用 RBF 作为隐单元的"基"构成隐含层空间，隐含层对输入变量进行变换，将低维模式的输入数据变换到高维空间内，使得在低维空间内的线性不可分的问题在高维空间内线性可分。

RBF 神经网络结构简单，训练简洁而且学习收敛速度快，能够逼近任意非线性函数，因此它被广泛应用于时间序列分析、模式识别、非线性控制和图形处理等领域。

2. RBF 网络创建

径向基神经网络的神经元模型如图 9-16 所示。径向基神经网络的节点激活函数采用径向基函数，通常定义为空间任一点到某一中心之间的欧式距离的单调函数。

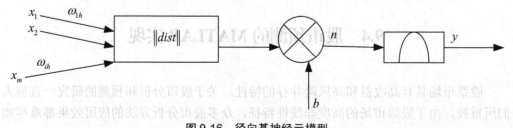

图 9-16　径向基神经元模型

由图 9-16 所示的径向基神经元结构可以看出，径向基神经网络的激活函数是以输入向量和权值向量之间的距离 $\|dist\|$ 作为自变量的。径向基神经网络的激活函数的一般表达式为

$$R(\|dist\|) = \exp\left(-\|dist\|^2\right) \tag{9-13}$$

随着权值和输入向量之间距离的减少，网络输出是递增的，当输入向量和权值向量一致时，神经元输出为 1。图中的 b 为阈值，用于调整神经元的灵敏度。利用径向基神经元和线性神经元可以建立广义回归神经网络，此种神经网络适用于函数逼近方面的应用；径向基神经元和竞争神经元可以建立概率神经网络，此种神经网络适用于解决分类问题。

由输入层、隐含层和输出层构成的一般径向基神经网络结构如图 9-17 所示。在 RBF 神经网络中，输入层仅仅起到传输信号的作用，输入层和隐含层之间可以看作是连接权值为 1 的连接，输出层和隐含层所完成的任务是不同的，因而它们的学习策略也不相同。输出层是对线性权进行调整，采用的是线性优化策略，因而学习速度较快。而隐含层是对激活函数（格林函数或高斯函数，一般取高斯函数）的参数进行调整，采用的是非线性优化策略，因而学习速度较慢。

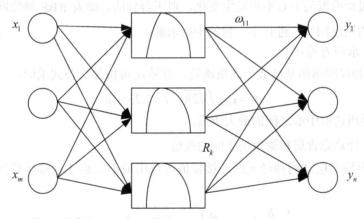

图 9-17　径向基神经网络结构

3. RBF 网络的学习算法

RBF 神经网络学习算法需要求解的参数有 3 个：基函数的中心、方差以及隐含层到输出层的权值。根据径向基函数中心选取方法的不同，RBF 网络有多种学习方法，如随机选取中心法、自组织选取法、有监督选取中心法和正交最小二乘法等。我们仅就自组织选取中心的 RBF 神经网络学习法进行介绍。该方法由两个阶段组成：一是自组织学习阶段，此阶段为无导师学习过程，求解隐含层基函数的中心与方差；二是有导师学习阶段，此阶段求解隐含层到输出层之间的权值。

径向基神经网络中常用的径向基函数是高斯函数，因此径向基神经网络的激活函数可表示为

$$R(x_p - c_i) = \exp\left(-\frac{1}{2\sigma^2}\|x_p - c_i\|^2\right) \tag{9-14}$$

式中，$\|x_p - c_i\|$为欧式范数；c_i为高斯函数的中心；σ为高斯函数的方差。

由图9-17所示的径向基神经网络的结构可得到网络的输出为

$$y_i = \sum_{i=1}^{h} \omega_{ij} \exp\left(-\frac{1}{2\sigma^2}\|x_p - c_i\|^2\right) \quad j = 1, 2, \cdots, n \tag{9-15}$$

式中，$x_p = (x_1^p, x_2^p, \cdots, x_m^p)^T$为第$p$个输入样本；$p = 1, 2, 3, \cdots, P$，$P$为样本总数；$c_i$为网络隐含层节点的中心；$\omega_{ij}$为隐含层到输出层的连接权值；$i = 1, \cdots, h$为隐含层节点数；$y_i$为与输入样本对应的网络的第$j$个输出节点的实际输出。

学习算法具体步骤如下。

步骤1：基于K-均值聚类方法求取基函数中心c。

① 网络初始化：随机选取h个学习样本作为聚类中心$c_i(i = 1, 2, \cdots, h)$。

② 将输入的学习样本集合按最近邻规则分组：按照x_p与中心为c_i之间的欧式距离将x_p分配到输入样本的各个聚类集合$v_p(p = 1, 2, \cdots, P)$中。

③ 重新调整聚类中心：计算各个聚类集合v_p中学习样本的平均值，即新的聚类中心c_i，如果新的聚类中心不再发生变化，则所得到的c_i即为RBF神经网络最终的基函数中心，否则返回②，进行下一轮的中心求解。

步骤2：求解方差σ_i。

该RBF神经网络的基函数为高斯函数，方差σ_i可按如下公式求解：

$$\sigma_i = c_{\max}/\sqrt{2h}, \quad i = 1, 2, \cdots, h \tag{9-16}$$

式中，$c_{\max}$是所选取中心之间的最大距离。

步骤3：计算隐含层和输出层之间的权值。

隐含层至输出层之间神经元的连接权值可以用最小二乘法直接计算得到，计算公式为

$$\omega = \exp\left(\frac{h}{c_{\max}^2}\|x_p - c_i\|^2\right), \quad i = 1, 2, \cdots, h, \quad p = 1, 2, 3, \cdots, P$$

9.4.3 基于RBF网络原理的实证案例

由于股市中的数据可以看作一个时间序列进行处理，因此假定有时间序列$x = \{x_i | x_i \in R, i = 1, 2, \cdots, L\}$，现在希望通过序列的前$N$个时刻的值，预测出后$M$个时刻的值。这里可以采用序列的前$N$个时刻的数据为滑动窗，并将其映射为$M$个值。这$M$个值代表在该窗之后的$M$个时刻上的预测值。表9-1列出了数据的一种划分方法。该表把数据分为K个长度为$N + M$的、有一定重叠的数据段，每一个数据段可以看作一个样本，这样就可得到$K = L - (N + M) + 1$个样本。这样一来，就可以将每个样本的

前 N 个值作为 RBF 神经网络的输入，后 M 个值作为目标输出。通过学习，实现从 R^N 到输出空间 R^M 的映射，从而达到时间序列预测的目的。

表 9-1　数据的划分方法

N 个输入	M 个输出
$x_1, x_2, \cdots, x_N$	$x_{N+1}, x_{N+2}, \cdots, x_{N+M}$
$x_2, x_3, \cdots, x_{N+1}$	$x_{N+2}, x_{N+3}, \cdots, x_{N+M+1}$
⋮	⋮
$x_K, x_{K+1}, \cdots, x_{N+K-1}$	$x_{N+K}, x_{N+K+1}, \cdots, x_{N+M+K-1}$

本例中使用的样本来源于某公司的股票市场资料，该股票数据为某公司 2014 年 4 月 14 日至 2016 年 3 月 31 日收盘价格，共 482 个数据。在学习前首先要对这些数据进行归一化处理。我们将 25 天作为一个周期，25 天的股票数据作为网络的输入向量，输出为随后 5 天的股票价格。因此，输入层的神经元个数 $N=25$，输出层的神经元个数 $M=5$，样本个数 453 个。用 spread 代表径向基函数的分布密度，spread 越大，网络的预测性能越平滑。但是并不是越大越好，过大的 spread 可能导致计算上出现问题。我们分别设定 spread 为 0.1~0.5，进行计算和比较分析，确定最终的 spread 阶数。我们将前 423 个样本作为学习样本，后 30 个样本作为测试样本。

在测试中，我们将光滑因子分别设置为 0.1、0.2、0.3、0.4 和 0.5，经过对输出结果的检查可见，光滑因子越小，网络对样本的逼近性能就越强；光滑因子越大，网络对样本数据的逼近过程就越平滑。网络对学习样本的逼近误差如图 9-18 所示；网络的预测误差如图 9-19 所示。由图可见，当光滑因子为 0.1 时，无论是逼近性能还是预测性能，误差都比较小，随着光滑因子的增加，误差也在不断增加。

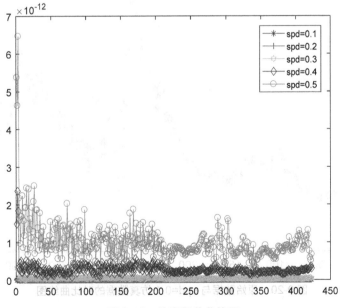

图 9-18　仿真误差曲线图

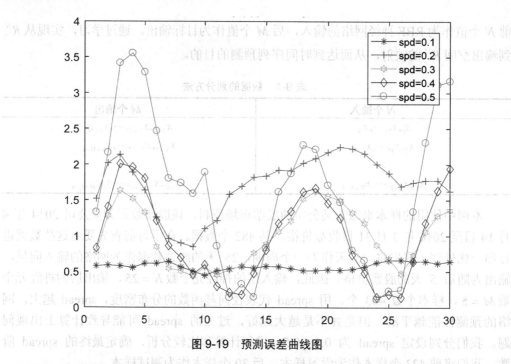

图 9-19 预测误差曲线图

图 9-20 是原始数据与 spd=0.1 仿真数据的对比曲线。图 9-21 是原始数据与 spd=0.1 预测数据的对比曲线。

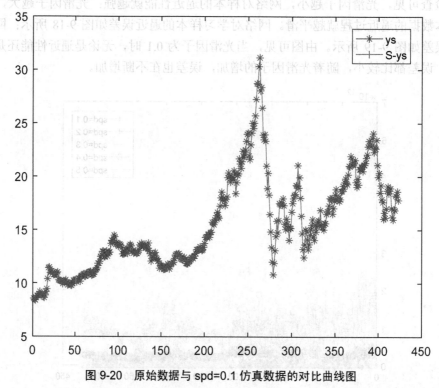

图 9-20 原始数据与 spd=0.1 仿真数据的对比曲线图

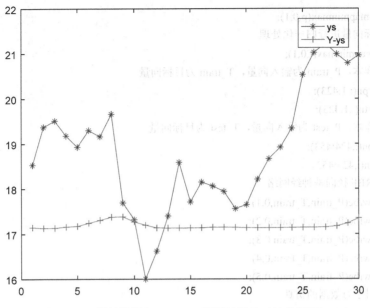

图 9-21 原始数据与 spd=0.1 预测数据的对比曲线图

9.4.4 实证案例的 MATLAB 代码

```
%定义原始数据矩阵维数
s=zeros(453,30);
%从 Excel 中读入原始数据
data=xlsread('例神经网络 2 数据.xlsx','sheet2');
%将数据导入原始数据矩阵
for n=1:453
    s(n,:)=data(n:n+29);
end
%定义输入矩阵维数
p=zeros(453,25);
%将数据导入输入矩阵
for i=1:25
    p(:,i)=s(:,i);
end
%定义目标矩阵维数
t=zeros(453,5);
%将数据导入目标矩阵
for j=1:5
    t(:,j)=s(:,j+25);
end
t=t';
p=p';
%对数据向量进行归一化处理[0,1]，如果取默认[-1,1]，则拟合误差小，预测误差大
```

```
[pn,ps]=mapminmax(p,0,1);
%对目标向量进行归一化处理
[tn,ts]=mapminmax(t,0,1);
%学习样本，P_train 为输入向量，T_train 为目标向量
P_train=pn(:,1:423);
T_train=tn(:,1:423);
%测试样本，P_test 为输入向量，T_test 为目标向量
P_test=pn(:,424:453);
T_test=tn(:,424:453);
%建立 RBF 径向基神经网络
net1=newrbe(P_train,T_train,0.1);
net2=newrbe(P_train,T_train,0.2);
net3=newrbe(P_train,T_train,0.3);
net4=newrbe(P_train,T_train,0.4);
net5=newrbe(P_train,T_train,0.5);
%网络对学习数据的仿真
y1=sim(net1,P_train);
y2=sim(net2,P_train);
y3=sim(net3,P_train);
y4=sim(net4,P_train);
y5=sim(net5,P_train);
%仿真数据反归一化
x1=mapminmax('reverse',y1,ts);
x2=mapminmax('reverse',y2,ts);
x3=mapminmax('reverse',y3,ts);
x4=mapminmax('reverse',y4,ts);
x5=mapminmax('reverse',y5,ts);
%网络的预测输出
y6=sim(net1,P_test);
y7=sim(net2,P_test);
y8=sim(net3,P_test);
y9=sim(net4,P_test);
y10=sim(net5,P_test);
y6; y7; y8; y9; y10

%预测数据的反归一化
x6=mapminmax('reverse',y6,ts);
x7=mapminmax('reverse',y7,ts);
x8=mapminmax('reverse',y8,ts);
x9=mapminmax('reverse',y9,ts);
x10=mapminmax('reverse',y10,ts);
x6; x7; x8; x9; x10
```

```
%计算仿真误差
for i=1:423
    error1(i)=norm(y1(:,i)-T_train(:,i));
    error2(i)=norm(y2(:,i)-T_train(:,i));
    error3(i)=norm(y3(:,i)-T_train(:,i));
    error4(i)=norm(y4(:,i)-T_train(:,i));
    error5(i)=norm(y5(:,i)-T_train(:,i));
end
%计算预测误差
for i=1:30
    error6(i)=norm(y6(:,i)-T_test(:,i));
    error7(i)=norm(y7(:,i)-T_test(:,i));
    error8(i)=norm(y8(:,i)-T_test(:,i));
    error9(i)=norm(y9(:,i)-T_test(:,i));
    error10(i)=norm(y10(:,i)-T_test(:,i));
end
%绘制仿真误差曲线
figure;
k=1:423;
plot(k,error1,'-*',k,error2,'-+',k,error3,'-h',k,error4,'-d',k,error5,'-o');
legend('spd=0.1','spd=0.2','spd=0.3','spd=0.4','spd=0.5');
title('仿真误差曲线');
figure;
%绘制预测误差曲线
m=1:30;
plot(m,error6,'-*',m,error7,'-+',m,error8,'-h',m,error9,'-d',m,error10,'-o');
legend('spd=0.1','spd=0.2','spd=0.3','spd=0.4','spd=0.5');
title('预测误差曲线');
%绘制原始数据和 spd=0.1 仿真数据曲线
figure;
plot(k,t(1,1:423),'-*',k,x1(1,:),'-+');
legend('ys','S-ys');
title('原始数据与 spd=0.1 仿真数据对比曲线');
%绘制原始数据和 spd=0.1 预测数据曲线
figure;
plot(m,t(1,424:453),'-*',m,x6(1,:),'-+');
legend('ys','Y-ys');
title('原始数据与 spd=0.1 预测数据对比曲线');
```

本章小结

1. 神经网络。神经网络由一群神经元组成，按预先定义的拓扑结构相连接。通常有许多不同的拓扑结构，具体的结构取决于网络需要学习的任务。一般网络的拓扑结构保持不变，但在有些应用（例如机器人技术）中，将拓扑结构本身视为参数并且动态变化。神经元之间的连接（链接）与决定交换的信息类型和度量强度的权值有关。权值代表定义网络行为的函数。本质上，一组权值代表用于执行任务的网络信息，即已知的拓扑结构。

2. 静态的多层前向神经网络是一种常用的预测工具，这种网络具有逼近任意非线性映射的能力。利用静态的多层前向神经网络建立系统的输入/输出模型，本质上就是基于网络逼近能力，通过学习获知系统差分方程中的位置非线性函数。

3. 动态网络本身就是动态时变系统，对于动力学系统建模有着自然的反映系统动态变化的能力，不需要预先确定系统的模型类别和阶次。因此，具有内部反馈的动态网络在系统建模与预报中的应用受到了极大的重视，也是神经网络建模与预报的发展方向。

4. 正向建模是指训练一个神经网络表达系统正向动态的过程，这一过程建立的神经网络模型称之为正向模型。

5. 逆向建模方法在神经网络控制中得到了特别广泛的应用，建立动态系统的逆模型，在神经网络控制中起着关键作用。其中，比较简单的是直接逆建模法。直接逆建模也称为广义逆学习。其原理是，将拟预报的系统输出作为网络的输入，网络输出与系统输入比较，相应的输入误差用于训练，因此网络将通过学习建立系统的逆模型。但是如果所辨识的非线性系统是不可逆的，利用上述方法，将得到一个不正确的逆模型。因此，在建立系统逆模型时，可逆性应该事先有所保证。

6. 广义回归神经网络建立在非参数回归基础上，由一个径向网络层和一个线性网络层组成，以样本数据为后验条件，通过执行诸如 Parzen 非参数估计，从观测样本里求得自变量和因变量之间的联结概率密度函数之后，直接计算出因变量对自变量的回归值。

7. 径向基函数是多维空间插值的传统技术，将 RBF 引入神经网络设计中，产生了 RBF 神经网络。RBF 神经网络属于前向神经网络类型，网络的结构与多层前向网络类似，是一种三层的前向网络。第一层为输入层，由信号源节组成；第二层为隐含层，隐含层节点数视所描述问题的需要而定，隐含层中神经元的变换函数即径向基函数是对中心点径向对称且衰减的非负非线性函数，该函数是局部响应函数，而以前的前向网络变换函数都是全局响应的函数；第三层为输出层，它对输入模式做出响应。

综合练习

一、练习题

1. 对于未知的非线性函数，仅通过函数的输入输出数据难以准确寻找函数极值。这类问题可以通过神经网络结合遗传算法求解。利用神经网络的非线性拟合能力和遗传算法的非线性寻优能力寻找函数极值。比如对某项试验而言，试验目的是得到最大试验结果对应下的试验条件。但是由于时间和经费限制，该试验只能进行有限次，可能单靠试验结果找不到最优的试验条件。这时可以在已知试验数据的基础上，通过神经网络遗传算法寻找最优试验条件。思路为首先根据试验条件和试验结果数据确定 BP 神经网络结构；然后把试验条件作为输入数据，试验结果作为输出数据训练 BP 网络，训练后的网络就可以预测一定试验条件下的试验结果；最后把试验条件作为遗传算法中种群个体，把网络预测的试验结果作为个体适应度值，通过遗传算法推导最优试验结果及其对应试验条件。已知的试验数据如表 9-2 所示。

表 9-2 试验数据

实 验 条 件				实 验 结 果
添加物 1/千克	温度/摄氏度	添加物 2/千克	时间/秒	产量/千克
0	0	1 700	60	258
10	0	1 700	60	272
30	0	1 700	60	312
50	0	1 700	60	363
0	5	1 650	80	360
0	10	1 700	40	493
0	15	1 700	60	605
0	20	1 750	60	400
10	10	1 650	40	464
10	15	1 750	60	627
10	20	1 750	80	406
30	5	1 750	40	390
30	10	1 650	80	519
30	15	1 700	60	662
50	5	1 650	80	456
50	10	1 750	60	523
50	15	1 700	60	712
50	20	1 700	40	555

请预测最优实验条件及其实验结果。

2. 公司财务预警系统是为了防止公司财务系统偏离预期目标而建立的报警系统，具有针对性和预测性等特点。它通过公司的各项指标综合评价并预测公司财务状况、发展趋势和变化，为决策者科学决策提供智力支持。

财务危机预警指标体系中的指标可分为表内信息指标、盈利能力指标、偿还能力指标、成长能力指标、线性流量指标和表外信息指标六大类指标，每大类指标又分为若干小指标，如盈利能力指标又可分为净资产收益率、总资产报酬率、每股收益、主营业务利润率和成本费用利润率等。在用于公司财务预警预测时，如果对所有指标都在评价后进行综合，模型将过于复杂，并且各指标间相关性较强，因此在模型建立前需要筛选指标。

指标筛选分为显著性分析和因子分析两步。显著性分析通过 T 检验方法分析 ST

公司和非 ST 公司，找出差别较大、能够明显区分两类公司的财务指标。因子分析在显著性分析基础上对筛选出来的指标计算主成分特征值，从中找出特征值大的指标作为公司危机预警分析方法的最终评价指标。最终找出成本费用利润率、资产营运能力、公司总资产、总资产增长率、流动比率、营业现金流量、审计意见类型、每股收益、存货周转率和资产负债率十项指标作为评价指标，该十项指标能够比较全面地反映出公司的财务状况。

根据各公司的指标数据，可以建立公司财务状况的预警评价模型。BP_Adaboost 模型是一种可用的神经网络。这种算法的思想是合并多个弱分类器的输出以产生有效分类。其主要步骤为：首先给出弱学习算法和样本空间 (x,y)，从样本空间中找出 m 组训练数据，每组训练数据的权重都是 $1/m$。然后用弱学习算法迭代运算 T 次，每次运算后都按照分类结果更新训练数据权重分布，对于分类失败的训练个体赋予较大权重，下一次迭代运算时更加关注这些训练个体。弱分类器通过反复迭代得到一个分类函数序列 $f_1, f_2, \cdots, f_T$，每个分类函数赋予一个权重，分类结果越好的函数，其对应的权重越大。T 次迭代之后，最终强分类函数 F 由弱分类函数加权得到。BP_Adaboost 模型即是把 BP 神经网络作为弱分类器，反复训练 BP 神经网络预测样本输出，通过 Adaboost 算法得到多个 BP 神经网络弱分类器组成的强分类器。

试采集上市公司数据，构建公司财务预警系统。

二、思考题

1. 在练习题 1 中，BP 神经网络预测精度的好坏和寻优结果有着密切的关系。BP 神经网络预测越准确，寻优得到的最优值越接近实际最优值。另外，由于 BP 神经网络的拟合性能的局限性，并不是所有的系统都能够用 BP 神经网络精确表达。试比较分析不同训练样本下的寻优结果精度，并考虑其适用性。

2. 在练习题 2 中，Adaboost 算法不仅可以用于设计强分类器，还可以用于设计强预测器。强预测设计思路与强分类器设计类似，都是先赋予测试样本权重，然后根据弱预测器预测结果调整测试样本权重并确定弱预测器权重，最后把弱预测器序列作为强预测器。不同的是，在强分类器中是增加预测错类别样本的权重，在强预测器中是增加预测误差超过阈值的样本权重。

三、案例题

科研能力是高校的核心能力，其高低已经成为衡量一所高校综合实力的重要指标。影响高校科研能力的因素众多，且互相交叉、互相渗透和互相影响，无法用确定的数学模型进行描述，神经网络的以非线性映射逼近最优点的特性使其成为了解决此类问题的一种适宜工具。

我们以影响高校科研能力的较为重要的 11 个影响因素作为评价指标：科研队伍（X_1）、科研基地（X_2）、科技学识及其相应的载体（图书情报资料）（X_3）、科研经费（X_4）、科研管理（X_5）、信息接收加工能力（X_6）、学识积累与技术储备能力（X_7）、科研技术创新能力（X_8）、知识释放能力（X_9）、自适应调节能力（X_{10}）、科学决策能力（X_{11}）。对 20 所高校的科研能力进行了调研和评价，将高校科研能力分为 5 个等级：很强（A）、较强（B）、一般（C）、较差（D）及很差（E）。各学校这 11 个评价指标的数据如表 9-3 所示。

表 9-3 20 所高校的科研能力等级及对应的评价指标

序号	X1	X2	X3	X4	X5	X6	X7	X8	X9	X10	X11	等级
1	98	92	86	95	90	97	93	96	92	95	94	A
2	92	96	94	88	95	91	89	97	93	90	99	A
3	73	87	82	65	89	74	86	80	94	81	82	B
4	78	71	76	91	82	89	80	78	63	76	84	B
5	87	96	93	97	92	95	90	88	96	98	94	A
6	68	72	64	66	69	61	65	70	75	63	67	C
7	61	64	62	57	67	68	72	64	63	69	62	C
8	38	43	51	62	48	57	53	46	49	50	54	D
9	53	46	47	58	55	36	39	48	52	58	47	D
10	94	97	91	96	87	93	98	92	86	94	95	A
11	24	37	45	31	18	29	33	13	22	38	30	E
12	84	80	71	78	73	83	74	67	82	88	75	B
13	44	58	55	45	62	54	46	59	55	45	43	D
14	35	23	16	27	38	24	29	28	38	21	26	E
15	16	44	32	38	26	35	20	37	34	33	39	E
16	65	57	68	62	61	58	63	69	64	62	66	C
17	58	65	62	67	71	69	64	65	70	74	65	C
18	73	84	95	78	84	86	76	83	89	75	87	B
19	33	28	35	20	26	44	38	26	30	44	21	E
20	94	89	96	94	91	99	95	87	93	88	88	A

（资料来源：王小川，史峰. MATLAB 神经网络 43 个案例分析[M]. 北京：北京航空航天大学出版社，2013：84-88.）

案例思考

试结合离散 Hopfield 神经网络的联想记忆能力，建立离散 Hopfield 高校科研能力评价模型。

第10章 组合预测

本章学习目标

- 掌握预测的基本原则及步骤
- 掌握组合预测的概念
- 掌握组合预测精度的计算方法
- 掌握组合预测从不同角度的分类方法
- 掌握非最优正权组合预测模型权系数的确定方法及应用
- 掌握组合预测的合作对策方法及其应用
- 了解正权综合方法的改进步骤
- 了解熵值法的基本原理及其在确定组合预测加权系数中的应用
- 了解 B-G 模型的基本原理
- 了解组合预测线性模型的基本原理
- 了解组合预测广义线性模型的基本原理
- 了解基于相对误差极小化组合预测模型的基本原理

引例

中国宏观经济预测

中国社会科学院数量经济与技术经济研究所于 1980 年 1 月成立之后，在所里建立了经济模型研究室，专门开展经济模型的研制与应用工作。在 1989 年前后完成了自己的中国宏观经济预测，于 20 世纪 90 年代初开始正式用于对中国宏观经济的分析和预测。从 20 世纪 90 年代开始在不断维护和更新模型的基础上，根据模型计算的结果每年春秋两次提出中国宏观经济形势的分析预测报告，举行中国形势分析与预测座谈会并编辑出版中国"经济蓝皮书"及"经济蓝皮书春季号"。"经济蓝皮书"——《××年中国：经济形势分析与预测》是在每年的秋季座谈会后，由与会的各家单位对当年下半年和下一年的预测报告汇编而成的。经过十多年的发展，"经济蓝皮书"已经成为我国经济预测领域的一套重要著作，对政府的政策决策和专家学者们的科研工作发挥了重要作用。这里选取了"经济蓝皮书"中的九家单位的预测结果，依据不同损失函数形式对预测精确性进行评价。预测结果如表 10-1 所示。

表 10-1 九家单位预测结果精确性评价表

年份	1993	1994	1995	1996	1997	1998	1999	2000	2001	2002	2003	2004
实际值	13.5	12.6	10.5	9.6	8.8	7.8	7.1	8.0	7.5	8.3	9.0	9.5
1	12.5	10.0	10.5	9.4	10.3	9.7	8.6	7.7	8.1	7.7	7.9	8.0
2	11.8	10.0	9.8	9.5	10.5	9.5	8.0	—	8.0	7.3	7.9	8.2
3	9.5	10.0	10.0	11.0	—	9.6	7.5	7.0	7.9	7.8	7.5	8.0
4	10.5	10.0	10.0	9.5	10.5	8.0	8.3	8.3	8.5	7.5	8.6	8.5
5	10.0	11.0	10.3	9.5	10.0	10.0	8.3	7.5	7.7	7.7	7.6	8.5
6	—	—	—	—	—	8.2	8.9	8.0	7.7	7.9	7.7	—
7	9.7	10.8	11.2	9.8	9.5	9.4	7.3	7.4	7.8	7.8	7.7	8.1
8	12.5	11.0	10.5	9.5	10.2	9.6	8.3	7.8	7.7	7.5	7.5	8.4
9	—	—	10.3	9.5	10.0	9.3	7.0	7.3	7.9	7.3	7.4	8.5

注：表中的数据全部来自秋季预测的结果。缺失的数据表示当年该机构没有操作预测数据。

从 1994—2004 年的预测结果看，不同预测机构的预测结果表现出一致的有偏性。1994 年、1995 年、1996 年、2000 年、2002 年、2003 年和 2004 年一致下偏，即低估了经济增长，而 1997 年、1998 年、1999 年、2001 年则表现出一致的高估倾向。产生这种现象的原因主要在以下三个方面：一是中国经济较强的波动特性（从经济计量理论的角度可以解释为结构变动或制度变化）在客观上影响了模型估计的精确性；二是经济预测过程中经验判断色彩偏重，预测结果往往依据政府的预期目标进行调整，主观上影响了预测的精确性；三是权威部门提供的最终统计数据可能存在一定程度的偏误。

（资料来源：汪同三，张涛. 组合预测[M]. 北京：社会科学文献出版社，2008: 47-48. ）

实际的预测对象可能是较为复杂的社会经济系统，有多种错综复杂的因素会对其产生影响。有些是基本因素，有些是偶然因素，预测者常常在不同的假设条件下，采用不同的单项预测方法对同一预测问题建立多种预测模型，然后按照统计假设检验标准，从众多的预测方法中选择结果最好的，而排除了其他单项预测方法。但是，若预测者只使用一种预测方法进行预测，则这种预测方法的选择是否适当就显得很重要。如果预测者选择预测方法不当，就可能有决策失误的风险。在预测实践中，若把多种单项预测方法正确地结合起来使用，则组合预测结果对单个较差的预测方法不敏感。因此，组合预测一般能够提高预测的精确度和可靠度。

10.1 组合预测的基本概念

10.1.1 预测的不确定性与基本原则

预测是关于未来的描述。对于管理或经济问题的预测离不开两个基础假设：一是模型是现实经济（或数据生成结构）的真实代表；二是经济结构（或数据生成结构）保持相对稳定。但是，任何预测模型都不是现实经济的写真，经济体系也在不停地演化,因此,预测的不确定性就成为客观必然。预测的不确定性反映了预测值和实际值之间的差异,与预测理论的两个基础假设相对应。

预测的不确定性来源于两个方面:一是未来事件内在的不确定性,即"我们不知道我们不知道什么";二是预测模型本身的不确定性。这种不确定性也可以细化为五个来源:第一是经济结构的未来变化;第二是模型的错误设定;第三是预测起点基期数据的错误度量;第四是模型参数估计的不准确性;第五是误差或扰动的累积效应。前三种不确定性反映了事件内在的不确定性,这种不确定性并非人为能够控制的。后两种不确定性反映了预测模型本身的不确定性,这种不确定性是可以度量的。由于预测不确定性的客观存在,必然引发对预测精确性的思考和度量。提高预测能力,加强预测精确性一直是预测科学所关注和追求的目标。

预测可以概括为三个步骤:搜集和整理信息;利用模型进行预测;预测能力检验。对于以模型为基础的预测,第二个步骤可以分解得更为复杂,建模—检验—预测—再建模—再检验—再预测;而对于以经验和头脑风暴法为基础的预测,第二个步骤可以抽象地理解为以"经验"或"大脑"为模型。这一模式可以把定量分析和定性分析规范于一个统一的预测范式。因为我们的目标是如何提高预测的精确性。

一般而言,预测遵循以下基本原则。

(1)连贯性原则。预测对象具有的规律性不仅在过去和现在起作用,而且在未来的一段时间内继续发挥作用,这种连贯性包括时间的连贯性和预测系统结构的连贯性。

(2)相关类推原则。预测对象的发展变化与某些因素密切相关,有的呈正相关关系,有的呈负相关关系。因此,类推原则要求在建立适当的预测模型后,根据相关因素发展变化来类推预测对象的规律。

(3)概率性原则。预测对象的发展既受偶然因素的影响,又受必然因素的影响。概率性原则要求利用统计方法获得预测对象发展的必然规律。

10.1.2 组合预测的概念与任务

不同的定性预测模型方法和定量预测模型方法各有优点和缺点,它们之间不是相互排斥,而是相互联系、相互补充的。由于每种预测方法利用的数据不尽相同,因此不同的数据从不同的角度提供各方面有用的信息。在预测的过程中,如果想当然地认为某个单项预测方法的预测误差较大,就把该种预测方法弃置不用,这可能造成部分有用的信息丢失。因此,我们应该综合考虑各单项预测方法的特点,将不同的单项预测方法进行组合。这就是组合预测方法的概念。组合预测的内涵是,即使一个预测误差较大的预测方法,如果它包含系统独立的信息,那么当它与一个预测误差较小的预测方法组合后,完全有可能增加系统的预测性能。即若把多种单项预测方法正确地结合起来使用,会使得组合预测结果对单个较差的预测方法不太敏感。因此,组合预测一般能够提高预测的精确度和可靠度。

所谓组合预测就是设法把不同的预测模型组合起来,综合利用各种预测方法所提供的信息,以适当的加权平均形式得出组合预测模型。组合预测最关心的问题就是如何求出加权平均系数,使得组合预测模型更加有效地提高预测精度。组合预测在国外称为 Combination Forecasting 或 Combined Forecasting,在国内也称为综合预测等。

提高预测的精确性首先从搜集和整理信息开始。不同的预测模型占有的信息不同。因此,如果条件允许,我们在对目标进行预测之前,首要任务是搜集完备的信息,"选择模型—模型估计—预测—评估"这一预测范式实际上是不断利用新信息修正模型的过程,可以说,有效地整合信息是提高预测效果的最直接的手段,信息组合也就构成了组合预测的第一个层次。

预测模型可以划分为两大类。

(1) 结构预测模型。即利用经济理论或先验规律(或历史经验)建立表达经济变量间数量关系的数理统计模型,并用随机扰动误差代表忽略的因素对模型的影响。结构模型的特点是模型与经济理论相对应,它把经济理论数量化。我们可以将多个结构模型联立起来去描述一个复杂的大型经济系统。一个结构方程的被解释变量需要用其他解释变量来解释,这个被解释变量又可能是另一个结构方程的解释变量。这样,通过结构方程中变量的环环相扣来反映经济系统中的复杂关系。但是结构模型也有其缺点或弱点,那就是它对经济理论有着极大的依赖性,较少考虑经济数据之间的统计关系,因而在参数估计过程中可能产生问题。结构方程模型本质上是一种条件预测。

(2) 非结构预测。非结构预测并不需要使用结构模型,在很多情况下,预测者往往关注的是政策不变条件下经济发展的本来趋势,因此,非结构预测更为实用。非结构预测概念是相对于结构预测提出的。结构预测模型强调经济理论在建模过程中的重要性,因此,"理论驱动建模"贯穿结构预测的始终。而非结构预测突出经济变量的时序性,重点考察序列本身的数据特征,"数据驱动建模"成为非结构预测的核心。非结构预测模型实质上是一个没有任何经济理论支撑的纯数学模型。但是在现实经济系统中,任何一个经济变量都不是孤立存在的个体,在其演化过程中,不可避免地会与其他经济变量发生关系与作用,因此,非结构模型也存在"缺乏理论"的不足。

融合结构预测与非结构预测的特长必将成为预测技术发展的新方向,因此,预测方法的组合构成了组合预测的第二个层次。

即便是设定了一个建立在组合信息集基础之上、使用了多种预测技术的预测模型,它仍然是对现实经济生活的高度抽象,没有哪一种模型能够完全包容其他模型。对不同模型的预测结果进行组合就是承认构造真实模型的困难。因此,我们需要将各种单个预测结果看作是不同信息片段的代表,通过信息的集成可以分散单个预测特有的不确定性和减少总体的不确定性,从而提高预测的精度。对预测结果进行组合就构成了组合预测的第三个层次。

10.1.3 组合预测精确度的度量

预测值与实际值之间的差距即预测误差,通常可将其作为预测精度的一种指标,误差越小精度越高。预测误差可分为系统误差与非系统误差。系统误差就是非随机误差,它是由预测模型本身的结构所引起的,不受随机因素的影响。例如,模型的偏差会导致预测结果持续偏大或偏小，会产生滞后偏差等。非系统误差是指随机误差，它是由随机因素形成的，是无法人为控制的。

提高预测精度的理论目标，是达到最优预测。所谓最优预测，是指采取某种预测方法，使得按照事先设定的准则，期望损失达到最小。一种预测是最优预测应该满足四项条件：一是最优预测误差是零均值的；二是向前一步的最优预测误差是白噪声的；三是向前 k 步的最优预测误差最多是 MA($k-1$)的；四是向前 k 步的最优预测误差方差不随 k 减少，并收敛于该过程的非条件方差。

通常意义上的最优预测是建立在损失函数具有误差平方损失的结构之上的，要使得最优预测的有关特性成立，隐含地假定了数据生成过程（DGP）是协方差平稳的，且一阶矩、二阶矩是有穷的。最优预测的一个重要性质是不能利用进行预测的有效信息对其误差进行预测，即不可预测性原理。它的内在含义是，预测残差数据是白噪声的随机序列，不再含有规律性的有用信息。不论损失函数是否为二次的，也不论被预测序列是否是平稳的，都应该满足这一特性。

在实践中，很难得到一种完全最优预测，我们通常是对几种不同的预测结果（所有这些预测都是次优的）进行比较。度量预测精确性的关键目标是构造损失函数。

令 $\hat{y}$ 表示序列 y 的预测值。预测误差 e 即实际值与预测值之差：$e = y - \hat{y}$。考虑形如 $L(e)$ 的损失函数，即预测的损失仅与预测误差的大小有关。这类形式的损失至少满足以下三个条件：① $L(0) = 0$，即当预测误差为 0 时，没有损失。② $L(e)$ 是连续的，即相同的预测误差产生相同的损失。③ $L(e)$ 随 e 的绝对值的增加而增加，即预测误差的绝对值越大，损失越大。

根据结构不同，损失函数可以区分为对称损失和非对称损失两种。如果 $L(e) = L(-e)$，那么损失函数就是对称的，否则就是非对称的。

常用的对称损失函数主要有两种：二次损失和绝对值损失。$L(e) = e^2$ 被称为二次损失函数，或误差平方损失函数。$L(e) = |e|$ 被称为是绝对值损失函数，或误差绝对值损失。由于二次损失中的平方效应，所以较大误差比较小误差的损失更大，即损失会以一定的速度增长。只有在二次损失函数的前提下，条件期望才是最优预测。如果损失函数不是二次损失函数的结构，那么条件期望不一定是最优预测。绝对值损失会随误差的增大而增加，但是绝对值损失的增加与误差的增加保持着相同的速度。

非对称结构的损失函数在现实中也较为常见。$L(e) = \exp(ae) - ae - 1$，$a \neq 0$ 就是一种非对称的损失函数。在这个例子中，若设 e_1 代表预测值过高造成的误差，e_2 代表预测值过低造成的误差，$|e_1| = |e_2|$，但二者正负号相反，可以证明，$L(e_1) > L(e_2)$，从而形成了非对称结构的损失函数。

有时，还可以把条件放宽到预测方向变化构成的损失函数。例如：

$$L(y, \hat{y}) = \begin{cases} 1 & \text{如果} \Delta y \text{与} \Delta \hat{y} \text{符号相同} \\ 0 & \text{如果} \Delta y \text{与} \Delta \hat{y} \text{符号相反} \end{cases}$$

根据这个损失函数，如果正确地预测到了方向的变化，那么就不会有损失产生；如果预测错了，则会产生损失。

在对模型进行评价时，需要根据预测的目的构造损失函数，在可供选择的预测模型中，使损失函数取最小值的就是最优的预测模型。根据预测的目的和要求，常见的损失函数有以下几种。

（1）$L(e) = \text{MSE} = \sum_{t=1}^{T} e_t^2 \Big/ T$。这种对称损失函数等价于误差平方和最小，即通常的最小二乘法。这种方法是对模型进行评价最常用的方法。

（2）$L(e) = \sqrt{\text{MSE}} = \sqrt{\sum_{t=1}^{T} e_t^2 \Big/ T}$。这种方法和方法（1）是等价的，反映了预测模型的标准差。

（3）$L(e) = \text{MAE} = \sum_{t=1}^{T} |e_t| \Big/ T$。这种方法等价于使预测误差绝对值之和为最小，反映了预测模型的平均绝对偏差。它没有最小二乘法应用广泛，但它受异常数据的影响较小，稳健性较强。虽然我们不能基于此条件，直接使用统计方法估计模型中的参数，但是可将其转化为一个线性规划问题来估计模型中的参数。

（4）$L(e) = \sum_{t=1}^{T} \frac{|e_t|}{y_t} \Big/ T$。这种方法反映了预测模型的平均相对偏差。

（5）$L(e) = \sum \frac{|y - \hat{y}|}{(y + \hat{y})/2} \times 100$。

（6）$L(e) = \max_{1 \leq t \leq T} \{|e_t|\}$。

迄今为止，还没有以一般意义的损失函数取最小值为最优准则的参数估计方法。因此，在建立预测模型时，可根据预测问题的实际意义，构造恰当的损失函数，使建立的预测模型能充分地体现预测者的意图，以取得更好的预测效果。

10.2 组合预测分类和预测有效度

10.2.1 组合预测分类

组合预测集结各单项预测方法的特点，可以从不同的角度进行分类，根据其目标和特点的不同，大体上可以从如下几个角度进行分类。

（1）按组合预测与各单项预测方法的函数关系，组合预测可以分成线性组合预测和非线性组合预测。

设预测对象存在 m 个单项预测方法，利用这 m 个单项预测方法得到的第 i 个单项预测方法的预测值为 $f_i (i = 1, 2, \cdots, m)$。

若组合预测值 f 满足 $f = l_1 f_1 + l_2 f_2 + \cdots + l_m f_m$，则称该组合预测为线性组合预测，其中，$l_1, l_2, \cdots, l_m$ 为各种预测方法的加权系数，一般 $\sum_{i=1}^{m} l_i = 1$，$l_i \geq 0$，$i = 1, 2, \cdots, m$。

若组合预测值 f 满足 $f = \Phi(f_1, f_2, \cdots, f_m)$，其中 Φ 为非线性函数，则称该组合预测

为非线性组合预测。

常见的非线性组合预测形式有

$$f = \prod_{i=1}^{m} f_i^{l_i}$$ （该式被称为加权几何平均组合预测模型）

$$f = 1 \bigg/ \sum_{i=1}^{m} \frac{l_i}{f_i}$$ （该式被称为加权调和平均组合预测模型）

（2）按组合预测加权系数计算方法的不同，组合预测方法可以分为最优组合预测方法和非最优组合预测方法。

最优组合预测方法的基本思想就是根据某种准则构造目标函数，在一定的约束条件下，求得目标函数的最大值或最小值，从而求得组合预测方法加权系数。最优组合预测方法一般可以表示成如下数学规划问题：

$$\max(\min) Q = Q(l_1, l_2, \cdots, l_m)$$

$$\text{s.t.} \begin{cases} \sum_{i=1}^{m} l_i = 1 \\ l_i \geq 0, \quad i = 1, 2, \cdots, m \end{cases}$$

式中，$Q(l_1, l_2, \cdots, l_m)$ 为目标函数；$l_1, l_2, \cdots, l_m$ 为各种单项预测方法加权系数，加权系数可以考虑允许负和非负两种情形。

在求解一些最优组合预测模型时，可能出现组合预测的权系数为负的现象，而负的组合预测的权系数没有实际意义，非最优正权组合预测方法正好可以克服这个不足。

非最优正权组合预测方法就是根据预测学的基本原理，力求用简便的原则来确定组合预测的权系数的一种方法。具体地说，就是根据各个单项预测模型预测的误差的方差和其权系数成反比的基本原理，给出组合预测的权系数的计算公式。显然，非最优正权组合预测方法目标函数值一般要劣于最优正权组合预测方法目标函数值。

（3）按组合预测加权系数是否随时间变化，组合预测方法可以分为不变权组合预测方法和可变权组合预测方法。

不变权组合预测方法就是通过最优化规划模型或其他方法计算出各个单项预测方法在组合预测中的权系数，假定它们不变，并用这个权系数进行预测。然而在预测实践中，就每一个单项预测方法而言，它经常出现对同一预测对象的不同时间上预测精度的不一致性，也就是说，有些时点上预测精度好，有些时点上预测精度差，显然不变权组合预测方法没有可变权组合预测方法科学。

所谓可变权组合预测方法就是组合预测加权系数随时间变化而变化。目前可变权组合预测方法比较复杂，这方面的研究成果并不多见，变权组合预测方法有待于进一步研究，这也是组合预测方法今后重要的研究方向之一。

（4）从某个准则的结果优劣程度来看，组合预测方法可以分为非劣性组合预测和优性组合预测。

按某个准则，把组合预测的结果和各个单项预测方法的结果进行对比，若组合预测的结果介于各个单项预测方法结果"最差"和"最好"之间，则称该组合预测为非劣性组合预测。若组合预测的结果比各个单项预测方法结果"最好"的还要"好"，则称该组合预测为优性组合预测。

（5）按建立组合预测模型所基于的基本准则，可分为基于误差平方和最小准则的组合预测方法和基于预测有效度的组合预测方法。普通组合预测模型大多以误差平方和或误差绝对值之和达到最小的准则建立。但是，这样的准则和假定不能很好地反映预测方法的有效性，原因是不同指标序列有不同量纲，所以误差的平方和或误差绝对值之和也不具有相同量纲，不能直接对比。即使同类指标序列，量纲相同，由于同期指标数值不同，等量的误差平方和或误差绝对值之和也不能代表预测方法等同有效。预测方法的有效性除了用预测误差的平方和衡量之外，还可以用预测精度的均值及反映离散程度的均方差描述，在某些特殊情况下，还需要进一步考虑预测精度分布的偏度和峰度问题。这是因为预测方法的有效性应该是平均的、全面的和典型的。一种预测方法只有在所有时期都有较高的预测精度时，才能有高的预测有效度，而平均的、全面的精度可以用预测精度的均值及反映其离散程度的均方差描述。

总之，组合预测方法是建立在充分利用已知信息基础上的，它集结各个单项预测方法所包含的信息进行组合。所以，只有当组合预测为优性组合预测时，组合预测方法才有实际意义。也就是说，通过组合预测可以达到提高预测精度、改善预测结果的目的。基于本课程教学目的，在本章中仅介绍几种非最优的组合预测模型。

10.2.2 预测有效度基本概念

在一些研究文献中，对预测方法有效性指标给出了定义，这些定义以 k 阶预测相对误差的有效度元为基础，定义了一般形式的预测有效度。

对于基于一阶或二阶预测有效度的组合预测模型的研究，应该回答这样几个基本问题：第一个基本问题是有关优性组合预测的存在性，即基于一阶或二阶预测有效度的非负权重最优组合预测方法的预测有效度是否一定大于各个单项预测方法预测有效度中的最大者？第二个基本问题是有关冗余预测方法的存在性，即当参加组合的预测方法增多时，基于一阶或二阶预测有效度的非负权重最优组合预测方法的预测有效度是否一定增大？第三个基本问题是冗余预测方法的判定，即给出基于预测有效度的非负权重最优组合预测冗余方法的判定。

鉴于时间序列的离散性，我们采用研究文献中提出的预测有效度等价的一般离散形式的相关概念。

设某社会经济现象的指标序列的观察值为 $\{x_t, t=1,2,\cdots,N\}$，设有 m 个单项预测方法对其进行预测，x_{it} 为第 i 种预测方法第 t 时刻的预测值，$i=1,2,\cdots,m$，$t=1,2,\cdots,N$。定义预测有效度所应用到的一些基本概念如下。

定义 1 令

$$e_{it} = \begin{cases} -1 & \text{当}(x_t - x_{it})/x_t < -1\text{时} \\ (x_t - x_{it})/x_t & \text{当}-1 \leqslant (x_t - x_{it})/x_t \leqslant 1\text{时} \\ 1 & \text{当}(x_t - x_{it})/x_t > 1\text{时} \end{cases}$$

称 e_{it} 为第 i 种预测方法第 t 时刻的预测相对误差，$i=1,2,\cdots,m$，$t=1,2,\cdots,N$。称矩阵

$E = (e_{it})_{m \times N}$ 为组合预测模型的相对误差矩阵。

显然，$0 \leqslant |e_{it}| \leqslant 1$，矩阵 E 的第 i 行为第 i 种预测方法在各个 t 时刻的预测相对误差序列。E 的第 t 列为各种预测方法在第 t 时刻的预测相对误差序列。

定义 2 称 $A_{it} = 1 - |e_{it}|$ 为第 i 种预测方法在第 t 时刻的预测精度，$i = 1, 2, \cdots, m$，$t = 1, 2, \cdots, N$。显然，$0 \leqslant A_{it} \leqslant 1$，当 $|(x_t - x_{it})/x_t| > 1$ 时，其对应的预测精度 $A_{it} = 0$。这表明第 i 种预测方法在第 t 时刻的预测为无效预测。

定义 2 表明，由于各种因素的影响，e_{it} 具有随机性，从而 $\{A_{it}, i = 1, 2, \cdots, m; t = 1, 2, \cdots, N\}$ 可视为一个随机变量序列。

定义 3 称 $m_i^k = \sum_{t=1}^{N} Q_t A_{it}^k$ 为第 i 种预测方法 k 阶的预测有效度元，k 为正整数，$i = 1, 2, \cdots, m$，其中 $\{Q_t, t = 1, 2, \cdots, N\}$ 为 m 种预测方法在第 t 时刻的离散概率分布，$\sum_{t=1}^{N} Q_t = 1$，$Q_t > 0$。

特别地，若对 m 种单项预测方法的预测精度的离散概率分布先验信息不确知时，可取 $Q_t = 1/N$，$t = 1, 2, \cdots, N$。事实上，第 i 种预测方法的预测有效度元 m_i^k 为第 i 种预测方法预测精度序列 $\{A_{it}, t = 1, 2, \cdots, N\}$ 的 k 阶原点矩。

定义 4 m_i^k 为第 i 种预测方法 k 阶的预测有效度元，$i = 1, 2, \cdots, m$，H 为某一 k 元连续函数，则称 $H(m_i^1, m_i^2, \cdots, m_i^k)$ 为第 i 种预测方法 k 阶预测有效度。

特别地，引进一阶和二阶预测有效度的概念。

定义 5 当 $H(x) = x$ 为一元连续函数时，则 $H(m_i^1) = m_i^1$ 为第 i 种预测方法一阶预测有效度；当 $H(x, y) = x\left(1 - \sqrt{y - x^2}\right)$ 为二元连续函数时，则 $H(m_i^1, m_i^2) = m_i^1 \left(1 - \sqrt{m_i^2 - (m_i^1)^2}\right)$ 为第 i 种预测方法二阶预测有效度。

定义 5 表明一阶预测有效度就是预测精度序列的数学期望，二阶预测有效度就是预测精度序列的数学期望乘以 1 与其标准差的差。

基于以上定义，我们再对在定义一般形式的预测有效度时所用到的术语进行统一，在此基础上，给出一般形式的预测有效度定义。

设某种社会经济现象的某个指标的时间序列为 $\{x_t, t = 1, 2, \cdots, N, N+1, \cdots, N+T\}$，其中样本区间为 $[1, N]$，预测区间为 $[N+1, N+T]$。设有 m 种方法对其进行预测，设 x_{it} 表示第 i 种预测方法第 t 期拟合值，$i = 1, 2, \cdots, m$，$t = 1, 2, \cdots, N$，e_{it} 为按照定义 1 计算的第 i 种预测方法第 t 期拟合相对误差。从统计规律看第 i 种预测方法第 t 期拟合相对误差 e_{it} 具有随机变量的性质。令

$$A_{it} = \begin{cases} 1 - |e_{it}| & \text{当 } 0 \leqslant |e_{it}| \leqslant 1 \text{ 时} \\ 0 & \text{当 } |e_{it}| > 1 \text{ 时} \end{cases}$$

称 A_{it} 为第 i 种预测方法在第 t 时刻的预测精度，$i = 1, 2, \cdots, m$，$t = 1, 2, \cdots, N$。显然预测精度 A_{it} 具有随机变量的性质。

在此，给出以下三种一般形式的预测有效度定义。

定义 6 称 $m_{ic} = \sum_{t=1}^{N} Q_{it} A_{it}$ 为样本区间为 $[1, N]$ 上的第 i 种预测方法的拟合有效度。其中，Q_{it} 表示第 i 种预测方法在样本区间上第 t 时刻预测精度 A_{it} 的离散概率分布（或称权重系数），且满足：$\sum_{t=1}^{N} Q_{it} = 1$，$Q_{it} > 0$，$t = 1, 2, \cdots, N$。

定义 7 称 $m_{if} = \sum_{t=N+1}^{N+T} Q_{it} A_{it}$ 为预测区间 $[N+1, N+T]$ 上的第 i 种预测方法的预测有效度，其中，Q_{it} 表示第 i 种预测方法在样本区间上第 t 时刻预测精度 A_{it} 的离散概率分布（或称权重系数），且满足：$\sum_{t=N+1}^{N+T} Q_{it} = 1$，$Q_{it} > 0$，$t = N+1, N+2, \cdots, N+T$。

定义 8 称 $m_i = \alpha m_{ic} + (1-\alpha) m_{if}$ 为整个区间 $[1, N+T]$ 上第 i 种预测方法的综合预测有效度，$0 \leq \alpha \leq 1$，α 越大表示越重视拟合有效度，α 越小表示越重视预测有效度。

在上述三个定义中，m_{ic} 反映了预测模型对样本数据的拟合情况，m_{if} 反映了预测模型的预测结果的有效性，m_i 既能反映预测模型对样本数据的拟合情况，又能反映预测模型的预测情况，因而是反映预测方法好坏的综合性指标。

10.3 非最优正权组合预测模型权系数的确定方法

10.3.1 几种常规的非最优正权组合预测模型权系数的确定方法

组合预测的核心问题就是求出加权平均系数，使得组合预测模型能更加有效地提高预测精度。若以预测绝对误差作为预测精度的衡量指标，则常规的非最优正权组合预测模型权系数的确定方法主要有以下几种。

1. 算术平均方法

令

$$l_i = 1/m, \quad i = 1, 2, \cdots, m \tag{10-1}$$

显然 $\sum_{i=1}^{m} l_i = 1$，$l_i \geq 0$，$i = 1, 2, \cdots, m$。

算术平均方法也称为等权平均方法。算术平均方法的特点是 m 种单项预测方法的加权系数完全相等，即把各个单项预测模型同等看待。算术平均方法一般使用在对各个单项预测模型的预测精度缺乏了解的情形中。由于算术平均方法的计算简单，且加权系数也满足非负性，所以它在预测领域中的应用比较广泛。当各个单项预测模型的预测精度完全已知时，一般要采用加权平均的形式，对预测精度高的单项预测模型应该赋予较大的加权系数。

2. 预测误差平方和倒数方法

预测误差平方和倒数方法也称为方差倒数方法，这是对算术平均方法的改进。一般来说，每种单项预测模型的预测精度都不同，预测误差平方和是反映预测精度的一个指标，预测误差平方和越大，表明该项预测模型的预测精度就越低，从而它在组合预测中的重要性就越低，在组合预测中的加权系数就越小。反之，对预测误差平方和较小的单项预测模型在组合预测中应赋予较大的加权系数。令

$$l_i = E_{ii}^{-1} \bigg/ \sum_{i=1}^{m} E_{ii}^{-1}, \quad i=1,2,\cdots,m \tag{10-2}$$

显然 $\sum_{i=1}^{m} l_i = 1$，$l_i \geq 0$，$i=1,2,\cdots,m$。其中 E_{ii} 为第 i 种单项预测模型的预测误差平方和，有

$$E_{ii} = \sum_{t=1}^{N} e_{it}^2 = \sum_{t=1}^{N} (x_t - x_{it})^2 \tag{10-3}$$

式中，x_{it} 为第 i 种单项预测方法在第 t 时刻的预测值；x_t 为同一预测对象的某个指标序列 $\{x_t, t=1,2,\cdots,N\}$ 第 t 时刻的观测值；N 表示时间长度；$e_{it} = (x_t - x_{it})$ 为第 i 种单项预测方法在第 t 时刻的预测误差。

3. 均方误差倒数方法

均方误差倒数方法的含义类似于预测误差平方和倒数方法，该方法体现了某单项预测模型的误差平方和越大，它在组合预测中的加权系数就应越小。均方误差倒数方法的加权系数的计算公式为

$$l_i = E_{ii}^{-\frac{1}{2}} \bigg/ \sum_{i=1}^{m} E_{ii}^{-\frac{1}{2}}, \quad i=1,2,\cdots,m \tag{10-4}$$

显然 $\sum_{i=1}^{m} l_i = 1$，$l_i \geq 0$，$i=1,2,\cdots,m$。其中 E_{ii} 的含义同上。

4. 简单加权平均方法

简单加权平均方法也是一种非等权平均方法。它是先把各个单项预测模型的预测误差平方和 E_{ii}（$i=1,2,\cdots,m$）进行排序，不妨设 $E_{11} > E_{22} > \cdots > E_{mm}$，根据各个单项预测模型的预测误差平方和与其权系数成反比的基本原理知，排序越靠前面的单项预测模型，在组合预测中的加权系数就应越小。令

$$l_i = i \bigg/ \sum_{i=1}^{m} i = \frac{2i}{m(m+1)}, \quad i=1,2,\cdots,m \tag{10-5}$$

显然 $\sum_{i=1}^{m} l_i = 1$，$l_i \geq 0$，$i=1,2,\cdots,m$，其中 E_{ii} 的含义同上。

5. 二项式系数方法

二项式系数方法和简单加权平均法有一点相似之处，它也是先把各个单项预测模型的预测误差平方和 E_{ii}（$i=1,2,\cdots,m$）进行排序，不妨设 $E_{11} > E_{22} > \cdots > E_{mm}$。但是它取组合预测中的加权系数的思想和简单加权平均方法是不同的，它按照统计学中的中位数概念进行排序。若单项预测模型的预测误差平方和过大或过小，则其对应的权系数均较小，而处于各单项预测模型的预测误差平方和的中位数所对应的权系数最大。令

$$l_i = C_{2m-1}^{i} \big/ 2^{2m-2}, \quad i=0,1,\cdots,m-1 \tag{10-6}$$

这一公式的推导过程如下。由二项式定理可知：

$$1=\left(\frac{1}{2}+\frac{1}{2}\right)^{2m-1}=\sum_{i=0}^{2m-1}C_{2m-1}^{i}\left(\frac{1}{2}\right)^{2m-1}$$

且 $C_{2m-1}^{i}=C_{2m-1}^{2m-1-i}$（这一公式是由组合性质 $C_m^n=C_m^{m-n}$ 得来的），则有 $\sum_{i=0}^{m-1}C_{2m-1}^{i}\left(\frac{1}{2}\right)^{2m-1}=\frac{1}{2}$，该等式两边同乘以 2，得到

$$\sum_{i=0}^{m-1}C_{2m-1}^{i}\left(\frac{1}{2}\right)^{2m-2}=1$$

若要换元成为我们所熟悉的 $\sum_{s=1}^{m}l_s$ 形式，只要令 $s=i+1$，此时有

$$l_s=C_{2m-1}^{s-1}/2^{2m-2},\quad s=1,2,\cdots,m$$

所以 $\sum_{i=1}^{m}l_i=1$，$l_i\geqslant 0$，$i=1,2,\cdots,m$。

10.3.2 非最优组合预测系数确定方法的应用举例

例 10-1 表 10-2 列出了 1978 年 1 月—1990 年 12 月我国社会商品零售额的月度数据序列 $\{x_t\}$，样本数据取 $N=144$（1990 年 12 个月的数据留作预报检验）。对该数据建立了以下四种模型：① 乘积季节模型；② 自适应自回归模型；③ 门限自回归模型；④ 叠合模型。表 10-2 列出了这四个模型各自的误差平方和 $Q(j)(j=1,2,3,4)$，对这四个模型用最优加权（W_0）、最优正权（W_s）及上节所列五种正权方法建立综合模型，各模型的权系数、误差平方和 Q 及其上界 U 均列于表 10-3 中。

表 10-2 我国社会商品零售额月度数据序列

单位：亿元

年＼月	1	2	3	4	5	6
1978	134.3	119.4	128.3	126.4	128.8	127.8
1979	164.7	126.2	143.7	143.7	145.5	143.7
1980	190.3	174.9	163.2	168.4	168.6	168.2
1981	212.1	177.9	182.9	184.2	184.0	182.4
1982	233.6	182.0	206.6	202.2	201.7	202.6
1983	243.2	217.5	226.2	223.5	221.0	220.5
1984	268.4	227.6	248.6	247.0	249.9	253.1
1985	364.8	349.1	359.1	343.4	341.2	346.0
1986	412.0	374.5	390.0	387.0	389.8	397.7
1987	478.3	442.4	461.4	458.2	458.2	468.5
1988	570.7	561.3	570.4	567.9	570.9	603.9
1989	694.3	673.8	718.7	690.3	676.6	665.8
1990	703.1	636.3	683.7	667.7	673.5	674.9

续表

年 \ 月	7	8	9	10	11	12
1978	121.1	118.4	125.7	123.6	128.5	145.2
1979	138.4	136.7	145.5	150.7	149.0	164.7
1980	163.5	161.6	172.9	166.5	175.2	197.7
1981	175.6	172.0	184.9	184.7	195.1	224.8
1982	192.8	186.2	199.3	198.2	205.8	248.2
1983	205.8	206.9	218.8	216.0	235.0	282.0
1984	245.5	249.6	272.3	278.7	299.4	366.3
1985	329.9	328.1	358.2	358.4	376.6	451.0
1986	381.4	386.9	429.8	428.8	444.4	527.7
1987	454.5	458.9	499.5	505.2	518.7	617.9
1988	591.8	636.2	674.5	647.7	640.5	804.2
1989	642.2	638.9	674.1	652.7	641.9	734.1
1990	648.1	650.8	698.4	700.7	707.9	809.5

表 10-3 各模型及综合模型的权重和精度

j	（1）	（2）	（3）	（4）		
$Q(j)$	0.035 88	0.033 00	0.024 78	0.023 22	Q	U
W_A	0.250 0	0.250 0	0.250 0	0.250 0	0.013 57	0.029 22
W_B	0.219 8	0.242 6	0.264 5	0.273 2	0.013 53	0.028 73
W_C	0.191 9	0.233 8	0.277 8	0.296 5	0.013 56	0.028 25
W_D	0.100 0	0.200 0	0.300 0	0.400 0	0.013 19	0.026 91
W_E	0.071 4	0.214 3	0.357 1	0.357 1	0.012 91	0.026 78
W_S	0.000 0	0.361 5	0.303 8	0.334 7	0.011 61	0.027 23
W_O	−0.030 7	0.362 8	0.325 6	0.342 3	0.011 60	0.026 89

对于平稳数据序列，我们可以建立自回归滑动平均模型 ARMA。当观测数据序列中含有较简单的趋势和周期变化时，经过数据预处理后，该数据序列变成平稳序列，这类非平稳序列被称为准平稳序列。我们把非平稳数据平稳化过程和对准平稳序列建立 ARMA 模型结合起来，就形成了 ARIMA 模型。若将季节差分算子引入 ARIMA 模型，则将建立乘积季节模型。

自回归模型是时间序列分析理论中的 AR 模型，自适应预期假定认为，经济活动主体对某经济变量的预期，是通过一种简单的学习过程形成的，其机理是，经济活动主体会根据自己过去在做预期时所犯错误的程度，来修正它们以后每一时期的预期，即按照过去预测偏差的某一比例对当前期望进行修正，使其适应新的经济环境。公式 $x_t^* = x_{t-1}^* + \gamma(x_t - x_{t-1}^*)$ 表示的就是自适应预期的概念，其中参数 γ 为调节系数，也称为适应系数。也就是说，本期预期值 x_t^* 等于前一期预期值 x_{t-1}^* 加上一修正量，该修正量 $\gamma(x_t - x_{t-1}^*)$ 是前一期预期误差 $(x_t - x_{t-1}^*)$ 的一部分。这一调整过程叫作自适应过程。将自适应预期概念和自回归模型结合起来，就可以建立自适应自回归模型。

门限自回归模型（Threshold Autoregressive Model，TAR）的基本思想是：把数据序列的取值范围用门限划分为若干区间，在不同区间上用不同的自回归模型拟合，也就是用多个线性模型来描述非线性系统。门限自回归模型引入了微分方程中极限环的概念，因而可以有效地描述非线性振动现象，并用以解释各种类型的稳定循环。

叠合模型的数学表达式为

$$x_t = T_t + C_t + E_t$$

其中：

$$T_t = R_0 + \sum_{i=1}^{L} R_i e^{\gamma_i t}$$

$$C_t = \sum_{j=1}^{k} B_j e^{b_j t} \left(C_j \sin j\omega t + \sqrt{1-C_j^2} \cos j\omega t \right), \quad \omega = 2\pi/12$$

$\{E_t\}$ 为平稳序列，满足下面的 ARMA(p,q) 模型（$\{a_t\}$ 为白噪声序列）：

$$E_t - \varphi_1 E_{t-1} - \cdots - \varphi_p E_{t-p} = a_t - \theta_1 a_{t-1} - \cdots - \theta_q a_{t-q}$$

在叠合模型中的上述各式中，L、k、p、q 为正整数，是模型阶数，R_i、γ_i、B_j、b_j、C_j、φ_k、θ_l 为待估计的模型参数。

分析表 10-3 中的结果，不难看出以下几点。

（1）最优加权模型的误差平方和虽最小，但模型 O 的权系数为负值（-0.0307），增加非负约束条件后，相应的最优正权模型误差平方和略有增加。

（2）五种次优正权模型的 Q 值明显高于 Q_O。

（3）五种次优正权模型的误差平方和上界满足 $U_C \leqslant U_B \leqslant U_A$ 及 $U_E \leqslant U_D \leqslant U_A$。

模型①~④及六种正权模型对 1990 年 1 月—1990 年 12 月的预报误差百分率列于表 10-4（实际值见表 10-2），可见每种正权模型预报精度都有显著提高。更值得注意的是，算术平均法的预报精度远远超过其他方法，表中结果还表明，模型的拟合优度 Q 与模型的预报精度往往并不服从相同规律，选择哪种综合模型应根据实际需要决定。

表 10-4　各模型和综合模型的预报精度

	L	1	2	3	4	5	6	7
单项预测	（1）	-6.68	-0.87	-3.45	-4.22	-6.29	-6.16	-5.74
	（2）	4.73	8.93	2.77	7.15	6.18	6.62	8.88
	（3）	-0.41	1.77	3.87	9.11	4.26	5.58	11.47
	（4）	-5.94	0.09	-3.76	-3.95	-5.65	-5.68	-5.68
组合预测	S	-0.69	3.56	0.74	3.73	1.32	1.86	4.40
	A	-2.08	2.48	-0.14	2.02	-0.37	0.09	2.23
	B	-1.73	2.74	0.11	2.48	0.06	0.55	2.82
	C	-1.38	2.99	0.35	2.92	0.49	1.00	3.39
	D	-0.09	4.03	1.17	4.38	1.99	2.57	5.28
	E	-0.46	3.69	0.95	4.11	1.65	2.21	4.89

续表

L		8	9	10	11	12	MAPE
单项预测	(1)	-4.99	-6.29	-9.05	-11.40	-9.10	6.22
	(2)	10.65	9.28	9.21	13.08	10.82	8.19
	(3)	14.08	14.46	15.17	17.28	18.16	9.63
	(4)	-2.31	-5.32	-8.95	-10.21	-6.00	5.29
组合预测	S	7.01	5.58	4.46	5.94	6.97	3.85
	A	4.36	3.03	1.48	2.19	3.47	2.00
	B	4.98	3.69	2.27	3.16	4.30	2.41
	C	3.57	4.32	3.03	4.11	5.10	2.89
	D	7.52	6.36	5.49	7.24	7.67	4.48
	E	7.55	6.15	5.14	6.75	7.72	4.27

10.3.3 正权综合方法的改进

我们可以采用递归正权综合方法进行改进，该法能够提高模型精度。步骤如下。

（1）用 J 个初始模型拟合 $\{x_t\}$，$t=1,2,\cdots,N$，计算各模型的误差平方和：

$$e_{jj} = e_j^\tau e_j = \sum_{t=1}^{N}(x_t - \hat{x}_t(j))^2,\quad j=1,2,\cdots,J$$

（2）将模型按误差平方和降序排列，$e_{(1)} \geq e_{(2)} \geq \cdots \geq e_{(J)}$，下标为模型新序号，则

$$e_{(1)} = \max\{e_{jj}\},\quad e_{(J)} = \min\{e_{jj}\}$$

（3）给定迭代精度 ε，若 $\Delta = e_{(1)} - e_{(J)} < \varepsilon$，则终止迭代，模型（$J$）相应于初始模型的权系数即为所求，否则进行下一步。

（4）计算以上 J 个模型的某种正权综合模型（记作（*））及其误差平方和 $e_{(*)}$，记录模型（*）关于初始模型的权系数向量 $W_{(*)}$，用 $e_{(*)}$ 取代 $e_{(1)}$，模型（*）取代模型①，从第二步开始，做下轮迭代。

因为正权组合预测模型满足：

$$\lambda_{\min}/J \leq Q_0 \leq Q \leq \sum \omega_j e_{jj} \leq \max_{1 \leq j \leq J}\{e_{jj}\}$$

式中，信息阵 $E = (e_{jj})_{J \times J}$。

$$e_{ij} = \sum_{t=1}^{N} e_t(i)e_t(j) = \sum_{t=1}^{N}(x_t - \hat{x}_t(i))(x_t - \hat{x}_t(j)) \tag{10-7}$$

式中，J 为初始模型个数；$\lambda_{\min}$ 为对称正定阵 E 的最小特征根；Q_0 是最优综合模型的误差平方和；Q 是正权组合预测模型的误差平方和；ω_j 则为正权组合模型中相对应于第 j 个初始模型的权重系数。

所以，对正权模型必有 $0 \leq e_{(*)} \leq e_{(1)}$，因此递归收敛性显著，且精度优于非递归模型。

10.4 组合预测权系数确定的一种合作对策方法

10.4.1 组合预测方法的合作对策描述

组合预测权系数确定的方法已有多种。本节从对策论的观点出发，视各单项预测方法为组合预测方法这个合作对策的局中人，合作的"结果"为组合预测的误差平方和，再按合作对策 Shapley 值法在各单项预测模型中进行分配，从而获得组合预测权系数确定的一种方法。

设对同一预测对象的某个指标序列 $\{x_t, t=1,2,\cdots,N\}$，存在 m 种单项预测方法对其进行预测，m 种单项预测方法表示为 $M=\{1,2,\cdots,m\}$，则 M 为组合预测方法的局中人集合。

记 M 的所有的子集为 2^M，则 M 中的任一子集 $s \in 2^M$ 形成组合预测方法的一个联盟，若干局中人结成联盟后，这个联盟作为一个整体进行组合预测就是希望尽可能多地降低组合预测误差。下面采用组合预测误差平方和这个指标来反映预测精度。

设第 i 种单项预测方法在第 t 时刻的预测值为 x_{it}，$i=1,2,\cdots,m$，$t=1,2,\cdots,N$，称 $e_{it}=(x_t-x_{it})$ 为第 i 种单项预测方法在第 t 时刻的预测误差，设 $l_1,l_2,\cdots,l_m$ 分别为 m 种单项预测方法的加权系数，$\hat{x}_t = l_1 x_{1t}+l_2 x_{2t}+\cdots+l_m x_{mt}$ 为 x_t 的组合预测值，加权系数应满足：

$$l_1+l_2+\cdots+l_m=1, \quad l_1,l_2,\cdots,l_m \geqslant 0 \tag{10-8}$$

e_t 为组合预测在第 t 时刻的预测误差，则有

$$e_t = x_t - \hat{x}_t = \sum_{i=1}^{m} l_i e_{it} \tag{10-9}$$

设 $J(M)$ 表示组合预测的误差平方和，则有

$$J(M)=\sum_{t=1}^{N}e_t^2=\sum_{t=1}^{N}\sum_{i=1}^{m}\sum_{j=1}^{m}l_i l_j e_{it} e_{jt} \tag{10-10}$$

定义 9 设 $M=\{1,2,\cdots,m\}$，$s \subset M$，$v(s)$ 为定义在 2^M 集合上的实值函数，令 $v(s)=-J(s)$，它满足：

$$v(\Phi)=0 \tag{10-11}$$

$$v(M) \geqslant \sum_{i=1}^{m} v(\{i\}) \tag{10-12}$$

则称组合预测方法为一合作 m 人对策，记为 $\Gamma=[M,v]$，$v(s)$ 称为 m 人对策的特征函数，其中 $J(s)$ 表示联盟 s 进行组合预测所得的预测误差平方和，$v(s)$ 表示 $J(s)$ 的相反数。

因为预测误差平方和越大，预测精度越低，所以 $v(s)$ 越大，表明预测精度越高。定义 9 中式（10-12）表明组合预测方法精度高于各单项预测方法精度。

一般来说，各单项预测方法在组合预测方法中的加权系数的大小应根据其对合作

的"贡献"来确定。因此，下面引进定义10。

定义 10 称 $v(s\cup\{i\})-v(s)$ 为第 i 种各单项预测方法对联盟 s 合作的"贡献"，其中 $s\subset M$。

当所有 m 种单项预测方法均参与组合预测时，$M=\{1,2,\cdots,m\}$ 为最大的一个联盟，记 $v(M)$ 为最大的联盟成果，如何将 $v(M)$ 分配给局中人？一个自然的想法是依据各局中人给联盟带来的"贡献"来分配。

设 x_i 为第 i 种各单项预测方法从 $v(M)$ 中获得的分配，$i=1,2,\cdots,m$，则有

$$\begin{aligned} x_1 &= v(\{1\}) \\ x_2 &= v(\{1,2\})-(\{1\}) \\ x_3 &= v(\{1,2,3\})-v(\{1,2\}) \\ &\vdots \\ x_m &= v(M)-v(M-\{m\}) \end{aligned} \tag{10-13}$$

然而，上述的分配通常与局中人编号的次序有关，如果把局中人 $m,m-1,\cdots,2,1$ 的编号改为 $1',2',\cdots,m'$，则有新的分配方案：

$$\begin{aligned} x_1' &= v(\{m\}) \\ x_2' &= v(\{m,m-1\})-v(\{m\}) \\ x_3' &= v(\{m,m-1,m-2\})-v(\{m,m-1\}) \\ &\vdots \\ x_m' &= v(M)-v(M-\{1\}) \end{aligned} \tag{10-14}$$

对于其他编号的次序有对应的分配方案，由于 m 个局中人编号的次序共有 $m!$ 种，所以对应的分配方案也有 $m!$ 种，为此取各局中人分配的平均值作为局中人的平均"贡献"。

记 $\varphi_i(v)$ 为第 i 个局中人的平均"贡献"，则有

$$\varphi_i(v)=\frac{1}{m!}\sum_{\pi}\left[v\left(S_\pi^i\cup\{i\}\right)-v\left(S_\pi^i\right)\right] \tag{10-15}$$

其中，π 是由 $1,2,\cdots,m$ 组成的所有 m 级排列，$\sum$ 为针对所有的 $m!$ 个不同的 m 级排列求和，$S_\pi^i=\{j|\pi(j)<i\}$。

显然 S_π^i 为排列 π 中排在 i 的前面的那些局中人组成的联盟，将满足 $S_\pi^i=s$ 排列归为一类，式（10-15）可以表示为

$$\varphi_i(v)=\sum_{i\in s}\frac{(m-|s|)!(|s|-1)!}{m!}[v(s)-v(s-\{i\})],\quad i=1,2,\cdots,m \tag{10-16}$$

其中，s 为 M 中包含 $\{i\}$ 的所有子集合，$|s|$ 为子集 s 中局中人的单项预测的个数。

定义 11 称 $\Phi(v)=(\varphi_1(v),\varphi_2(v),\cdots,\varphi_m(v))$ 为合作 m 人对策 $\Gamma=[M,v]$ 的 Shapley 值，研究成果已经证明了

$$\sum_{i=1}^m \varphi_i(v)=v(M) \tag{10-17}$$

式（10-17）表明各单项预测方法在组合预测方法中的平均"贡献"之和 $\varphi_i(v)$ 等于合作的总成果。

由 Shapley 值即可计算第 i 种各单项预测方法同联盟合作的平均"贡献" $\varphi_i(v)$。在前面的论述中提到,各单项预测方法在组合预测方法中的加权系数的大小应根据合作中的平均"贡献"来确定。考虑到 $v(M)$ 为预测误差平方和的负值,需要将 $\varphi_i(v)$ 做如下归一化处理,可得组合预测的加权系数:

$$l_i = \frac{v(M)}{\varphi_i(v)} \bigg/ \sum_{j=1}^{m} \frac{v(M)}{\varphi_j(v)}, \quad i = 1, 2, \cdots, m \tag{10-18}$$

显然它们满足 $\sum_{i=1}^{m} l_i = 1$,$l_i \geqslant 0$,$i = 1, 2, \cdots, m$。

组合预测权系数确定的合作对策计算步骤如下。

(1)根据组合预测误差信息矩阵对角线上的元素,采用某种正权组合方法,如方差倒数加权法、均方差倒数加权法等给出初始的组合预测权系数的估计。

(2)根据式(10-10)及定义 9 计算各种联盟合作的特征函数。

(3)根据定义 10 及式(10-16)计算各种单项预测方法的所获得的平均分配,即 Shapley 值。

(4)根据式(10-18)对各种单项预测方法的所获得的平均分配做归一化处理即得组合预测权系数。

10.4.2 组合预测方法的合作对策实例分析

设某组合预测问题由 $M = \{1, 2, 3\}$ 这三种单项预测方法组合而成,其组合预测误差信息矩阵为

$$\boldsymbol{E} = (e_{ij})_{3\times 3} = \begin{bmatrix} 10 & 7 & 5 \\ 7 & 8 & 6 \\ 5 & 6 & 6 \end{bmatrix}$$

其中 e_{ij} 的计算见式(10-7)。e_{11}、e_{22}、e_{33} 分别是这三种单项预测方法的预测误差平方和。这里采用方差倒数加权方法,其一般计算公式为

$$(l_1, l_2, \cdots, l_m) = \left(\sum_{i=1}^{m} e_{ii}^{-1}\right)^{-1} \left(e_{11}^{-1}, e_{22}^{-1}, \cdots, e_{mm}^{-1}\right) \tag{10-19}$$

所以,按式(10-19)计算 1,2,3 这三种单项预测方法在组合预测方法中的加权系数为

$$(l_1, l_2, l_3) = \left(\frac{1}{10} + \frac{1}{8} + \frac{1}{6}\right)^{-1} \left(\frac{1}{10}, \frac{1}{8}, \frac{1}{6}\right) = \left(\frac{12}{47}, \frac{15}{47}, \frac{20}{47}\right)$$

再按式(10-10)得到

$$J(M) = \left(\frac{12}{47}, \frac{15}{47}, \frac{20}{47}\right) \begin{bmatrix} 10 & 7 & 5 \\ 7 & 8 & 6 \\ 5 & 6 & 6 \end{bmatrix} \left(\frac{12}{47}, \frac{15}{47}, \frac{20}{47}\right)^{\mathrm{T}} = 6.41014$$

$$V(M) = -J(M) = -6.41014$$

同理,采用方差倒数加权方法得到

$$v(\{1,2\}) = -7.90123, \quad v(\{2,3\}) = -6.3673, \quad v(\{1,3\}) = -6.0937$$
$$v(\{1\}) = -10, \quad v(\{2\}) = -8, \quad v(\{3\}) = -6$$

由式（10-16）得到

$$\varphi_1(v) = v(\{1\}) \times \frac{1}{3} + [v(\{1,2\}) - v(\{2\})] \times \frac{1}{6} + [v(\{1,3\}) - v(\{3\})] \times \frac{1}{6} + [v(\{1,2,3\}) - v(\{2,3\})] \times \frac{1}{3}$$
$$= -3.34676$$

同理可得

$$\varphi_2(v) = -2.48356, \quad \varphi_3(v) = -0.57982$$

再按式（10-18）得到在组合预测方法中的加权系数为

$$l_1 = 0.123158, \quad l_2 = 0.165964, \quad l_3 = 0.710878$$

$$J'(M) = (0.123158, 0.165964, 0.710878) \begin{bmatrix} 10 & 7 & 5 \\ 7 & 8 & 6 \\ 5 & 6 & 6 \end{bmatrix} \begin{pmatrix} 0.123158 \\ 0.165964 \\ 0.710878 \end{pmatrix} = 5.98154$$

若 1，2，3 这三种单项预测方法按以预测误差平方和达到最小的线性组合预测模型计算，利用 MATLAB 最优化工具箱求得在组合预测方法中的最优加权系数为

$$l_1^* = 0.166667, \quad l_2^* = 0, \quad l_3^* = 0.833333$$

对应的最小预测误差平方和为 $J^*(M) = 5.83333$。

由此可见，以预测误差平方和作为预测精度评价准则，本节提出的确定组合预测方法中的加权系数的 Shapley 值方法明显优于方差倒数加权方法，且与最优组合预测方法的预测精度很接近。

本节给出了组合预测权系数确定的非最优正权新方法——合作对策方法。从实例可以看出，该方法确定的组合预测也是一种优性组合预测，它不仅适用于以误差平方和为准则的组合预测模型，而且适用于基于预测有效度的组合预测模型。

10.5 熵值法及其在确定组合预测权系数中的应用

组合预测综合利用各种单项预测方法所提供的信息，以适当的加权平均形式得出组合预测模型，组合预测核心的问题就是如何求出组合预测加权平均系数，使得组合预测模型可更加有效地提高预测精度。那么组合预测加权平均系数是如何依赖各种单项预测方法所提供的信息和对信息依赖程度的定量描述等问题值得进一步深入研究。本节从信息论的观点出发，根据各单项预测方法预测误差序列的变异程度，利用信息熵的概念，计算组合预测加权平均系数。

10.5.1 确定组合预测加权系数的熵值法的基本原理

设对同一预测对象的某个指标序列 $\{x_t, t = 1, 2, \cdots, N\}$，存在 m 种单项预测方法对其进行预测，设第 i 种单项预测方法在第 t 时刻的预测值为 x_{it}，$i = 1, 2, \cdots, m$，

$t = 1, 2, \cdots, N$。令

$$e_{it} = \begin{cases} 1 & \text{当 } |(x_t - x_{it})/x_t| \geq 1 \text{ 时} \\ |(x_t - x_{it})/x_t| & \text{当 } 0 \leq |(x_t - x_{it})/x_t| < 1 \text{ 时} \end{cases} \quad (10\text{-}20)$$

则称 e_{it} 为第 i 种预测方法第 t 时刻的预测相对误差，$i = 1, 2, \cdots, m$，$t = 1, 2, \cdots, N$。显然，$0 \leq e_{it} \leq 1$，$\{e_{it}, i = 1, 2, \cdots, m; t = 1, 2, \cdots, N\}$ 为第 i 种预测方法在各个时刻的预测相对误差序列。

在信息论中，熵值是系统无序程度或混乱程度的度量，被解释为系统无序程度的减少。信息表现为系统的某项指标的变异度，即系统的熵值越大，则所蕴含的信息量就越小，系统的某项指标的变异程度就越小。反之，系统的熵值越小，则所蕴含的信息量就越大，系统的某项指标的变异程度就越大。

非最优正权组合预测方法确定组合预测加权系数的一个基本思想是：若某个单项预测模型预测误差序列的变异程度越大，则其在组合预测中对应的权系数就越小。在统计学中，一般采用离差、方差或标准差作为反映预测误差序列变异程度的指标。然而，在本节中我们利用信息论中熵值的概念，重新定义单项预测模型预测误差序列的变异系数，作为反映其变异程度的一个指标。

用熵值法确定组合预测加权系数的步骤如下。

（1）将各种单项预测方法预测相对误差序列归一化。即计算第 i 种单项预测方法第 t 时刻的预测相对误差的比重，有

$$p_{it} = e_{it} \bigg/ \sum_{t=1}^{N} e_{it}, \quad t = 1, 2, \cdots, N \quad (10\text{-}21)$$

显然 $\sum_{t=1}^{N} p_{it} = 1$，$i = 1, 2, \cdots, m$。

（2）计算第 i 种单项预测方法的预测相对误差的熵值。

$$h_i = -k \sum_{t=1}^{N} p_{it} \ln p_{it}, \quad i = 1, 2, \cdots, m \quad (10\text{-}22)$$

式中，$k > 0$ 为常数，$\ln$ 为自然对数，$h_i \geq 0$，$i = 1, 2, \cdots, m$。对第 i 种单项预测方法而言，如果 p_{it} 全部相等，即 $p_{it} = 1/N$，$t = 1, 2, \cdots, N$，那么 h_i 取极大值，即 $h_i = k \ln N$，这里取 $k = 1/\ln N$，则有 $0 \leq h_i \leq 1$。

（3）计算第 i 种单项预测方法的预测相对误差序列的变异程度系数。因为 $0 \leq h_i \leq 1$，根据系统某项指标的熵值的大小与其变异程度相反的原则，所以定义第 i 种单项预测方法的预测相对误差序列的变异程度系数 d_i 为

$$d_i = 1 - h_i, \quad i = 1, 2, \cdots, m \quad (10\text{-}23)$$

（4）计算各种预测方法的加权系数。

$$l_i = \frac{1}{m-1}\left(1 - \frac{d_i}{\sum_{i=1}^{m} d_i}\right), \quad i = 1, 2, \cdots, m \quad (10\text{-}24)$$

式（10-24）体现了一个原则，即某个单项预测方法预测误差序列的变异程度越

大,则其在组合预测中对应的权系数就越小。显然权系数满足 $\sum_{i=1}^{m} l_i = 1$。

(5) 计算组合预测值。

$$\hat{x}_t = \sum_{i=1}^{m} l_i x_{it}, \quad t = 1, 2, \cdots, N \quad (10\text{-}25)$$

10.5.2 熵值法确定组合预测加权系数的实例分析

一些研究中提供了这一方面的计算实例,在此我们引用这些研究成果。已知某预测对象在某一时段的实际观测值 x_t 和两种不同预测方法的预测值 x_{1t} 和 x_{2t},如表 10-5 所示。

表 10-5 两种单项预测方法的预测值

t	X_t	X_{1t}	X_{2t}	t	X_t	X_{1t}	X_{2t}	t	X_t	X_{1t}	X_{2t}
1	11.49	18.47	10.03	5	23.28	16.15	27.78	9	40.19	49.58	52.73
2	13.06	14.54	11.23	6	26.46	21.16	26.36	10	53.37	63.53	47.36
3	15.34	12.84	15.24	7	27.33	28.40	29.67	11	77.79	79.00	71.00
4	20.58	13.28	18.67	8	34.22	37.87	27.40	12	100.63	98.12	109.32

按式(10-20)计算两种不同预测方法的相对误差序列 e_{1t} 和 e_{2t},并按式(10-21)将相对误差序列单位化得 p_{1t} 和 p_{2t},结果如表 10-6 所示。

表 10-6 两种单项预测方法的相对误差序列和归一化

t	e_{1t}	e_{2t}	p_{1t}	p_{2t}	t	e_{1t}	e_{2t}	p_{1t}	p_{2t}
1	0.607 5	0.127 1	0.258 4	0.106 1	7	0.039 2	0.085 6	0.016 7	0.071 5
2	0.113 3	0.140 1	0.048 2	0.117 0	8	0.106 7	0.199 3	0.045 4	0.166 4
3	0.163 0	0.006 5	0.069 3	0.005 4	9	0.233 6	0.063 2	0.099 4	0.052 8
4	0.349 9	0.092 8	0.148 8	0.077 5	10	0.190 4	0.112 6	0.081 0	0.094 0
5	0.306 3	0.193 3	0.130 3	0.161 4	11	0.015 6	0.087 3	0.006 6	0.072 9
6	0.200 3	0.003 8	0.085 2	0.003 2	12	0.024 9	0.086 4	0.010 6	0.072 1

由式(10-22)计算两种单项预测方法的预测相对误差的熵值 h_1 和 h_2 为

$$h_1 = -\sum_{t=1}^{12} p_{1t} \ln p_{1t} / \ln 12 = 0.870\ 4, \quad h_2 = -\sum_{t=1}^{12} p_{2t} \ln p_{2t} / \ln 12 = 0.914\ 7$$

由式(10-23)计算两种单项预测方法的预测相对误差序列的变异程度系数 d_1 和 d_2 为

$$d_1 = 1 - h_1 = 0.129\ 6, \quad d_2 = 1 - h_2 = 0.085\ 3$$

由式(10-24)计算两种预测方法的加权系数 l_1 和 l_2 为

$$l_1 = 1 - 0.129\ 6/(0.085\ 3 + 0.129\ 6) = 0.396\ 9$$
$$l_2 = 1 - 0.085\ 3/(0.085\ 3 + 0.129\ 6) = 0.603\ 1$$

所以由式(10-25)得到组合预测值计算公式:

$$\hat{x}_t = 0.396\ 9 x_{1t} + 0.603\ 1 x_{2t}, \quad t = 1, 2, \cdots, 12$$

把表 10-5 中的数据 x_{1t} 和 x_{2t} 代入上式可以计算出组合预测值 $\hat{x}_t$，如表 10-7 所示。

表 10-7　组合预测得到的预测值

t	x_t	$\hat{x}_t$	t	x_t	$\hat{x}_t$	t	x_t	$\hat{x}_t$
1	11.49	13.38	5	23.28	23.16	9	40.19	51.48
2	13.06	12.54	6	26.46	24.30	10	53.37	53.78
3	15.34	14.29	7	27.33	29.17	11	77.79	74.18
4	20.58	16.53	8	34.22	31.56	12	100.63	104.87

若以预测误差平方和作为反映预测精度的一个指标，则有熵值法确定的组合预测模型对应的预测误差平方和为

$$Q_1 = \sum_{t=1}^{12} e_t^2 = \sum_{t=1}^{12} (x_t - \hat{x}_t)^2 = 95.0940$$

在一些研究中，也基于本例的数据计算了以预测误差平方和为准则的非负线性组合预测模型的最优组合预测权系数 l_1^* 和 l_2^*，得到

$$l_1^* = 0.4121, \quad l_2^* = 0.5879$$

在最优组合预测的线性规划模型中，目标函数最优值 Q_2 就是预测误差平方和，计算得到

$$Q_2 = 94.8889, \quad Q_1 = \sum_{t=1}^{12} e_t^2 = \sum_{t=1}^{12} (x_t - \hat{x}_t)^2 = 95.0940$$

由此可见，以预测误差平方和作为预测精度评价准则，本节提出的确定组合预测方法中的加权系数的熵值方法与最优组合预测方法的预测精度很接近。另外，通过比较熵值方法和方差倒数加权方法，会发现本节提出的熵值方法稍优于方差倒数加权方法，这表明熵值方法用于确定组合预测方法加权系数具有一定的有效性。从本节实例可以看出，该方法确定的组合预测也是一种优性组合预测。

10.6　B-G 模型

J. M. Bates 和 C. W. Granger 首次提出组合预测概念时，使用了在均方预测误差（无偏时为预测误差的方差）指标下的加权平均组合预测，我们称这种组合预测方法为 B-G 最优组合预测或 B-G 模型，这种方法是最优加权法主要思想的具体实现。

这种方法具有直观、简单、有效的特点，但是在实际应用中也有其局限性。我们对该方法的基本原理予以简单介绍。

设某社会经济现象所成的时间序列的观测值为 $y_1, y_2, \cdots, y_n$，有 m 种单项预测方法对其进行了预测，设 x_{ij} 为第 i 种预测方法在 j 时刻的预测值，有

$$\hat{y}_j = k_1 x_{1j} + k_2 x_{2j} + \cdots + k_m x_{mj} \quad (j = 1, 2, \cdots, n) \quad (10\text{-}26)$$

为 m 种预测方法在 j 时刻的组合预测值；$e_{ij} = y_j - x_{ij}$，$(i = 1, 2, \cdots m; j = 1, 2, \cdots, n)$，为第 i

种预测方法在 j 时刻的预测误差；$k_1, k_2, \cdots, k_m$ 为组合预测的加权系数，且 $\sum_{i=1}^{m} k_i = 1$。

记 $\boldsymbol{K}' = (k_1, k_2, \cdots, k_m)_{1 \times m}$，$\boldsymbol{L} = (1, 1, \cdots, 1)_{1 \times m}$

组合预测的预测误差平方和为

$$e^2 = \sum_{j=1}^{n}\left(y_j - \hat{y}_j\right)^2 = \sum_{j=1}^{n}\left(\sum_{i=1}^{m} k_i e_{ij}\right)^2 = \sum_{i=1}^{m}\sum_{t=1}^{m}\left(k_i k_t \sum_{j=1}^{n} e_{ij} e_{tj}\right) = \boldsymbol{K}'\boldsymbol{E}\boldsymbol{K} \quad (10\text{-}27)$$

式中，$\boldsymbol{E} = \begin{bmatrix} \sum_{j=1}^{n} e_{1j}e_{1j} & \sum_{j=1}^{n} e_{1j}e_{2j} & \cdots & \sum_{j=1}^{n} e_{1j}e_{mj} \\ \sum_{j=1}^{n} e_{2j}e_{1j} & \sum_{j=1}^{n} e_{2j}e_{2j} & \cdots & \sum_{j=1}^{n} e_{2j}e_{mj} \\ \vdots & \vdots & & \vdots \\ \sum_{j=1}^{n} e_{mj}e_{1j} & \sum_{j=1}^{n} e_{mj}e_{2j} & \cdots & \sum_{j=1}^{n} e_{mj}e_{mj} \end{bmatrix}$ 为预测信息误差矩阵。

通过在约束条件下求极值，可求出预测误差平方和最小的最优组合预测权系数，即求：

$$\begin{cases} \min e^2 = \boldsymbol{K}'\boldsymbol{E}\boldsymbol{K} \\ s.t. \boldsymbol{L}\boldsymbol{K} = 1 \end{cases} \quad (10\text{-}28)$$

若 $\boldsymbol{E}$ 对称正定（$\boldsymbol{E}$ 显然是半正定矩阵），则有

$$\boldsymbol{K} = \frac{\boldsymbol{E}^{-1}\boldsymbol{L}'}{\boldsymbol{L}\boldsymbol{E}^{-1}\boldsymbol{L}'} \quad (10\text{-}29)$$

而且可以得到最优组合预测方法的误差平方和为

$$e^2 = \frac{1}{\boldsymbol{L}\boldsymbol{E}^{-1}\boldsymbol{L}'} \quad (10\text{-}30)$$

关于式（10-28）和式（10-29）的证明，我们引用一些学者给出的研究成果。

令 $J = \boldsymbol{K}'\boldsymbol{E}\boldsymbol{K}$，我们的任务就是在约束条件 $\boldsymbol{L}\boldsymbol{K} = 1$ 之下，求加权系数向量 $\boldsymbol{K}$，使得预测误差平方和 J 达到最小值 $J_{\min}$。

由拉格朗日乘数法求极值的原理可知，要使 J 取极小值，构造拉格朗日函数 $F(\boldsymbol{k}, \lambda)$ 后，F 对 $\boldsymbol{K}$ 的一阶偏导数必然为零，这里 $F(\boldsymbol{K}, \lambda) = \boldsymbol{K}'\boldsymbol{E}\boldsymbol{K} + \lambda(\boldsymbol{L}\boldsymbol{K} - 1)$。根据向量和矩阵微分的求导规则可得

$$\partial F / \partial \boldsymbol{K} = 2\boldsymbol{E}\boldsymbol{K} + \lambda \boldsymbol{L}' = \boldsymbol{0} \quad (10\text{-}31)$$

因为 $\boldsymbol{E}$ 是对称正定矩阵，则 $\boldsymbol{E}$ 的逆矩阵一定存在，设为 $\boldsymbol{E}^{-1}$。将 $\boldsymbol{E}^{-1}$ 左乘式（10-31）的两端可得

$$2\boldsymbol{K} + \lambda \boldsymbol{E}^{-1}\boldsymbol{L}' = \boldsymbol{0} \quad (10\text{-}32)$$

将式（10-32）的两端左乘 $\boldsymbol{L}$ 可得

$$2\boldsymbol{L}\boldsymbol{K} + \lambda \boldsymbol{L}\boldsymbol{E}^{-1}\boldsymbol{L}' = \boldsymbol{0} \quad (10\text{-}33)$$

将约束条件 $\boldsymbol{L}\boldsymbol{K} = 1$ 带入式（10-33），可得

$$\lambda = -\frac{2}{\boldsymbol{L}\boldsymbol{E}^{-1}\boldsymbol{L}'} \quad (10\text{-}34)$$

将式（10-34）带入式（10-31），可得式（10-29）。容易证明

$$LK = \frac{LE^{-1}L'}{LE^{-1}L'} = 1$$ 满足约束条件 $LK = 1$,所以按式(10-29)求出的 K 就是最优加权系数向量。相应的 $J = K'EK$ 达到极小值 $J_{\min}$。因为 E 是对称正定矩阵,所以有 $(E^{-1})' = E^{-1}$,因此有

$$J_{\min} = K'EK = \left(\frac{E^{-1}L'}{LE^{-1}L'}\right)E\left(\frac{E^{-1}L'}{LE^{-1}L'}\right) = 1 \quad (10\text{-}35)$$

由式(10-35),式(10-30)得证。

理论上,B-G 模型具有一定的最优性,精度也高。但是这种方法计算复杂,特别是要求假定 E 为正定矩阵,这使得 B-G 模型在理论上拓广受限,在应用上不方便,为了在理论上拓广,依托统计学中的线性模型理论,构建了组合预测的线性模型。

10.7 组合预测的线性模型

10.7.1 组合预测的线性模型

组合预测的关键是确定加权系数。组合预测误差平方和极小化意义下的最优加权系数的确定可以转化为一类带线性约束的线性模型的参数估计问题。这就需要引入所谓的组合预测线性模型的概念。

设某社会经济现象所成的时间序列的观测值为 $y_1, y_2, \cdots, y_n$。现有 m 种单项预测方法对其进行了预测,记 $x_{ij}(i=1,2,\cdots,m; j=1,2,\cdots,n)$ 为第 i 种预测方法在 j 时刻的预测值。设 $k_1, k_2, \cdots, k_m$ 为组合预测的加权系数,加权系数满足 $\sum_{i=1}^{m} k_i = 1$,且 $\hat{y}_j = k_1 x_{1j} + k_2 x_{2j} + \cdots + k_m x_{mj}$,$(j=1,2,\cdots,m)$。

$\hat{y}_j$ 为 m 种预测方法在 j 时刻的组合预测值。称实际观察值与组合预测值的差 $\varepsilon_j = y_j - \hat{y}_j$ $(j=1,2,\cdots,n)$ 为组合预测的误差。

预测模型可写为

$$\begin{cases} y_1 = k_1 x_{11} + k_2 x_{21} + \cdots + k_m x_{m1} + \varepsilon_1 \\ y_2 = k_1 x_{12} + k_2 x_{22} + \cdots + k_m x_{m2} + \varepsilon_2 \\ \quad\quad\quad\quad\quad\quad\quad \vdots \\ y_n = k_1 x_{1n} + k_2 x_{2n} + \cdots + k_m x_{mn} + \varepsilon_n \end{cases} \quad (10\text{-}36)$$

记 $\boldsymbol{y}' = (y_1, \cdots, y_n)_{1 \times n}$,$\boldsymbol{K}' = (k_1, \cdots, k_m)_{1 \times m}$,$\boldsymbol{\varepsilon}' = (\varepsilon_1, \cdots, \varepsilon_n)_{1 \times n}$

$$\boldsymbol{X} = \begin{bmatrix} x_{11} & x_{21} & \cdots & x_{m1} \\ x_{12} & x_{22} & \cdots & x_{m2} \\ \vdots & \vdots & \vdots & \vdots \\ x_{1n} & x_{2n} & \cdots & x_{nm} \end{bmatrix}_{n \times m}$$

方程组写成矩阵形式为

$$Y = XK + \varepsilon \qquad (10\text{-}37)$$

记 $L = (1,1,\cdots,)_{1\times m}$

得到线性模型：

$$\begin{cases} Y = XK + \varepsilon \\ LK = 1 \end{cases} \quad E(\varepsilon) = 0 \quad Cov(\varepsilon) = \sigma^2 I \qquad (10\text{-}38)$$

ε 为组合预测的误差所构成的向量。一般时候 $E(\varepsilon) = 0$，$Cov(\varepsilon) = \sigma^2 I$ 是可以满足的，K 为加权系数所构成的向量。

组合预测模型中加权系数向量 K 的确定可以归结为在一定条件下以组合预测误差的平方和最小为目标的求解问题，即在约束条件 $LK = 1$ 下求 $\varepsilon'\varepsilon$ 的极值问题。通过求解该极值问题的约束 LS 解而得到加权系数向量 K。

应用 Lagrange 乘子法，构造辅助函数

$$Q(K, \lambda) = (Y - XK)'(Y - XK) + 2\lambda(LK - 1)$$

λ 为 Lagrange 乘子。对 K 和 λ 求微商，并令微商等于零，得到

$$\begin{cases} X'XK + L'\lambda = X'Y \\ LK = 1 \end{cases} \qquad (10\text{-}39)$$

若 $X'X$ 可逆，则可得

$$K = (X'X)^{-1}X'Y - (X'X)^{-1}L'\lambda$$

在上式两边左乘 L，得

$$1 = L(X'X)^{-1}X'Y - L(X'X)^{-1}L'\lambda$$

$$\lambda = \frac{L(X'X)^{-1}X'Y - 1}{L(X'X)^{-1}L'}$$

所以，可以得到权重向量 K 的表达式：

$$K = (X'X)^{-1}X'Y - (X'X)^{-1}L'\left[\frac{L(X'X)^{-1}X'Y - 1}{L(X'X)^{-1}L'}\right] \qquad (10\text{-}40)$$

因此，$(X'X)$ 可逆时，按照组合预测误差平方和最小准则得到的组合预测加权系数向量就是按照式（10-40）所求向量。

10.7.2 组合预测的广义线性模型

式（10-40）表示的组合预测最优加权系数向量是在基于 $Cov(\varepsilon) = \sigma^2 I$ 的前提下确定的，但是当式（10-36）出现了异方差性和自相关性时，按式（10-40）计算所得结果就不再是组合预测的最优加权系数向量。

我们设定 $Cov(\varepsilon) = \sigma^2 \Sigma$，可以得到组合预测的广义线性模型：

$$\begin{cases} Y = XK + \varepsilon \\ LK = 1 \end{cases} \quad E(\varepsilon) = 0 \quad Cov(\varepsilon) = \sigma^2 \Sigma \qquad (10\text{-}41)$$

若 Σ 对称正定，由广义最小二乘法，可以给出约束解 K，使其成为组合预测在广义误差平方和极小意义下的最优加权系数。

因为 Σ 对称正定，令

$$\tilde{Y} = \Sigma^{-1/2} Y \quad \tilde{X} = \Sigma^{-1/2} X \quad \nu = \Sigma^{-1/2} \varepsilon$$

则组合预测的广义线性模型化为

$$\begin{cases} \tilde{Y} = \tilde{X}K + \nu \\ LK = 1 \end{cases} \quad E(\nu) = 0 \quad Cov(\nu) = \sigma^2 I \tag{10-42}$$

应用 Lagrange 乘子法，构造辅助函数

$$\begin{aligned} Q(k,\lambda) &= (\tilde{Y} - \tilde{X}K)'(\tilde{Y} - \tilde{X}K) + 2\lambda(LK - 1) \\ &= (Y - XK)'\Sigma^{-1}(Y - XK) + 2\lambda(LK - 1) \end{aligned}$$

λ 为 Lagrange 乘子。对 K 和 λ 求微商，并令微商等于零，得到

$$K = \left(X'\Sigma^{-1}X\right)^{-1} X'\Sigma^{-1}Y - \left(X'\Sigma^{-1}X\right)^{-1} L'\left[\frac{L(X'^{-1}X)^{-1}X'\Sigma^{-1}Y - 1}{L(X'\Sigma^{-1}X)^{-1}L'}\right] \tag{10-43}$$

$\left(X'\Sigma^{-1}X\right)$ 可逆时，组合预测广义误差平方和最小的组合预测加权系数向量为式（10-43）。实际工作中若 Σ 未知，只要通过观察数据获得 Σ 的一个估计 S，即可用 S 代替。

10.7.3 基于相对误差极小化的组合预测模型

组合预测的线性模型和广义线性模型，在确定加权系数时，是以误差的平方和达到最小的准则建立起来的，我们也可以采用离差绝对值之和达到最小的准则来确定加权系数。但是采用这类准则时，也有其自身的缺陷。因为不同的社会经济现象所成的时间序列或是量纲不同，应用误差的平方和或离差绝对值之和不具有可比性；或是虽然量纲相同，但是应用误差平方和或离差绝对值之和达到最小的准则建立的模型缺乏较全面的精确性。因此，基于组合预测的相对误差最小的准则，考虑无量纲预测的相对误差，将组合预测中确定加权系数的问题归结为约束条件下求极值，并利用 Lagrange 乘子法，给出加权系数的解法。

设某社会经济现象所成的时间序列的观察值为 $y_1, y_2, \cdots, y_n$。有 m 种单项预测方法对其进行了预测，记 $x_{ij}(i=1,2,\cdots,m; j=1,2,\cdots n)$ 为第 i 种预测方法在 j 时刻的预测值。组合预测的加权系数为 $k_1, k_2, \cdots, k_m$，并且满足 $\sum_{i=1}^{m} k_i = 1$，并记第 i 种预测方法在 j 时刻的组合预测值 $\hat{y}_j$ 为

$$\hat{y}_j = k_1 x_{1j} + k_2 x_{2j} + \cdots + k_m x_{mj}, \ (i=1,2,\cdots,m; j=1,2,\cdots,n)$$

记实际观察值与组合预测值的差为 ε_j，称 $e_j = (y_j - \tilde{y}_j)/y_j = \varepsilon_j/y_j \ (j=1,2,\cdots,n)$ 为组合预测的相对误差。

根据上述定义，我们可以使用实际时间序列与其各单项预测值构造一线性方程组：

$$\begin{cases} y_1 = k_1 x_{11} + k_2 x_{21} + \cdots + k_m x_{m1} + \varepsilon_1 \\ y_2 = k_1 x_{12} + k_2 x_{22} + \cdots + k_m x_{m2} + \varepsilon_2 \\ \vdots \\ y_n = k_1 x_{1n} + k_2 x_{2n} + \cdots + k_m x_{mn} + \varepsilon_n \end{cases} \quad (10\text{-}44)$$

记 $Y^T = (y_1, y_2, \cdots, y_n)_{1 \times n}$，$K^T = (k_1, k_2, \cdots, k_m)_{1 \times m}$，$\varepsilon^T = (\varepsilon_1, \varepsilon_2, \cdots, \varepsilon_n)_{1 \times n}$

$$X = \begin{bmatrix} x_{11} & x_{21} & \cdots & x_{m1} \\ x_{12} & x_{22} & \cdots & x_{m2} \\ \vdots & \vdots & & \vdots \\ x_{1n} & x_{2n} & \cdots & x_{nm} \end{bmatrix}_{n \times m}$$

方程组写成矩阵形式为：$Y = XK + \varepsilon$

$$\diamondsuit\ R = \begin{bmatrix} y_1 & & & \\ & y_2 & & \\ & & \ddots & \\ & & & y_n \end{bmatrix}_{n \times n}$$

当 $y_j \neq 0 (j = 1, 2, \cdots, n)$ 时，有

$$U = R^{-1} = \begin{bmatrix} 1/y_1 & & & \\ & 1/y_2 & & \\ & & \ddots & \\ & & & 1/y_n \end{bmatrix}_{n \times n}$$

$$e = \begin{bmatrix} e_1 \\ e_2 \\ \vdots \\ e_n \end{bmatrix}_{n \times 1} = \begin{bmatrix} 1/y_1 & & & \\ & 1/y_2 & & \\ & & \ddots & \\ & & & 1/y_n \end{bmatrix}_{n \times n} \begin{bmatrix} \varepsilon_1 \\ \varepsilon_2 \\ \vdots \\ \varepsilon_n \end{bmatrix}_{n \times 1} = U\varepsilon$$

L 仍然采用 10.7.1 节中所定义的含义。e 为组合预测的相对误差所组成的向量，K 为加权系数所形成的向量。组合预测的关键就是确定加权系数向量 K。

基于组合预测的相对误差最小的准则，就是把确定组合预测模型中加权系数向量 K 的问题归结为在一定条件下以组合预测相对误差的平方和为目标的求解问题。即在约束条件 $LK = 1$ 下，求 $e'e$ 的极值问题，通过求解该极值问题的约束 LS 解而得到加权系数向量 K。

应用 Lagrange 乘子法，构造辅助函数：

$$Q(K, \lambda) = [U(Y - XK)]'[U(Y - XK)] + 2\lambda(LK - 1), \quad \lambda\ \text{为 Lagrange 乘子。}$$

对 K 和 λ 求微商，并令微商等于零，得到

$$\begin{cases} (UX)'(UX)K + L'\lambda = (UX)'Y \\ LK = 1 \end{cases} \quad (10\text{-}45)$$

若 $(UX)'(UX)$ 可逆，则可得

$$K = \left[(UX)'(UX)\right]^{-1}(UX)'Y - \left[(UX)'(UX)\right]^{-1} L'\lambda$$

在上式两边左乘 L 得

$$1 = L\left[(UX)'(UX)\right]^{-1}(UX)'Y - L\left[(UX)'(UX)\right]^{-1}L'\lambda$$

$$\lambda = \frac{L\left[(UX)'(UX)\right]^{-1}(UX)'Y - 1}{L\left[(UX)'(UX)\right]^{-1}L'}$$

所以可以得到加权系数向量 K 的表达式

$$K = \left[(UX)'(UX)\right]^{-1}(UX)'Y - \left[(UX)'(UX)\right]^{-1}L' \cdot \left\{\frac{L\left[(UX)'(UX)\right]^{-1}(UX)'Y - 1}{L\left[(UX)'(UX)\right]^{-1}L'}\right\} \quad (10\text{-}46)$$

若 $y_j \neq 0 (j=1,2,\cdots,n)$，且 $(UX)'(UX)$ 可逆时，基于预测相对误差最小准则的组合预测的加权系数向量 K 的求解公式如式（10-46）所示。

基于相对误差极小化的组合预测模型与组合预测的线性模型有内在的联系。当取 $U = I$ 为单位矩阵时，基于相对误差极小化的组合预测模型求极值问题的约束 LS 解，即求：

$$\|Y - XK\| = (Y - XK)'(Y - XK) = \sum_{j=1}^{n} \varepsilon_j^2$$

在约束条件 $\sum_{i=1}^{m} k_i = 1$ 的极小化问题，也就是组合预测误差平方和最小化准则下的组合预测的加权系数向量 K 的求解。此时 K 的求解公式为式（10-40）。式（10-40）是式（10-46）在 $U = I$ 时的特例。

类似组合预测的广义线性模型的讨论也可延伸到当 $(UX)'(UX)$ 不可逆时，可以考虑采用广义逆的概念，$(UX)'(UX)$ 可逆的条件可以放宽。若存在某个 $y_j = 0$ 时，通过类似平移的思想对所有的观察值加上某个数 $\alpha(>0)$ 后进行处理。可见 $y_j \neq 0 (j=1,2,\cdots,n)$ 不是问题所要求的本质性条件。

本章小结

1. 组合预测。组合预测是把不同的预测模型组合起来，综合利用各种预测方法所提供的信息，以适当的加权平均形式得出组合预测模型。组合预测的第一个层次是信息的组合，第二个层次是预测方法的组合，第三个层次是预测结果的组合。

2. 组合预测精确度。组合预测精确度一般用预测误差来衡量，分为系统误差与非系统误差。系统误差是非随机误差，由预测模型本身的结构所引起，不受随机因素的影响；非系统误差是随机误差，由随机因素形成。组合预测一般能够提高预测的精确度和可靠度，其主要问题是加权平均系数的确定。适当的加权平均系数会使得组合预测模型更有效地提高预测精度。

3. 组合预测分类。组合预测按组合预测与各单项预测方法的函数关系，分为线性组合预测和非线性组合预测；按组合预测加权系数计算方法的不同，分为最优组合预测和非最优组合预测；按照组合预测加权系数是否随时间变化，分为不变权组合法和可变权组合法；从结果优劣程度来看，分为非劣性预测和优性组合预测；按建立组合预测模型所基于的基本准则，可分为基于误差平方和最小准则的组合法和基于预测有效度的组合预测法。只有当组合预测为优性组合预测时，组合预测方法才有实际意义。

4. 非最优正权组合预测模型权系数确定方法。几种常规的非最优正权组合预测模型权系数的确定方法有算术平均法、预测误差平方和倒数法、均方误差倒数法、简单加权平均法及二项式系数法。

5. 合作对策方法。合作对策方法确定的组合预测也是一种优性组合预测，不仅适用于以误差平方和为准则的组合预测模型，而且适用于基于预测有效度的组合预测模型。一般来说，各单项预测方法在组合预测中的加权系数的大小应根据其与联盟合作的"贡献"来确定。

6. 熵值法。熵值法可以判断一个事件的随机性及无序程度，也可以判断某个指标的离散程度，指标的离散程度越大，该指标对综合评价的影响就越大。在组合预测方法中，熵值法是确定加权系数的一种有效方法。

7. B-G 模型。使用了在均方预测误差（无偏时为预测误差的方差）指标下的加权平均组合预测，我们称这种组合预测方法为 B-G 最优组合预测或 B-G 模型，这种方法是最优加权法主要思想的具体实现。

8. 组合预测线性模型。组合预测的关键是确定加权系数。组合预测误差平方和极小化意义下的最优加权系数的确定可以转化为一类带线性约束的线性模型的参数估计问题。

9. 基于相对误差极小化组合预测模型。基于组合预测的相对误差最小的准则，考虑无量纲预测的相对误差，将组合预测中确定加权系数的问题归结为约束条件下求极值，并利用 Lagrange 乘子法，给出加权系数的解法。

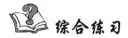

综合练习

一、练习题

1. 什么是组合预测方法？试着举例说明。
2. 在组合预测中怎样确定权重？
3. 选取某物流公司物流需求量的历史数据序列，取 1998—2005 年的数据为样本，用 Y1、Y2、Y3 分别代表回归分析、灰色系统、神经网络三种不同的预测模型对物流需求进行预测，并将三种预测模型的结果与实际值进行比较计算预测误差，如表 10-8 所示（单位：吨）。

表 10-8　某物流公司 1998—2005 年物流需求及预测数据比较情况

年　份	需求实际值	回归分析预测结果	灰色系统预测结果	神经网络预测结果
1998	3 977	4 098	3 977	4 098
1999	4 110	4 126	4 120	4 213
2000	4 221	4 208	4 248	4 312
2001	4 339	4 201	4 381	4 442
2002	4 506	4 431	4 517	4 627
2003	4 687	4 838	4 658	4 767
2004	4 859	4 950	4 803	4 920
2005	5 092	5 046	4 953	5 033

利用组合预测模型 Y 对 1998—2005 年进行物流需求预测，并计算组合预测结果的误差及相对误差。

二、思考题

请概括总结组合预测的原则及其基本步骤。

三、案例题

在本章前面的引例"中国宏观经济预测"中，可以从两个方面对各个机构的预测效果进行评价：一是对预测的方向性进行评估；二是对预测的精度进行评估。

案例思考

1．请用"基于方向"变化的损失函数对各预测机构的结果进行评价。
2．请用二次损失和一次损失函数对各预测机构的结果进行评价。
3．从本案例的预测精确性的评估分析中能看到哪些问题？怎样解决这些问题？

第 11 章 统计软件应用基础

本章学习目标

- 掌握 SPSS 软件的基本操作与预测应用实例
- 掌握 Eviews 软件的基本操作与预测应用实例
- 掌握 MATLAB 软件的基本操作与预测应用实例

人们在进行预测时往往需要使用大量数据进行复杂的运算，而专业统计软件如 SAS、SPSS、MINITAB、Eviews、Excel 等使得预测者摆脱了繁重的计算工作，专注于模型的建立和方法的研究。其中 SPSS、Eviews 和 MATLAB 是目前在大型企业、各类院校以及科研机构中较为流行的计算工具软件。本章将对 SPSS 25、Eviews 和 MATLAB 的基本操作与实例应用做简要介绍。

11.1 SPSS 软件基础与应用实例

SPSS 自 20 世纪 60 年代诞生以来，为适应各种操作系统平台的要求经历了多次版本更新。软件全称最初为"社会科学统计软件包（Solutions Statistical Package for the Social Sciences）"。随着产品服务领域的扩大和服务深度的增加，SPSS 公司于 2000 年正式将软件名称更换为"统计产品与服务解决方案（Statistical Product and Service Solutions）"，之后又于 2009 年将产品定位为预测统计分析软件 PASW（Predictive Analytics Software）。2010 年之后，随着 SPSS 公司被 IBM 公司并购，各子产品家族名称前面不再以 PASW 为名，修改为统一加上 IBM SPSS 字样，每年 8 月中旬颁布更新的版本。在本节中我们选择 SPSS 25 中文版来介绍其安装、界面及简单预测操作。

11.1.1 软件的安装与运行模式

1. 软件的安装

第一步，双击 SPSS 25 运行安装程序。

第二步，在软件许可协议界面选中"我接受许可协议中的全部条款"单选按钮，如图 11-1 所示，单击"下一步"按钮。

第三步，若需要 Python 软件功能，请在安装 IBM SPSS Statistics-Essentials for

Python 界面选中"是"单选按钮，如图 11-2 所示。

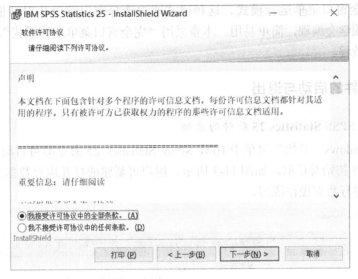

图 11-1　软件许可协议界面

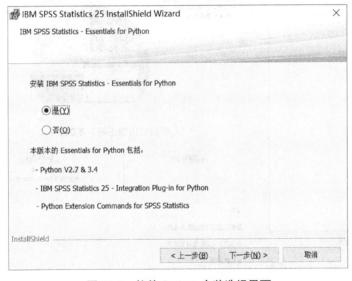

图 11-2　软件 Python 安装选择界面

第四步，选择安装目录，单击"下一步"按钮，在下一个界面单击"安装"按钮，几分钟后提示软件安装完毕。

2. IBM SPSS Statistics 25 的运行模式

SPSS 主要有三种运行模式，即批处理模式、程序运行模式和完全窗口菜单运行模式。

（1）批处理模式。这种模式把已编写好的程序（语句程序）存为一个文件，提交给"开始"菜单上 SPSS for Windows→Production Mode Facility 程序运行。

（2）程序运行模式。这种模式是在语句窗口中直接运行编写好的程序或者在脚本窗口中运行脚本程序。这种模式要求掌握 SPSS 的语句或脚本语言。

（3）完全窗口菜单运行模式。这种模式通过选择窗口菜单和对话框完成各种操作，用户无须学会编程，简单易用。本章采用"完全窗口菜单运行模式"，旨在为初学者提供入门教程。

11.1.2 软件的启动与退出

1. IBM SPSS Statistics 25 软件的启动

打开 Windows "开始"菜单中 IBM SPSS Statistics 25 命令即可启动 SPSS 软件，进入 SPSS 25 初始对话框，如图 11-3 所示。用户可新建或打开现有数据文件，也可打开样本文件进行数据操作练习。

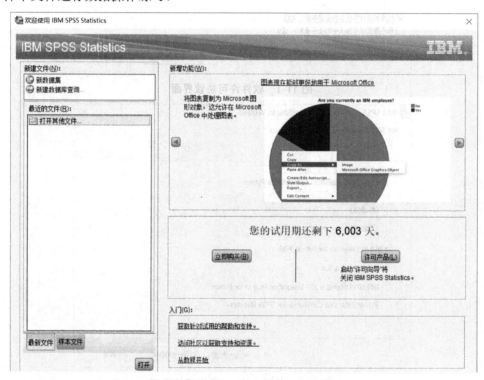

图 11-3　IBM SPSS Statistics 25 初始界面对话框

2. IBM SPSS Statistics 25 软件的退出

SPSS 软件的退出方法与其他 Windows 应用程序相同，有如下两种常用的退出方法。

（1）按"文件"→"退出"的顺序使用菜单命令退出程序。

（2）直接单击 SPSS 窗口右上角的"关闭"按钮，回答系统提出的是否存盘的问题之后，即可安全退出程序。

11.1.3 软件的主要窗口介绍

SPSS 软件运行过程中会出现多个界面，各个界面用处不同。其中，最主要的界面有三个,即数据编辑窗口、结果输出窗口和语句窗口。

1. IBM SPSS Statistics 25 数据编辑窗口

IBM SPSS Statistics 25 启动后即在屏幕上显示主页面,即数据编辑窗口(见图 11-4),用户在数据编辑窗口中可以进行数据的录入、编辑以及变量属性的定义和编辑。该页面是 IBM SPSS Statistics 25 的基本界面,主要由以下几部分构成:标题栏、菜单栏、工具栏、编辑栏、变量名栏、观测序号、窗口切换标签、状态栏。通过在菜单栏中选择相应的命令,可以完成数据的输入、编辑和分析等工作。

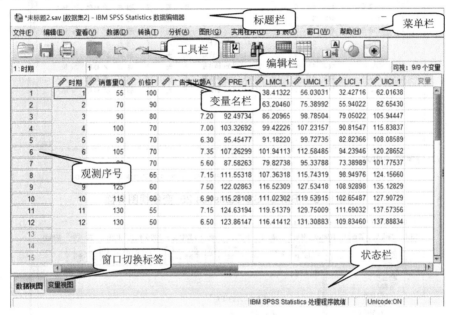

图 11-4 数据编辑窗口

在窗口中,"标题栏"显示数据编辑的数据文件名。窗口上方是"主菜单栏",包含了 SPSS 从文件管理到数据整理、分析的几乎所有功能。为了方便用户操作,SPSS 软件把菜单项中常用的命令放入"工具栏"中,使某些操作更为快捷。另外,如果用户对系统预设的工具栏设置不满意,也可以用"查看"→"工具栏"→"定制"命令对工具栏按钮进行定义。用户可输入数据到"编辑栏",以使它显示在内容区指定的方格中。工具栏下方是当前数据栏,"变量名栏"列出了数据文件中所包含变量的变量名。"观测序号"列出了数据文件中的所有观测值,观测的个数通常与样本容量的大小一致。再往下则是数据显示区域,是一个二维的表格,也是编辑窗口的主体部分。"窗口切换标签"用于"数据视图"和"变量视图"的切换,"数据视图"窗口用于样本数据的查看、录入和修改,"变量视图"窗口用于变量属性定义的输入和修改。单击"变量视图"标签,则数据编辑窗口进入变量视图界面,如图 11-5 所示。"状态栏"用于显示 SPSS 当前的运行状态。

2. IBM SPSS Statistics 25 结果输出窗口

在 SPSS 中大多数统计分析结果都以表和图的形式在结果观察窗口中显示,如图 11-6 所示。窗口右边部分显示统计分析结果,左边是导航窗口,用来显示输出结果的目录，可以通过单击目录来展开右边窗口中的统计分析结果。当用户对数据进行某项统计分析时，结果输出窗口将被自动调出。当然，用户也可以通过双击后缀名为 spv 的 SPSS 输出结果文件来打开该窗口。

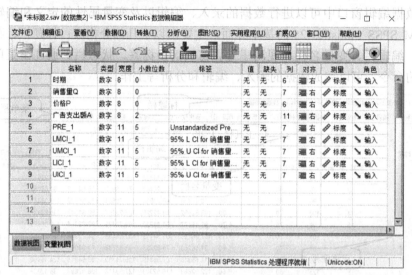

图 11-5　IBM SPSS Statistics 25 变量视图界面

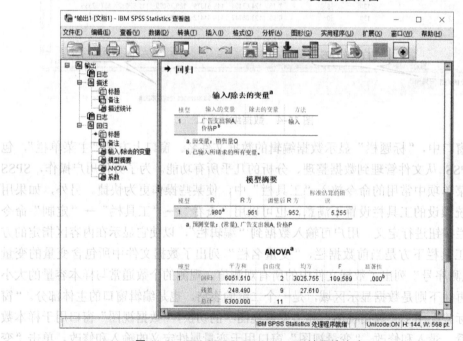

图 11-6　IBM SPSS Statistics 25 结果输出窗口

3. IBM SPSS Statistics 25 语句窗口

用户在数据编辑窗口与结果查看窗口中均可以用"文件"→"打开"→"语法"命令打开语句窗口，在语句窗口中直接编写 SPSS 命令程序，然后通过运行主菜单的"运行"命令将编写好的程序一次性地提交给计算机执行。另外，各个 SPSS 过程的主对话框均有一个标有"粘贴"的图标按钮,它可以把 SPSS 过程的命令语句、各选择项对应的子命令语句按照 SPSS 语言的语法组成一个或若干个完整的程序粘贴到语句窗口中,以便运行、修改,也可保存为一个后缀名为 sps 的文件到磁盘,供以后需要的时候调用。SPSS 语句窗口如图 11-7 所示。

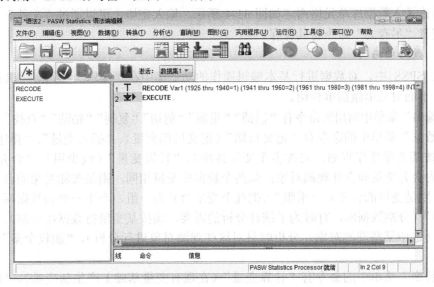

图 11-7　IBM SPSS Statistics 25 语句窗口

11.1.4　数据文件的建立、编辑与读取

1. 新建一个数据文件

(1) 选择"文件"→"新建"→"数据"命令,新建一个数据文件,进入数据编辑窗口。窗口顶部标题为"IBM SPSS Statistics 数据编辑器",如图 11-8 所示。

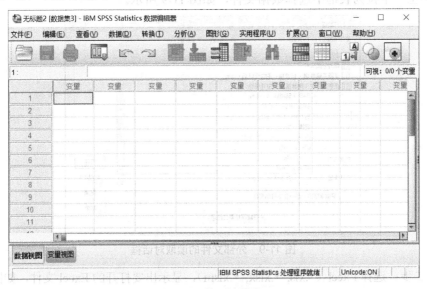

图 11-8　数据编辑窗口

（2）单击数据编辑窗口左下角"变量视窗"标签进入变量视图界面，根据试验的设计定义每个变量类型，如图 11-5 所示。SPSS 默认选项为数值变量，宽度为 8，小数位数为 2。

（3）变量定义完成以后，单击"数据视窗"标签进入数据视窗界面，将每个具体的变量值录入数据库单元格内，如图 11-4 所示。输入完毕，可以通过"文件"→"保存"或者"另存为"命令将其保存。

2. 数据的编辑

在 SPSS 中，对数据进行基本编辑操作的功能集中在"编辑""数据""转换"菜单中，下面对菜单做简单介绍。

"编辑"菜单中常用的命令有"撤销""重新""剪切""复制""粘贴""查找"等。

"数据"菜单中的命令有"定义日期"（定义日期变量）、"插入变量"、"排序个案"（制定按某变量排序规则，可按多个变量排序）、"转置变量"（较少用）、"合并文件"（又分为合并变量和合并观测对象；如两个数据库变量相同，则是观测对象的合并；如不同，则是变量的合并）、"重组"（把几个变量合并为一组，产生一个新数据库）、"拆分文件"（分割数据库，有时为了统计分析的需要，须按某变量将数据库分割）、"选择个案"（选中某些观测对象，分析时只对这些观测对象进行分析）、"加权个案"（赋予权重）。

"转换"菜单中的命令有"计算变量"（在现有变量基础上产生新变量）、"随机数字生成器"（产生随机数）、"对个案内的值计数"（可对某变量的某个值或满足某条件的观测计数）、"个案排序"（按某变量编秩）、"自动重新编码"（自动重新赋值，按数值大小依次为 1、2、3……）、"创建时间序列"（较少用到）、"替换缺失值"。

3. 外部文件的读取

当前版本的 SPSS 可以很容易地读取 Excel 数据，步骤如下。

第一步：选择"文件"→"打开"→"数据"命令调出"打开数据"对话框，在"文件类型"下拉列表框中选择数据文件，如图 11-9 所示。

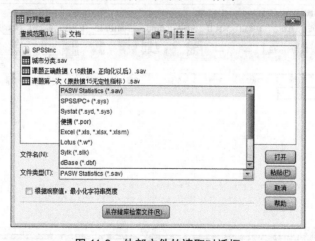

图 11-9　外部文件的读取对话框

第二步：选择 Excel（*.xls, *.xlsx, *.xlsm），显示出要打开的 Excel 文件，如图 11-10 所示。

引中所选文件都将随着输入 SPSS 数据编辑窗口以及查看器窗口中，如图 11-15 所示。

图 11-10　显示 Excel 文件

第三步：选择文档，单击"打开"按钮，调出"读取 Excel 文件"对话框，如图 11-11 所示。对话框中各选项的意义如下。

"工作表"下拉列表框：选择被读取数据所在的 Excel 工作表。

"范围"文本框：用于限制被读取数据在 Excel 工作表中的位置。

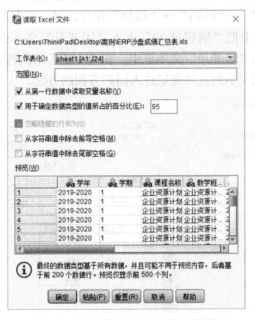

图 11-11　"读取 Excel 文件"对话框

11.1.5　SPSS 预测实例

本节将回归预测作为研究内容，主要介绍利用 SPSS 软件进行多元线性回归模型预测的方法，目的是在掌握了模型运作机理的基础上学习 SPSS 软件的操作方法。

1. 数据的输入

我们以第 3 章 "多元线性回归模型计算实例"作为本章操作实践对象，将数据表 3-4

中的数据及变量属性输入 SPSS 数据视图窗口及变量视图窗口中,如图 11-12 所示。

图 11-12 数据的录入

2. 回归分析操作

(1)选择"分析"→"回归"→"线性"命令,进入设置对话框,如图 11-13 所示。从左边变量表列中把"销售量 Q"选入"因变量"文本框中,把"价格 P"与"广告支出额 A"选入"自变量"文本框中。在"方法"下拉列表框中选择一种回归分析的方法。SPSS 提供了下列几种变量进入回归方程的方法。

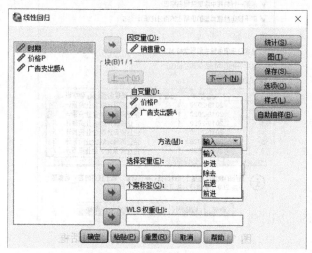

图 11-13 "线性回归"对话框

① "输入"选项,所选择的自变量全部进入回归模型,该选项是默认方式。

② "除去"选项,建立回归方程时,根据设定的条件剔除部分自变量。

③ "前进"选项,根据在"选项"中所设定的判据,从无自变量开始,在拟合过程中,对被选择的自变量进行方差分析,每次加入一个 F 值最大的变量,直到所有符合判据的变量都进入模型为止。第一个引入回归模型的变量应该与因变量相关程度最大。

④ "后退"选项，向后剔除法，根据在"选项"中所设定的判据，先建立全模型，然后根据设置的判据，每次剔除一个使方差分析中的 F 值最小的自变量，直到回归方程中不再含有不符合判据的自变量为止。

⑤ "步进"选项，是向前选择法和向后剔除法的结合。根据在"选项"对话框中所设定的判据，首先根据方差分析结果选择符合判据的自变量且对因变量贡献最大的进入回归方程。根据向前选择法则进入自变量；然后根据向后剔除法，将模型中 F 值最小的且符合剔除判据的变量剔除模型，重复进行直到回归方程中的自变量均符合进入模型的判据，模型外的自变量都不符合进入模型的判据为止。

这里采用系统默认的"输入"法，其他选项均采用系统默认的设置。

(2) 单击"统计"按钮，可以选择需要输出的一些统计量，如图 11-14 所示。设置完成后单击"继续"按钮返回主对话框。

(3) 单击"保存"按钮，出现如图 11-15 所示对话框。在该对话框中可以选择输出变量的点预测值和平均值及其个体值预测的区间估计：在"预测值"栏中选中"未标准化"复选框，以输出未标准化的点预测值；在"预测区间"栏中选中"平均值"和"单值"复选框，置信水平采用系统默认的 95%，单击"继续"按钮返回主对话框，单击"确定"按钮，得到输出结果。

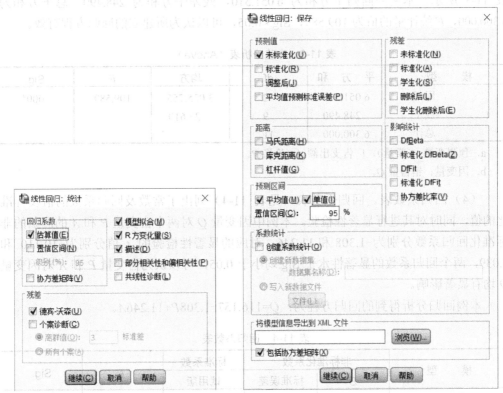

图 11-14　"统计"视窗　　　　　　图 11-15　保存视窗

3. 结果及解释

(1) 方程中包含的变量列表。如表 11-1 所示，本例方程中的自变量为广告支出额

A 和价格 P，因变量为销售量 Q，选择变量进入方程的方法为"输入"。

表 11-1 输入/移去的变量表

模型	输入的变量	移去的变量	方法
1	广告支出额 A，价格 P^a	·	输入

a. 已输入所有请求的变量。
b. 因变量：销售量 Q。

（2）模型概述。R^2 值越大所反映的自变量与因变量的共变量比率越高，模型与数据的拟合程度越好。表 11-2 列出了本模型的 R、R^2、调整 R^2 及估计标准误差：本模型确定系数的平方根为 0.980，确定系数为 0.991，调整后的确定系数为 0.952，标准误差为 5.255。

表 11-2 模型汇总表

模型	R	R^2	调整 R^2	标准估计的误差
1	.980^a	.991	.952	5.255

（3）方差分析表。列出了变异源、自由度、均方、F 值及对 F 的显著性检验。如表 11-3 所示，本例中回归平方和为 6 051.510，残差平方和为 248.490，总平方和为 6 300.000，F 统计量的值为 109.589，Sig.<0.05，可以认为所建立的回归方程有效。

表 11-3 方差分析表（Anova）

模型		平方和	df	均方	F	Sig.
1	回归	6 051.510	2	3 025.755	109.589	.000^a
	残差	248.490	9	27.610		
	总计	6 300.000	11			

a. 预测变量：（常量），广告支出额 A，价格 P。
b. 因变量：销售量 Q。

（4）回归系数表。回归系数表（见表 11-4）列出了常数及回归系数的值及标准化的值，同时对其进行显著性检验。本例中因变量 Q 对两个自变量 P 和 A 的回归的非标准化回归系数分别为-1.308 和 11.246；对应的显著性检验的 t 值分别为-10.110 和 4.039，两个回归系数的显著性水平 Sig.均小于 0.05，可以认为自变量 P 和 A 对因变量 Q 均有显著影响。

本例回归分析得到的回归方程为：Q=116.157-1.308P+11.246A。

表 11-4 回归系数表

模型		非标准化系数		标准系数	t	Sig.
		B	标准误差	试用版		
1	（常量）	116.157	24.646		4.713	.001
	价格 P	-1.308	.129	-0.782	-10.110	.000
	广告支出额 A	11.246	2.784	.312	4.039	.003

a. 因变量：销售量 Q。

4. 预测

根据检验后的多元线性回归系数进行点估计和区间估计。如图 11-16 所示，在以前数据的基础上，新生成了五列数据，第一列命名为 PRE_1 的变量对应的数据表示预测变量对应的因变量非标准化的预测值。例如，用回归方差预测价格为 55、广告支出额为 7.15 的销售量被预测为 124.63；均值预测的区间估计的上下限分别用变量 LMCI_1 和 UMCI_1 表示，个体预测值的区间估计的上下限分别用变量 LICI_1 和 UICI_1 表示。例如，预测价格为 50、广告支出额为 6.50 的被试，均值 95%的预测区间为：（116.41,131.31）；个体预测 95%的预测区间为：（109.83,137.89）。

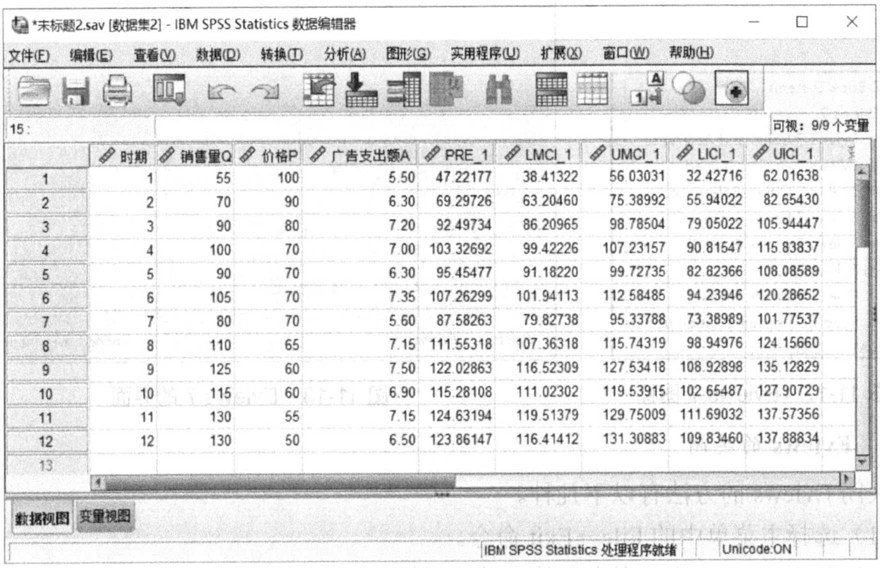

	时期	销售量Q	价格P	广告支出额A	PRE_1	LMCI_1	UMCI_1	LICI_1	UICI_1
1	1	55	100	5.50	47.22177	38.41322	56.03031	32.42716	62.01638
2	2	70	90	6.30	69.29726	63.20460	75.38992	55.94022	82.65430
3	3	90	80	7.20	92.49734	86.20965	98.78504	79.05022	105.94447
4	4	100	70	7.00	103.32692	99.42226	107.23157	90.81547	115.83837
5	5	90	70	6.30	95.45477	91.18220	99.72735	82.82366	108.08589
6	6	105	70	7.35	107.26299	101.94113	112.58485	94.23946	120.28652
7	7	80	70	5.60	87.58263	79.82738	95.33788	73.38989	101.77537
8	8	110	65	7.15	111.55318	107.36318	115.74319	98.94976	124.15660
9	9	125	60	7.50	122.02863	116.52309	127.53418	108.92898	135.12829
10	10	115	60	6.90	115.28108	111.02302	119.53915	102.65487	127.90729
11	11	130	55	7.15	124.63194	119.51379	129.75009	111.69032	137.57356
12	12	130	50	6.50	123.86147	116.41412	131.30883	109.83460	137.88834
13									

图 11-16　多元线性回归预测结果显示

11.2　Eviews 软件的认识与应用实例

Eviews 是美国 QMS（Quantitative Micro Software）公司研制的在 Windows 下专门从事数据分析、回归分析和预测的工具，其全称是 Economic Views，译为计量经济学观察或计量经济学软件包，它的本意是对社会经济关系与活动的数量规律，用计量经济学方法与技术进行“观察”。Eviews 可以迅速地从数据中寻找出统计关系从而进行预测，其应用范围包括科学实验数据分析与评估、金融分析、宏观经济预测、仿真、销售预测和成本分析等。

Eviews 处理的主要对象是时间序列，每一个序列有一个名称，只要提出序列的名称就可以对序列中所有的数据进行操作。Eviews 软件允许用户从键盘或磁盘文件中输入数据，根据已有的序列或新生成的序列，可以对序列之间的关系进行统计分析，并可通过打印机输出。本节以 Eviews 7 为例，介绍计量经济学软件包的基本方法和在预测中的应用技巧。

11.2.1 软件的开启、关闭与工作模式

1. Eviews 的开启

单击 Windows "开始" → "程序" → "Eviews 7",在弹出的次级菜单(见图 11-17)中,单击 "Eviews 7" 即可启动软件,结果如图 11-18 所示。

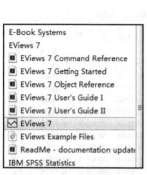

图 11-17 Eviews 7 图标   图 11-18 Eviews 7 的界面

2. Eviews 的关闭

关闭 Eviews 的方法有以下几种。

(1) 选择主菜单中的 File→Exit 命令。
(2) 单击 Eviews 窗口右上角的 "关闭" 按钮。
(3) 按 Alt+F4 快捷键。

3. Eviews 的工作模式

Eviews 的工作模式有以下四种。

(1) 鼠标导向方式。
(2) 简单命令方式。
(3) 命令参数方式。
(4) 程序运行方式(即采用 Eviews 命令编制程序)。

11.2.2 软件的窗口介绍

Eviews 7 的窗口包括标题栏、主菜单栏、命令窗口、状态栏和工作区域等(见图 11-19),分别介绍如下。

1. 标题栏

标题栏位于主窗口的顶部最上一行,标记有 "Eviews" 字样。当 Eviews 窗口处于激活状态时,标题栏颜色加深,否则变暗。单击 Eviews 窗口的任意区域将使它处于激活状态。

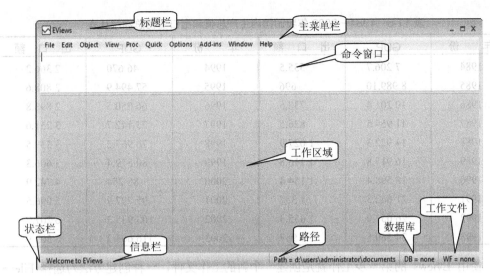

图 11-19 Eviews 7 窗口

2. 主菜单栏

主菜单栏位于标题栏之下。主菜单栏共包括 10 个选项：File、Edit、Object、View、Proc、Quick、Options、Add-ins、Window、Help。将鼠标箭头移动到主菜单上某个项目并单击鼠标左键，打开一个下拉菜单，再选择下拉菜单中的项目，就可以对它们进行访问。菜单中深色的项目是可以执行的，暗色的项目是不可以执行的，是无效的。

3. 命令窗口

主菜单下方的区域称作命令窗口。在命令窗口可以通过键盘输入各种 Eviews 命令，按 Enter 键后命令立即执行。命令窗口中的光标称为插入点，即输入字符的位置。

命令窗口支持 Cut-and-paste 功能，它与 Eviews 文本窗口和其他 Windows 程序窗口间可以进行文本的移动。命令窗口的内容可以直接保存到文本文件中备用，为此必须保持命令窗口处于激活状态，并从主菜单中选择 File→Save As 命令。

4. 工作区域

命令窗口之下是 Eviews 窗口的中心区域，称为工作区域，它显示各种命令的分析结果。

5. 状态栏

窗口最底部是状态栏，它有四个子栏目。左边第一栏有时给出 Eviews 送出的状态信息，单击状态栏左端的边框可以清除这些信息。第二栏是 Eviews 默认的读取数据和程序路径。最后两栏分别显示默认的数据库和默认的工作文件。

11.2.3 数据文件的创立

以我国国内生产总值（GDP）和出口贸易总额数据为例（样本为 1984—2003 年数据，如表 11-5 所示），创建一个 Eviews 数据文件。

表 11-5 1984—2003 年我国国内生产总值和出口贸易总额统计表

年份	GDP	出口额	年份	GDP	出口额
1984	7 206.7	535.5	1994	46 670	2 366.2
1985	8 989.10	696	1995	57 494.9	2 808.6
1986	10 201.4	738.5	1996	66 850.5	2 898.8
1987	11 954.5	826.5	1997	73 142.7	3 251.6
1988	14 922.3	1 027.9	1998	76 967.2	3 239.5
1989	16 917.8	1 116.8	1999	80 579.4	3 606.3
1990	18 598.4	1 154.4	2000	88 254	4 742.9
1991	21 662.5	1 357	2001	95 727.9	5 096.5
1992	26 651.9	1 655.3	2002	103 935.3	6 207.7
1993	34 560.5	1 957	2003	116 603.2	8 509.9

使用 Eviews 的第一步工作就是创建一个新的工作文件，一种创建方法为选择 File→New→Workfile 命令，出现 Workfile Create 对话框，在 Workfile structure type 下拉列表框中选择 Dated-regular frequency 选项，在 Frequency 下拉列表框中选择 Annual 选项，然后输入数据的频率（Annual），以及开始日期（Start date）和结束日期（End date），如图 11-20 所示。

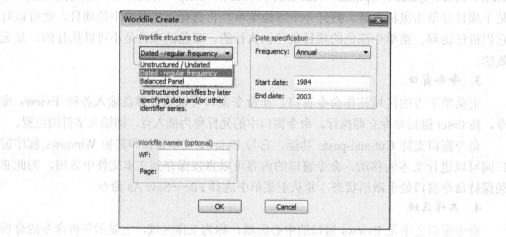

图 11-20 Workfile Create 对话框

对日期的描述需要注意以下规则。

（1）年度（Annual）：详细说明年度。20 世纪的年份我们可以用两个数字表示，也可以用 4 个数字表示，例如 1995 或者 95；21 世纪及之后的世纪，年份必须写全称（如 2013）。注意，在 Eviews 中，两位数只能表示 20 世纪的年份。

（2）季度（Quarterly）：表示方法为年份后加一个点或者冒号再加上季度数（如 2013.3）。

（3）月份（Monthly）：表示方法为"年份:月份"（如 2008:8）。

（4）日期（Weekly and Daily）：表示方法为"月份:日期:年份"（例如 1:1:2014 表示日期从 2014 年 1 月 1 日开始）。

当提供完工作文件类型的信息后,单击 OK 按钮即可看到工作文件窗口,如图 11-21 所示。

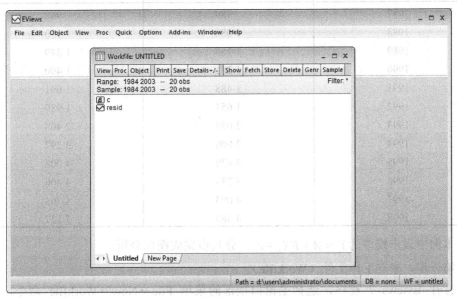

图 11-21 工作文件窗口

在图 11-21 中,小图标 c 和 resid 代表了工作文件中所包含的项目。c 代表系数向量 c(Coefficient Vector),resid 代表变量残差 resid(A Series of Residuals)。初始向量 c 的每个元素的值都为 0,初始残差序列的每个值为 NA,表示还没有赋值。以后每做一次回归估计,c 和 resid 都会被重新赋值(被分别赋予最新回归估计的参数估计值向量和残差序列)。

11.2.4 Eviews 运用实例

本节将通过对四川省的人均可支配收入与人均年消费的数量关系分析(数据如表 11-6 所示),使读者对 Eviews 的运用有一个初步的了解。

表 11-6 四川省人均可支配收入与人均年消费额统计表

年 份	人均年消费 Y	人均可支配收入 X
1978	314	338
1979	340	369
1980	364	391
1981	396	412
1982	407	445
1983	457	493
1984	517	581
1985	680	695
1986	787	849

续表

年　份	人均年消费 Y	人均可支配收入 X
1987	889	948
1988	1 086	1 130
1989	1 184	1 349
1990	1 281	1 490
1991	1 488	1 691
1992	1 651	1 989
1993	2 034	2 408
1994	2 806	3 297
1995	3 429	4 008
1996	3 733	4 406
1997	4 093	4 763
1998	4 383	5 127

本例中设定模型为 $Y_t = A + BX_t + \varepsilon_t$，分八步完成操作分析。

第一步，建立工作文件（Workfile）。

打开 Eviews 7 程序，选择主窗口顶部的菜单 File→New→Workfile 命令，弹出 Workfile Creat 对话框，如图 11-22 所示。在右边的 Frequency 下拉列表框中选择数据类型 Annual（默认类型）。在 Start date 和 End date 文本框中分别输入 "1978" 和 "1998"，在左下角文本框中输入文件名称，例如 "Example 1"。单击 OK 按钮，出现文件窗口，如图 11-23 所示，Workfile 建立完毕。

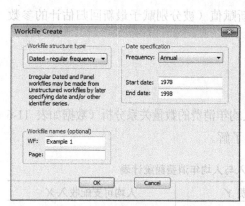

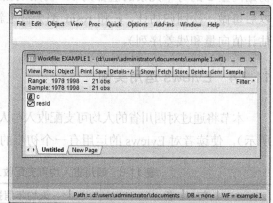

图 11-22　Workfile Creat 对话框　　　　图 11-23　Workfile 文件窗口

第二步，新建 Object 以录入数据。

选择 Eviews 主窗口顶部菜单 Object→New Object 命令或者 Workfile 上面的菜单 Object 命令，弹出 New Object 对话框（见图 11-24），在 Type of object 栏中选择 Group 类型，然后在右边文本框中为新建的 Group 对象命名，如为 g1，然后单击 OK 按钮，弹出一个表格形式的 Group 对话框（见图 11-25），可输入多个序列对象名并在表格中录入这些序列的数据。

图 11-24　New Object 对话框

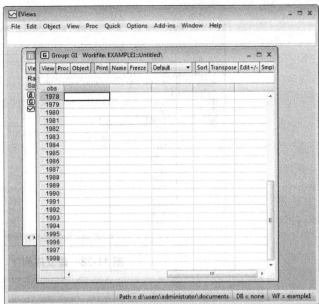

图 11-25　Group 对话框

第三步，在 Group 对象表格 g1 中录入数据。

（1）将图 11-25 表格右端的滑块拖到顶端，这时看到表格左侧出现两个 obs。

（2）建立序列对象 Y。单击 g1 表格中第一列顶部的灰色条（第一个 obs 右侧），该列全部变蓝（见图 11-26），输入变量名 Y，按 Enter 键，出现如图 11-27 所示的对话框，单击 OK 按钮即可。如此便建立了序列 Y（这时在 Workfile 中发现多了一个序列 Y），因此时还没有给序列对象 Y 赋值（即录入数据），序列 Y 中每个年度的值现在都为 NA（见图 11-28）。

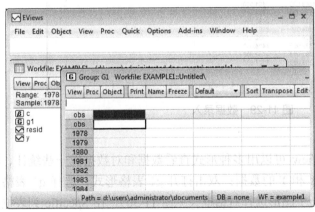

图 11-26　数据输入窗口

图 11-27　Series create 对话框

（3）录入数据。在 g1 数据表格中 Y 所在列录入序列 Y 的各年观测值。可在 g1 第二列建立序列 X（人均可支配收入），并录入各年人均可支配收入 X。这样便在 g1 中定义了两个序列对象（Y、X）并录入了数据，结果如图 11-29 所示。

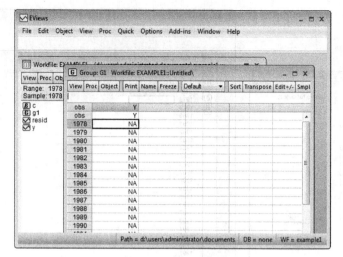

图 11-28　建立序列 Y

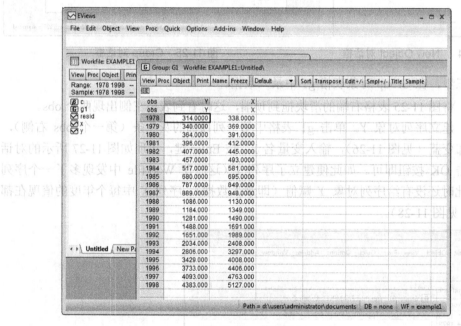

图 11-29　数据录入

第四步，查看对象。

使用 g1 对话框命令菜单 View 可以用多种形式查看数据和对数据做一些统计、检验等。下面举例用线性图查看 X 和 Y 的数据：双击打开 g1 表格形式，选择 g1 表格上菜单 View→Graph 命令，出现一个图形选择对话框（见图 11-30），在 Specific 列表框中选择 Line & Symbol 选项。单击 OK 按钮即可看到序列 X、Y 的线性图（见图 11-31）。

第五步，保存对象的查看结果。

前面看到的这些查看结果并不是独立的对象，只是原对象的另外一种展现形式而已。若需保存这个展现形式，可以用 Freeze 命令把它"冻结"起来。选择图 11-31 中菜单命令 Freeze，弹出 Auto Update Options 对话框（见图 11-32），单击 OK 按钮，弹

出 X 和 Y 的图形对象，如图 11-33 所示。选择图形对象 UNTILED 顶部菜单命令 Name，会弹出一个命名对话框，在框中给该图形命名（默认为 Graph01，也可取其他名字），单击 OK 按钮，就将新对象命名且保存在 Workfile 中（在 Workfile 中可以看到新出现了一个图形对象 Graph01）。图 11-31 与图 11-33 不同之处在于，图 11-33 是一个 Graph 类型的 Object，该线性图不随 Y、X 数据的变化而变化，是独立的，可以对其进行编辑；而图 11-31 是 Group 类型的 Object，仅是 Y、X 数据的一种图形查看形式，它随着 Y、X 数据的变化而变化。

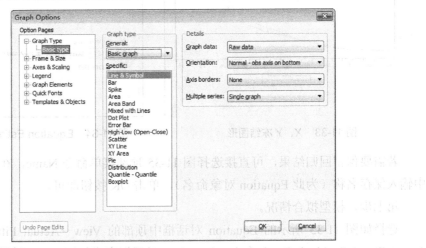

图 11-30 Graph Options 对话框

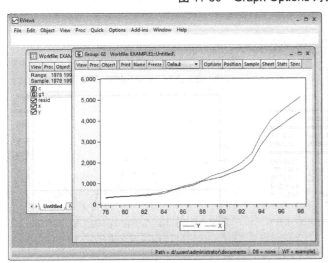

图 11-31 X、Y 线性图

图 11-32 Auto Update Options 对话框

第六步，最小二乘回归分析。

选择 Eviews 主窗口中的 Quick→Estimate Equation 命令，弹出 Equation Estimation 对话框（见图 11-34），在 Specification 选项卡下的空文本框中输入 Y C X（注意被解释变量要放到第一个位置，变量用空格隔开。除 C 外，其他变量须为序列对象，变量均不带下标），单击"确定"按钮，得到 Y 对 X 回归模型估计结果（见图 11-35）。

该模型说明人均可支配收入 X 对人均消费支出 Y 具有较强的解释能力。

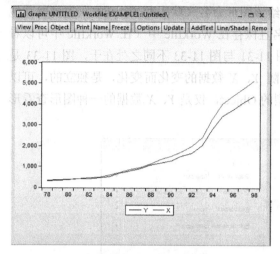

图 11-33　X、Y 冻结图形

图 11-34　Equation Estimation 对话框

若需要保留回归结果，可直接选择图 11-35 顶部菜单命令 Name，在弹出的对话框中输入保存名称（为此 Equation 对象命名），单击 OK 按钮即可。

第七步，模型拟合情况。

选择如图 11-35 所示的 Equation 对话框中顶部的 View→Actual Fitted Residual→Actual Fitted Residual Graph 命令，Equation 对话框变成如图 11-36 所示的形式，图形显示模型的拟合效果很好。

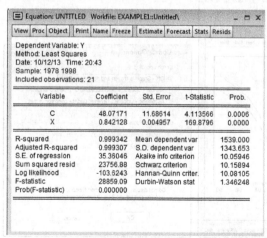

图 11-35　模型估计结果 Equation 对话框　　图 11-36　模型拟合情况图

第八步，保存。

选择 Eviews 主窗口中的 File→Save 或者 File→Save as 命令，在弹出的对话框中设定保存路径和文件名后，单击 Save 按钮即可（最好用英文文件名，以免出错）。

回归结果界面解释如表 11-7 所示。

表 11-7　回归结果界面解释

英 文 名 称	中 文 名 称	常用计算公式	常用相互关系和判断准则
Variable	变量		
Coefficient	系数		
Sta.Error	标准差		一般是绝对值越小越好
t-statistic	T 检验统计量	$t = \hat{\beta}/se(\hat{\beta})$	绝对值大于 2 时可粗略判断系数通过 t 检验
Prob	T 统计量的 P 值		P 值小于给定显著性水平时系数通过 t 检验
R-squared	R^2	$R^2 = ESS/TSS = 1 - RSS/TSS$	
Ajusted R-squared	$\overline{R}^2$	$\overline{R}^2 = 1 - \dfrac{RSS/(n-k-1)}{TSS/(n-1)}$	$\overline{R}^2 = 1 - (1-R^2)\dfrac{n-1}{n-k-1}$
S.E.of regression	扰动项标准差	$\varepsilon = \sqrt{\dfrac{\sum e_i^2}{n-k}} = \sqrt{\dfrac{RSS}{n-k}}$	
Sum squared resid	残差平方和	$RSS = \sum e_i^2$	
Log likelihood	似然函数对数值		
Durbin-Watson stat	DW 统计量		$d \approx 2(1-\rho)$
Mean dependent var	因变量样本均值	$\overline{Y} = \dfrac{\sum Y_i}{n}$	
S.E.dependent var	因变量样本标准差	$\sqrt{\dfrac{1}{n-1}\sum(Y_i - \overline{Y})^2} = \sqrt{\dfrac{TSS}{n-1}}$	
Akaike info criterion	AIC 准则		一般是越小越好
Schwarz criterion	SC 准则		一般是越小越好
F-statistic	F 统计量	$F = \dfrac{ESS/k}{RSS/(n-k-1)}$	$F = \dfrac{\overline{R}^2/k}{(1-\overline{R}^2)/(n-k-1)}$
Prob(F-statistic)	F 统计量的 P 值		P 值小于给定显著性水平时模型通过检验

11.3　MATLAB 软件基础与应用实例

　　MATLAB 软件诞生于 20 世纪 70 年代，它的编写者是 Cleve Moler 博士和他的同事。1984 年，Cleve Moler 和 John Little 成立了 MathWorks 公司，正式把 MATLAB 推向市场，并继续进行 MATLAB 的开发。每一次版本的推出都使 MATLAB 有长足的进步，界面越来越友好，内容越来越丰富，功能越来越强大，帮助系统越来越完善。预测与决策的本质，说到底就是为择优提供依据和做出择优这一行动，反映在数学上就是最优计算的问题。对于最优化计算问题 MATLAB（Matrix Laboratory，矩阵实验室）提供了强大的优化工具箱，不仅包括进行优化计算的强大函数，还带有一个便于使用的 GUI（Graphical User Interface，图形用户界面）形式的优化工具。

11.3.1 MATLAB 软件特点

MATLAB 是适用于科学和工程计算的数学软件系统，它具有用法简易、灵活、程式结构强又兼具延展性等特点，具体如下：

（1）编程效率高。MATLAB 是一种面向科学与工程计算的高级语言，允许用数学形式的语言来编写程序，用 MATLAB 编写程序犹如在演算纸上排列出公式与求解问题一样。

（2）用户使用方便。MATLAB 语言是一种解释执行的语言（在没被专门的工具编译之前），它灵活、方便，调试手段丰富，调试速度快。其他软件语言和调试程序一般都要经过 4 个步骤：编辑、编译、连接以及执行和调试。各个步骤之间是顺序关系，编程的过程就是在它们之间做瀑布型的循环。MATLAB 语言与其他语言相比，把编辑、编译、连接和执行融为一体。它能在同一界面上进行灵活操作，快速排除输入程序中的书写错误、语法错误，甚至语义错误，从而加快了开发者编写、修改和调试程序的速度。

（3）扩充能力强，交互性好。MATLAB 语言拥有丰富的库函数，在进行复杂的数学运算时可以直接调用，而且 MATLAB 的库函数同用户文件在形成方式上一样，所以用户文件也可以作为 MATLAB 的库函数被调用。因而，开发者可以根据自己的需要方便地建立和扩充新的库函数，以便提高 MATLAB 的使用效率和扩充它的功能。

（4）移植性和开放性很好。MATLAB 是用 C 语言编写的，而 C 语言的可移植性很好。于是，MATLAB 可以很方便地被移植到能运行 C 语言的操作平台上。

（5）语句简单，内涵丰富。MATLAB 语言中最基本、最重要的成分是函数，其一般形式为 $[a,b,c,\cdots] = fun(d,e,f,\cdots)$，即一个函数由函数名、输入变量 $d,e,f,\cdots$ 和输出变量 $a,b,c,\cdots$ 组成。同一函数名 F、不同数目的输入变量（包括无输入变量）及不同数目的输出变量，代表着不同的含义。

（6）高效方便的矩阵和数组运算。MATLAB 像 Basic、Fortran 和 C 语言一样规定了矩阵的算术运算符、关系运算符、逻辑运算符、条件运算符及赋值运算符，而且这些运算符大部分可以原封不动地照搬到数组间的运算中。另外，它不需要定义数组的维数，只需给出矩阵函数、特殊矩阵专门的库函数，使之在求解诸如信号处理、建模、系统识别、控制、优化等领域的问题时，显得更加简捷、高效，这是其他高级语言所不能比拟的。

（7）方便的绘图功能。使用 MATLAB 绘图十分方便，它有一系列绘图函数命令，例如线性坐标、对数坐标、半对数坐标及极坐标。使用时均只需调用不同的绘图函数命令，简单易行。

11.3.2 MATLAB 软件功能

MATLAB 的核心是一个基于矩阵运算的快速解释程序，它交互式地接受用户输入的各项命令，输出计算结果。MATLAB 提供了一个开放式的集成环境，用户可以运行系统提供的大量命令，包括数值计算、图形绘制和代码编制等。具体来说，MATLAB 具有以下功能。

（1）数据可视化功能。数据图形能够使人们用视觉器官直接感受到数据的许多内在本质，数据的可视化是研究科学、认识世界所不可缺少的手段。MATLAB 在数据可视化方面提供了强大的功能，建立了数据分析和图形基础环境，将 2D 和 3D 图形、MATLAB 语言编程集成到一个单一的、易学易用的环境之中，把数据用二维、三维乃至四维图形表现出来，通过对图形的线型、立面、色彩、渲染、光线以及视角等属性的处理，将计算数据的特性表现得淋漓尽致。

（2）数值计算功能。数学计算分为数值计算和符号计算两大类。数值计算的表达式、矩阵变量中不允许包含未定义的自由变量，而符号计算则允许。MATLAB 数值计算以矩阵为运算单元，从矩阵的整体出发，依照线性运算规则进行运算。对于数组的运算，则从数组的元素出发，针对每个元素进行运算。MATLAB 符号计算的整个过程是以字符进行的。符号计算工具箱定义了一种新的数据类型，即符号对象。符号对象是一种数据结构，用来存储代表符号的字符串。在符号计算工具箱中，用符号对象来表示符号变量、符号表达式和符号矩阵。MATLAB 的符号计算工具箱所提供的主要数学运算包括微积分、线性代数、化简、方程求解、指定精度计算、积分变换和特殊数学函数。

（3）大量的工具箱。MATLAB 建立了一系列专用的 MATLAB 函数库，用于解决特定领域的问题。例如优化工具箱、统计工具箱、神经网络工具箱等。工具箱是开放的、可扩展的，可以查看其中的算法或开发自己的算法。MATLAB 模块工具箱是 MATLAB 的一个重要特色，是 MATLAB 强大功能得以实现的载体和手段。模块工具箱大致可以分为两类：功能型工具箱和领域型工具箱。前者主要用来扩充 MATLAB 的符号计算功能、图形建模仿真功能、文字处理功能，以及与硬件实时交互功能等。后者主要是针对某个专业的常用算法做成的函数包，如最优化工具箱、信号处理工具箱等。

（4）绘图功能。强大的绘图功能是 MATLAB 的特点之一，MATLAB 提供了一系列绘图函数，用户不需要过多考虑绘图细节，只需要给出一些基本参数就能得到所需图形，这一类函数称为高层绘图函数。除此之外，MATLAB 还提供了直接对图形句柄进行操作的低层绘图操作。这类操作将图形的每个图形元素（如坐标轴、曲线、曲面或文字等）看成是一个独立的对象，系统给每个图形分配一个句柄，以后可以通过该句柄对该图形元素进行操作，而不影响图形的其他部分。高层绘图操作简单明了，方便高效，是用户最常使用的绘图方法。而低层绘图操作控制和表现图形的能力更强，为用户更加自主地绘制图形创造了条件。事实上，MATLAB 的高层绘图函数都是利用低层绘图函数而建立起来的。

（5）GUI 设计。MATLAB 程序设计包括两个方面：图形用户界面的设计和 M 文件程序设计。这两个方面同时也是互相补充、互相渗透的一个统一体，它们共同提供了 MATLAB 语言程序的强大功能。所谓图形用户界面，指的是由窗口、光标、按键、菜单、文字说明等对象构成的一个用户界面。用户可以通过一定的方法（如鼠标或键盘）选择、激活这些图形对象，实现某种特定的功能，如计算、绘图等，能够在很大程度上提高工作效率。用户界面是用户与计算机程序交互的主要方式，图形用户界面使得这种交互方式更加方便和有效。图形用户界面由图形对象（如图形窗口、菜单、控件、文本）构成，这些都是 MATLAB 图形系统中的重要元素。图形用户界面的编程实际上就是句柄图形的实际应用。用户界面是应用程序中很重要的一部分，对于使用程序的用户而言，界面就是应用程序，应用程序的可用性依赖于其界面的友好和易用性。在 MATLAB 中设计图形用户界面有两种方法：一种是使用图形用户界面的设计向导，以交互方式进行设计；另一种是编写程序来控制用户界面的外观和事件处理。

（6）Simulink 仿真。仿真是以相似性原理、控制论、信息技术及相关领域的有关知识为基础，以计算机和各种专用物理设备为工具，借助系统模型对真实系统进行试验的一门综合性技术。仿真分为物理仿真、数学仿真和混合仿真三类。数学仿真是用数学语言去描述一个系统，并编制程序在计算机上对实际系统进行研究的过程，因此也被称为是计算机仿真。计算机仿真在研究系统过程中根据相似性原理，利用计算机来逼真模拟研究系统。研究对象可以是实际的系统，也可以是设想中的系统。Simulink 是一种用来实现计算机仿真的软件工具，它是 MATLAB 的一个附加组件，可用于实现各种动态系统（包括连续系统、离散系统和混合系统）的建模、分析和仿真。它与 MATLAB 语言的主要区别在于，其与用户交互接口是基于 Windows 的模型化图形输入，其结果是使得用户可以把更多的精力投入系统模型的构建，而非语言的编程上。所谓模型化图形输入是指 Simulink 提供了一些按功能分类的基本的系统模块，用户只需要知道这些模块的输入输出及模块的功能，而不必考察模块内部是如何实现的，通过对这些基本模块的调用，再将它们连接起来就可以构成所需要的系统模型，进而进行仿真与分析。Simulink 建立了系统方框图和基于方框图的系统仿真环境，采用基于时间流的链路级仿真方法，将仿真系统建模与工程中通用的方框图设计方法统一起来，可以更加方便地对系统进行可视化建模，并且仿真结果可以通过可视化模块显示出来，使得系统设计、仿真调试和模型检验工作大为方便。使用 Simulink，用户可以通过鼠标将一系列图形化的系统模块连接起来，从而建立起一个直观且功能相当复杂的动态系统模型，避免或减少编写 MATLAB 仿真程序的工作量，简化仿真建模过程，因此更加适用于大型系统的建模与仿真。

11.3.3 MATLAB 软件桌面系统

MATLAB 软件的 Desktop 操作桌面，是一个高度集成的 MATLAB 工作界面。其默认形式如图 11-37 所示。该桌面的上层铺放着三个最常用的界面：指令窗（Command Window）、当前目录（Current Directory）浏览器、MATLAB 工作内存空间（Workspace）浏览器、历史指令（Command History）窗口。

指令窗，是进行各种 MATLAB 操作的最主要窗口。在该窗口内，可以输入各种送给 MATLAB 运作的指令、函数、表达式，显示除图形外的所有运算结果，运行错误时，给出相关的出错提示。

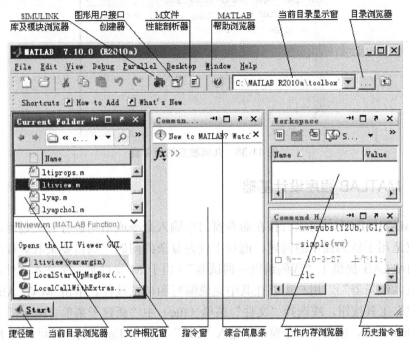

图 11-37 Desktop 操作桌面的默认外貌

当前目录浏览器，展示着子目录、M 文件、MAT 文件和 MDL 文件等。对该界面上的 M 文件，可直接进行复制、编辑和运行。界面上的 MAT 数据文件，可直接送入 MATLAB 工作内存。此外，对该界面上的子目录，可进行 Windows 平台的各种标准操作。在当前目录浏览器正下方，还有一个"文件概况窗"。该窗显示所选文件的概况信息。比如，该窗口会展示：M 文件的 H1 行内容，最基本的函数格式，所包含的内嵌函数和其他子函数。

工作内存浏览器，默认地位于当前目录浏览器的后台。该窗口罗列出 MATLAB 工作空间中所有的变量名、大小、字节数。在该窗口中，可对变量进行观察、图示、编辑、提取和保存。

历史指令窗，该窗口记录已经运行过的指令、函数、表达式，以及它们运行的日期、时间。该窗口中的所有指令、文字都允许复制、重运行及用于产生 M 文件。

捷径（Start）键，引导通往本 MATLAB 所包含的各种组件、模块库、图形用户界面、帮助分类目录、演示算例等的捷径，以及向用户提供自建快捷操作的环境。

MATLAB 的使用方法和界面有多种形式，但最基本的，也是入门时首先要掌握的是：MATLAB 指令窗口（Command Windows）的基本表现形态和操作方式。指令窗默认地位于桌面的右方（见图 11-37）。假如用户希望得到脱离操作桌面的几何独立指令窗口，只要单击该指令窗右上角的箭头键，就可得到如图 11-38 所示的指令窗。

若用户希望让独立指令窗嵌放回桌面，则只要单击 Command Windows 右上角的箭头按钮，或选中指令窗菜单（Desktop: Dock Command Window）即可。

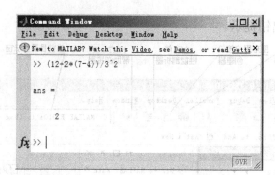

图 11-38 几何独立的指令窗

11.3.4 MATLAB 程序设计基础

在 MATLAB 中，可以直接在命令窗口中输入命令或语句进行有关运算，不过这种方式仅适用于较为简单的问题，而对于较为复杂的问题，则需要采取编程的方式来实现。MATLAB 提供了"代码编辑—调试器"（由于 M 文件是一个文本文件，所以也称为"文本编辑器"），用户可以在其中完成编写和调试过程。单击 MATLAB 主界面的"新建"工具按钮，或选择"文件"菜单（file）中"新建子菜单（New）"的 Script 或 Function 命令，或者在命令窗口中输入"edit"后按下 Enter 键，即可进入 MATLAB "代码编辑—调试器"，其空白界面如图 11-39 所示。

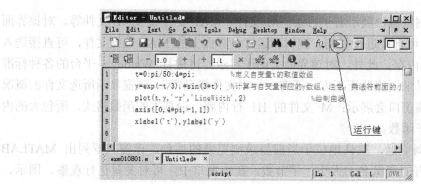

图 11-39 代码编辑—调试器的默认外貌

MATLAB 程序设计一般需要经过代码编写、调试和优化三个阶段。

进行 MATLAB 程序设计，通常需要遵循如下基本原则。

（1）强化可读性原则。为增强程序的可读性，要善于运用内容注解的百分号"%"和"%%"。

（2）惯用 clear 原则。为消除工作空间中其他变量对程序运行的干扰，培养自己在主程序开始之处用"clear"指令的习惯，不过在子程序中不要使用。

（3）不显示中间结果原则。为提高运行速度，应充分利用 MATLAB 工具箱提供的指令来执行计算，在计算中间结果的语句之后使用半角分号"；"，使其结果不显示在屏幕上。

（4）便于维护原则。为了便于编辑，参数值应集中放在程序的开始部分。

（5）模块化原则。尽量使程序模块化，善于采取主程序调用子程序的方法，将所有子程序合并在一起来执行全部的操作。

（6）大量参数独存原则。对于小量的临时性数据，可以使用"input"指令。但是，对于大量的参数，最好单独建立一个存储参数的子程序（或文件），以便主程序调用。

（7）善用 Debugger 原则。为了提高编程的效率，要充分利用 Debugger 来进行程序的调试。

（8）路径有效原则。为便于存储和运行程序，需要事先设置好工作路径。

将 MATLAB 语句按特定的顺序组合在一起形成的 MATLAB 程序，其文件名的后缀为.m，故称为 M 文件。根据内容和功能，可将 M 文件分为脚本 M 文件和函数 M 文件。由于在命令窗口内的函数命令不能存储并再执行，所以无法改变以前的执行结果。如果需要改变已经执行过的函数命令，就必须重新输入，然后再执行。为了方便地运用 MATLAB，满足我们的需求，就必须编写 M 文件。

建立一个包含一系列函数命令的文件，将它们存储起来，然后运行该文件形成批处理。运行该文件时，它所包含的函数命令依次执行。在该文件中，可以对函数命令进行改变或校正，存储后再运行。这样的文件称作脚本 M 文件，它可以编辑并重复执行，从而完成更复杂的运算。由脚本 M 文件的定义可知，脚本 M 文件的特点表现为多条命令的综合体，使用 MATLAB 基本工作空间，顺序执行命令，如果脚本文件中有一个命令包含输出，则输出显示在命令窗口内。

将定义好的函数存储起来，像调用内置函数一样直接加以调用，以实现不同变量值的重复运算，这样的程序文件，就是函数文件。函数文件的基本结构包括函数声明行、帮助文字第一行 H1、帮助文档、函数文件主体、注释文档。对于任何一个函数文件，函数声明行和函数文件主体都是不可或缺的两部分，而 H1 行、帮助文档和注释文档均可视具体情况而省略。编写函数文件与编写脚本文件的方法没有区别，仍然是在 MATLAB 提供的"代码编辑—调试器"中进行的，只是在编写规则上需要遵循函数文件的基本结构。函数文件的命名通常和函数名一致，在保存时，MATLAB 会自动地以函数名作为文件名。编写好的函数文件，相当于 MATLAB 提供的内置函数，可以在命令行中加以调用。只是需要注意，被调用的函数文件必须与调用的函数文件位于同一路径下。

脚本文件与函数文件基本结构的本质区别在于：① 函数文件必须以 function 加以定义，而脚本文件不需要。从这个意义上来说，脚本文件是函数文件的一个特例。函数文件犹如一个"黑箱"，从外界只能看到传给它的输入量和送出来的计算结果，而内部运算是隐而不见的。② 脚本文件运行后，产生的所有变量都驻留在一个临时的工作空间——函数工作空间，而函数文件运行结束后，其本身及中间变量均被清除。在函数中调用脚本文件，则脚本文件所生成的变量存放在函数空间中。③ 函数文件必须写在 M 文件中，而脚本文件则既可以写在命令窗口中，又可以写在 M 文件中。

11.3.5　MATLAB 软件运用实例

本节通过两个实例，使读者对 MATLAB 软件的运用有一个初步的了解。

第一个例子是对微分方程中范德坡（Van der Pol Equation）方程的求解。

范德坡方程的表达式为

$$\frac{d^2x}{dt^2} + \mu(x^2-1)\frac{dx}{dt} + x = 0$$

其中，μ 是一个大于 0 的参数。如果我们选择 $y_1 = x$，$y_2 = dx/dt$，那么可写成标准的方程组形式为

$$\begin{cases} \dfrac{dy_1}{dt} = y_2 \\ \dfrac{dy_2}{dt} = \mu y_2 \left(1 - y_1^2\right) - y_1 \end{cases}$$

微分方程的初值为：$y_1(0) = 2$，$y_2(0) = 0$。

编写该问题的 MATLAB 程序如下。

```
%编写函数文件
tspan = [0 20];      % time span to integrate over
y0 = [2; 0];         % initial conditions  (must be a column)
%调用函数 ode45
  [t,y] = ode45(@vdpo1, tspan, y0);
size(t)              % number of time points
size(y)              % (i)th column is y(i) at t(i)
%绘制解的曲线
plot (t, y(:, 1),    t, y(:, 2), '--.')
xlabel (' time   t')
ylabel(' solution y ')
title('Solution   of   Van der Pol Equation' )
legend (' y1', 'y2' );
function ydot = vdpo1(t,y)
% VDPOL van der Pol equation.
% Ydot = VDPOL(t,y)
% Ydot(1) = Y(2)
% Ydot(2) = mu*(1-y(1)^2)*y(2)-y(1)
% mu = 2
mu = 2;
ydot = [y(2); mu*(1-y(1)^2)*y(2)-y(1)];
end
```

运行的结果如图 11-40 所示。

另一个例子是编制一个影片动画的简单例子。影片动画的制作由 moviein 和 getframe 命令实现，影片的放映则由 movie 指令实现。该问题的 MATLAB 程序如下。

```
clear;
close all;
% make the peaks function vibrate;
```

```
z = peaks;
surf(z);
set(gca,'nextplot','replacechildren');
m=moviein(20);
for j=1:20
    surf(sin(2*pi*j/20)*z,z);
    m(:,j)=getframe;
end
movie(m,4);   % play the movie four time
```

运行的最终结果如图 11-41 所示。

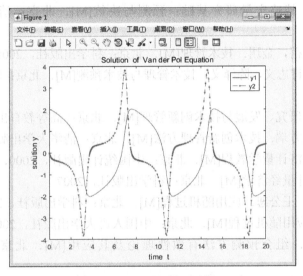

图 11-40　范德坡方程的解

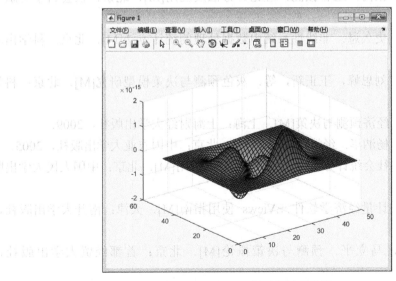

图 11-41　peaks 振动的动画效果

参 考 文 献

[1] 刘思峰,党耀国. 预测方法与技术[M]. 北京:高等教育出版社,2005.
[2] 宁宣熙,刘思峰. 管理预测与决策方法[M]. 北京:科学出版社,2009.
[3] 李华,胡奇英. 预测与决策教程[M]. 北京:机械工业出版社,2012.
[4] 胡光宇. 战略定量研究基础:预测与决策[M]. 北京:清华大学出版社,2010.
[5] 陈劲,伍蓓,金珺. 技术管理[M]. 北京:科学出版社,2008.
[6] 余序江,许志义,陈泽义. 技术管理与技术预测[M]. 北京:清华大学出版社,2008.
[7] 许庆瑞. 研究、发展与技术创新管理[M]. 北京:高等教育出版社,2000.
[8] 陈劲,王方瑞. 技术创新管理方法[M]. 北京:清华大学出版社,2006.
[9] 贺铿. 经济计量学教程[M]. 北京:中国统计出版社,2000.
[10] 庞皓. 计量经济学[M]. 北京:科学出版社,2007.
[11] 刘嘉焜,王公恕. 应用随机过程[M]. 北京:科学出版社,2004.
[12] 张波. 应用随机过程[M]. 北京:中国人民大学出版社,2001.
[13] 陈华友. 组合预测方法有效性理论及其应用[M]. 北京:科学出版社,2010.
[14] 汪同三,张涛. 组合预测:理论、方法及应用[M]. 北京:社会科学文献出版社,2008.
[15] 项静恬,史久恩. 非线性系统中数据处理的统计方法[M]. 北京:科学出版社,2000.
[16] 党耀国,刘思峰,王正新,等. 灰色预测与决策模型研究[M]. 北京:科学出版社,2009.
[17] 高百宁. 经济预测与决策[M]. 上海:上海财经大学出版社,2009.
[18] 孙文生,杨汭华. 经济预测方法[M]. 北京:中国农业大学出版社,2005.
[19] 郭志刚. 社会统计分析方法:SPSS 软件应用[M]. 北京:中国人民大学出版社,2003.
[20] 张晓峒. 计量经济学软件 EViews 使用指南[M]. 天津:南开大学出版社,2006.
[21] 张桂喜,马立平. 预测与决策概论[M]. 北京:首都经贸大学出版社,2007.
[22] 陶靖轩. 经济预测与决策[M]. 北京:中国计量出版社,2004.

[23] 宋安，雷怀英．现代预测与决策技术[M]．北京：中国商业出版社，2002．

[24] 吴喜之．非参数统计[M]．北京：中国统计出版社，1999．

[25] 秦德智，刘新卫．管理预测定量方法与模型[M]．北京：科学出版社，2007．

[26] 张建林．MATLAB & Excel 定量预测与决策：运作案例精编[M]．北京：电子工业出版社，2012．

[27] 飞思科技产品研发中心．神经网络理论与 MATLAB7 实现[M]．北京：电子工业出版社，2006．

[28] 苏晓生．MATLAB5.3 实例教程[M]．北京：中国电力出版社，2000．

[29] 王小川，史峰．MATLAB 神经网络 43 个案例分析[M]．北京：北京航空航天大学出版社，2013．

[30] Duane Hanselman．精通 MATLAB7[M]．朱仁峰，译．北京：清华大学出版社，2006．

[31] 李工农，阮晓青．经济预测与决策及其 MATLAB 实现[M]．北京：清华大学出版社，2007．

附表 A 标准正态分布函数值表

$$\phi(x) = \int_{-\infty}^{x} \frac{1}{\sqrt{2\pi}} e^{-\mu^2/2} du = P(X \leq x)$$

X	0	1	2	3	4	5	6	7	8	9
0.0	0.500 0	0.504 0	0.508 0	0.512 0	0.516 0	0.519 9	0.523 9	0.527 9	0.531 9	0.535 9
0.1	0.539 8	0.543 8	0.547 8	0.551 7	0.555 7	0.559 6	0.563 6	0.567 5	0.571 4	0.575 3
0.2	0.579 3	0.583 2	0.587 1	0.591 0	0.594 8	0.598 7	0.602 6	0.606 4	0.610 3	0.614 1
0.3	0.617 9	0.621 7	0.625 5	0.629 3	0.633 1	0.636 8	0.640 6	0.644 3	0.648 0	0.651 7
0.4	0.655 4	0.659 1	0.662 8	0.666 4	0.670 0	0.673 6	0.677 2	0.680 8	0.684 4	0.687 9
0.5	0.691 5	0.695 0	0.698 5	0.701 9	0.705 4	0.708 8	0.712 3	0.715 7	0.719 0	0.722 4
0.6	0.725 7	0.729 1	0.732 4	0.735 7	0.738 9	0.742 2	0.745 4	0.748 6	0.751 7	0.754 9
0.7	0.758 0	0.761 1	0.764 2	0.767 3	0.770 3	0.773 4	0.776 4	0.779 4	0.782 3	0.785 2
0.8	0.788 1	0.791 0	0.793 9	0.796 7	0.799 5	0.802 3	0.805 1	0.807 8	0.810 6	0.813 3
0.9	0.815 9	0.818 6	0.821 2	0.823 8	0.826 4	0.828 9	0.831 5	0.834 0	0.836 5	0.838 9
1.0	0.841 3	0.843 8	0.846 1	0.848 5	0.850 8	0.853 1	0.855 4	0.857 7	0.859 9	0.862 1
1.1	0.864 3	0.866 5	0.868 6	0.870 8	0.872 9	0.874 9	0.877 0	0.879 0	0.881 0	0.883 0
1.2	0.884 9	0.886 9	0.888 8	0.890 7	0.892 5	0.894 4	0.896 2	0.898 0	0.899 7	0.901 5
1.3	0.903 2	0.904 9	0.906 6	0.908 2	0.909 9	0.911 5	0.913 1	0.914 7	0.916 2	0.917 7
1.4	0.919 2	0.920 7	0.922 2	0.923 6	0.925 1	0.926 5	0.927 8	0.929 2	0.930 6	0.931 9
1.5	0.933 2	0.934 5	0.935 7	0.937 0	0.938 2	0.939 4	0.940 6	0.941 8	0.943 0	0.944 1
1.6	0.945 2	0.946 3	0.947 4	0.948 4	0.949 5	0.950 5	0.951 5	0.952 5	0.953 5	0.954 5
1.7	0.955 4	0.956 4	0.957 3	0.958 2	0.959 1	0.959 9	0.960 8	0.961 6	0.962 5	0.963 3
1.8	0.964 1	0.964 8	0.965 6	0.966 4	0.967 1	0.967 8	0.968 6	0.969 3	0.970 0	0.970 6
1.9	0.971 3	0.971 9	0.972 6	0.973 2	0.973 8	0.974 4	0.975 0	0.975 6	0.976 2	0.976 7
2.0	0.977 2	0.977 8	0.978 3	0.978 8	0.979 3	0.979 8	0.980 3	0.980 8	0.981 2	0.981 7
2.1	0.982 1	0.982 6	0.983 0	0.983 4	0.983 8	0.984 2	0.984 6	0.985 0	0.985 4	0.985 7
2.2	0.986 1	0.986 4	0.986 8	0.987 1	0.987 4	0.987 8	0.988 1	0.988 4	0.988 7	0.989 0
2.3	0.989 3	0.989 6	0.989 8	0.990 1	0.990 4	0.990 6	0.990 9	0.991 1	0.991 3	0.991 6
2.4	0.991 8	0.992 0	0.992 2	0.992 5	0.992 7	0.992 9	0.993 1	0.993 2	0.993 4	0.993 6
2.5	0.993 8	0.994 0	0.994 1	0.994 3	0.994 5	0.994 6	0.994 8	0.994 9	0.995 1	0.995 2
2.6	0.995 3	0.995 5	0.995 6	0.995 7	0.995 9	0.996 0	0.996 1	0.996 2	0.996 3	0.996 4
2.7	0.996 5	0.996 6	0.996 7	0.996 8	0.996 9	0.997 0	0.997 1	0.997 2	0.997 3	0.997 4
2.8	0.997 4	0.997 5	0.997 6	0.997 7	0.997 7	0.997 8	0.997 9	0.997 9	0.998 0	0.998 1
2.9	0.998 1	0.998 2	0.998 2	0.998 3	0.998 4	0.998 4	0.998 5	0.998 5	0.998 6	0.998 6
3.0	0.998 7	0.999 0	0.999 3	0.999 5	0.999 7	0.999 8	0.999 8	0.999 9	0.999 9	1.000 0

附表 B t 分布表

$P\{t(n) > t_\alpha(n)\} = \alpha$

n	α=0.25	0.1	0.05	0.025	0.01	0.005
1	1.000 0	3.077 7	6.318 3	12.706 2	31.820 7	63.657 4
2	0.816 5	1.885 6	2.920 0	4.302 7	6.964 6	9.924 8
3	0.764 9	1.637 7	2.353 4	3.182 4	4.540 7	5.840 9
4	0.740 7	1.533 2	2.131 8	2.776 4	3.746 9	4.604 1
5	0.726 7	1.475 9	2.015 0	2.570 6	3.364 9	4.032 2
6	0.717 6	1.439 8	1.943 2	2.446 9	3.142 7	3.707 4
7	0.711 1	1.414 9	1.894 6	2.364 6	2.998 0	3.499 5
8	0.706 4	1.396 8	1.859 5	2.306 0	2.896 5	3.355 4
9	0.702 7	1.383 0	1.833 1	2.262 2	2.821 4	3.249 8
10	0.699 8	1.372 2	1.812 5	2.228 1	2.763 8	3.169 3
11	0.697 4	1.363 4	1.795 9	2.201 0	2.718 1	3.105 8
12	0.695 5	1.356 2	1.782 3	2.178 8	2.681 0	3.054 5
13	0.693 8	1.350 2	1.770 9	2.160 4	2.650 3	3.012 3
14	0.692 4	1.345 0	1.761 3	2.144 8	2.624 5	2.976 8
15	0.691 2	1.340 6	1.753 1	2.131 5	2.602 5	2.946 7
16	0.690 1	1.336 8	1.745 9	2.119 9	2.583 5	2.920 8
17	0.689 2	1.333 4	1.739 6	2.109 8	2.566 9	2.898 2
18	0.688 4	1.330 4	1.734 1	2.100 9	2.552 4	2.878 4
19	0.687 6	1.327 7	1.729 1	2.093 0	2.539 5	2.860 9
20	0.687 0	1.325 3	1.724 7	2.086 0	2.528 0	2.845 3
21	0.686 4	1.323 2	1.720 7	2.079 6	2.517 7	2.831 4
22	0.685 8	1.321 2	1.717 1	2.073 9	2.508 3	2.818 8
23	0.685 3	1.319 5	1.713 9	2.068 7	2.499 9	2.807 3
24	0.684 8	1.317 8	1.710 9	2.063 9	2.492 2	2.796 9
25	0.684 4	1.316 3	1.708 1	2.059 5	2.485 1	2.787 4
26	0.684 0	1.315 0	1.705 6	2.055 5	2.478 6	2.778 7
27	0.683 7	1.313 7	1.703 3	2.051 8	2.472 7	2.770 7
28	0.683 4	1.312 5	1.701 1	2.048 4	2.467 1	2.763 3

续表

n	α=0.25	0.1	0.05	0.025	0.01	0.005
29	0.683 0	1.311 4	1.699 1	2.045 2	2.462 0	2.756 4
30	0.682 8	1.310 4	1.697 3	2.042 3	2.457 3	2.750 0
31	0.682 5	1.309 5	1.695 5	2.039 5	2.452 8	2.744 0
32	0.682 2	1.308 6	1.693 9	2.036 9	2.448 7	2.738 5
33	0.682 0	1.307 7	1.692 4	2.034 5	2.444 8	2.733 3
34	0.681 8	1.307 0	1.690 9	2.032 2	2.441 1	2.728 4
35	0.681 6	1.306 2	1.689 6	2.030 1	2.437 7	2.723 8
36	0.681 4	1.305 5	1.688 3	2.028 1	2.434 5	2.719 5
37	0.681 2	1.304 9	1.687 1	2.026 2	2.431 4	2.715 4
38	0.681 0	1.304 2	1.686 0	2.024 4	2.428 6	2.711 6
39	0.680 8	1.303 6	1.684 9	2.022 7	2.425 8	2.707 9
40	0.680 7	1.303 1	1.683 9	2.021 1	2.423 3	2.704 5
41	0.680 5	1.302 5	1.682 9	2.015 9	2.420 8	2.701 2
42	0.680 4	1.302 0	1.682 0	2.018 1	2.418 5	2.698 1
43	0.680 2	1.301 6	1.681 1	2.016 7	2.416 3	2.695 1
44	0.680 1	1.301 1	1.680 2	2.015 4	2.414 1	2.692 3
45	0.680 0	1.300 6	1.679 4	2.014 1	2.412 1	2.689 6

附表 C F 分布表

$P\{F(n_1,n_2) > F_\alpha(n_1,n_2)\} = \alpha$

$\alpha = 0.05$

n_2 \ n_1	1	2	3	4	5	6	7	8	9	10	12	15	20	24	30	40	60	120	∞
1	161.4	199.5	215.7	224.6	230.2	234.0	236.8	238.9	240.5	241.9	243.9	245.9	248.0	249.1	250.1	251.1	252.2	253.3	254.3
2	18.51	19.00	19.16	19.25	19.30	19.33	19.35	19.37	19.38	19.40	19.41	19.43	19.45	19.45	19.46	19.47	19.48	19.49	19.50
3	10.13	9.55	9.28	9.12	9.01	8.94	8.89	8.85	8.81	8.79	8.74	8.70	8.66	8.64	8.62	8.59	8.57	8.55	8.53
4	7.71	6.94	6.59	6.39	6.26	6.16	6.09	6.04	6.00	5.96	5.91	5.86	5.80	5.77	5.75	5.72	5.69	5.66	5.63
5	6.61	5.79	5.41	5.19	5.05	4.95	4.88	4.82	4.77	4.74	4.68	4.62	4.56	4.53	4.50	4.46	4.43	4.40	4.36
6	5.99	5.14	4.76	4.53	4.39	4.28	4.21	4.15	4.10	4.06	4.00	3.94	3.87	3.84	3.81	3.77	3.74	3.70	3.67
7	5.59	4.74	4.35	4.12	3.97	3.87	3.79	3.73	3.68	3.64	3.57	3.51	3.44	3.41	3.38	3.34	3.30	3.27	3.23
8	5.32	4.46	4.07	3.84	3.69	3.58	3.50	3.44	3.39	3.35	3.28	3.22	3.15	3.12	3.08	3.04	3.01	2.97	2.93
9	5.12	4.26	3.86	3.63	3.48	3.37	3.29	3.23	3.18	3.14	3.07	3.01	2.94	2.90	2.86	2.83	2.79	2.75	2.71
10	4.96	4.10	3.71	3.48	3.33	3.22	3.14	3.07	3.02	2.98	2.91	2.85	2.77	2.74	2.70	2.66	2.62	2.58	2.54
11	4.84	3.98	3.59	3.36	3.20	3.09	3.01	2.95	2.90	2.85	2.79	2.72	2.65	2.61	2.57	2.53	2.49	2.45	2.40
12	4.75	3.89	3.49	3.26	3.11	3.00	2.91	2.85	2.80	2.75	2.69	2.62	2.54	2.51	2.47	2.43	2.38	2.34	2.30
13	4.67	3.81	3.41	3.18	3.03	2.92	2.83	2.77	2.71	2.67	2.60	2.53	2.46	2.42	2.38	2.34	2.30	2.25	2.21
14	4.60	3.74	3.34	3.11	2.96	2.85	2.76	2.70	2.65	2.60	2.53	2.46	2.39	2.35	2.31	2.27	2.22	2.18	2.13
15	4.54	3.68	3.29	3.06	2.90	2.79	2.71	2.64	2.59	2.54	2.48	2.40	2.33	2.29	2.25	2.20	2.16	2.11	2.07

续表

n_1 \ n_2	1	2	3	4	5	6	7	8	9	10	12	15	20	24	30	40	60	120	∞
16	4.49	3.63	3.24	3.01	2.85	2.74	2.66	2.59	2.54	2.49	2.42	2.35	2.28	2.24	2.19	2.15	2.11	2.06	2.01
17	4.45	3.59	3.20	2.96	2.81	2.70	2.61	2.55	2.49	2.45	2.38	2.31	2.23	2.19	2.15	2.10	2.06	2.01	1.96
18	4.41	3.55	3.16	2.93	2.77	2.66	2.58	2.51	2.46	2.41	2.34	2.27	2.19	2.15	2.11	2.06	2.02	1.97	1.92
19	4.38	3.52	3.13	2.90	2.74	2.63	2.54	2.48	2.42	2.38	2.31	2.23	2.16	2.11	2.07	2.03	1.98	1.93	1.88
20	4.35	3.49	3.10	2.87	2.71	2.60	2.51	2.45	2.39	2.35	2.28	2.20	2.12	2.08	2.04	1.99	1.95	1.90	1.84
21	4.32	3.47	3.07	2.84	2.68	2.57	2.49	2.42	2.37	2.32	2.25	2.18	2.10	2.05	2.01	1.96	1.92	1.87	1.81
22	4.30	3.44	3.05	2.82	2.66	2.55	2.46	2.40	2.34	2.30	2.23	2.15	2.07	2.03	1.98	1.94	1.89	1.84	1.78
23	4.28	3.42	3.03	2.80	2.64	2.53	2.44	2.37	2.32	2.27	2.20	2.13	2.05	2.01	1.96	1.91	1.86	1.81	1.76
24	4.26	3.40	3.01	2.78	2.62	2.51	2.42	2.36	2.30	2.25	2.18	2.11	2.03	1.98	1.94	1.89	1.84	1.79	1.73
25	4.24	3.39	2.99	2.76	2.60	2.49	2.40	2.34	2.28	2.24	2.16	2.09	2.01	1.96	1.92	1.87	1.82	1.77	1.71
26	4.23	3.37	2.98	2.74	2.59	2.47	2.39	2.32	2.27	2.22	2.15	2.07	1.99	1.95	1.90	1.85	1.80	1.75	1.69
27	4.21	3.35	2.96	2.73	2.57	2.46	2.37	2.31	2.25	2.20	2.13	2.06	1.97	1.93	1.88	1.84	1.79	1.73	1.67
28	4.20	3.34	2.95	2.71	2.56	2.45	2.36	2.29	2.24	2.19	2.12	2.04	1.96	1.91	1.87	1.82	1.77	1.71	1.65
29	4.18	3.33	2.93	2.70	2.55	2.43	2.35	2.28	2.22	2.18	2.10	2.03	1.94	1.90	1.85	1.81	1.75	1.70	1.64
30	4.17	3.32	2.92	2.69	2.53	2.42	2.33	2.27	2.21	2.16	2.09	2.01	1.93	1.89	1.84	1.79	1.74	1.68	1.62
40	4.08	3.23	2.84	2.61	2.45	2.34	2.25	2.18	2.12	2.08	2.00	1.92	1.84	1.79	1.74	1.69	1.64	1.58	1.51
60	4.00	3.15	2.76	2.53	2.37	2.25	2.17	2.10	2.04	1.99	1.92	1.84	1.75	1.70	1.65	1.59	1.53	1.47	1.39
120	3.92	3.07	2.68	2.45	2.29	2.17	2.09	2.02	1.96	1.91	1.83	1.75	1.66	1.61	1.55	1.50	1.43	1.35	1.25
∞	3.84	3.00	2.60	2.37	2.21	2.10	2.01	1.94	1.88	1.83	1.75	1.67	1.57	1.52	1.46	1.39	1.32	1.22	1.00

$\alpha = 0.025$

n_1 \ n_2	1	2	3	4	5	6	7	8	9	10	12	15	20	24	30	40	60	120	∞
1	647.8	799.5	864.2	899.6	921.8	937.1	948.2	956.7	963.3	968.6	976.7	984.9	993.1	997.2	1001.0	1006.0	1010.0	1014.0	1018.0
2	38.51	39.00	39.17	39.25	39.30	39.33	39.36	39.37	39.39	39.40	39.41	39.43	39.45	39.46	39.46	39.47	39.48	39.40	39.50
3	17.44	16.04	15.44	15.10	14.88	14.73	14.62	14.54	14.47	14.42	14.34	14.25	14.17	14.12	14.08	14.04	13.99	13.95	13.90
4	12.22	10.65	9.98	9.60	9.36	9.20	9.07	8.98	8.90	8.84	8.75	8.66	8.56	8.51	8.46	8.41	8.36	8.31	8.26
5	10.01	8.43	7.76	7.39	7.15	6.98	6.85	6.76	6.68	6.62	6.52	6.43	6.33	6.28	6.23	6.18	6.12	6.07	6.02
6	8.81	7.26	6.60	6.23	5.99	5.82	5.70	5.60	5.52	5.46	5.37	5.27	5.17	5.12	5.07	5.01	4.96	4.90	4.85
7	8.07	6.54	5.89	5.52	5.29	5.12	4.99	4.90	4.82	4.76	4.67	4.57	4.47	4.42	4.36	4.31	4.25	4.20	4.14
8	8.57	6.06	5.42	5.05	4.82	4.65	4.53	4.43	4.36	4.30	4.20	4.10	4.00	3.95	3.89	3.84	3.78	3.73	3.67
9	7.21	5.71	5.08	4.72	4.48	4.23	4.20	4.10	4.03	3.96	3.87	3.77	3.67	3.61	3.56	3.51	3.45	3.39	3.33
10	6.94	5.46	4.83	4.47	4.24	4.07	3.95	3.85	3.78	3.72	3.62	3.52	3.42	3.37	3.31	3.26	3.20	3.14	3.08
11	6.72	5.26	4.63	4.28	4.04	3.88	3.76	3.66	3.59	3.53	3.43	3.33	3.23	3.17	3.12	3.06	3.00	2.94	2.88
12	6.55	5.10	4.47	4.12	3.89	3.73	3.61	3.51	3.44	3.37	3.28	3.18	3.07	3.02	2.96	2.91	2.85	2.79	2.72
13	6.41	4.97	4.35	4.00	3.77	3.60	3.48	3.39	3.31	3.25	3.15	3.05	2.95	2.89	2.84	2.78	2.72	2.66	2.60
14	6.30	4.86	4.24	3.89	3.66	3.50	3.38	3.29	3.21	3.15	3.05	2.95	2.84	2.79	2.73	2.67	2.61	2.55	2.49
15	6.20	4.77	4.15	3.80	3.58	3.41	3.29	3.20	3.12	3.06	2.96	2.86	2.76	2.70	2.64	2.59	2.52	2.46	2.40
16	6.12	4.69	4.08	3.73	3.50	3.34	3.22	3.12	3.05	2.99	2.89	2.79	2.68	2.63	2.57	2.51	2.45	2.38	2.32
17	6.04	4.62	4.01	3.66	3.44	3.28	3.16	3.06	2.98	2.92	2.82	2.72	2.62	2.56	2.50	2.44	2.38	2.32	2.25
18	5.98	4.56	3.95	3.61	3.38	3.22	3.10	3.01	2.93	2.87	2.77	2.67	2.56	2.50	2.44	2.38	2.32	2.26	2.19

续表

n_1 \ n_2	1	2	3	4	5	6	7	8	9	10	12	15	20	24	30	40	60	120	∞
19	5.92	4.51	3.90	3.56	3.33	3.17	3.05	2.96	2.88	2.82	2.72	2.62	2.51	2.45	2.39	2.33	2.27	2.20	2.13
20	5.87	4.46	3.86	3.51	3.29	3.13	3.01	2.91	2.84	2.77	2.68	2.57	2.46	2.41	2.35	2.29	2.22	2.16	2.09
21	5.83	4.42	3.82	3.48	3.25	3.09	2.97	2.87	2.80	2.73	2.64	2.53	2.42	2.37	2.31	2.25	2.18	2.11	2.04
22	5.79	4.38	3.78	3.44	3.22	3.05	2.93	2.84	2.76	2.70	2.60	2.50	2.39	2.33	2.27	2.21	2.14	2.08	2.00
23	5.75	4.35	3.75	3.41	3.18	3.02	2.90	2.81	2.73	2.67	2.57	2.47	2.36	2.30	2.24	2.18	2.11	2.04	1.97
24	5.72	4.32	3.72	3.38	3.15	2.99	2.87	2.78	2.70	2.64	2.54	2.44	2.33	2.27	2.21	2.15	2.08	2.01	1.94
25	5.69	4.29	3.69	3.35	3.13	2.97	2.85	2.75	2.68	2.61	2.51	2.41	2.30	2.24	2.18	2.12	2.05	1.98	1.91
26	5.66	4.27	3.67	3.33	3.10	2.94	2.82	2.73	2.65	2.59	2.49	2.39	2.28	2.22	2.16	2.09	2.03	1.95	1.88
27	5.63	4.24	3.65	3.31	3.08	2.92	2.80	2.71	2.63	2.57	2.47	2.36	2.25	2.19	2.13	2.07	2.00	1.93	1.85
28	5.61	4.22	3.63	3.29	3.06	2.90	2.78	2.69	2.61	2.55	2.45	2.34	2.23	2.17	2.11	2.05	1.98	1.91	1.83
29	5.59	4.20	3.91	3.27	3.04	2.88	2.76	2.67	2.59	2.53	2.43	2.32	2.21	2.15	2.09	2.03	1.96	1.89	1.81
30	5.57	4.18	3.59	3.25	3.03	2.87	2.75	2.65	2.75	2.51	2.41	2.31	2.20	2.14	2.07	2.01	1.94	1.87	1.79
40	5.42	4.05	3.46	3.13	2.90	2.74	2.62	2.53	2.45	2.39	2.29	2.18	2.07	2.01	1.94	1.88	1.80	1.72	1.64
60	5.29	3.39	3.34	3.01	2.79	2.63	2.51	2.41	2.33	2.27	2.17	2.06	1.94	1.88	1.82	1.74	1.67	1.58	1.48
120	5.15	3.80	3.23	2.89	2.67	2.52	2.39	2.30	2.22	2.16	2.05	1.94	1.82	1.76	1.69	1.61	1.53	1.43	1.31
∞	5.02	3.69	3.12	2.79	2.57	2.41	2.29	2.19	2.11	2.05	1.94	1.83	1.71	1.64	1.57	1.48	1.39	1.27	1.00

附表D DW检验临界值表

$\alpha = 0.05$

n	q=1		q=2		q=3		q=4		q=5	
	d_l	d_u	d_l	d_u	d_l	d_u	d_l	d_u	d_l	d_u
15	1.08	1.36	0.95	1.54	0.82	1.57	0.69	1.97	0.56	2.21
16	1.10	1.37	0.98	1.54	0.86	1.73	0.74	1.93	0.62	2.15
17	1.13	1.38	1.02	1.54	0.90	1.71	0.78	1.90	0.67	2.10
18	1.16	1.39	1.05	1.53	0.93	1.69	1.82	1.87	0.71	2.06
19	1.18	1.40	1.08	1.53	0.97	1.68	0.86	1.85	0.75	2.02
20	1.20	1.41	1.10	1.54	1.00	1.68	0.90	1.83	0.79	1.99
21	1.22	1.42	1.13	1.54	1.03	1.67	0.93	1.81	0.83	1.96
22	1.24	1.43	1.15	1.54	1.05	1.66	0.96	1.80	0.86	1.94
23	1.26	1.44	1.17	1.54	1.08	1.66	0.99	1.79	0.90	1.92
24	1.27	1.45	1.19	1.55	1.10	1.66	1.01	1.78	0.93	1.90
25	1.29	1.45	1.21	1.55	1.12	1.66	1.04	1.77	0.95	1.89
26	1.30	1.46	1.22	1.55	1.14	1.65	1.06	1.76	0.98	1.88
27	1.32	1.47	1.24	1.56	1.16	1.65	1.08	1.76	1.01	1.86
28	1.33	1.48	1.26	1.56	1.18	1.65	1.10	1.75	1.03	1.85
29	1.34	1.48	1.27	1.56	1.20	1.65	1.12	1.74	1.05	1.84
30	1.35	1.49	1.28	1.57	1.21	1.65	1.14	1.74	1.07	1.83
31	1.36	1.50	1.30	1.57	1.23	1.65	1.16	1.74	1.09	1.83
32	1.37	1.50	1.31	1.57	1.24	1.65	1.18	1.73	1.11	1.82
33	1.38	1.51	1.32	1.58	1.26	1.65	1.19	1.73	1.13	1.81
34	1.39	1.51	1.33	1.58	1.27	1.65	1.21	1.73	1.15	1.81
35	1.40	1.52	1.34	1.58	1.28	1.65	1.22	1.73	1.16	1.80
36	1.41	1.52	1.35	1.59	1.29	1.65	1.24	1.73	1.18	1.80
37	1.42	1.53	1.36	1.59	1.31	1.66	1.25	1.72	1.19	1.80
38	1.43	1.54	1.37	1.59	1.32	1.66	1.26	1.72	1.21	1.79
39	1.43	1.54	1.38	1.60	1.33	1.66	1.27	1.72	1.22	1.79
40	1.44	1.54	1.39	1.60	1.34	1.66	1.29	1.72	1.23	1.79
45	1.48	1.57	1.43	1.62	1.38	1.67	1.34	1.72	1.29	1.78
50	1.50	1.59	1.46	1.63	1.42	1.67	1.38	1.72	1.34	1.77
55	1.53	1.60	1.49	1.64	1.45	1.68	1.41	1.72	1.38	1.77
60	1.55	1.62	1.51	1.65	1.48	1.69	1.44	1.73	1.41	1.77
65	1.57	1.63	1.54	1.66	1.50	1.70	1.47	1.73	1.44	1.77
70	1.58	1.64	1.55	1.67	1.52	1.70	1.49	1.74	1.46	1.77
75	1.60	1.65	1.57	1.68	1.54	1.71	1.51	1.74	1.49	1.77
80	1.61	1.66	1.59	1.69	1.56	1.72	1.53	1.74	1.51	1.77
85	1.62	1.67	1.60	1.70	1.57	1.72	1.55	1.75	1.52	1.77
90	1.63	1.68	1.61	1.70	1.59	1.73	1.57	1.75	1.54	1.78
95	1.64	1.69	1.62	1.71	1.60	1.73	1.58	1.75	1.56	1.78
100	1.65	1.69	1.63	1.72	1.60	1.74	1.59	1.76	1.57	1.78

注：n——样本个数；q——自变量个数；d_l——DW检验下限值；d_u——DW检验上限值。